为了人与书的相遇

[英] 魏　泓——著
王姝婧 莫嘉靖——译
莫嘉靖——校

Life along the Silk Road

丝绸之路

十二种唐朝人生

Susan Whitfield

四川人民出版社

四川省版权局著作权合同登记号图字：21-2018-318

图书在版编目(CIP)数据

丝绸之路：十二种唐朝人生 / (英) 魏泓著；王姝婧，莫嘉靖译.
—成都：四川人民出版社，2020.4（2024.6 重印）
ISBN 978-7-220-11103-7
Ⅰ. ①丝… Ⅱ. ①魏… ②王… ③莫… Ⅲ. ①丝绸之路－通俗读物 Ⅳ. ①K928.6-49

中国版本图书馆CIP数据核字(2018)第262821号

SI CHOU ZHI LU：SHI ER ZHONG TANG CHAO REN SHENG
丝绸之路：十二种唐朝人生
魏泓著；王姝婧，莫嘉靖译

特约策划：马希哲
责任编辑：唐　婧
特约编辑：马晓晨、马希哲
装帧设计：高　熹
内文制作：陈基胜

出版发行　四川人民出版社（成都槐树街2号）
网　　址　http://www.scpph.com
E－mail　scrmcbs@sina.com
印　　刷　山东韵杰文化科技有限公司
开　　本　880mm×1230mm　1/32
印　　张　13.125
字　　数　285 千
版　　次　2020 年 4 月第 1 版
印　　次　2024 年 6 月第 5 次
书　　号　978-7-220-11103-7
定　　价　88.00 元

如发现印装质量问题，影响阅读，请与发行部联系调换。
电话：（010）84255532 转6085

谨以此书，纪念曾沿丝绸之路

进行发掘的前人；

也献给薛爱华教授，

感谢他在文献方面进行了同样严谨的爬梳工作。

本书极大地得益于他们宝贵的发现。

新版序

撰写此书的最初目的，是想利用敦煌等中国西北地区遗址发现的写本及别的原始材料（包括文本的和物质的），从宽广的视野（即丝绸之路）出发，对这一带的复杂历史做一次简明可靠的介绍。本书的第一版是由英国一家商业出版机构约翰·默里（John Murray）公司发行的，因此书上不宜添加注释。现在总算有机会补上，我感到十分欣慰。我尽可能一一标明所有原始材料的出处（包括文本、图像和物品）及那些文本的译文出处。这跟我当初的愿望是一致的，即把丝绸之路的研究普及给更多的受众。为了靠近这个目标，那些翻译成果及文章，只要网上有的，我都加上了链接，此外还添补了一些图片链接，让读者可以一睹丝路沿线出土的写本与艺术品。这些材料很多都可以从国际敦煌项目（International Dunhuang Project，IDP）的官网上免费获取（http://idp.bl.uk）。

第一版出来后不久，我开始筹备大英图书馆的一个展览，对书中的研究成果加以利用，书中涉及的器物很多都出现在了展览上[1]。之后我又在布鲁塞尔举办了一个展览，展示了丝绸之路中国段的新发现[2]。这两个展览都加深了我对公元第一个千年物质文化的理解。除了新的发掘与新的考古材料，还出现了新的文献材料，令我得以对第一版做些补充，并修改之前的一些释读。同样令我欣喜的是，现在可供学生参考的二手文献比以前要多许多，其中相关的著述我都在书中引用了，因此第一版中我认为必须介绍的历史背景，这次也可以删去一部分。但相对来说，这个研究领域仍然是一片尚待垦殖的荒土。例如，尽管现有材料充足，至今却尚未有一部英文专著来讨论塔里木盆地的各个古国。

有赖于这些新发现、新著作及其他学者的新研究，我对中亚的认识渐长，但也清楚自己还有不少知识仍待填补。我踏上中亚这片土地，留下较此前更广、更远的足迹，我进入塔克拉玛干沙漠深处，考察了众多重要的考古遗址，还到访中亚的其他遗址。我重走了汉人与吐蕃士兵的战争之路（见《士兵》一章），从今天阿富汗的阿姆河到巴基斯坦亚辛河谷的古代王国，其中有一段路要经洛瓦里山路进入奇特拉尔地区（见《朝圣者》一章）。这次重访之旅令我更深刻地体会到在这一地区旅行的艰险，对古时丝路旅人也生出极大的敬畏之情。

在写第一版时，我将地理范围限制在中亚东部（中国西北），还包括蒙古草原和青藏高原。由于我对塔里木盆地与敦煌的一手物质材料较为了解，要接近这些材料也比较方便，所以我叙述的焦点也放在这一带，而且我决定不把发生在古高昌国的故事写进去。尽管相关材料十分丰富，但这个地方的日常生活在其他学者的英文著作里已有详尽的讨论，韩森（Valerie Hansen）就做过出色的研究[3]。

当时，我还将时代限定在公元第一个千年的最后二百五十年。部分原因在于一手材料有限，同时也是我自身学力不逮。不过这样一来，章节间会有所交叉，从不同的角度来了解同一事件，读者反而更能理解这段复杂的历史，对当时各个人群和文化有更深的体会。本书旨在揭开丝路历史的一个侧面，让读者大体了解其面貌，激发他们进一步探索的欲望。实际上，就在这些真实故事发生的时候，丝路也在经历着这样或那样的变化：一些文化凋零了，如在早期贸易中起关键作用的粟特人；新的力量在草原上崛起，伊斯兰势力进驻这片土地，佛教和其他宗教随之走向衰落。

在这次修订版中，我添加了一章（仍在原来的时间框架里，但地理范围有所延伸）和序章（故事年代比原来的时间框架早约两个世纪）。我之所以撰写这些新的章节，是希望在聚焦中亚和塔里木盆地的基础上，把草原与海上丝绸之路也融合进来，并将非洲与欧洲纳入丝路故事中。不过，我在写作时就决定要把时间范围限制在10世纪以内，尽管10世纪以后的一手材料比比皆是，但我还是拒绝了这个诱惑。再说，关于10世纪以后及蒙元时期（当时欧亚大陆的大部分地区都置于蒙古政权的统治之下）中国海上丝路与印度洋贸易的发展状况，如今已有一些杰出的研究。如果读者想做进一步探索，可以参阅《尾声》一章，我在里面做了概述，还列出相关参考资料。

新添的序章《船长》将把我们带到6世纪初，提出丝绸之路研究中常常被忽略（虽然如今正在改善）的两个方面：一，丝路有非洲商人的参与；二，陆上丝路与海上丝路是相互依赖的。这一章还会谈到基督教和犹太教。尽管多年来我对阿克苏姆王国一直抱有兴趣，也参观了一些遗址，但这实在不是我的专长，因此不得不大量依赖二手材料及热心同事提供的见解。若出现任何错漏，无疑都是我个人的责任。另外，涉及海上航行的资料可供参考的不多，因此我无法在这一部分提供很多细节。万幸的是，海洋考古正不断发展，从海底发掘出的物质资料越来越多。可以想见，在接下来的几年中，我们能够知道更多的信息。

新增加的一章《作家》将带我们到10世纪初，来到波斯城市伊斯法罕，当时这座城市名义上属于阿拉伯帝国。这一章旨在打开读者的眼界，看看伊朗、阿拉伯、中国三者是如何交流联动，中亚是怎样衰落的。我们将随着这位作家及他提供的材料一起旅行：从伊斯法罕出发，沿着伏尔加河，来到可萨人和不里阿耳人建立的草原王国，再从那里到达波罗的海东部海岸，抵达欧洲的边缘。现代好几个作者已经发掘出这些丰富的资料，并以此为素材撰写自己的历史作品与文学作品，他们的作品也让我获益匪浅。只是，目前还没有什么文献把上述这些路线跟本书讨论到的其他已有贸易网络联系起来，因此我决定增加这一章。

我还对章节顺序做了些微调，这样一来，书的前半部分为读者展示了一个广阔的历史背景，而本书最后四章则是主要依据敦煌的材料写成。

我撰写第一版的时候，“丝绸之路”这个术语开始在欧洲流行起来，对其意义和作用的争论也逐渐增多。到了今天，“丝绸之路”甚至成了一种营销手段，随处可见。对此，我在修订版的引言里做了简要的讨论。

本书的修订工作让我意识到一点。自1997—1998年我开始研究、写作这本书以来，我学到了很多，但最重要的是我认识到自己的无知。我对本书唯一的希冀是，它能为读者提供某种“快照”，把公元一千纪欧亚非大陆内部的某些联系呈现出来。但是无论拍摄得多么用心，任何快照都只表现了时空中的一瞬间，而且都是拍摄者选择的结果。我所处的背景、文化及时代塑造了我的学识与研究观点，而这难免会在这本书里有所体现。我希望，本书呈现的这幅“快照”足以激起读者对这段迷人历史的好奇心，促使他们去做更多的了解。

在撰写第一版时，由于成稿仓促、知识欠缺，行文出了一些错误。这些错误，凡是我注意到的，都改正了。一众同事阅读了我的修订稿并提出了进一步的修改意见，在此我要对他们致以十分的感谢。如果还有错误没改正过来，或添了什么新的错误，那都是我的责任。时间不够、知识欠缺，这永远是我生活中的两个常态，因此本书也必然只是一个仍待加工的半成品。

在过去二十年中，我在国际敦煌项目的研究与工作得到了不少帮助，由于人数太多，我不能在此一一致谢，但你们的支持和慷慨我全都铭记于心，感激你们如此无私地分享自己的知识。我还要特别感谢国际敦煌项目的成员，以及大英图书馆的同事，尤其是约翰（John Falconer）、威克（Vic Swift）和萨姆（Sam van Schaik），感谢你们的耐心、支持和友谊，令我得以在极为紧凑的日程中挤出时间来做研究与写作，并在艰难时刻警醒我、保护我。

关于转译与名称的说明

本书的很多名词都出自那些不使用拉丁字母拼写的语言，但书中均已转化成拉丁字母。中文、梵文和藏文方面，我采用了广受认可的转写系统，但有些词语，由于人们已经习惯使用另一种转写形式，我只好保留。中文采用拼音系统，梵文采用 IAST/ISO15919 的国际标准，藏文采用威利转写系统。突厥语没有标准的转写系统，我依据同事的建议，采用现行的转写方法——例如，用 k 而非 q（Kocho 而非 Qocho），并在大多数时候用 k 取代 kh，但若有惯用的拉丁化转写格式，我也会使用。至于吉兹语，我遵从了晚近学者的转写方式。对于阿拉伯语和波斯语，我采用的是美国国会图书馆标准方案。我并不是上述语言的专家，因此不得不依赖二手资料和同事进行检查。倘若无意中犯了错，我很抱歉。

城镇和地区名称不可能一直没有变化。在意义明确的情况下，我尽可能使用今名*，但这样一来，文意虽然清晰了，有时候却会牺牲历史的精确性——今名肯定与史实不符。而且很多时候，同一城

* 译注：考虑到丝绸之路历史的实际情况，书中涉及的中国地名，除了敦煌保持今名以外，其余尽量恢复为相应年代的名称。

市在不同文献中有不同的名称。例如，回鹘材料里一座名为“别失八里”（突厥语）的城镇，在汉人材料中则称作“北庭”（在藏语文献中还有另一个名字）。倘若出现这种情况，我会使用当时统治这座城镇的族群对当地的称呼（例如，在《马夫》发生的年代，这座城在回鹘人手上，回鹘属于突厥语族，因此我在这个故事里使用了“别失八里”这个名字）。本书时间跨度大，期间政权多次更迭，因此难免会出现这种不一致的情况。

故事主角的名字都出自当时的文献，我在注释中标明了出处。其中有些人及其遭遇，我们掌握了足以奠定故事底本的充足信息，比如寡妇阿龙、官员翟奉达。当谈到他们某件被记载下来的事件时，我会参考当时的其他材料，拣选出相关细节加以扩充。举例说，我们知道阿龙陷入了一场土地纷争，这件事的所有细节都可以在当时保存下来的法律文书里找到。但是，关于她的日常生活——她穿什么衣服，有哪些朋友、爱好或信仰——却没有任何记载。不过，这些细节可以依据很多同时代的文本、图像及物质资料推断出来，从而得知当时她这一阶层的女性怎样穿衣打扮，有什么消遣活动。我们还见到一些材料记载妇女赌博、生病求助、在当地寺院下属的社团里集会，我会利用这些材料来营造一个更为立体的人物形象。一手材料与补充材料间的差别在注释中有清楚的说明。另外一些事例，如马夫和士兵，则完全没有相关历史记载存世（如果他们有过历史记载的话），因此我不得不进行角色创造，不过所有事实的细节皆来自当时的资料。这些虚构的部分只是为了将这些材料整合成一个活灵活现的形象，同时让他们有做事的动机、有自己的感受。

目 录

插图

彩图

引言

1877 年，费迪南·冯·李希霍芬（Baron Ferdinand von Richthofen，1833—1905）提出了“丝绸之路”这个概念。当时跨越欧亚大陆、连接欧洲与中国的铁路正在筹建，这位德国地理学家从中看到了商机。今天，“丝绸之路”一词在学术界内外频频出现。[1] 可以说，“丝绸之路”成了一个品牌，在前现代欧亚大陆上的交流活动中，所有来自异域的事物都可以打上这个标签，偶尔也适用于那些来自东方的物品。它甚至被用来指代违禁品的线上走私活动，这是近年来最为巧妙的用法之一。[2]

然而二十年前，当我开始动笔写这本书的第一版时，使用“丝绸之路”这个名词的人还寥寥无几。[3] 同许多简称一样，它的描述并不严格，正如米华健（James Millward）指出的：“（它）既不是丝绸，也不是一条路。”[4]（我更倾向于换个说法：“[它] 并不只有丝绸，也不只是一条路。”[5]）我们也不应该把“丝绸之路”的讨论限制在中国和罗马、东方和西方两点间的关系上，尽管这种二分或二元的展示方式十分普遍。[6] 中国与罗马、东与西，还有中亚、南亚、东南亚、西亚、近东和阿拉伯半岛，在亚非欧大陆的边缘，还有北欧、阿拉伯半岛南部、东非和北非，这些区域都是“丝绸之路”不可或缺的一部分。[7] 如塔玛拉·秦（Tamara Chin）指出的那样，以上这些跨越欧亚大陆的交流历史及相关地图的绘制，向来是李希霍芬的兴趣所在。[8]

考虑到“丝绸之路”这个名称不仅把事情简单化，还成了流行的用法，近来一些学者主张完全抵制这个称呼。[9] 然而在此之前，我们是否应该想想，其实这个概念并非一无是处？而且坦白说，眼看越来越多人使用它，我们这些学者除了面对事实，几乎毫无办法。[10]

佛教中有一个观念叫“方便”，意谓引导人们进入主题才是要务，哪怕简化的叙述会让人产生误会，如果一下子引入大量细节，反倒有失去听众的风险。[11] 这样来看，“丝绸之路”的流行非但不会起阻碍作用，相反，这是一次机会。

当然，学者使用的术语里，有不少是为了给出一个既方便讨论又宽泛的范畴，同时，学者也认识到它们的局限性并反复讨论。历史分期的术语如“中世纪”，仍是学术研究和教学中公认的说法，甚至大众文化里也是如此使用。[12] 对这些术语的涵盖范围与相关程度进行讨论，只是有助于加深我们的理解，推动学术的发展。[13] 把“丝绸之路”当作一个历史学范畴来使用，属于比较新颖的做法，对这个术语的描述范围和适用程度有争议乃至有反对意见，也理应在我们的预期之中。这难以避免，但有积极的意义。因为经此一遭，术语的定义可能会变得更加细致，获得更多人的认同。[14] 蒂姆·威廉姆斯（Tim Williams）所做的工作便是一个绝佳的例子。近年来，中国及中亚国家向联合国教科文组织提出申请，想将“丝绸之路”作为“文化线路”的一种，列入《世界遗产名录》。为支持这次申遗工作，蒂姆绘制了丝绸之路的地图，使我们对那些早已知悉的路线有了更加清晰的认识，还揭示了其他未曾标记在地图上或未经充分调查的重要线路。[15]

除了把“丝绸之路”视为亚非欧三大洲的历史，还有什么因素会令“丝绸之路”成为一个有意义的术语？学者们对此有共识吗？丝绸当然不是跨欧亚贸易的唯一商品，从销量、价值和利润各方面来看，我们甚至也不知道在前现代的所有或部分欧亚大陆贸易中，丝绸是否是最重要的商品。[16] 丝绸在中国大量生产了三千余年，但直至公元前一千纪末，在亚非欧各地对家蚕丝的认知和渴求之下，丝绸才成为商品，开启了长期的交换之旅。公元前 2 世纪，汉朝开始向西域进发，丝绸的相关知识随之传播开来。到了公元 1 世纪，贵霜王朝兴起，这些知识继续流传。丝线、丝织品及养蚕纺织技术成了长途贸易的最大动力，并持续了上千年。可见，李希霍芬选择丝绸作为典型商品来代表跨欧亚贸易，并非偶然或心血来潮之举。公元前 1、2 世纪，丝绸走出中国“国门”，于是这一时期被视为“丝绸之路”的开端。[17] 当然，在此之前，欧亚大陆的长途贸易已有几千年的历史，如从东到西的青金石贸易，从西到东的玉石贸易。但是，由于政局变化，欧亚各地对丝绸渴求不止，与此前的贸易相比，丝绸的流动之旅持续时间更长，陆路的，海路的，东西向的，南北向的，整个中亚都被卷进这场交易之中。[18]

跨经中亚的丝绸交换与流通，连同丝绸贸易一起被交换的其他货物，以及贸易引发的有形、无形的人类文化辎重（宗教、技术、医药、风尚、食品）的交流，构成了我们所定义的"丝绸之路"的各项要素。并非所有时期、所有地方的丝绸都是经由贸易交换得来的，这一点我们同意，但贸易的确是整个故事的核心部分。[19]

丝绸等货物的交换与传播是一个逐步展开的过程——毕竟人们很少会带着货物在大陆上跋涉万里，更别说从罗马奔波到中国，或从北欧行至斯里兰卡了。[20] 海路贸易也是一步步发展起来的，不过海路的行程通常更长，如从东非到斯里兰卡。[21] 贸易道路或路线也不止一条，[22] 已有的商贸路线不计其数，还不时有些新的路线供人选择。这些路线往往已用于象牙、盐、玉石、茶、麝香和马匹等货物贸易。[23] 但是，仍有人坚持对"丝绸之路"作简单化的解读，认为"丝绸之路"就是一条路，商人携丝绸沿着这条路线长途跋涉。这种解读方式表明，这些人试图将"丝绸之路"界定为一个二分或二元的概念——从东方到西方，从中国到罗马——而忽略了两者中间的疆域，这很可能会令人误入歧途，很难跳脱出来。一分为二的做法向来对人极具诱惑力。[24]

这不是什么新鲜事。尽管学界对中亚在世界史中的角色已经讨论了两百多年，但相对于周边欧亚帝国的国别史，中亚史仍处于从属地位。[25] 人们常把中亚消极地定义为周边文明的化外之地。[26] 但如果只是通过邻国的编年史或过路旅人的行纪来了解这一地区，不免会将中亚误认为是一片变动不居之地：这里只有游牧人，没有文化、文明、城市，没有自身的历史。然而，过去一个多世纪里发现的新证据呈现给我们一个截然不同的故事。同时“丝绸之路”在学术研究中出现得愈加频繁，学者正可以借此机会修正自己的设想，给这个重要的地区以更多的关注。

不幸的是，在过去的几十年中陆路和海路的研究被逐渐划分开来。早期的欧亚丝绸贸易研究并没有这种区分，研究者会根据经济等因素来考虑使用海路还是陆路。[27] 不过，随着印度洋贸易网络和东南海洋贸易研究的不断发展，加上海洋考古提供了不少新的材料，这个问题得到了改善。[28] 印度洋贸易网络的研究工作还把非洲重新纳入视野。来自北非和东非（埃及和阿克苏姆）的商船从红海启航，途经也门的港口到达波斯湾，再沿着波斯王朝的海岸抵达印度和斯里兰卡，停泊在那里的还有东南亚和中国的船只。[29] 以上种种都是丝绸之路故事的一部分。

中亚是丝绸之路的心腹之地，也是本书的核心所在。中亚周边的统治者深谙这片区域的重要战略地位，争相夺取它的统治权。公元后的第一个千年里，不少世界帝国控制过这个地方，包括印度、波斯、阿拉伯帝国、唐朝、突厥和吐蕃。本书讲述的，正是这些帝国视角下的中亚故事。这些故事的许多踪迹直到 19 世纪才被揭露出来，其时，沙俄和英国这两个帝国在中亚的沙漠与群山中展开争夺。两国向中亚派出自己的军队和使团，随后，沙海迷城中尚待发现的宝藏把考古学家也吸引了过来。无论我们今天如何评论殖民侵略活动的是非功过，不可否认的是，正因为有了他们的工作，这个故事才为人所知，他们的发现引领学者去探索中亚和丝绸之路的历史，过去如此，未来亦然。[30]

即便我们肯定“丝绸之路”的存在，但这一主题是如此复杂和难以把握，我们不可能把这段历史的方方面面都展示出来。[31] 因此，我在写作过程中特意缩小了地理范围和时间长度，着重描写一个小片段，以便展示其丰富的文化交流，或者说得更具体一点，展现这些交流对某些文化与个体生命的影响。

本书讨论的地理区域主要是“西域”（Sérinde），这一名称是斯坦因借用法语名词提出来的，他是20世纪早期探索中亚最知名的考古学家之一。西域的“地理范围……几乎囊括了西起帕米尔、东至太平洋水系的分水岭（译注：昆仑山最东面的支脉，即南山山脉）一带广袤无垠的干旱区，在近千年的时间里，这片独特的地区汇聚了中国文明和印度文化，前者通过贸易和政治的渗透传入，后者则依靠佛教传播过来”。[32]

为叙述方便，我在书中使用“塔里木（盆地）”一词来涵盖斯坦因所称“西域”的核心地带，同时，我把敦煌也纳入这一地理概念内。尽管从地理上来说，它其实位于塔里木盆地的东外缘。

斯坦因及来自法国、德国、俄国、瑞典、日本和美国的考古学家发掘了数十个遗址，年代都在公元一千纪以内。不过在写本与绘画方面，数一数二的重大发现却是来自今天中国甘肃省敦煌郊外一处佛教遗存的小洞窟里。这个小洞窟藏了四万余件写本、早期刊本和绘画，年代从公元400年到1000年不等。这个洞窟在11世纪初被封（我们不知道是谁封窟，也不清楚为什么封窟），直到1900年才偶然被人发现。[33] 1907年斯坦因抵达敦煌，此前他就听闻这个发现，于是与洞窟的看管人（译注：王圆箓）进行协商，后者很乐意把好几车的写本转手出去，换来一小笔钱。此前这位看管人就已经将一些写本和绘画赠给了当地的官员，其时他正忙着筹募资金，以便修缮寺院里上百座洞窟的塑像。斯坦因前脚刚走，法国汉学巨擘伯希和（Paul Pelliot）就来到了这里，他声称把窟中留存的材料全都浏览了一遍，然后说服那位看管人，又带走了好几车的材料。此后，中国当局下令把洞窟中余下的汉文文献运送至北京，安放在学部，其间有些文献竟不知所踪。（这些丢失的文献后来出现在一位中国藏书家手里，他曾在学部任职。）[34] 尽管如此，在接下来的几年里仍不断有写本卖给日本和俄国的探险队。1913 年，斯坦因甚至在邻近的小镇上又买到了六百卷。不过后来的这批材料中究竟有多少是伪造的，仍在探讨当中。[35]

敦煌文献的重要性再怎么强调都不过分，这批材料是本书的核心所在，而敦煌的居民成为本书最后四章的焦点：官吏、比丘尼、寡妇、画师。敦煌遗珍的庞大规模也带来了一些问题。敦煌学（Dunhuangology）已成为一门专门的学科，中国和日本的高校院系、期刊、会议及上百名学者都致力于其中。有时仅通过中国历史文献来研究敦煌，便洞察不了敦煌所处的广博背景，容易忽略它与外界的联系。[36] 我以为要了解敦煌及其居民，最基本和最重要的便是了解这个广博的“丝路”背景。因此，本书将充分利用其他材料，包括物质的、文本的，来自塔里木盆地乃至更远地区的。对于在我学识之外的研究领域，我将依靠间接的研究成果。我有意把一些传奇故事安排在核心区域外，放到伊朗、中国甚至非洲和欧洲里，就是为了提醒读者去注意丝路所在的大背景。

序章后的第一个故事从公元 730 年开始，一直延续到 10 世纪末，即公元一千纪末期，这并非是我贸然做出的选择。正如白桂思（Christopher Beckwith）提到的：

> 8 世纪中期……欧亚大陆的各个帝国都发生了根本的变化，其标志通常是成功的政变。其中最著名的有加洛林、阿拔斯、回鹘及唐朝发生的叛乱，这些叛乱被视为各个王朝历史上的主要分水岭。值得注意的是，这些叛乱都与中亚密切相关。[37]

这些叛乱均发生在 742 到 755 年之间，叛乱结束后，经济增长，文化也有了进一步的发展，为国际化大都市的繁荣奠定了基础。本书传奇要讲述的正是这个欣欣向荣的时期，讲述那时的人们过着怎样的生活，尽管在多姿多彩的丝路长河中这些人不过是一小抔沙子而已。

丝绸之路的开端远早于这一时期，覆盖的区域也要比这些小花絮展示的更广阔。为了令读者窥见丝路的大背景，我在序章中介绍了一位生活在 6 世纪、来自阿克苏姆的船长，描绘了海路贸易的面貌，并谈到东非与欧亚之间日渐频繁的来往，但这仅仅是全豹之一斑。

同样，尽管在这一时期佛教在塔里木一带占主导地位，如楚达（来自克什米尔的僧人）、妙福（尼寺住持）和阿龙（居士）的故事体现的那样，但还有其他宗教，包括犹太教、祆教、摩尼教和基督教，它们跟随传教者的足迹传遍了整个中亚，并在丝路上找到了皈依的同道，这些宗教在书中都有所提及。《作家》一章谈到了信奉犹太教的可萨人、伊斯兰化的不里阿耳人，以及维京人中的基督教徒和异教徒，在一定程度上向人们揭示了这种多样性。

到6世纪，犹太人社群在伊朗、印度和撒马尔罕出现。8、9世纪，犹太教传播到了更远的地方，居住在里海北岸的可萨突厥人中有些开始转信犹太教，与此同时，经商的拉特纳犹太人进入塔里木一带。[38] 祆教本是萨珊波斯人的宗教，6世纪时撒马尔罕已有许多祆教信众，随后祆教又跟随商人和传教士的足迹，从撒马尔罕传入了中国。到7世纪，萨珊波斯被阿拉伯王朝攻克后，其统治者逃到龟兹寻求庇护。大约在同一时期，一座祆祠在长安（今中国西安）落成。当然，那时候敦煌也有祆教社群和祆祠。[39] 一些粟特人成了摩尼教徒，而且在他们的影响下，回鹘统治者也皈依了这个宗教。这时，基督教沿着塔里木盆地传播进入中土，建立起一个又一个基地，并在稍晚的时候通过海路再次登陆中国。[40] 东非的阿克苏姆人也信仰基督教，但属于另一教派。

因此，到公元730年故事帷幕拉开的时候，在从撒马尔罕到长安两座大城市间的大小市镇里，都扎根着上述各个宗教的社群。伊斯兰教已向东扩散，而一些古老的本土宗教仍留有余息：吐蕃贵族的苯教、突厥人的腾格里信仰，还有在印度西北部乃至大夏的居民中流行的印度教。可到了10世纪末，这几大宗教均遭到严重的迫害，中亚的宗教环境经历着转变。

然而丝绸之路并未消亡，我在尾声中简要叙述了其后几个世纪发生的情况，谈及蒙古帝国的扩张，也谈到陆路与海路依旧一派繁荣。

尽管有些故事角色并没有涉足贸易之旅，但依靠丝路才得以进行的长途交流活动影响到了每一个人，并体现在他们的日常生活中，例如僧尼的佛教信仰、寡妇服用的药材、公主佩戴的项链、画师的绘画风格，以及某位官员对夜空星辰的认识。这些传奇犹如一个缩影，反映了亚非欧贸易网络所带来的影响，让丝绸之路的错综复杂、伸向生活各个方面的触角，全都展现在灯光之下。

序章

船长

塔泽纳，公元520—535年

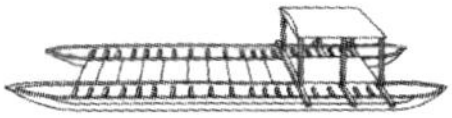

拂晓时分，马里克来的女人骑着骆驼，她的驮轿好似达德谷里的巨船，那是阿杜利斯或伊本亚敏的船，上面的水手们时而转向，时而直航，船首劈开水沫，一如赌徒用手拨开尘埃。

——塔拉法，《悬诗》第二节，3—5联，6世纪[1]

暮春时节，塔泽纳远眺大海，他没去注意阿杜利斯（Adulis）港葛巴扎（Gabaza）码头的喧嚣，而是望向一艘刚刚出现在地平线上的船舶。[2] 大海现在看来风平浪静，但塔泽纳深知，危险的暗流会将船只拖撞上潜藏在海面下的珊瑚礁。他的同乡没有用钉子来连接船只的木板，而是用了绳索，相信这样会使船更加灵活，足以承受住珊瑚的撞击。[3] 他本人就亲眼见过许多钉结而成的船舶在海中分崩离析。他也清楚，那些偏好钉结船只的人其实是想减弱红海海面上的季风对船只的影响。[4]

塔泽纳的船队载着玻璃、象牙、乳香和绿宝石，准备从阿杜利斯向南航行，[5] 去往波斯和印度的港口。巴尔巴里（Barbarikon）港在位于印度河三角洲的信德（Sindh），几个世纪以来这里都是西方货物的主要入口。早年，贵霜王朝（位于阿富汗北部）几个世纪搜罗到的玻璃等器物就是由商人从港口带来的，他们沿着印度河的河谷到悬度（Shatial），再转向西北，沿印度河支流一路走到贵霜都城。[6] 阿克苏姆铸造的钱币也通过各种途径进入中亚各国。[7] 麝香、蓖麻、甘松、宝石等货物，经中亚的陆上丝绸之路从北部传来，其中很多都是由贵霜和粟特商人供应的。贵霜王朝衰落后，粟特商人掌握了贸易的主导权。[8]

塔泽纳从印度商人那里知道了悬度这个地方。到访此处的上

图 1　阿克苏姆帝国约珥王时期钱币的正（左图）、反（右图）两面，反面铸有基督教十字架。

百名旅客，在河谷的岩石上刻下自己的名字，其中很多文字都是印度人不认识的。[9] 尽管贵霜王朝早已销声匿迹，但据一些当地人称，几个世纪以前曾有贵霜使团去往阿克苏姆，还携带了一百余枚新铸的贵霜金币作为礼物（见图 1 和图 2）。[10] 这些钱币储存在一个产自印度的木雕匣子中，匣子上装有金合页并嵌有绿宝石薄层，但在从阿杜利斯到阿克苏姆途中，这些钱币被留在了某个圣地。不久，圣地上建立起了一座德布勒 · 达摩修道院（Debra Damo Monastery），这盒钱币也就一直放在了这座修道院里。[11]

塔泽纳拥有好几艘船，这么多年来他大多数时候都换着不同的船来出行。当趁着西北季风返航时，他几乎没有时间到阿克苏姆去探望家人。回家一趟意味着要朝西南方航行八到十天。他是一名基督徒，和大多数乡民一样，常常会在阿杜利斯的教堂驻足，感谢主

图 2　贵霜钱币，类似于阿克苏姆窖藏中出土的一枚钱币：阎膏珍时期的二斯塔特（double stater）金币（© 大英博物馆理事会）

护佑他安全返航并为他的家人祈祷。[12]

4 世纪时，阿克苏姆的国王埃扎那（Ezana）遇到圣人弗鲁门修斯（Frumentius），皈依了基督教。弗鲁门修斯原为叙利亚人，在阿克苏姆的海岸被俘后沦为奴隶。[13] 国王埃扎那颁布法令，诏谕阿克苏姆铸造的金、银、铜币均须在反面铸有基督教十字架，正面仍为国王的头像。[14] 此前，铸币反面铸的是圆盘及新月图案，象征着皇室守护神马赫莱姆（Mahrem），正面的国王埃扎那则表现为马赫莱姆之子的形象。[15] 到塔泽纳生活的时代，全国各地存在着无数座修道院与精美的教堂，展现了当地石匠、木工和艺术家的技艺，如阿克苏姆大教堂和阿杜利斯的一座大礼拜堂，这座礼拜堂不仅建有风格独特的大殿，还配有丰富多样的装饰物。[16]

十年前，塔泽纳的船队被编入卡莱布（Kaleb）国王派遣的护航舰队，穿过红海，前往位于阿拉伯半岛南部的也门。此次出征，是因为有报告称也门采法尔（Zafar）和纳季兰（Najrān）两地的阿克苏姆基督教团体受到信奉犹太教的希米亚里特（Ḥimyarite）国王优素福（Yūsuf As'ar Yath'ar）的攻击。[17] 纳季兰是乳香贸易路线上的重要一站，因此，即使出于经济因素的考量，阿克苏姆人也希望自己能在当地重振声望。[18] 为了支付军费，阿克苏姆的铸币作坊忙碌地铸造起金币来。[19]

因印度之旅而得名的古希腊旅行家、修士科斯马斯·印地科普莱斯特斯（Cosmas Indicopleustes）当时正在阿杜利斯。在国王卡莱布的要求下，同时也是为准备此次出征，他抄写了当地的一段铭文。起初为了纪念先王的战功而在一个宝座上刻下了这段铭文，有希腊语和阿克苏姆语（吉兹语）两种版本，[20] 铭文年代在阿克苏姆信奉基督教以前，记载了献给异教神灵的祭品，包括与阿克苏姆神祇马赫莱姆地位相当的战神阿瑞斯（Ares）：

> 当我在这个臣服于我的世界里重建了和平，我来到阿杜利斯，向宙斯、阿瑞斯和波塞冬献祭，以保佑那些在大海上航行的人。在我统治的第二十七年，我集结士兵，重组军队，然后在此立下王座，将它献给阿瑞斯。[21]

埃扎那国王的一段铭文则体现了他对基督教的皈依，铭文的希腊语版本开端如下：

> 我所信的神及圣父、圣子和圣灵的力量，他们曾保佑我的国，我所信的神的儿子基督耶稣，他护佑了我并将保佑我直至永远。[22]

在阿克苏姆建国的前几个世纪，吉兹语使用的文字系统只有辅音字母，这种语言来自红海彼岸的阿拉伯半岛南部。但到了国王埃扎那皈依基督教的时候，阿克苏姆人已发展出了一套带有元音字母的文字系统，这可能是受印度文字的影响。[23] 除了铭文，金币、银币上也使用这种文字，甚至在阿克苏姆转奉基督教后，圣经及其他基督教文献也是用这种文字翻译的。[24]

教堂和修道院在阿克苏姆各地兴建起来，有些其实是重新利用了原来的古代建筑，如耶哈（Yeha）的教堂。与阿克苏姆大部分地区一样，耶哈位于高原上。出了阿杜利斯后，地势一下子升高了约一万英尺，海岸平原陡升为荒芜的岩石山，这些高耸的山脉构成了东非大裂谷的边缘。平原地区的那股湿热之气在此荡然无存。在峭壁平地拔起的巨岩上，矗立着一座座修道院，环境幽僻安宁，十分适合默祷与祈告。修道院也为诸多旅客和商人提供了休憩之所。尽管地形险峻，商人仍携带自己的货品来往于港口。

塔泽纳的注意力回到了喧闹忙碌的港口。[25] 今年一如往常，数周以来各方商队携带各自的货物入港，包括来自尼罗河另一边的象牙、犀角、动物、兽皮、毛皮、乳香和奴隶，贝贾（Beja）矿产的翡翠，以及萨苏（Sasu）的黄金。[26] 几个世纪前，来自埃及的船运来了阿克苏姆贵族和波斯、印度商人孜孜以求的玻璃器具。[27] 塔泽纳家中就有一套罗马玻璃的高脚杯，至今仍不时派上用场，然而在塔泽纳的时代，金属餐具才是风尚。[28]

塔泽纳在旅行中知道了不少事情，他为阿克苏姆的国际地位感到自豪。事实上，他听说公元 3 世纪的波斯先知摩尼（Mani）将阿克苏姆与波斯、罗马和中国并列为世界上最重要的四个国家。[29] 塔泽纳也与罗马商人和波斯商人保持着贸易往来，尽管他主要停靠的港口位于印度西海岸。

几年前，他的船载过一批王室商人，他们试图垄断塔普罗巴奈岛（Taprobane）的中国丝绸贸易。[30] 中国船只把这些丝绸运抵塔普罗巴奈大港曼泰（Mantai）。[31] 拜占庭皇帝查士丁尼一世（527—565 年在位）企图压低波斯人的提价，建议阿克苏姆商人买下所有丝绸，并以比波斯商人更有利的价格转卖他。[32] 然而这单交易并未成功。阿克苏姆人抵达曼泰后发现，当地商人早已习惯与波斯人做交易、赚钱，没想过改变现状 ：“埃塞俄比亚人不可能从印度人手中买到丝绸。波斯商人住得离印度近，最早的一批印度船只抵达时，他们便已候在港口，并经常买下整船的货物。”[33]

波斯境内的中国丝绸并非都从海路来，还有很多是穿过塔里木盆地和中亚各国到达波斯边界的。据科斯马斯 · 印地科普莱斯特斯说，海路运送丝绸要比陆路远得多，他还提到大部分丝绸都走陆路。[34] 不过，连接亚非欧三大洲的海路与陆路通常彼此依存。如果风向适宜，船的航速要比驼队快三倍，而且货物承载量大，相当于一千头骆驼。[35] 此外，走海路的话，“遇到交涉、钱财丢失、蓄意拦阻、直接暴力等风险的概率远小于跨地区的陆路货物运送”。[36]

但是，沿海岸航行的船舶经常要在港口停靠，因此不得不缴纳税款。而且，船只连同整船的货物常常会在海上迷失方向。[37] 另外，麝香、象牙等货物出产于内陆深处，上船前还需要在陆上运送相当长的距离。

虽然 6 世纪这场直接购买的行动（直接在曼泰买丝绸，不经波斯人转手）没有达成，但那时中亚地区已开始生产家蚕丝了。在其后的几十年间，一个故事逐渐流传开来：景教教徒将蚕茧藏于空的竹筒里，成功带到了查士丁尼的朝廷上。[38] 不过，中国的丝线和织物仍受人欢迎。几世纪前，来往于印度港口的粟特商人，现已通过塔里木盆地进入中土经商，并将其贸易延伸至拜占庭。他们走北边的路线，经里海和高加索一带，从而避开了波斯人。[39]

塔泽纳曾在塔普罗巴奈岛遇到过中国船只。中国船与他自己的船迥然不同：船板是钉合的，船头呈方形，并使用多个船桅，[40] 他从未在阿杜利斯见过中国船。[41] 与很多阿克苏姆人一样，塔泽纳受过教育，还会讲几种商人常用的语言，包括一些波斯语和印度方言，但他不会中文，不过他意识到与中国人贸易的重要性。中国人珍视的玻璃器具，阿克苏姆人可以从拜占庭获得；中国人也常常购买整船的象牙。[42] 尽管中国西南部也有大象，但并不能满足中国人对象牙的需求。象牙不仅被制作成筷子、发簪和梳子供士族使用，还做成朝廷官员手中的笏板，以及皇室马车上的装饰。[43]

塔泽纳生性好奇，有一次他到访塔普罗巴奈岛，在港口碰见（他认为是）来自印度和中国的僧尼，这些人兴致高昂，引起了他的兴趣。他了解到，盛大的佛牙节即将在群山环绕的都城里举行，[44] 参加的人都是佛教徒。塔普罗巴奈岛有成千上万名僧侣，塔泽纳因为多次到访这里，在得知有佛教这么一个宗教后，[45] 他决定参加这次庆典。再说，离赶上季风跨海返航还有几个月的时间，庆典刚好就在他被迫停留期间举行。[46] 他还获悉，自从佛牙舍利被带到岛上，当地就一直定期举办祭拜活动。一名盛装男性骑在大象上，宣布庆典开始——跟卡莱布国王专车用的大象相比，塔泽纳觉得印度象的个头似乎更小。[47]

在接下来的十天里，越来越多的民众聚集到都城，道路上尽是鲜花、燃香和燃灯佛的造像。最后一天，佛牙被迎出，沿着洒满鲜花的道路巡游逐渐向寺院前进。到达寺院后，佛牙被安置于主佛殿，并将在此供奉九十天，期间人们会把成簇成簇的鲜花供奉给各种宗教仪式。不过塔泽纳没等到那会就返回了港口，为归航做准备。

自那次在塔普罗巴奈的经历后，他几乎每年都跨海航行。除了有几艘别人领航的船舶存在货物丢失的情况以外，塔泽纳还算一帆风顺，生活也变得富裕起来。只是现在的他渐入迟暮，他希望这会是他最后一次远航，这样就能在家乡停留更长时间。这个愿望成为了现实，不过是以一种始料未及的方式。在下一次航行中，这艘船被困在了海上，尽管塔泽纳拥有高超的航海技术，仍无力回天。最后，他和他的船员以及那些贵重的船货，全都埋葬在了冰冷的海底。

第一章

商人

诺檠陀，公元730—751年

飒秣建（译注：撒马尔罕）国，周千六七百里。东西长，南北狭。国大都城周二十余里，极险固，多居人。异方宝货，多聚此国。土地沃壤，稼穑备植。林树蓊郁，花果滋茂。多出善马。机巧之技，特工诸国。气序和畅，风俗猛烈。

——玄奘，《大唐西域记》，646 年[1]

西历公元751年，即回历134年，阿拉伯阿拔斯王朝第一任哈里发——萨法赫（al-Saffāḥ）统治的第二年，拜占庭卡洛林王朝首任皇帝即位之年，亦即中国皇帝唐玄宗统治时期的天宝九年，这一年，商人诺槃陀从撒马尔罕来到中国。撒马尔罕原是一个独立的城邦国家，但因阿拉伯军队扩张到阿姆河东部，撒马尔罕在当时已处于阿拉伯哈里发的统治之下。[2] 诺槃陀的旅程持续了将近一年：从撒马尔罕出发，翻越高耸入云的帕米尔山脉，然后沿着塔克拉玛干沙漠的边缘到达唐朝的都城——长安。[3]

诺槃陀的家族来自片治肯特，东距撒马尔罕约六十五公里，是一个被称作粟特的地区。[4] 西来的阿拉伯军队称粟特为“外乌浒水之地”或河中地区（Transoxania）。片治肯特地处粟特东缘，位于泽拉夫尚河（Zerafshan）谷地，在从帕米尔山脉向东延伸出来的两山之间。片治肯特城建在一座小山上，与其他粟特城市一样，片治肯特也建有坚固的防御城墙，城西部的山坡向下延伸至泽拉夫尚河，从城的东南方眺望过去，便是帕米尔白雪皑皑的山峰。

城墙内的区域十分狭小，面积略大于一百八十亩，只有统治者、贵族、商人及富裕的手艺人能在城内安家。[5] 在诺槃陀的时代，商人及土地所有者住在双层的大房子里。这些住宅聚集在一起，彼此间以带拱顶的小巷进行分隔。每座房子的底层均有一个挑高双层的大客厅，装饰有壁画与木雕，并透过天窗进行采光。从底层沿楼梯上去，便能到达二层的起居室。房屋内还有一个房间专门放置祆教的火坛。朝向大街的房屋底层被一间间小工坊占据着，被房主出租给商店店主及匠人。这些房屋并没有庭院、花园、公园这些空间，尽管谷地内纵横交布的灌溉渠道为农田及无数花园提供了水源，围墙之内也几乎不种植树木，城内狭窄的小巷堆满了肮脏的垃圾。在温度飙升至 100 华氏度（37.8 摄氏度）以上、空气不流通的夏日，这些垃圾便散发出令人难以忍受的气味。短短几天内，太阳无情的炙烤甚至令草原上的茵茵夏草枯萎凋零。在这个暴雨罕至的地方，每个人都渴望来一场滂沱大雨，好把城市的街巷洗刷干净。

这座城市的生活并不止步于城墙之内。一个集市设立在向西可达撒马尔罕的主城门外，那里常常挤满了喧嚣的人群和牲畜。在任何时刻，你都可能听到多种语言在对丝绸、香料、宝石及其他奢侈品讨价还价。这些奢华之物色彩斑斓、芬芳馥郁，令人目眩神迷。那些较小的房屋则蔓延至山下，遍布于谷地中。

诺槃陀身着独特的粟特服饰：他头戴一顶弗里吉亚（Phrygian）软帽，锥形的帽尖微微下垂；上身穿着一件束腰、及膝的锦衣，以深蓝丝绸织成，装饰有萨珊风格的对鹿纹圆形图案（见图 3）；下身则穿着窄腿裤，脚上的半靴用织锦缝制，并以皮革作鞋底。[6] 他的着装及浓重的络腮胡，与长安西市中的汉人、突厥人及吐蕃人迥然相异。不过，他绝不是中国都城里唯一的粟特人。粟特人被公认为丝路东段上的出色商人，这一带所有大城镇中均有粟特人的社群，他们已在此繁衍生息达数世纪之久。[7]

图 3　敦煌发现的典型萨珊风格织锦，8 世纪。（一幅佛教经幡上的图案，大英博物馆，藏品号 MAS862.a，作者绘）

尽管诺槃陀需要花大笔钱财来贿赂中国边境的官员，但通过在长安贩卖麝香、银器和宝石，他仍赚得金满盆钵。撒马尔罕是红宝石、翡翠、青金石等宝石的贸易集散地，很多宝石都开采自撒马尔罕以南的山区中，诺槃陀可是这方面的专家。他在旅途中用一些宝石换来硇砂（用动物粪便制成）和麝香（西藏地区鹿的腺体），这两种材料在中国有一定的市场。[8] 起初他并未打算贩运体量较大的银器，但他听一个同乡说，具有突厥—粟特血统、镇守中国东北边境的将军安禄山喜爱精美的器物，便又添补了几件佳品，包括一件饰有双峰驼浮雕的镀银执壶（见图 4）。[9]

诺槃陀将这些精美器物卖给长安的中间商，此人已经与安禄山的一名采办取得了联系。通过中间商，诺槃陀也买到了上好的丝绸，这些可是他的粟特同胞和居住在粟特北境的突厥人的心头好。他打算在回撒马尔罕的时候，把丝绸卖给这些突厥人。一些丝绸通过这

图 4　饰有带翼骆驼的粟特银酒壶，7 世纪晚期至 8 世纪早期。类似器物在中国十分流行。（俄罗斯埃尔米塔日博物馆，藏品号 S-II。作者根据 Marshak，1986：图 56 绘）

样的方式，辗转来到西方的拜占庭宫廷（早在其他国家掌握养蚕抽丝之术前，中国人已有几千年的丝绸生产历史。到诺槃陀的时代，中国的近邻也生产丝绸并向西方出口，但西方市场仍只认准中国的丝绸）。前段时间唐朝和阿拉伯帝国（译注：中国史书称之为“大食”）爆发了一场冲突，一批中国人被俘。就在诺槃陀逗留长安期间，这些战俘被押送至西边的大马士革，那里是阿拉伯丝织品的生产地，这些俘虏带来的丝绸织造技艺在这里派上了用场。[10] 在这场战役中被俘的还有一批懂得造纸术的中国人，他们被送到了撒马尔罕。很久以来阿拉伯书籍都用羊皮或莎草纸制成，造纸术的到来改变了这一局面。[11]

诺槃陀携带了一块未加工的大夏青金石，他把这块石头交给一位吐蕃银匠，将其镶嵌在项链上送给妻子。[12]生意结束后，他和他的中间商等人一起宴饮娱乐：长安的食府与酒肆中有众多出色的粟特歌者和舞者。诺槃陀已在丝绸之路上往来二十年，他对长安非常了解。

皇城以南有宽达一百五十多米的大道，道路旁食府众多，他们打算光顾其中一家。[13]他们对想吃的菜品合议了一番，最后选择一家以佐以香料的面条、马奶葡萄酒和舞者著称的酒家。[14]三名浓妆艳抹的女孩斜倚在二楼栏杆上，招呼他们进店。她们头饰华丽，浑身散发着茉莉花的香气。诺槃陀一行脱去鞋子，被带到楼上的高级消费区。这里被区分为不同的隔间，分别置以坐席。地板上铺着苇席，客人们则坐在低矮的长凳上（又一件从中亚引进的物品），围在漆案旁。[15]随后侍者带来美酒佳肴，放在银器里一一呈上。

马奶葡萄生长在高昌，以此酿成的酒最为醇美。无论是葡萄酒还是葡萄，都是进口来到中原的，葡萄被放在厚实的铅器中冰镇保鲜。葡萄酒价值不菲，但对于诺槃陀和他的商界同侪来说不算什么，他们贸易所得的利润足以支付。无论在撒马尔罕还是长安，喝酒都被公认是社交生活的一部分，深夜里成群醉酒的男人和陪侍他们的妓女从酒楼食肆中蹒跚而出，这样的场面屡见不鲜。[16]

酒足饭饱之后，他们召来舞姬。两个女孩踩着乐师欢快的鼓点，左手置于臀部，身体稍稍弯曲如莲茎一般，然后回旋转动，同时左腿保持近乎笔直，眼睛则紧盯着客人。她们身着窄袖细绸上衫，穿彩绣长摆纱裙，腰间束以银制的宽腰带，头上戴着饰有金铃的尖顶帽，清脆的铃声与韵律感十足的沉重鼓点形成鲜明对比。男人们喝彩、呐喊，和着音乐击掌，而女孩们泛红的双足愈旋愈快。倏忽间，鼓声戛然而止，女孩们面向诺槃陀的酒案站定，并从肩上褪下绸衫，露出她们的巧乳。[17] 接着，一名女孩坐在诺槃陀膝上劝他叫来了更多的酒，他抚摸她的酥胸，喝了一杯又一杯。女孩来自石国(Chach)，[18] 他们用粟特语聊天，但很快诺槃陀便醉倒了，对后来发生什么几无印象。

诺槃陀是一名摩尼教徒，即公元3世纪巴比伦先知摩尼的信徒，但他并未严格遵循禁酒的戒律。摩尼教徒曾在粟特地区发展成为一个势力强大的教团，与巴比伦的母堂分庭抗礼。随后，他们把满腔的传教热情投向了更远的东方。最初将摩尼教信仰引入河中地区的是摩尼使徒末阿莫（Mar Ammo),称自己为“真正纯洁者”(the Pure Ones)，粟特信众尊奉他为教派鼻祖。公元8世纪，摩尼教东方教区的中心位于塔里木北部的高昌，从撒马尔罕到长安的路上，摩尼教寺院比比皆是。教团的分裂状态也结束于8世纪，东方教区的信徒们承认了巴比伦教团首领米尔（Mihr）的管辖权。[19]

然而，到诺槃陀的时代，撒马尔罕和片治肯特已鲜有摩尼教徒。诺槃陀在一个袄教家庭长大，但在叔父的影响下皈依了摩尼教。早年摩尼教徒为了躲避家乡的宗教迫害而逃至东方，他的叔父就是从这些人身上了解这一宗教的。[20] 除了袄教和摩尼教的社群，片治肯特和撒马尔罕还有信奉佛教、犹太教和景教的群体。诺槃陀叔父的一个朋友便是一名虔诚的佛教徒，他在印度的时候就已信奉佛教，后来才在撒马尔罕定居下来，娶粟特女子为妻。然而，这位朋友不久便离开人世，他的儿子不空（Amoghavajra）前往中国，诺槃陀的叔父听说，不空成了中国朝廷的一名高僧大德。[21] 诺槃陀的叔父对不空离开撒马尔罕颇感欣慰，因为自阿拉伯帝国攻占粟特以来，伊斯兰教成为当地的主流，很多同胞转而信奉这一宗教。

在 750 年阿拔斯王朝建立之前，阿拉伯人处于倭马亚王朝的统治之下，建都于大马士革。早在 670 年左右，他们的军队就已跨过了阿姆河，但直到 8 世纪的前数十年，长时期的内乱结束后，阿拉伯统治者才开始真正重视东方。此后，他们的军队向东稳步推进，利用那些半独立城邦国王间的敌对关系，化敌为友。他们于 712 年到达撒马尔罕，将其包围了足足一个月，直到城中居民被迫投降并同意签署和平条约方才罢手。紧接着，阿拉伯军队继续东征，分别于 713 年和 714 年到达撒马尔罕东北部的石国和拔汗那国。[22]

长期以来，粟特的北部和东北部一带都处于突厥部落的统治之下，不时获得中原王朝和吐蕃的支持。紧邻粟特西部的突骑施（Türgesh）在 8 世纪初控制了这一带，设置十二个被称为都督（totoks）的部落首领来统治臣服的地区。[23] 他们的疆域从石国向东，沿天山以北，一路延伸至准噶尔盆地，即今蒙古国南缘。每个都督均可召集数千名配备有马匹和武器的士兵。720 年左右，他们统治臻至全盛的时期，突骑施通过都督可召集二十万兵士。[24] 对突骑施来说这些军队十分重要，他们不断抵御西边的阿拉伯人、南边的吐蕃人的进攻，还击退东边突厥部落的侵袭，这些部落在中国军队的支援下，早已对突骑施手中的统治权虎视眈眈。[25]其余的突厥部落此时已经西迁，远离纷争，在伏尔加河流域建立了可萨汗国和不里阿耳汗国。[26]

在各种因素推动下，当游牧的阿拉伯贵族到达河中地区时，他们在这片土地上定居，传播伊斯兰教，皈依伊斯兰教的人不仅能获得精神上的回报，还将被免除丁税。这项政策极具诱惑力，大量粟特人成为穆斯林，造成税收锐减。这项减免最终遭废除。新政策规定，皈依者需行割礼并熟悉伊斯兰教义。人们本来就仇视阿拉伯统治者，这项改革更是激起了他们的怒火，令他们深信倭马亚人只会保护自己贵族的利益。于是720至722年间，粟特地区爆发了好几次大规模起义。

诺槃陀的父亲和叔父也参加了起义。在北邻突骑施人的帮助下，粟特人成功消灭了撒马尔罕的阿拉伯驻军，将阿拉伯人逐出了这座城市。战败的阿拉伯总督无法重掌这一区域的局势，因而被另一位总督取代，这位新任总督可谓臭名昭著。他不满于自己的阿拉伯同胞对粟特属民的过于仁慈，决定夺回叛军占领的城市，率领大军从西部推进。起义者意识到起义可能难以为继，于是开始撤退。诺槃陀的叔父和来自撒马尔罕的其他起义者进行商议，决定向东逃至费尔干纳谷地，全然不知拔汗那国国王已经背叛了他们。在那里，起义军被迫向阿拉伯军队投降，绝大部分贵族及数以千计的平民被处决。一小部分贵族向北逃亡至石国，成为突骑施军队的一支精英部队。此外，包括诺槃陀的叔父在内，仅有四百名商人得以幸免，俘虏他们的阿拉伯人希望利用其巨大的财富来助自己一臂之力。确实，正因为阿拉伯人从粟特商人那里贷来资金，他们早前对河中地区的征伐才得以成行。[27]

诺槃陀的父亲参加了由片治肯特的领袖迪瓦什梯奇（Devashtich）领导的另一支起义军，这支部队逃至片治肯特南部的穆格山（Mount Mug）戍堡中。同样在 722 年，片治肯特的粟特人在附近一个峡谷遭遇了阿拉伯军队，粟特人本希望靠地理优势来取胜，却被打得落花流水，其领袖也遇难身亡，诺槃陀的父亲也没能从战场上回来。[28]

诺槃陀和他母亲对父亲的生还抱有一丝希望，也许他和同胞一起加入了北方突骑施的军队。突骑施本来就受到北方和东方邻近势力的威胁，当阿拉伯军队开始向突骑施南边扩张时，他们决计抵抗阿拉伯人的一切大规模入侵，因此十分欢迎逃亡而来的粟特起义者加入他们的行列。此后，粟特军队抓住一切与阿拉伯军队开战的机会，以报之前的屠杀之仇，他们英勇的事迹在撒马尔罕的集市上流传，只是未能为阿拉伯人所闻。

诺槃陀的叔父从战场回来后便收养了他。诺槃陀和母亲从片治肯特搬到了撒马尔罕的叔父家。粟特社会分为四个阶层，商人处于第二等级，在贵族之下、工匠和平民之上，他们有充足的财力，可以用夯土和土坯筑成坚固的平房并刷上一层细泥。诺槃陀在片治肯特的旧居中，每一个房间都装饰有描绘着传统故事的饰带；他年幼时，父母就经常向他讲述这些故事，而他最喜欢的鲁斯塔姆（Rustam）斗恶魔的故事。[29]

这个故事的壁画被分为两层描绘在宅邸礼堂的侧壁上，在祭

图 5　片治肯特一处宅邸壁画描绘了坐在狮背上的四臂娜娜女神，7 世纪。（作者根据 Marshak，2002 ：图 3 绘）

坛后方，最内部的墙上绘有一幅大型壁画，描绘了他们家的守护女神——坐于狮背上的四臂娜娜（Nana）女神（见图 5）。这位赐予生命的母亲神，正是诺槃陀名字的由来，意为“娜娜的奴仆”。[30] 礼堂的拱顶很高，用砖砌成并加了一层石膏，带有天窗和雕饰的木柱。诺槃陀的家族在此举行宗教仪式，商讨家族事务，节日期间还会大摆筵席。他的家庭十分富裕，在河谷一带拥有土地，由奴隶进行耕种，收入可观。他们还从过桥费中抽取分成，田中的水磨房也为他们获利不少。

诺槃陀的叔父在撒马尔罕的住宅同样很宽敞，但在装饰方面不如片治肯特华丽。与片治肯特不同的是，撒马尔罕这座大城市伫立于山岗之上，远在泽拉夫尚河的下游。但撒马尔罕防御坚固，周边围墙足足有八英里长、五十英尺高，每隔一定距离还设有棱堡和瞭望塔。城中街道熙熙攘攘，守备不在片治肯特之下。阿拉伯士兵把上城的居民驱赶走，自己驻扎在了这里。不过诺槃陀没有多少闲工夫可以用来探索这座城市，他很快便忙于学习从商之道，学习商人所需的各种语言：阿拉伯语、汉语和一些突厥语与吐蕃语（粟特的男孩通常在五岁后便开始接受教育）。也是在撒马尔罕，经过教导，他成了一名摩尼的追随者，脱离了父母的祆教信仰，不再崇拜火和其他神祇。叔父也试图劝说诺槃陀的母亲皈依，他指出摩尼创建了一个可以取代此前所有宗教的宗教，但她仍坚持到城中祭有永恒之火的祆祠祭拜。其时，摩尼教传入粟特后祆教逐渐式微，在阿拉伯人入侵萨珊波斯不久，很多祆教徒为躲避宗教迫害，纷纷逃离伊朗在印度扎根，形成一个个活跃的社群，即今天所谓的“帕尔西人”（Parsis）。[31] 萨珊王朝的末代君王则逃至中国宫廷。摩尼教文献与粟特官方文书用的不是同一种文字，诺槃陀必须学习摩尼字母来为叔父抄写和朗诵宗教文献。

诺槃陀长大后，每当政治和军事局势稳定的时候，他便跟随叔父到西南的木鹿（Merv）、东北的石国和南方的巴尔赫（Balkh）经商。此前，粟特人曾到印度河河谷，与走海路从巴尔巴里港进入印度的商人进行贸易，他们将名字刻在河谷的岩石上，这些铭文见证了几个世纪以来粟特人的贸易历史（见图 6）。[32] 其中一段铭文是早年另一位诺槃陀留下的，他在去塔什库尔干探望兄弟的旅途上祈愿自己一路顺风。[33] 诺槃陀的叔父也跨过草原与北部的突厥人进行贸易，并由此沿西进的路线，经高加索地区到达拜占庭帝国，以避免经过阿拉伯人控制的地带。[34]

与叔父不同，诺槃陀不只是为了赚钱才走上旅途，他本身就热爱旅行。苍茫的群山深深地吸引着他，叔父常常发现他在清晨时分露天而坐，远方的帕米尔高原微微泛着粉色的光芒，宛如庞然巨物笼罩在晨曦之中，或当夜晚降临，本应监督骆驼卸货的他却眺望远方。此时暮色四合，广阔的平原和雄伟的山脉蒙上紫色的面纱，随后消失在夜幕之中。诺槃陀从未丧失过旅行的热忱，有时甚至不惜延迟旅程，好让自己在那可爱的群山中漫步。

他在巴尔赫的旅行尤为愉快。巴尔赫是大夏的主要城市，坐落在阿姆河的一条支流旁边，是南行印度的道路起点。巴尔赫的居民对这座城市的历史引以为傲，他们认为这是琐罗亚斯德真正诞生的地方，并吹嘘说一千多年前亚历山大大帝就是在此迎娶了他的大夏王妃。

728 年，针对皈依伊斯兰教者的政策再次发生变革，撒马尔罕及其他粟特城市的民众又发起一场反抗阿拉伯人的起义。这一次北方的突骑施和南方的吐蕃均派出军队予以协助，眼看就要成功将阿拉伯人驱逐出粟特一带。那时，许多逃过拔汗那国大屠杀、加入突骑施军队的粟特人重归故里，但诺槃陀的父亲并不在其中。

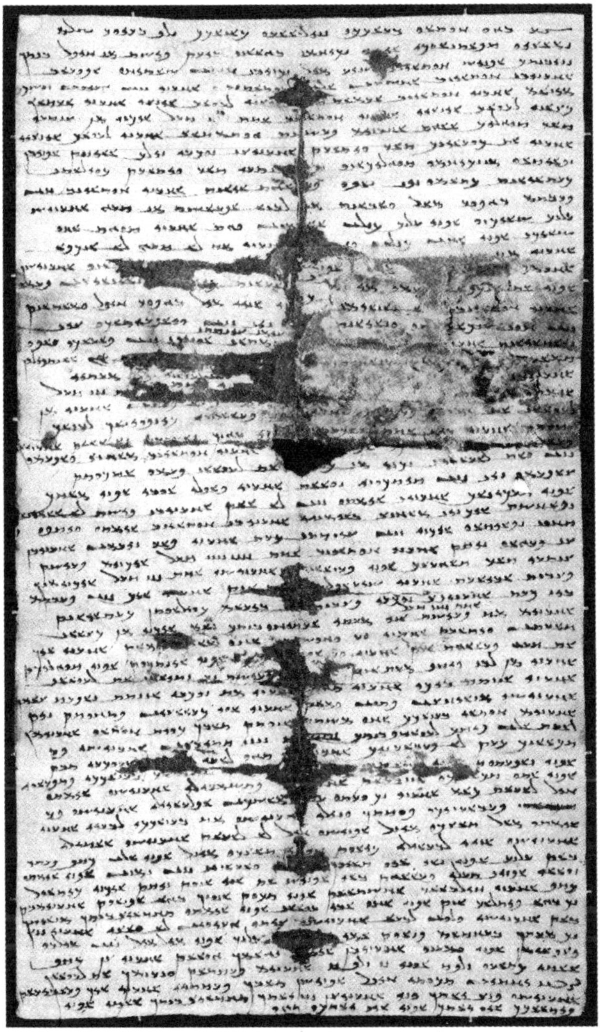

图 6　一封提及丝绸的粟特商人信札，313—314 年。（大英图书馆委员会，编号 Or. 8212/95）

751 年夏末，当诺槃陀奔驰在熟悉的长安街道上时，他想起了自己的第一次长安之旅。那是在 730 年，叔父觉得诺槃陀年岁已足，可以随他入华经商。有消息称，吐蕃入侵了名义上由中原王朝控制的帕米尔及其以南地区，因此叔父决定走东北路线，途经伊塞克湖，舍弃经过喀什的南线以避开吐蕃军队。他们携带的大部分货物将在沿途的集市上出售，但是其中一些商品，如金子和宝石，是专门销往长安的。大部分金块已由撒马尔罕的工匠锤碟，制作成波斯风格的金丝细工饰品。(突厥人常佩戴饰有动物纹样的金腰带;而在吐蕃，技艺精湛的工匠会将金属制成机巧玩物和饰品，大部分都作为献给中原皇帝的礼物。) [35]

他们为这次旅程做了精心准备和细致的筹划，毕竟这里距离长安有四千多公里。诺槃陀和叔父要经过突骑施、塔里木盆地的一众王国及部分中原领土。在通过山路时，他们遭受彻骨的寒冷；在沙漠中遇到酷热的炙烤。为了抵抗极寒，他们需要特制的鞋具和暖和的毛皮衣，而要对付炎热，他们则需要头罩和脸罩。两人带上仆人、叔父的年轻女奴一起上路，以便在途中享受服侍。[36] 他们还携带了武器，因为匪徒常劫掠过路的有钱人。

道路从撒马尔罕出发,向东北延伸至邻国东曹国（Ustrushana）,[37] 然后从那里前往锡尔河（或称药杀水）畔的俱战提（Khujand）。石国的疆域现处于突骑施的控制下，位于锡尔河彼岸。[38] 突骑施的首领，或曰可汗，曾多次率军协助撒马尔罕和其他粟特城市居民起义，突骑施民众与粟特人的关系十分友好。柘折城虽不及撒马尔罕大，但规模也相当可观，当地居民在气候温和的山谷中农耕，在山中畜牧。与撒马尔罕一样，石国城也建有堡垒、不同宗教的寺院，以及不计其数的房屋、店铺和作坊。前几任可汗曾在此修建一座大型宫殿，但现任可汗苏禄（Suluk，716—738 年在位）定都于更东边的碎叶，邻近他在天山北部的故乡。诺槃陀和叔父每天在城内的摩尼大寺祈祷四次，白天面对太阳，夜晚则朝向月亮，他们还向寺院的僧侣施舍。

他们从石国继续上路向东，从怛罗斯河谷地进入群山中，熟悉的河中平原渐渐消失在身后。[39] 接下来这段道路漫长但不崎岖，他们在山谷低地前进，穿过一个个关隘前往碎叶。[40] 碎叶城相对比较静谧，因为可汗和朝臣正扎营在伊塞克湖——意为“温暖的湖泊”。如其名所述，因为湖水盐度较高，而且周围的天山和阿尔泰山提供了天然屏障，所以即使是在最寒冷的冬季伊塞克湖也从不结冰，甚至传言在湖的深处生活着巨大的水怪。一到冬季，突骑施可汗便将朝廷、军队和畜群迁移至此，因此草场的道路两旁挤满了成千上万的马匹、绵羊、牛群和骆驼。

诺槃陀和叔父沿着可汗的迁移路线，行至伊塞克湖。他们在初春时节出发，到达时已近夏日。羊群刚被剪完羊毛，可汗和军队就准备返回碎叶。大批羊毛正待出售，诺槃陀的叔父却只对一种不见于远东的肥尾羊的毛感兴趣。他还购买了卡拉库尔（karakul），这种羊皮取自还未出生的小羔羊。[41] 他希望在路上就将羊毛和羊皮都销售出去。

可汗位于湖畔的冬季行宫由上百座白色毡帐组成，与山谷中的遍地葱绿相映成趣。可汗的毡帐最为宏伟，装饰了大量的丝绸和锦缎。当诺槃陀和叔父觐见可汗时，看到毡帐顶部和四壁都铺满了金银装饰，两人都感到目眩神迷。[42] 朝臣身着锦袍，发结长辫，列坐于可汗两侧。[43] 诺槃陀注意到侍卫们也成排坐在可汗旁边，他们身穿粗劣毡衣，手持弓箭等武器，所有人都在腰带上挂有匕首。可汗本人身着由最上乘的丝绸制成的绿色长袍，两侧开衩。他的长发松散地垂在背上，头上系有一条宽丝带作为抹额，带尾垂至腰间。

山谷中洋溢着节庆的气氛，顺利剪完羊毛，人们为即将返乡而欢欣鼓舞。马匹被鲜美的牧草喂养得健硕肥壮，男人们利用最后几天的时光，带着猎鹰和猎犬在山间狩猎，每天晚上疾驰穿过山谷，带着各色猎物呼啸而归。白天的山谷也充满了欢声笑语，孩童骑着小马赛跑，妇女为迁徙收拾行装，夜间依旧语笑喧天，人们醉酒高歌，声音在篝火闪烁的谷中久久回荡。接下来，毡帐被装载于大型的木质推车上，要用好几排牦牛才能拉动，而在此扎营的人们也踏上了西归的旅程。

诺槃陀和叔父继续向东行进，不过从伊塞克湖到长安就有诸多路线可供选择。北线——沿天山北缘顺着伊犁河谷，途经突骑施人的牧场——最为便捷，但沿途荒无人烟，许多货物反倒见于天山南侧的集市。于是叔父决定改沿塔里木西北段进入中原，以便在沿途集市上进行贸易。此时距叔父上次走这条路线已经过去了好几年，他迫不及待地想与老熟人们叙旧，看看有什么商品在出售。这意味着他们现在不得不向南走，设法顺利越过天山。这条路线在冬天几乎无法通行，即使在春天也极其危险，因为冰雪融化，很容易造成大雪崩和冰塌。然而此时，诺槃陀和叔父遇到了刚从南边过来的旅人，他们保证说春融最严重的时期已经过去，南行道路一片坦途。

于是诺槃陀和叔父在伊塞克湖附近的山谷中又多停留了几天，好让牲畜充分休息，并租用了牦牛和更多的驮马来背负大捆羊毛。他们南行到达沙漠地带后，会给饲养人付租金，随后租用骆驼来代步。骆驼虽然速度较慢，但在险恶的沙漠中则更为可靠。

南行的道路顺着其中一条河谷一路向上，直至山中。在到达分水岭之前，他们需设法穿过四条山路。如果一切顺利，这趟行程将花费两周的时间。冰雪覆盖的汗腾格里峰（Khan-Tengri）高达六千九百多米，犹如东行旅人的一座灯塔，但随着他们逐渐走近，山谷两侧坡地慢慢迫近，山峰便被阻挡在了视线之外。在诺槃陀后来的旅行中，这座山峰成了一道熟悉的风景。

诺槃陀的叔父对这种高山道路见怪不怪。撒马尔罕之所以与东部、南部的贸易市场隔绝开来，也正因为周围横亘着世界上最高的两座山脉——帕米尔山脉和兴都库什山脉，吐蕃人和帕米尔各个王国的百姓从出生伊始便要适应高海拔的环境。穿越这些山脉需要旅行者具备坚忍不拔的意志；发生战事时，从沙漠城镇招募的士兵会在战场上出现呼吸短促和头痛等症状。天山虽不似帕米尔那样高不可攀，但在勃达河（Bedal river）源头以西，南行的最后一条山路也有海拔四千多米的高度。终于，两人到达平坦的山口。此时地上满布积雪，天气晴朗，勃达河谷的壮美景观映入眼帘，塔里木盆地的沙海边缘远远可见。

诺槃陀和叔父小心翼翼地走在积雪消融的下坡路上，一路走到山谷中。小道沿着河流东岸延伸，河岸高耸，脚下便是卵石散布的河道。两人沿着河谷行进了三天，前路越来越开阔，最后到达山谷口的商队驿站。他们停下来，给牦牛主和马夫付了工钱，这些牲畜的主人很快就会找到下一批顾客并沿小道返回。诺槃陀的叔父经过一番交涉后，租来了用于载货的骆驼。骆驼的租金不菲，一头壮年骆驼价值十四匹丝绸，而且若骆驼在租期内受伤或死亡，租客需要负责。[44]

诺槃陀记得，自己还从叔父那里知道了塔里木盆地那些陌生绿洲的名字。旅途的第一站是阿克苏绿洲。和撒马尔罕相比，这座城镇很小，但是它的位置却十分重要，从勃达山路到于阗的南北向道路，以及从喀什到高昌的东西向道路在拔换城交汇。前往拔换城的道路每一天都在变化，一天之内，甚至从一个驿站走向下一个驿站的时间中道路就变了。最艰难的路段是穿越沼泽，之后路面突然变成碎石缓坡，而在接下来的几公里，路上完全是裸露的岩石。积雪覆盖的汗腾格里峰始终矗立在他们的北方，而南边则是一大片灰黄的沙地。

他们的下一个大站是繁荣的城邦——龟兹，光是进入城内就需要穿过三重城墙。进城前的几天,他们途经乡村一带,那里良田遍地,物产丰饶，道路两旁白杨列植，果园飘香，大量的杏树、梨树、石榴和桃树茁壮生长。[45] 丛林环绕的河流从城市南部的平原经过，在沙漠流沙的边缘形成一道天然屏障，风尘仆仆的路人在这里得以稍事休息。诺槃陀听说，龟兹的舞女与撒马尔罕的不相上下。龟兹国王居住在宫殿内，装饰宫殿所用的黄金产自北边天山的金矿，玉石则来自南边于阗的河床。国王和王后均为佛教徒，对佛教予以大力支持，这一点十分明显：街上都是化缘的僧尼，大寺院紧邻主要的集市广场，城里的每一个角落似乎都建了佛塔。集市有一些僧人经营的摊位，他们除了兜售佛经、祷文、符箓之外，还卖药材，为人解命。诺槃陀在这里听到了多种语言，有突厥语，他还分辨出他并不真正会说的汉语，叔父还告诉他有龟兹语。[46]

龟兹是唐廷在丝绸之路上设置的四个军镇之一，此时处于当地白氏家族的统治之下，并得到突厥、唐朝和吐蕃的支持。7 世纪时，吐蕃和唐廷为争夺这一要道而开战。692 年，唐朝占据上风。[47] 在龟兹，诺槃陀和叔父听说吐蕃和唐廷刚刚签订了和平条约，为了象征条约永恒不变，条款被以吐蕃文和汉文一同刻于石碑上，立于吐蕃境内。[48] 诺槃陀的叔父希望和平能够持久，过去几年的纷争给贸易造成了不便。突骑施也与唐朝缔结了和约，这意味着经过于阗与疏勒的南线将会很安全，于是诺槃陀的叔父决定回程时走这条路线。这两座城镇都有粟特人社群，而且人气旺盛、地位独立，对诺槃陀的叔父来说更重要的是，于阗以玉石和珠宝集市而闻名，很多南下印度的商人都慕名而来。这样，诺槃陀便有机会首次亲眼看到这些城镇，还能被引见给当地担任中间商的粟特人。[49]

此后，商队会进入沉闷的沙漠之旅：这段路漫长而炎热，周遭都是乏味的景观。一天结束时，要足够幸运才能在破败的小旅店中歇脚；生病的骆驼带来种种麻烦；沙漠夜寒，烈日似火，沙尘暴和洪水突如其来，还得提防着随时可能出现的强盗。驿站十分重要。在唐廷控制期间，驿站得到维护，保持着良好的运营。有好些夜晚，诺槃陀和叔父歇宿的小旅店是荒村里唯一有人烟的建筑。旅店的老板和老板娘通常是从遥远的中国内地移居过来，之所以在此营生是因为朝廷给他们拨款并免费提供物资。[50] 在其他歇脚点，通常只有一口水井，或许还有几棵树供人纳凉，有时路上甚至一滴水都没有，因为修路的勘察员未能在一天的脚程内找到水源。这时诺槃陀和叔父需要在黎明前，甚至深夜就出发，设法在一天之内完成两天的路程，牲畜和人员都精疲力竭。当酷热实在难以忍受时，他们便开始在夜间赶路。

对他们来说，每到一座稍大的城镇都是一次喘息的机会，镇上必然会有好的旅店，有喂牲畜的草料。在镇的城墙内，夏夜的宁静不时被商队车辆的隆隆声打断，这些长途旅行的商人又踏上下一段路程。逼仄的街道对一头载货的骆驼来说过于狭窄，驼铃毫无生气地响着，提醒行人让开道路。沙漠中，驼铃可以提示有商队正从另一个方向过来。当两个商队相遇，领驼人会停下来一小会儿，简短交流一下各自的目的地、路况，以及水井和盗贼出没的情况。然后他们各自会加紧赶路，因为他们可能需要在黎明前走完三十多公里的行程。

骆驼在行进时前后排成一列长队，每五至十五头骆驼就用一根绳子相连，拴在骆驼的鼻棍上。驼夫通常是汉人、突厥人或吐蕃人，他们所穿的鞋用兽皮或厚羊毛织成，带有鳞状的纹饰，脚趾和脚跟处用皮革加固并向上翘起，以减少与地面的摩擦。鞋底有时用纸张这种昂贵的商品一层层包裹，脚踝附近有鞋带可以将鞋系紧，防止沙子进入鞋中，鞋内则包以柔软的红布。[51]

驼夫的水壶通常是掏空葫芦做成的，重量轻但够厚，足以防止水分蒸发。当水耗尽或水井干枯时，他们便利用骆驼来帮忙寻找水源。双峰驼之所以闻名，靠的不是速度——它每小时只能前进四公里左右——而是两项关乎存亡的技能：预警沙暴和探测水源，正如5世纪的一部编年史（译注：《北史》）提到的：

> 风之所至，唯老驼预知之，即嗔而聚立，埋其口鼻于沙中。人每以为候，亦即将毡拥蔽鼻口。其风迅駃，斯须过尽，若不防者，必至危毙。[52]

找到地下水时，老驼便驻足刨地，这项技能是从其野生同类那里继承而来的——野骆驼成群活动在沙漠中。[53]总体上野骆驼体型较小而且难以驯化，因此供人使役的骆驼均为人工饲养而非捕自野外。（尽管二者都有双层眼皮，都能封闭鼻孔来抵御风沙，较之阿拉伯单峰骆驼，双峰驼个头较矮，身子壮实，冬天会长出又厚又长的驼毛，对丝路东部的沙漠和群山中的极端气温有更好的适应能力。）在北方的草原，中国朝廷的牧场里有数十万计的畜群，其中很多是通过丝绸的交换得来的。朝廷甚至设立了专门的部门来管理这些牲畜的牧养，驼夫用自己的专业技能换取大量的衣物和粮食作为报酬。在中国，最快的骆驼供"明驼使"驱遣，边境发生军事险情时他们会被派遣至当地。[54]

对丝路上的旅行者和居民来说，骆驼还有很多别的功用。一位中国将领在奔赴战场的途中，用一头骆驼运载了一大箱淡水，箱子里装满了鱼，供其在打仗期间享用。只有骆驼才有如此充足而持久的力气来完成这项任务。[55]演艺人也看中了骆驼的这些特质并加以利用。集市上，年轻的男孩们在驼背上表演杂技；王公贵族踏上旅途时往往带上乐师团随行，八名乐师全都坐在由一头骆驼承载的大型木轿中[56]；战争中，军队常使用多达两百头骆驼来背负沉重的旋风炮。旋风炮安装在木架上，其旋臂能够将发射物向各个方向快速连续射出。[57] 人们还会食用骆驼肉，并视驼峰部分为上等的美味。

在这次和此后的多次沙漠之旅中，诺槃陀除了亲眼见到野骆驼以外，还看到了狼群、野马、驴群、瞪羚、沙鼠和蜥蜴。同今天的旅行者一样，他也曾途经废弃已久的城镇废墟。人们在塔里木盆地边缘的绿洲已生活了两千余年，但外来入侵、地下水位或是河流的变迁，有时会导致这些聚落的消逝。人们一旦开始大批迁离，复杂的灌溉系统便很快没有足够的人力加以维持，甚至仅仅在一代或两代人之后，耕地便会大幅萎缩，无法支撑留下的人口。[58] 随后城镇会被遗弃，并逐渐为流沙所吞噬。

诺槃陀和叔父尽可能与其他商人同行。有时他们会遇到骑驴和骑骡子的小群旅人，这些牲畜比骆驼脚程快而且价格便宜。高官贵族更喜欢乘马，尼萨（Nisa）到拔汗那国谷地一带出产的马匹更是受他们青睐。这种品质优良的尼西马，曾被希腊的历史学家希罗多德记载过，同时也是中国人眼中的“龙之媒”。[59] 不过这种马匹数量稀少，反而价格相对低廉的突厥马更为常见。诺槃陀和叔父所骑的便是突厥马。[60]

旅人间流传着丝路沙漠上的恐怖故事，尽管有时言过其实，但所言非虚。诺槃陀的叔父也带他认识了那些以凶险著称的路段。例如北线的安西和哈密之间的路段，不仅水井稀见，还得忍受从北部倏忽而来的大风。[61] 根据诺槃陀叔父的描述，这段路上除了旅人及骆驼的皑皑白骨外，没有任何的路标。[62] 他还警告诺槃陀，不要为抄近路而改行人迹罕至的路线，否则他的生命将任由沙漠摆布。[63] 有时，一家几口人无法跟上大商队，便可能拐到一条看似多头骆驼踩过的道路，随后这条路或逐渐消失，或被沙暴湮灭。无论哪一种情况，旅人若是经验不足就会彻底迷失方向，可能漫无目的地徘徊数日，在饥渴的百般折磨下衰弱到再也走不动路，最后倒地而亡。很快他们便会化为白骨，尸身饱受风沙的磋磨，在烈日下泛出粼粼白光。叔父还告诉诺槃陀，那呼啸的风听起来就像塞壬（译注：希腊神话中用歌声引诱水手失事的海妖）的歌声，将人们诱向死亡的深渊。

尽管沙漠确实会这样或那样的危险，但对于诺槃陀和叔父来说，即使他们装备精良，而且走的也是主路，遇到强盗的风险也要远大于缺水。一次旅途中，诺槃陀的叔父与一队商人同行。当他早上醒来时，发现商队中的一些人已在黎明前悄悄出发了，他们想尽早到达下一个城镇，以保证他们的货物能以最好的价钱售出。两个小时后，诺槃陀的叔父和其余商人在一条狭窄的小路上发现了先前同伴的尸体。他们遇到埋伏并惨遭杀害，货物全部被洗劫一空。[64]

在首次旅行中，诺槃陀便目睹了很多死亡的踪迹：被遗弃的城镇废墟、腐坏程度不一的尸体、石化的树木，以及死去多时的人和动物的白骨。山洪暴发是沙漠旅程中的另一危险，春夏时分洪水会突然涌来，席卷一切，把来不及防范的旅人冲向巨石。

诺槃陀和叔父需要在龟兹以东的高昌停留数日，他们首先要在唐朝把守的铁门关取得通关文牒，这个关口位于西南方通往高昌的道路上。[65] 高昌是摩尼教派的中心，叔父希望将诺槃陀介绍给当地的教团，带他礼拜忏悔、捐赠物资。最后一件事很容易就做到了，他们献上刚熟的蜜瓜、丝绸等货物，分给多个寺院。高昌城位于吐鲁番盆地中，吐鲁番盆地的面积小于塔里木盆地，但其深度远超后者，最深处可达海拔以下一百多米。时值夏日，酷暑难耐，富有的居民都躲到地下室中特设的房间里。冬季在平原上扎营的游牧人也已经迁入北部山区，其他人则尽量停止劳作，坐在灌溉水渠边的树荫下，潺潺流动的泉水为他们带来些许慰藉。

这两位旅行者目前虽然离开了塔克拉玛干沙漠，但必须要穿过戈壁沙漠的西端，才能到达安全的河西走廊（夹在山脉和荒漠间的一条通道）。在去往哈密的路上水井众多，几段路程之后，路线逐渐远离了北部山区转向东南方前往安西。诺槃陀很快便明白了为什么这段路程会令人谈之色变。他们的骆驼吃饱喝好，但每天行至半程时就已精疲力竭，路上没有喘息的机会，上一餐补充的能量很快就消耗殆尽，路旁皑皑的动物尸骨不断提醒他们，那些不得已掉队的生命最后落得的下场。此外，路上水井里的都是半咸水，喝了只会令人更加口渴，叔父又多买了好几个葫芦，全部装上哈密的泉水。

在最开始的一段路程中，他们翻越了许多花岗岩山丘。路面山石遍布，夹杂着五颜六色的花岗岩砂砾，还有短小的沙漠蜥蜴。它们的表皮一般呈灰色，但为了融入这样的地貌而变幻出多彩的肤色。在离开哈密的五天后，他们进入了一道狭窄的峡谷，这里有口井，峡谷里的一座小山村的居民赖以维生，井水含盐度比沿途的要低。

但他们并未在此停留,因为到达安西之前还要花六天的时间穿过“黑戈壁”。大风不停袭来，吹走表面沙土后，地表上只剩下灰色的砂砾并夹杂以黑色的小卵石，这是“黑戈壁”名字的由来。第三天的旅程最为艰辛，沙漠被厚厚的盐壳覆盖着，骆驼在这种松软的表面行走非常不适，驼夫试图驱行时它们便停下来吐口水，结束这段旅程到达旅店已是日上三竿。两天后，看到安西西北方的唐朝边墙时，所有人都如释重负，连颇享受旅途艰辛的诺槃陀也舒了一口气。接下来，不出两个月的时间，他们便将抵达目的地——大都市长安。在这期间，因有长城阻隔和唐朝驻军的把守，道路上盗匪不侵，从南山流下的溪水提供了丰富的水源，而北山则阻挡了沙尘暴。周边绿意渐浓，身后的灰黄沙漠慢慢远去。

唐朝的主要边卡设在武威。武威地处十字路口处，向北直达鄂尔多斯和更远的草原地带，向南则延伸到青海湖和青藏高原。诺槃陀和叔父出示了通关文牒，并支付了货物所必需的关税及一点额外的文书费，然后到镇上找了一家旅店，将他们在伊塞克湖从突骑施人那儿买来的卡拉库尔羔羊皮卖给了当地一些乡民。[66] 离开这座城镇后，他们渡过黄河。河水混杂着黄土，从发源地青藏高原一路缓慢地蜿蜒向南。乡野一派欣欣向荣，农场与村庄散布其间，到达长安前的最后几段路程，美景数不胜数，诺槃陀目不暇接。他们通过的最后一道山隘海拔仅有两千多米，由中国士兵牢牢把守。随后他们穿过了沟壑纵横的黄土高原，这一地貌在中国西北一带十分典型。然后下行到达长安所在的平原上，成片的柿子林和夏小麦展现在他们眼前。

他们从西城门进入这座都城，西门内的道路直通西市，这是大部分中亚商人的贸易之地（见图 7）。广阔的市场区环以围墙，云集了两百多个商团，其东北角甚至还有一个湖泊，花树垂柳环绕其间。[67] 诺槃陀的叔父在长安有一名中间商帮助他安排货物的销售，由于贸易路线曾短暂封停，他们的货物收到了很高的报价。货物来到城里后，就被安置到西市围墙边上的货仓中。在他们抵达后的第二天，叔父便带诺槃陀四处走走。三千多家商铺分布在市场内的小巷两侧，出售着各行各业的货物：金银器皿、姜、绸纱、活鱼、鱼干、螃蟹、金鱼、糖糕、鞍具、铁器、量器、药材、鲜花、蔬菜等等，还有提供各色服务的商街：印刷、典当、保管、借贷、狎妓、品茶与餐饮。诺槃陀觉得，没有什么是长安所没有的。

751 年，在首次旅程的二十一年后，诺槃陀感到长安城与城内的市集与从前殊无二致，只是对他来说更为熟悉了，然而粟特和丝绸之路上的其他地方却发生了很多改变。在过去二十年的大部分时间里，撒马尔罕的阿拉伯征服者忙于应付更西边的内乱，无暇分身。750 年，也就是诺槃陀最近一次启程的前一年，随着倭马亚王朝的崩溃和阿拔斯人的兴起，丝绸之路上的内乱方才平息。

丝绸之路北线一带也发生了变化。750 年，东突厥的部落联盟破裂，被逐出了塔里木北部的草原。留下的空缺被另一个突厥语联盟——回鹘——占据，其统治维持了约一个世纪。至于西部的突骑施，则在此前与唐朝签订了和平条约，确保其东部和平。在 734 年，

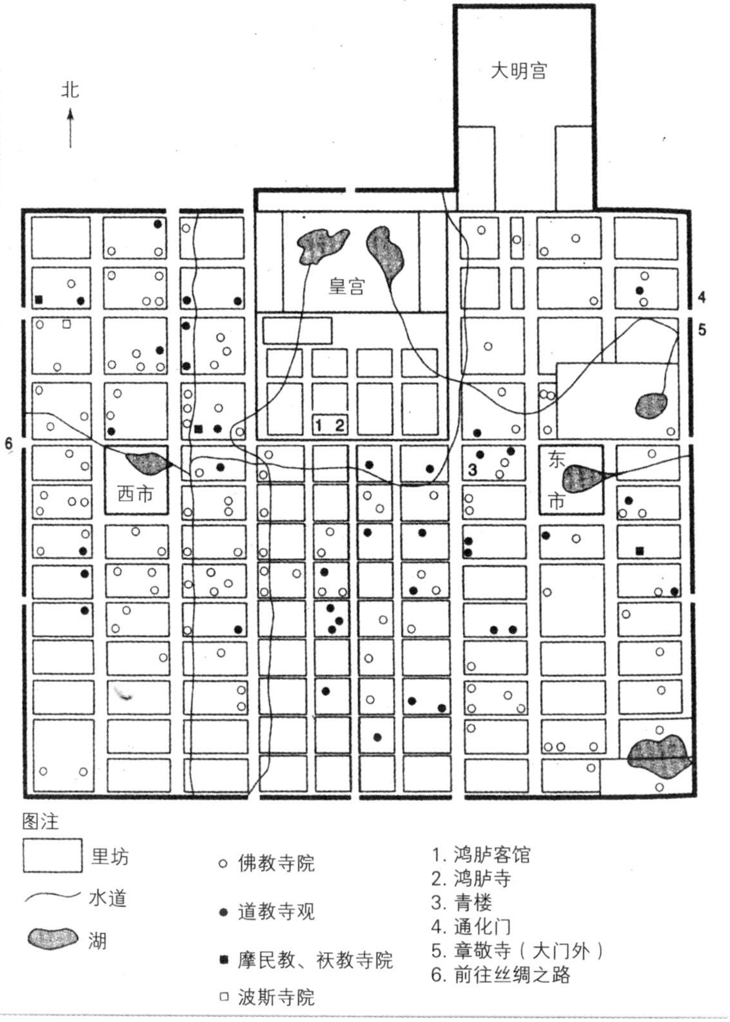

图 7　8 世纪长安平面图。（根据 Xiong，2000：图 9.1）

突骑施可汗迎娶吐蕃公主，标志着双方结成联盟，合力攻打西方的阿拉伯人。不过，突骑施与唐朝之间的和平十分短暂。在唐廷处决了一名突骑施使臣后，突骑施人在735年袭击了丝绸之路上的军镇，在遭到唐朝两次沉重的打击后，他们又重新求和，并于736年再次缔结和平条约。突骑施对阿拉伯军队的反击则较为成功，于8世纪30年代在河中地区多次重创阿拉伯人，只是后来两位突骑施首领发生内讧使得部落分裂，权力瓦解。

唐朝和吐蕃的和平条约签订于730年，诺槃陀当时正在长安。这一条约持续了五年，但接踵而至的却是这两个夙敌长达数十年的血腥战争。[68] 双方就塔里木一带，以及越过帕米尔前往印度的相关道路的控制权展开争夺。在东部战场上，夏季唐军常占上风，但是吐蕃人每每在秋收后突袭唐军营地，劫掠谷物，因此这一带也被称为“吐蕃粮仓”。在作为西部战场的帕米尔高原上，吐蕃人占据主导权。但到唐玄宗统治的鼎盛时期（8世纪40年代末），他决定重创吐蕃人并最终在东西两个战场上取得了胜利。唐朝在帕米尔的最后一次反击发生在747年，唐朝军队彻底击溃了吐蕃军队，带兵的将军高仙芝来自高句丽，素有“中国山中王者”的称号。[69] 在东部，在一位具有一半突厥血统的将军领导下，唐朝军队开始逐渐取得优势。诺槃陀听说，这位将军也有粟特血统。唐朝军队中另一位突厥与粟特混血的将军叫作安禄山。据称，尽管他在北境刚刚吃了败仗，但仍被唐朝皇帝宠信。[70] 至751年，唐朝似乎已经成为无可匹敌的强大帝国，然而事实很快证明，当时的唐朝确实已经到达了其扩张和权力的极限。

在751年去往长安的途中，诺槃陀遇到了一支唐朝军队，他们正向粟特东北行进，准备迎击阿拉伯人，带领这支军队的便是高仙芝。帕米尔一役胜利后，他又接连重创了突骑施和粟特地区的其他势力。[71]现在，阿拉伯人威胁到了塔里木一带唐朝军镇的安全，因此，高将军再次被派往西部迎战。两军在双方势力的交界地带——位于天山西北的怛罗斯河相遇。战役持续了五天，盟军中一支部落军队倒戈，给了唐军致命一击。唐朝军队溃散而逃，很多战俘被遣送至撒马尔罕或大马士革，其中一个俘虏杜环在762年返回中土，撰写了一本游记，记录他深入阿拉伯王朝及非洲腹地的见闻。[72]

诺槃陀已有二十多年的旅行经验，对旅途上行进的军队早已司空见惯。他们通常不会干扰商人和其他旅人，但会征用当地群众的物资，令旅人难以找到补给。叔父去世后，诺槃陀便独自旅行。他的大部分同乡不会前往中土踏上这样漫长又艰巨的旅程，但群山之景始终是他的心头好，他对贸易买卖的热情也丝毫未减：丝绸之路沿线的集市依旧令他心驰神往，尤其是长安的市场。幸运的是，他生活在一个丝路沿线相对稳定的时期，中原王朝仍欢迎外国人来华。[73]那时他未曾想过，751年的这次旅行将会是他最后一次的汉地之旅。

第二章

士兵

赛格拉顿，公元747—790年

（吐蕃）人马俱披锁子甲，其制甚精，周体皆遍，唯开两眼，非劲弓利刃之所能伤也。其战必下马列行而阵，死则递收之，终不肯退。枪细而长于中国者，弓矢弱而甲坚，人皆用剑，不战亦负剑而行。

——杜佑，《通典》，801 年[1]

在 8 世纪 80 年代，一名叫赛格拉顿的吐蕃士兵驻守在塔里木南缘的城镇米兰附近的戍堡内，他的家乡远在千里之外。[2] 在过去的二十多年里，他的同胞再次从唐朝手中夺下米兰等多个城镇和要塞。现在，吐蕃控制了唐朝和粟特之间的要道，切断了撒马尔罕和长安之间的贸易活动和外交来往，使唐朝失去了一个财富源泉及权力保障。当时一些商人设法从天山北部穿过这一带，但那里是回鹘的控制区，商人为了安全通过不得不支付过路费。[3] 大多数人没有尝试走这条路线，连经验老到的旅行家和商人诺槃陀，也只能待在撒马尔罕附近一带进行贸易。751 年，是他最后一次去长安。

北方部落早就对回鹘的统治心怀不满，吐蕃人也在商讨是否应出兵帮助这些部落起事，而且吐蕃本身也热切地希望重夺于阗。于阗位于米兰以西，是一个独立的城邦，名义上附属于唐朝，可是唐朝的军队和官员已无法到达这里，所以于阗对唐廷的效忠其实无实际意义可言。但对吐蕃来说，占领于阗具有重大的战略意义——于阗的粮食可以供给丝路沿线的吐蕃军队。

时值收获季节，驻扎在米兰的吐蕃军营正忙着储粮，为过冬或可能与回鹘的交战做准备。当地农民将一部分收成上交军队，作为回报，军队为他们提供保护、劳力，并借给他们牲畜和工具。有时候，军营也会额外收到从吐蕃运来的大麦和牲口。军营的指挥官派遣下属去核检粮食储备，清点和记录存粮。赛格拉顿作为小队长和老兵，和其他士兵共同肩负这个任务。[4] 他背井离乡多年，[5] 家人在吐蕃南部务农，吐蕃王朝的建立者也来自这一带。6 世纪末到 7 世纪初，这一带的领主们取得了一系列战争的胜利，他们击败了吐蕃北部和西部的游牧民族，人们将其称之为“南方之竹战胜北方牦牛”，[6] 此后，他们便在山地上建立起庞大的吐蕃王朝（Bod）。[7]608 年，隋朝和吐蕃建交，但吐蕃的统治者直到十年后才完成政权的巩固，至 633 年才定都逻些。此后，吐蕃赞普将注意力转向邻国，尤其是唐朝，在接下来的一整个世纪，双方既有外交互动，也有沙场争斗。[8]

吐蕃赞普需要一支强大的军队来支持他的外交活动，并协助他解决内忧外患。对赛格拉顿和其他吐蕃人来说，服军役是一项义务。吐蕃军队十分庞大，除了可服役的成年男性以外，他们还从其他吐蕃占领地中招募士兵，这些领地包括青海湖畔的吐谷浑王国、丝路北线的印欧人城邦龟兹、帕米尔山区的瓦罕人王国和西边的小勃律。[9] 早期的战争令吐蕃人损失惨痛，数以万计的吐蕃士兵在和唐朝的交战中牺牲，直到近几年，吐蕃才夺得了丝绸之路的控制权。

吐蕃选择米兰作为东方要塞，不仅因为其位处战略要地，还因为它扼守着出入吐蕃的交通要道。从南边的青藏高原穿过昆仑山，延伸出来的主要道路与东西方向的丝路主线在米兰交汇。这两条道路均穿过柴达木盆地的广阔牧场：第一条道路沿着灌溉米兰的贾汗萨依河，越过阿尔金山，然后沿祁漫塔格山向西南延伸；另一条道路则沿敦煌的方向往东走，向南越过阿尔金山的东部余脉南山到达柴达木一带。还有一条道路直接由吐蕃通向于阗西部，但沿途过于贫瘠，无法供给作战部队。

从米兰向东通往敦煌的主路横跨一片砾石缓坡，位于群山低处的山坡上的道路向上延伸至盐壳覆盖的荒原前后，绵延达一百多公里。在古代，道路在米兰以东不远便分为两支，一支沿昆仑山延展，另一支则穿越罗布沙漠。旅人会得到这样的建议，第二条路线只有在冬天才可以试着走，因为冬季时分干涸的内陆湖罗布泊南部的盐泉上覆有冰层，可斩取这些冰块作为下一段路程的饮用水；而其他时候，这条路上的水源会极度匮乏。[10]4 世纪后，水源的进一步短缺迫使沿途村落几近废弃，这条道路很快就不再是常用的主干道。米兰曾是一个居住有八九千人的城镇，但在此之后却鲜有人烟。[11]

8 世纪中叶吐蕃军队占领米兰时，这座城镇已缩小为一个小聚落。士兵和随军队而来的人给米兰注入了新的生气。察斯干赛河从昆仑山下来，沿着寸草不生的砾石河床流淌，不少河水在途中消耗或蒸发掉，当到达沙漠边缘的黄土堆积后，这条河流便被小心地引入一条大型水渠中，再经过其他支渠分流到田地里灌溉。主渠最宽处达十八米，深九米以上，渠水在流淌八公里后被引入七个支渠。几个世纪以前这些水渠刚建成时，支渠要比现今长三四公里，之后分为更小的支渠。这个扇形的灌溉系统可以惠及约二十五平方公里的肥沃土地。[12]流经农田后，水流便转向地下，滋养着沙漠中随处可见的红柳。当大风和洪水将周遭一切卷走时，红柳根系形成的网络可以固定沙土，风沙过后形成一座座沙堆，有的甚至高达十五米，一直延伸到可见的远方。除此之外，就只有黄沙。

当赛格拉顿驻扎在米兰时，部分灌溉系统已被废弃。城镇的人口不足以维持整个系统，很多支渠已经堵塞，黄沙和柽柳接连侵占了原本肥沃的麦田。在负责灌溉事务的官员的指导下，赛格拉顿和他的小队疏浚现有的水渠。讽刺的是，导致水渠堵塞的一个主因是洪水。这里每年有两个洪水期，一个是在初春河床冻冰与低山积雪融化的时候，一个是在初夏高山冰雪消融的时候。夏天的洪水往往难以控制，大量的水从水渠末端涌出，将农田淹没为沼泽地，庄稼尽毁；冬季时，河流冰封，结成一大片冰层。

除了灌溉和农活，士兵们还有各种例行任务。例如，他们需要用当地的泥土来制造维修戍堡、筑建新营区所需的砖块。戍堡呈不规则的四边形，最长的一边为七十多米，每个转角和城墙正中都建有凸出的棱堡（见图 8）。南边的棱堡最大，高达十几米，顶部有两米多的护墙，以夯土筑成，并用多层红柳枝加固。[13] 这座戍堡在吐蕃人重占塔里木南部的几十年前建成。

士兵们也会被派遣去采集木料，如沙漠中枯死的白杨、山谷中的小白杨、柳树和桧柏，夏汛后偶尔长出的小树很快就被砍伐。一些木料被削成长条制成算筹，用来登记分发给附近岗哨和戍堡的物资，[14] 其他木料则与红柳一起用作柴火或建筑材料。当没有柴火时，士兵们则用动物粪便来生火，牦牛的粪便就是最好的材料。在青藏高原上，牦牛常用于驮运和农耕，但是塔里木一带的气候过于炎热，因此士兵们改用矮种马。赛格拉顿和其他士兵一样，需要自己缝补衣物、修理装备。当铠甲和衣物破旧不堪，他便将这些扔进垃圾堆里，就像处理其他废弃物一样。他还要轮岗，岗哨每日八班，每班三小时，并接替别的士兵驻扎在米兰外沿路战略点的山岗哨所。

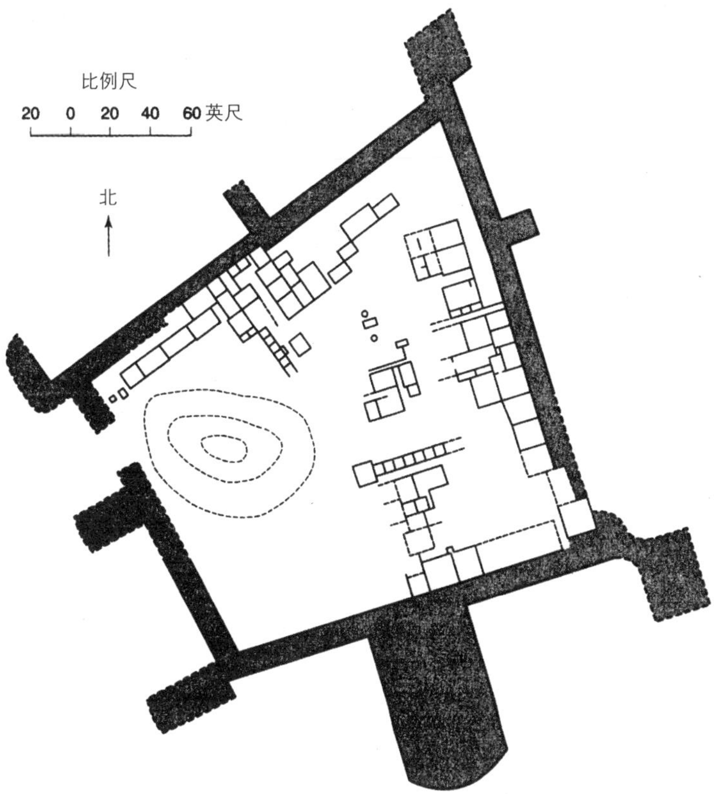

图 8　米兰的吐蕃戍堡平面图。(斯坦因，1921：平面图 30)

在山上驻扎岗哨十分艰苦，士兵们不得不长时间驻守在塔楼下狭小的营房中，随时候命。每一个岗哨有三个支起的火架，一旦发现情况立即点燃准备好的薪柴。导管中藏有一根导火线，从火架下方延伸至塔楼下的营房里。士兵们用火钻和火绒点燃导火线，一簇火表示警报解除，火绒通常由当地产的易燃物，如蒿草等制成。每个岗哨仅有四人，配以连级的装备、战鼓和武器，其中一人为厨师，通常是于阗人，他们会定期获得补给。[15]

近期，米兰的指挥官派遣一个小队替换南部山隘一个偏远岗哨中的士兵。那里的一些士兵身体有恙，已被送回戍堡接受军医的诊治。岗哨的负责人让这些被送回的士兵带回消息，确认替换的小队已安全到达，并补充道，由于“士兵们没有任何随行女眷，请求指挥官尽快选送一些女人过来服侍”。[16]虽然在米兰戍堡中服务的女性原本就不多，但他们还是征召到了偏僻哨所仅有的几名军妓，这几名女性都是军队中专门提供这种服务的。在较小的军营中，她们还兼任仆佣。

在青藏高原，士兵的家人经常住在戍堡内。赛格拉顿不需要外出执行任务时，便会住在戍堡东端的一个小房间。这个边境驻地过于偏远和穷困，赛格拉顿的房间仅有一平方米不到，吃住都在房间内，驻地并没有处理垃圾或污物的设施，这些废弃物该怎么安置呢？士兵们只是简单地将这些垃圾扔在角落，当房间实在臭气熏天和肮脏不堪时，便将其改用为公厕。最后，其他地方的垃圾也被铲进这个小房间里。房间里一旦堆满了人的排泄物和营地的其他垃圾，就会被废弃不用，沿着戍堡内墙另建新房间作为新的营房。[17]黄沙入侵堆满垃圾的房间，填满垃圾间的空隙，在与沙漠干旱气候的共同作用下有效地控制了恶臭，干旱的气候还使这些垃圾得以保存下来。对一千余年后发掘这座遗址的考古学家来说，实在是件令人百感交集的幸事。[18]

这里的生活原始、简陋，赛格拉顿更希望回到遥远的南方，回到雅鲁藏布江的山谷里耕种自己的土地。尽管那里的生活也不富裕，但山谷周遭围绕着喜马拉雅山，遍地是葱葱茏茏的绿意。而在米兰，土地是枯灰色的，南部的阿尔金山则常年隐藏在不间断的尘霾中。米兰也没什么乐子可找，商队及随行的说书人、舞者和杂技演员都不怎么路过。一些士兵会演奏乐器或唱歌，但大多数时间他们都在回顾旧日的战事。人们常常让赛格拉顿讲述他在帕米尔和青海湖与汉人作战的经历。

737 年唐朝进攻吐蕃，双方于 730 年签订的和平条约随之破裂，此后双方关系持续恶化，[19] 直到 762 年才再次和平缔约。这一期间血腥战役主要在两个阵线爆发，一个在吐蕃东北与唐朝的交界处，另一个在吐蕃西部，从帕米尔群山进入印度的丝路路段。到 8 世纪 40 年代，唐朝在战役中逐渐获得优势，这得益于两位异族将领的出色指挥以及唐玄宗的全力支持。这时的唐玄宗大权在握，倾入大量人力和资源，决心要击溃吐蕃人，控制贸易路线。

在东部，唐朝和吐蕃在青海湖多次交战。青海湖是一个海拔三千多米的大型湖泊，吐谷浑便在这一区域活动。[20] 这一带处在汉地与吐蕃间的主干道上，很久以前，中原王朝为取得此地的控制权，举兵攻打吐谷浑。然而，吐谷浑人骁勇善战，并利用 618 年汉地改朝换代的契机重新掌控了这片土地。唐朝在 634 年夺得此地，从而令吐蕃和唐朝之间没有了缓冲地带。接下来的几年，双方时而开战，时而议和，吐谷浑人在这场权力的对峙中沦为走卒。直到 641 年，随着唐朝公主与吐蕃赞普和亲，吐蕃的贵族子弟来华求学，双方才达成和解。事实上，这位公主虽然具有皇族血统，但并非出自皇室直系。唐朝和吐蕃实际上承认了双方的平等地位，虽然唐朝坚称双方属于舅甥关系。[21]

8 世纪 30 年代末，双方再次爆发战争，以青海湖附近的战事最为激烈。战斗难分胜负，最终吐蕃击退唐朝军队。除了湖中的一个小岛外，唐军的其他领地全都丢失。双方都企图控制湖东约四十公里处的一个要塞，根据 730 年条约对边界的声明，该要塞处于唐朝境内，位于黄河河谷与长江河谷之间的高地上，控制着从拉萨到长安的主要道路，还扼守进出青海湖丰美草地的交通，汉人称之为石堡城，吐蕃人则称为铁刃城。[22] 吐蕃人在 741 年夺回铁刃城，令唐朝皇帝大为震怒，命令当地节度使（译注：王忠嗣）给予还击。可节度使竟大胆回绝了，他答复说："石堡险固，吐蕃举国而守之。若顿兵坚城之下，必死者数万，然后事可图也。臣恐所得不如所失。"[23] 他因抗旨而几近丧命，得到新晋的年轻将领哥舒翰力保才免于一死。后来哥舒翰代替他出任当地的节度使，[24] 皇帝又命令哥舒翰攻打铁刃城，哥舒翰难以抗命。

赛格拉顿就在这次受袭的吐蕃军中，这个故事他留在日后再讲。而现在，他正与战友们在米兰孤寂的戍堡中，为消磨时光而说起另一场战斗。那场战斗发生在铁刃城战役的前两年，地点在西部的帕米尔群山中。当时，吐蕃统治了吉尔吉特河谷中的小王国，这些国家控制着从河谷通向北印度的道路。8 世纪 40 年代初，吐蕃军队在这些山谷中多次与唐朝军队交战，屡获胜利。但在 747 年夏季，他们的运气到头了。那场战役对赛格拉顿来讲，至今历历在目。[25]

吐蕃主力军由九千名将士组成，驻扎在群山深处，赛格拉顿所在的部队就是其中之一。他们行军至位于阿姆河畔的村庄萨尔哈德(Sarhad)，这里隶属于帕米尔和兴都库什山脉间的瓦罕王国。和现在一样，阿姆河源自喀什南部的帕米尔山脉，奔流向西，然后折向西北，从群山下来，绕粟特周边而行，最终汇入咸海。在流出源头不远，河水便已呈灰棕色，穿行在萨尔哈德东边山地的深谷中。这一带的山谷较为开阔，河流漫布，一条支流也是在此汇入阿姆河。这条支流沿南部山谷流淌而来，山谷宽阔，大群的人畜可以通行。在山谷的尽头，先后连接有两条山路，分别是巴罗吉尔山口（Baroghil Pass）和达尔科特山口（Darkhot Pass）。通过达尔科特山口，可前往在吐蕃掌控之下群山环绕的小勃律王国，还可以前往吉尔吉特河上游，然后到达克什米尔、吐蕃和印度（见图 9）。

吐蕃间谍将唐朝军队的情报带到萨尔哈德的军营：高仙芝将军带领了约一万人，从北方的丝绸之路迫近。这些间谍几个月来一直跟踪唐朝军队，穿越塔里木盆地，从拔换城到喀什，一直跟到唐朝的军事驻地塔什库尔干（译注：唐朝在此设置葱岭守捉）。听到这一情报后，一位驻扎在萨尔哈德的吐蕃将领对形势感到乐观，他不认为这些唐朝兵士与他们的战马能够通过帕米尔，即使他们做到了，大量的人畜物资供应也会拖慢他们的行军速度。帕米尔山谷中牧草

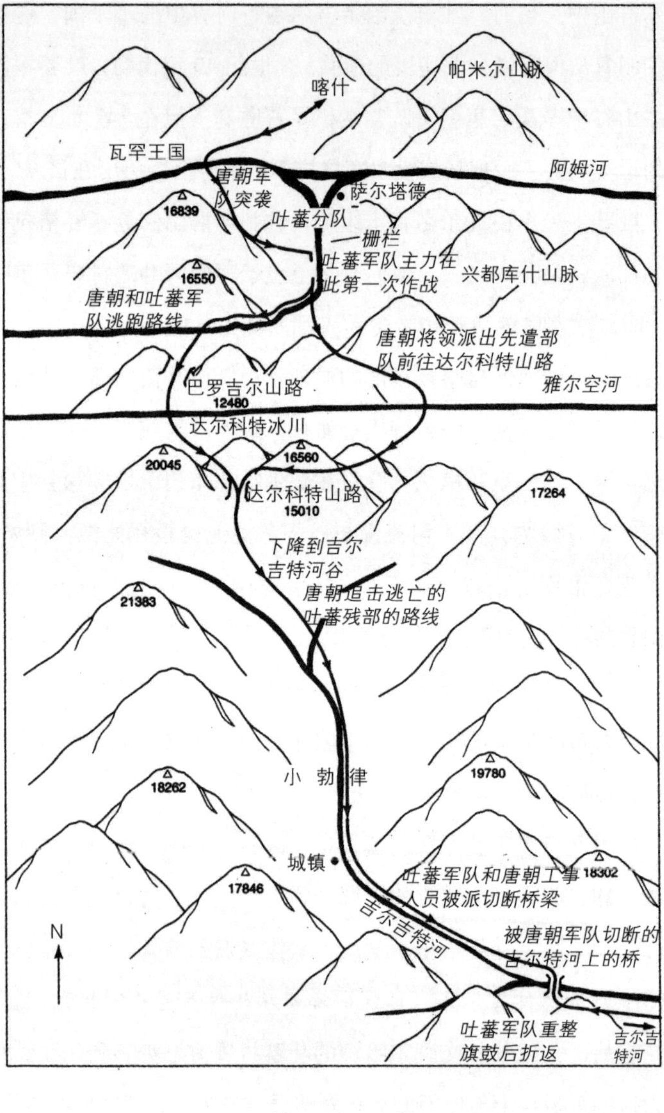

图 9　瓦罕和小勃律的战场平面图。（作者绘）

匮乏，无法供给大规模的马群，而沿着唯一的路线运送物资过来的话，补给线又太长。等到唐朝军队兵临城下时，他的部队早已严阵以待。距阿姆河仅几公里处，沿支流河谷南下小勃律的道路收窄，河谷两侧皆为岩壁，吐蕃将领命令士兵在此处修建栅栏工事。此处地表为沼泽，士兵用河谷高处的木料建成栅栏，很容易便将之钉进软泥中。当唐朝军队迫近，遇到栅栏时，他们既无法前进，又不能从栅栏周围爬过来。吐蕃军主力便驻扎在栅栏南侧，赛格拉顿和他的战友可以眼见着进逼的中国军队被困在狭窄的道路中。此外，吐蕃弓弩手还可以万箭齐发，而栅栏另一侧被困的唐朝大军很容易就成了箭靶。

许多米兰的士兵都很年轻，从未在帕米尔服过役，但是他们了解山地的地形地势。赛格拉顿用木棍在房间的泥墙上绘出双方位置图，他绘出阿姆河和一千人的分队在河南岸的驻扎位置，并解释道，此分队的任务是延阻唐朝军队从北边渡河，并向吐蕃军主力提前预警敌军的进攻。他们还会将唐朝军队引入支流谷地的埋伏中。过去七年，吐蕃军击败了三支企图夺取瓦罕和小勃律的唐朝军队，因此他们深信即使再来一支也无妨。赛格拉顿参加过这些战役，作为老兵，他被提拔为分队的副队长。

此时河流正值夏汛，这支吐蕃分队并不打算渡河迎击从北边迫近的唐朝士兵。无论如何，吐蕃军队已处在南岸的绝佳防守位置。赛格拉顿还解释道，他们预想唐军到达对岸时队列混乱，而他们将有充足的时间来选择战斗的时机，即使有什么耽搁，对己方都是有百利而无一害。“我们以为唐朝的补给线拉得很长，唐朝军团庞大，没办法在帕米尔支撑很久，而反观我方，物资通过南方的小勃律不断运至前线。”[26] 接下来他讲述了唐朝大军是如何逼近，并在几天内于河流北岸扎营。吐蕃军准备等河水平息后开战。[27]

第二天早上，混乱与嘈杂声把赛格拉顿吵醒。刚开始他只察觉到他的战友越过河流南岸的栅栏与中国军队交战，但随后他看到竟然有汉人士兵出现在后方。没有一个吐蕃将领料到这种情况，恐慌在队伍中蔓延。赛格拉顿和他的战友被逼退至己方军队的栅栏前，他带领的分队死伤惨重。当晚，他和幸存下来的战友攀上山谷的峭壁，找到唐朝军队包围的缺口，从而逃出山谷，向南方的山路和小勃律的方向撤退。他们不得不丢弃多余的马匹、粮草和战友们的尸体。

接下来的一天，吐蕃军残部仍在穿越第一条山路，即巴罗吉尔山口。他们再次汇合时，已损失了约一半的军队、一千余匹马和不少物资。即刻还击几无可能，但在南方，吐蕃控制下的各个王国尚能为他们提供新的补给和人力。因此，吐蕃将领命令部队向南撤退到位于吉尔吉特河谷的吐蕃属国小勃律。第二道山路，即通向小勃律的达尔科特山口，是这一山脉中海拔最高的山口之一，超过四千五百多米，山峰之间还横亘着巨大的冰川。山口另一侧有道路下达小勃律，但十分陡峭，这必然令不熟悉高山地形的唐朝军队有所迟疑，不知道应不应该继续追击。这段路在短短八公里多的距离内就陡降至海拔一千八百多米，过了这段路以后才有适合扎营的平地。整个地带由冰碛和裸岩构成，冰层进一步增加了行进的风险，从未有一个汉人将军能带军通过这个山口。

赛格拉顿继续讲道，吐蕃人在小勃律的皇室中拥有支持者。小勃律的皇后是吐蕃公主，740 年嫁到小勃律，这距离当时不过七年。小勃律城以南十九公里处，有一座跨越吉尔吉特河谷的桥梁。过桥以后，道路沿蜿蜒的河流在河谷右岸延伸，向孽多城方向前进，通至印度河河谷。吐蕃人可以在此重新补给，获取更多的战马，趁唐朝军队仍在达尔科特山口上犹豫不决，大举反击。赛格拉顿在屋内的泥墙上又画出了一幅草图。他解释道，夏季的吉尔吉特河因为冰峰融化而暴涨，除了经此桥渡河外别无选择。因此，他们认定一旦占据此桥，占据这条从小勃律渡河的必经之路，唐朝军队必将无法在当季向南挺进。不过他们计划在唐朝军队穿过达尔科特山口之后、到达小勃律城之前迎击对方把他们赶回山路上。到时候唐朝军队在陡峭的山路上无法维持军纪，而吐蕃军则将有充足机会组织多波进攻。唐朝军队很可能在被动撤退的过程中不得不丢兵弃马，与吐蕃军刚遭受的损失相抵。

从巴罗吉尔山口向南走十八公里左右才能到达尔科特山的山脚下，而从达尔科特山口到达小勃律又有四十八公里。吐蕃将领预计，唐朝军队至少要花七天时间才能走完这段路，再加上辎重负累，每天能行进十六公里就很好了，更不用说接下来他们还要设法通过达尔科特山口。吐蕃军队并未在城镇中驻扎，在确保城镇长官对吐蕃忠诚后便过桥跨越吉尔吉特河，走了几公里后，在河谷较为宽敞的地方扎营，同时派人前往下一个军镇请求援兵和物资。吐蕃将领计划在援兵到来之际便攻打唐朝军队，攻其不备。

援兵很快就位，距离吐蕃军在瓦罕大败而逃的那天，仅仅过了八天。现在他们沿吉尔吉特河返回，重整旗鼓，准备作战。赛格拉顿讲述自己是多么渴望迎战唐朝军队，在前一役中他失去了很多战友，那时候迫切地想要复仇，他说："我们不习惯战败。"在之前与唐军的三次战役中，每次都是对方被击溃，都是对方的将领蒙受战败的耻辱。吐蕃军唯一的顾虑是，唐朝军队的行进速度可能比他们预计得要快，而他们没有足够的时间全部通过摇晃不定的索桥并排兵布阵。吐蕃军的几个千人纵队沿山边小路全速前进，最前方的骑兵部队大部分都不是吐蕃人，后面跟着弓弩手，最后面是吐蕃的精锐枪兵，他们从头到脚都包裹着结实的锁子甲。

他们在夜间抵达桥头，拐弯时赛格拉顿听到前方士兵的惊呼声。光线昏暗，他难以辨认出桥梁在哪，但他很快便明白了惊呼的原因：桥梁没了。对岸大概一箭之地，一支唐朝军队的先遣部队刚刚截断了桥梁。赛格拉顿和其他吐蕃将士不得不撤退，年内夺回小勃律和瓦罕的所有希望彻底破灭了。

赛格拉顿的故事结束了，但是他的听众随即追问事情的究竟。高仙芝将军的部队是如何得到供给的？他们是怎样渡河发动奇袭的？高将军是如何说服军队通过达尔科特山口的？众所周知，唐朝军队不擅于山地行军，那他们是如何迅速到达小勃律和吉尔吉特河的？

赛格拉顿回应道，高将军来自高句丽，是一个足智多谋的对手。在他之前的三位汉人将领都吃了败仗，而他是如何成功克敌的呢？他的第一个策略是在色勒库尔的军事基地将万人部队分编为三个纵队，然后分别经由三条不同的路线前往萨尔哈德，由三条补给线分别供应物资，他还在阿姆河西北部修建了一个补给站。[28] 这三个纵队 8 月在阿姆河北岸汇合，正好位于吐蕃军驻地的对面。

高仙芝并没有被河谷中泛滥的河水击退，而是祭祀河神，鼓舞军心。他悄悄率军渡河，顺利沿河而下几公里，这些举动都躲开了吐蕃军的视线。渡河后，他们沿着侦察部队于前夜探出的路径从南边爬上山腰，这条路和吐蕃军主力驻扎的支流河谷并行。几公里后，他们到达一处山嘴，从这里可以轻易下山并从后方突袭吐蕃军主力。赛格拉顿解释道："我们最不希望发生的便是后方遭袭。我们被迫退到了我们自己设置的栅栏一带。"同时，另一支唐军分队与驻扎在河流南岸的吐蕃军分队展开战斗。

追击逃亡的吐蕃军时，高将军并未率全军前往小勃律，而是留下了伤病员和意志不坚定的士兵，然后全速向达尔科特山口进发。他熟知去往坦驹领的道路难行，绝大部分士兵都不是来自高山地区，如果没有东西来诱惑他们的话大多数人不会愿意前行。因此，他挑选了二十名可靠的外族士兵，令他们悄悄骑行，先行穿过山口，伪装成住在山另一边的居民。他们将在那里等待将军率部到达山路凹下的地方。此时，他们伪装成镇上的居民代表，骑马上前，告知将士们自己是镇民派来迎接唐朝军队的，而吉尔吉特河上的桥梁已被他们切断，防止吐蕃人反击。

这条妙计确实有效。正如高仙芝所料，在"居民代表"带来令人安心的消息前，他的士兵并不愿意下至谷地。此后，将士们自认已在战争中取胜，因而士气高昂地前进。接下来，高仙芝派遣一队人马到城中逮捕了王族及高官。因国王和随从已被囚禁，他们一行畅通无阻地进了城，并立即处决了忠于吐蕃的官吏。然后他马不停蹄地派出先遣队伍，切断城南吉尔吉特河流上的桥梁。当赛格拉顿及其他吐蕃军在黄昏时分出现在河对岸时，他们刚刚完成断桥的任务。高仙芝凭借速度、谋略和狡诈赢得了战役。

听众中有人问赛格拉顿，小勃律的国王和从吐蕃来的王后最后落得怎样的下场。“他们被遣送至唐朝的都城，小勃律国王被赐予了禁军的一个荣誉头衔。”而王后的情况赛格拉顿就不清楚了。在萨尔哈德附近的山坡，即高仙芝部队进攻吐蕃军时的制高点，修建了一堵棱堡的防御石墙，墙体有一两米宽，墙面覆以砖和树枝。此后，唐朝驻军两千名屯守小勃律（见图 10）。[29] 高仙芝得到皇帝的重赏，吐蕃将领亦对他敬畏有加。

在 747 年的战役之后，去东部前线巡防之前，赛格拉顿及其他来自雅鲁藏布江谷地的乡亲被准许短期回乡探亲。他们的家乡位于拉萨以南，距此地有两千四百多公里，距位于北边的下一个驻地也有一千六百多公里。他们领到了军饷，并准许沿途征收物资给养。

他们踏上南归的道路，首先沿吉尔吉特河走，直到它汇入印度河。之后的路相对比较好走，只是有些时候夏季的洪水会漫没低处的道路。他们贴着群山穿过克什米尔北部，攀爬印度河的河谷，从东南方进入吐蕃。接下来，他们沿着喜马拉雅北麓，穿过一系列河谷到达雅鲁藏布江。赛格拉顿和家人在谷地的农场上相聚，但没过多久，他就得北上赶向下一个驻地。他的盔甲和武器均被修整一新，还分配到一群小马。他将奔赴吐谷浑部落在青海湖附近的前驻地。

图 10 吐蕃所建连云堡的西南角。（Andy Miller 拍摄）

另一个夜晚，人们央求赛格拉顿讲述青海湖那次战役。米兰的所有驻军都知悉青海湖附近的地形地势，因为他们大部分人在从吐蕃前往米兰的路上都经过了那里。赛格拉顿讲道，到达湖边时他看到了大片的吐蕃大营帐，这些营帐呈多边形，由黑色牦牛毛制成，周围环绕着成百上千的马和牲畜。湖边的土地十分肥沃，夏天的牧草长及牦牛的腹部。在如此丰美牧草的喂养下，所有牲畜都长得膘肥体壮。营帐遍地，一望无际，赛格拉顿费了一番工夫才找到自己的分队，扎好营帐。

吐蕃营帐中的侍者多为战俘，其中有汉人和回鹘人。刚俘获时，所有战俘都被关在一个大地窖里，其中较为重要的战俘会被审讯甚至施刑，然后才在他们身上刺青，将其发放到别的地方。识字的战俘被指派为翻译或顾问，并在胳膊上刺青，而普通战俘则在脸上刺青。[30] 战俘逃跑是常见的事，但他们需要翻山越岭，走上很长一段路才能达到安全的地方（一个世纪后，一名被俘六年的汉人官吏成功逃走，但在逃亡回家的路上因冻伤而造成了脚部损伤）。[31] 而那些逃走后被追回的战俘则会被处以鞭刑。根据唐朝和吐蕃双方条约的款项，高级战俘若在被俘期间死亡，需将遗体放入棺中运送回国。唐朝和吐蕃的官吏都不希望自己被派往敌国都城，因为当和平谈判相持不下时，使臣有时会被充当筹码和人质。

赛格拉顿于 749 年到达驻地，在这之前营地里就对他的到来翘首以盼。探子从黄河一带的汉人军营返回，确认了拥有于阗和突厥两种血统的将军哥舒翰正在征召军队的消息。于是吐蕃将领希望派遣更多部队西进，夺回帕米尔的各个王国。唐朝军队获胜后，从克什米尔到小勃律军镇的补给线遭到吐蕃士兵的破坏，吐蕃人甚至再度入侵瓦罕。但由于唐朝在东部战线的攻势逐渐增强，吐蕃军往往需要集中火力应战，因而迟迟未发动夺回小勃律和瓦罕的全面进攻。事实上，同年晚些时候，高仙芝再次向西征讨帕米尔的吐蕃军，并再次取得胜利。这一次参加了战役的，是驻守米兰的一名老兵而非赛格拉顿。

哥舒翰组建了一支叫“神策军”的特种兵部队进攻铁刃城，这些都是身经百战的精兵，共计六万三千人。[32]哥舒翰从四个军镇抽调士兵，决心一举击败吐蕃。神策军中很多都是突厥人，他们忠于唐朝，尤为乐意在突厥将领的指挥下战斗。任命异族将领驻守前线军镇是唐廷经深思熟虑后采用的新策略。[33]唐朝宰相向唐玄宗进谏，认为蕃将更善武，而且他们仅有军事野心，并且没有政治上的企图。统领西域的高仙芝是高句丽人，驻守河西走廊的哥舒翰拥有突厥血统，西北部（译注：应为华北）还有两位带突厥和粟特血统的将军，分别是安禄山及其族兄弟（译注：史思明），[34]他们两人同样展现了卓越的军事能力。但六年后，安禄山证明了蕃将不仅有军事野心。他发动叛乱，推翻了唐朝皇帝的统治，并让中土陷入了持久的内战，消耗巨大。不过这些都是后话。

赛格拉顿向听众讲述两军的初次交战：当两支军队前进时，吐蕃军队的鼓手便开始击鼓，随着两军渐渐接近，唐朝军队的鼓声也愈发响亮。是日，天清气朗，铁刃城矗立在吐蕃军阵后方，城中有重兵把守。主战场位于城外地势较低的平原上，没有树木遮挡视线。两军对阵时，双方各自派出一名骑兵疾驰到对方阵前，来来回回，以示挑衅。

吐蕃人照例将骑兵队伍置于前锋，这些骑兵都不是吐蕃人——双方均派外族士兵充当炮灰。骑兵之后为轻装骑射兵，他们的箭囊中装有毒箭，时刻准备射向汉人士兵。后方的步兵身着铁制锁子甲[35]，几乎刀枪不入，唯有汉人弩手带有钢制箭头的长箭才有可能刺穿。每个吐蕃步兵都配有长剑、长矛、匕首和弹弓。[36]唐朝军队的装备如出一辙，不过步兵之后还配有重型装备——一排投石机。汉人弓弩手发射大量火矢，同时一些步兵还携有重型长矛，矛尖涂有易燃材料。他们点燃这些长矛，利用具有弹性的竹竿投向吐蕃军。[37]

战役在艳阳高照的高原上持续了数日，茂盛的牧草很快便被数以千计的士兵和战马踏平，空气中弥漫着尘烟以及死亡的气息。唐朝军队仍无法突破吐蕃的防线。吐蕃士兵前仆后继，有一支部队专门负责将精疲力竭的士兵运送到后方。[38]疲惫的士兵在后方休息，重拾精力再返回前线作战。每天入夜后，双方都会派人搜寻伤亡的士兵。

经历了几天的拼杀，唐朝军队伤亡惨重，哥舒翰把副将们集合到他的营帐，下达了最后通牒：必须在三天内突破吐蕃防线，夺下铁刃城，否则将被斩首。赛格拉顿和战友们只是发现敌军忽然重振士气，但直到后来才听说个中原因。唐朝士兵一排排倒下，但其进攻势头越来越强劲，吐蕃军难以抵挡，被迫退回戍堡内。此时，唐朝军队开始用破城锤来击打城门，试图用投石机投掷巨石击穿城墙。他们还将石灰粉和砒霜包进破席里，放入壁薄的陶罐中制成毒烟弹，抛入堡垒中央。[39] 吐蕃弓弩手持续射击，但已无法阻止唐朝军队的进逼。

最终，唐朝军队攻下碉堡，但付出了惨重的代价。在唐朝军队最后一波的进攻中，吐蕃将领及四百士兵被俘获。剩余的吐蕃部队离开这片血腥之地，向南方逃窜。一首中国古诗恰如其分地体现了双方的感受：

> 乌鸢啄人肠，衔飞上挂枯树枝。
> 士卒涂草莽，将军空尔为。
> 乃知兵者是凶器，圣人不得已而用之。[40]

赛格拉顿的故事讲完了。他并没有告诉听众的是，尽管他在驻守米兰之前又参加了几场与唐朝作战的战役，自铁刃城战役后，他便对战争失去了兴趣。他并没有回家，既出于对国家的效忠，同时也因害怕遭到惩罚——逃兵将被处斩。一些中国诗人有感于边境战事而创作了很多反战诗歌，虽然赛格拉顿不识汉字，但诗中的伤怀之情或许能让他感同身受：

> 信知生男恶，反是生女好。
> 生女犹得嫁比邻，生男埋没随百草。
> 君不见，青海头，古来白骨无人收。
> 新鬼烦冤旧鬼哭，天阴雨湿声啾啾。[41]

他们在沙漠堡垒中又度过了许许多多个夜晚，讲述过去的战争，交换以前的经历。最终，赛格拉顿被准许退伍还乡。他从十五岁起开始参战，而战场上超过五十岁的士兵大有人在，但是赛格拉顿身上受了几处伤，很难再继续服役。早前短暂回乡时，他结了婚，有了孩子。在过去的二十多年里，主要是他的妻儿在家寒耕暑耘。他请当地一位占星术士卜算出启程吉日，然后整理行装，向南部的昆仑山进发。他离开米兰时，并没有什么不舍——这里的生活太寒碜了。

在接下来的漫长旅程中，他路过了很多充满回忆的地方。他脚程很快，经过一个又一个吐蕃营地，穿越柴达木盆地的广阔牧区，来到重归吐蕃控制的青海湖，这里的回忆尤为苦涩。他骑着马，在曾经的战场周边打转，回想起很久之前的那场战争。新生的牧草掩盖了血腥的过往，只有一些锈蚀、残破的兵器，仍然提醒着人们不要忘记那些残酷的岁月。离开之前，他采了一些甘草根，带回去打算医治儿媳的胃痛[42]——她的丈夫正在遥远的中亚服役。赛格拉顿十分幸运，从戎二十五载最终活了下来，但谁知道他的儿子是否也能如此好运呢？

第三章

马夫

骨咄禄，公元790—792年

绿眼胡鹰踏锦韝，五花骢马白貂裘。
往来三市无人识，倒把金鞭上酒楼。

——薛逢《侠少年》，9世纪[1]

790年，草原告别了冬天，摆脱了冰雪压云、霜冻土地的灰与白，迎来短暂的夏季。田野上遍布着稍纵即逝的绿意，天空仿佛永远都是那么的蓝。此时，旅行队的上千头骆驼和马匹穿过草原，一个马夫带着小马群从远方靠近。对他来说，即便是如此庞大的商队阵仗，放到绵延起伏的草原上，也不过是一小粒灰尘。

这位叫作骨咄禄的马夫是回鹘突厥人，外貌上属于典型的阔脸浓睫、深目碧瞳，[2] 他讲的回鹘语与现代突厥语颇有渊源。[3] 他身着蓝色窄袖短袍，裤腿束进软皮靴中，皮带上挂着匕首。[4] 他的小马具有泰班马（tarpans），即普氏野马（Equus przewalskii）的血统，这种类型的马自更新世起便在欧亚草原上驰骋（见图11），已经很好地适应了这里严苛的环境。[5] 小泰班马的头部较大，鬃毛十分特别——夏天时会立起来，而在冬天，鬃毛和其他毛发都会变得又粗又长，以便抵御草原的严寒。骨咄禄的小马群有数百匹马，他打算带着它们加入远处一个更大的旅行队里。那个旅行队是一个前往唐朝都城的使团，途中会经过回鹘与唐朝边境上的一个驿站。骨咄禄将会在这里将马匹卖给唐朝廷派来的官员。

回鹘人（编注：唐代元和四年，回纥改名为回鹘，本书统称回鹘）是突厥语部落联盟的一员。突厥人居住在大草原上，其中一些远迁西方，建立了可萨汗国和不里阿耳汗国，还有一些后来定居在安纳

插图 11　泰班马，即欧普氏野马，鬃毛直立，但无额发。（作者绘）

托利亚。[6] 回鹘人在与中原王朝结盟前的一个世纪便控制了东部的大草原，但是因为其他突厥语部落发动叛乱，他们便被驱逐出了草原，其中很多人逃向了中原边境。[7] 自此之后，东突厥汗国开始分裂，另一突厥部落曾短暂统治过回鹘，但在历经十年战争后，回鹘人终于重掌草原。[8]

唐朝人一般认为突厥人是匈奴的后裔，根据突厥人的起源传说，一个男孩为敌人所伤，被扔进沼泽地中自生自灭。后来男孩活了下来，还与母狼结合。他们逃到山洞中避难，母狼生下十个儿子。几代之后，他们的后裔突厥人走出山洞，击败当地的其他部落。人们认为这反映了 552 年突厥的崛起，突厥人的旌旗上饰有金色的狼头，而且突厥可汗每年都会在祖先洞穴中祭祀。[9]

回鹘人在战场上取胜后，从色楞格河畔的故乡向南扩张，其控制范围东达中原边境，南至天山。与游牧民族的习俗相反，744 年回鹘人在新汗国北部的鄂尔浑河流域建都，名为斡耳朵八里。[10]回鹘可汗的宫殿顶部建有毡帐，之所以保持这一传统，或许是为了显示自己游牧民族的血统。毡帐表面覆金，成为永久性的建筑结构，[11] 可汗得以从帐中眺望城墙外的疆域。回鹘的农户耕种着方圆数公里的土地，粟特和汉人工匠们不仅在为可汗的都城设计美轮美奂的建筑，还被派去西边的色楞格河畔建造另一座名为"富贵城"的城市。[12] 骨咄禄的祖父对这些变革一直心存疑虑，骨咄禄记得他常常吹嘘说："我们回鹘人进攻邻族时，仅用五百兵士就摧毁了对方数千名骑兵，就像秋风扫落叶一样毫不费力。"[13]

起初，新建立的回鹘汗国似乎是唐朝的友好邻邦。当吐蕃对双方边境都构成威胁时，两国曾携手一起抗击。8 世纪 40 年代末到 50 年代初，高仙芝和哥舒翰带领唐朝军队在与吐蕃的对抗中占得上风。具有突厥和粟特血统的另一位外族将领安禄山[14]，在北境抗击契丹人，尽管战功未如前两位彪炳，但仍得到了唐玄宗的宠信，杨贵妃更是对他青睐有加。751 年安禄山吃了败仗后，杨贵妃将其收为义子。谣言很快就在长安的茶肆中散播开来——据说杨贵妃与安禄山之间不仅有母子之情，[15] 还私下一起学跳粟特的胡旋舞，被保守的大臣认为极伤风化。[16] 另有传闻说，杨贵妃将皇帝的赏赐作为礼物送给了安禄山，例如婆罗洲使团进贡的十块上好的樟脑，[17] 她下令让明驼使运送这些樟脑。但一般情况下，这些明驼使是被用来传递紧急军情的。[18]

尽管如此，杨贵妃仍旧很得唐玄宗的欢心。这位皇帝当时已不复年少，当皇帝刚迷恋上杨贵妃时，安禄山送给他一百粒由助情花制成的红色小药丸，建议他每晚在与贵妃共寝前含服一粒，说借此可“助情发性，筋力不倦”。[19] 除了房事外，杨贵妃还用各种方法取悦帝心，她身着神话中西王母的服饰——霓裳羽衣，表演中亚舞蹈[20]，她还擅长音律：

铜簧韵脆锵寒竹，新声慢奏移纤玉。
眼色暗相钩，秋波横欲流。
云深绣户，来便谐衷素。
宴罢又成空，魂迷春梦中。[21]

玄宗下双陆棋，即将输棋的时候，杨贵妃便放出自己的宠物，撒马尔罕的哈巴狗或白鹦鹉，将它们赶到棋盘那边扰乱玄宗的对手。[22] 每年，他们还会去城郊泡温泉，这座温泉是皇帝为观赏贵妃沐浴而特别修建的。据说她肤如凝脂，体态丰腴，十分符合当时的审美标准，玄宗对她心醉神迷。

这一年稍晚时候，安禄山在另一场与契丹的战争中折损了大多数部队，但他未遭贬黜，甚至还在 754 年得到了提拔，这令哥舒翰极为震惊。当时批评他的人很多，哥舒翰正是其中之一。长安城里，反对安禄山的呼声愈来愈高。当时杨贵妃的族兄（译注：杨国忠）任宰相一职，更是在旁推波助澜。安禄山拒绝进都城觐见皇帝，心知宰相是其劲敌，遂决定将时局掌控在自己手上。755 年 12 月，安禄山发动叛乱。[23]

最初叛乱十分成功，他仅用一个多月就攻下了长安以东三百多公里的陪都洛阳。为了阻止事态恶化，玄宗召回所有驻扎在西北边境的卫戍部队。这次撤军，标志着唐朝对塔里木盆地的影响力开始衰减。

从755年末到756年初的冬季，安禄山巩固已有的领地，进一步向南推进。但由于地方官员向皇室重新投诚，挫败接踵而来，叛军逐渐式微。皇帝命令哥舒翰攻打安禄山，哥舒翰拒不从命，辩称部队正据守雄关（译注：潼关），保卫京畿，撤防出击实属莽撞之举。但皇帝坚持己见，哥舒翰不得不听命出战。756年6月，哥舒翰的担忧果然成真——他的部队在进军途中遭遇伏击，被打得落花流水，哥舒翰在部下的逼迫下向安禄山投降。

皇帝一听到战败的消息，立即携杨贵妃离开都城，逃向安全的西南山区。皇帝的护卫部队将安禄山之乱归罪于杨贵妃，威胁说若不处决贵妃他们就发动叛变，皇帝为安抚军心只得下令绞杀贵妃。贵妃死后就地下葬，皇室一众继续逃亡。这时，太子逃至北部边境，于756年夏天称帝自立（译注：唐肃宗李亨）。几年前还繁荣鼎盛的唐王朝，如今陷入了一片混乱之中。

新帝上位后，立即派遣使者向斡耳朵八里的回鹘王廷求援，共同对付叛军。[24]在可汗长子的带领下，由四千人组成的回鹘主力部队于757年年中赶来。此时，安禄山遭到一个叛军同伙暗杀，大权也被夺走。回鹘军准备充分，当年年底就收复了长安。回鹘人提出，如果他们成功攻克长安，作为这次援助的回报，唐廷须准许其洗劫都城。当时，唐朝宰相说服他们等到洛阳也被收复后再行掠夺。同月，回鹘人攻下洛阳，众叛军纷纷投降，回鹘人随后便行使了洗劫洛阳的权利。在接下来的三天中，洛阳沦为屠宰场。[25]

叛乱在此后数年愈演愈烈，期间又有两名叛军首领遭到暗杀，洛阳再度被攻陷。这一次，叛军企图得到回鹘人的支持。陷入绝境的唐朝新帝遣太子及三名高官到回鹘乞援。回鹘可汗要求他们跳舞，而且跳的正是部下觐见可汗时的仪式舞蹈。太子拒绝了这一要求，随后与三位官员一起遭到了鞭打，其中两人因伤势太重而于当日身亡。[26] 这一次回鹘仍决定支持唐廷，并于 762 年年底出兵，将叛军逐出洛阳之后再次洗劫一番。骨咄禄的祖父参加了这次战役，他经常夸耀汉人是如何畏惧回鹘军，其他老兵还提及洛阳的奢华富丽，提起那里的女子，她们很多都被攻进来的士兵奸杀。一些洛阳百姓逃到佛寺避难，但大火将寺庙与其中的难民一同烧为灰烬。洛阳城虽然遭到严重的毁坏，但仍有大量财物被放到骆驼背上运出城外，穿越草原，到达斡耳朵八里。

回鹘军队在洛阳城四周安营扎帐，洗劫当地的农民和谷仓，掠夺物资，直到百姓手中再也没有一口余粮。当地百姓纷纷逃往周围山区，竭尽全力地活下来。老兵们并没有提及那场恐怖的饥荒，人们不得不吃泥、吃树皮，而回鹘士兵却坐享抢来的食物，脑满肠肥。旧日的洛阳城足以与长安媲美，宽广的林荫大道、美轮美奂的建筑、熙熙攘攘的小巷，如今都成了一片焦土。

并未餍足的回鹘人继续向唐廷索取更多回报，要求开边市，进行马匹和丝绸贸易。[27] 自此，回鹘与唐朝结成了不稳定的同盟关系。回鹘人以一匹马换四十匹丝绸的固定价格，定期派牧民将上千匹小马成群地卖给唐朝廷，而在其他地方，一匹马的售价仅为一匹丝绸。[28] 这些小马被史官美其名曰为“回鹘向朝廷进贡”，实际上这却是唐廷为回鹘的军事援助，以及为了防止回鹘未来再度入侵而付出的代价。尽管唐朝为了限制财政损失常常拖欠付款，然而回鹘人从这些贸易中的收益仍然十分可观。

回鹘可汗在洛阳时，遇到一个从撒马尔罕来的摩尼教教团，自此皈依了摩尼教。他一回到斡耳朵八里便在全国推广这一新宗教，但包括骨咄禄的家庭在内的很多臣民仍保留原有的宗教信仰。摩尼教教士被派往全国各地，可汗还下令，每十个臣民中要有一人负责向余下九人说教。一座座摩尼教寺院随之建立起来，最远可达南边的准噶尔一带，身穿白色长袍的摩尼教僧侣随处可见。[29] 起初，他们传教热情高涨，一旦发现当地的神灵塑像便尽数烧毁。骨咄禄所在部落的首领也一度受到摩尼教徒的诱惑，一群群摩尼教教士整日在其帐中祈祷。不过骨咄禄的家庭并不愿改信新的宗教，他的祖母没有放弃对母神乌弥（Umay）的信仰。[30] 尽管他们的邻居宣称皈依了新宗教，但还是会参加传统宗教的仪式，与其他人一样供奉、祈祷。不久，许多新的皈依者便恢复原来的信仰，反抗摩尼教会的统治。他们重新务农，重拾吃肉的习惯，向当地神祇献祭，可汗的王廷中也有相当一部分人反感粟特的摩尼教徒。

然而，粟特人的影响远在宗教领域之外：他们是丝绸之路上的商人，也是杰出的建筑师、手艺人和农学家。粟特的建筑师和工匠将都城变成拥有冶金术士、陶工、雕匠、铁匠、石匠和织工的繁华商业中心。很多回鹘人摒弃了游牧民族的生活方式，还有一些人夏天耕作，冬天则在草场上放牧。除了古突厥文外，回鹘人也使用粟特文——这种字母系统包含十七个字母和两个特殊字符。粟特语属于伊朗语族，因此粟特字母虽不能完全契合地应用于突厥语族的回鹘语，但足以满足其需要。回鹘人又将这种文字传给了草原的后继者蒙古人。[31]

粟特人在政治方面也发挥过作用。779 年，他们建议可汗趁唐廷吊唁代宗之际出兵唐境。可汗的侄子不同意这一做法，但劝谏未果，因此他设计谋杀了可汗及其粟特谋士。[32] 在这之后的几年里，粟特人很少再出现在回鹘王廷上。[33]

回鹘使团频频出使唐朝都城，粟特人跟随他们一同前往，其中很多都留在长安等唐朝城市定居下来。一些粟特人还娶了汉人妻妾。[34] 8 世纪末，经塔里木盆地前往粟特东部的路线被吐蕃人控制，无法通行，为粟特人留在这里提供了理由。在居留长安期间，他们每年得到唐朝廷的援助多达五十万贯铜钱。一名大臣建议将这些商人纳为唐的子民，给他们分配工作。他的建议未被采纳，但为粟特人提供的援助的确中断了。[35]780 年，一名回鹘大使受命将回鹘人和粟特商人带回斡耳朵八里。粟特人从这里出发，经由回鹘的领地回到粟特边境附近。滞留中国的粟特商人害怕自己的汉人妻妾不能获准离开中国，于是将她们装进驼背上的袋子里偷运出关。商队在黄河北岸的边境停留了三个月，等待适合出行的季节到来。因为仍在唐朝境内，朝廷依旧会为他们提供口粮。不过很快，这笔反常的巨额支出引起了官员的注意。朝廷开始搜查商队，最后发现了这些偷渡者。[36]

这个故事的结局并不美好。因为前段时间亲粟特人的回鹘可汗和粟特谋士都被杀害了，粟特商人不愿意去斡耳朵八里，他们私下与护送商队的唐朝将军约定，愿意协助将军杀害使团中的回鹘人，交换条件是允许他们留在唐朝。这位将军却觉得，将回鹘人和粟特人一并杀掉更能便宜了事，于是他向唐朝皇帝请命，认为如此一来可以削弱两方势力。当请求连续三次都被拒绝以后，这位将军特意违反当初的协定，为自己提供必要的借口。他安排了一场盛宴，将客人们喂饱灌醉后一一杀害。他留了两个回鹘人活口，让他们到斡耳朵八里汇报这件事，而那些汉人妻妾则被遣返回长安。回鹘可汗的报复方式十分独特：他没有杀掉护送商人棺椁回斡耳朵八里的唐朝使者，而是让他在都城等了两个月才召见他，这时唐朝使者多少有点焦虑不安。接着，可汗要求唐朝支付两百万贯铜钱，以偿还未付的购马费用——这也说明唐廷经常拖欠付款。唐朝皇帝意识到这样的报复已经不算重，因此动用国库内的金、银、丝绸，偿还了债务。[37]

779 年朝廷下达一道圣旨，要求在华的所有胡人必须穿上自己民族的服饰以示区别，但回鹘人坚决抗旨。[38] 年轻的回鹘人经常成群结队地策马直奔长安西市，去茶肆品茗，或看看有什么时新玩意儿，或只是想找一些乐子。市司常抱怨回鹘人的粗野行径，说他们如何骚扰商人。唐朝子民向回鹘人借钱属于非法行为，但是许多商人都欠了回鹘人的高利贷。779 年的这项规定就是从唐朝名将之子拖欠债务一事引起的。[39] 一位回鹘债主将名将之子告到官府，这桩丑闻随即发酵，使得将军丢了官。不过这项法律并没有什么效力，回鹘高利贷的生意又继续兴隆了至少一个世纪。

尽管唐朝养马经验丰富，但在军队和士族中，异族马匹的需求量仍旧有增无减。[40] 到公元前5世纪时，草原民族已经通过杂交小泰班马，培育出体型更大、速度更快的马匹。这种马类似于尼萨、木鹿一带发现的马，有时也被称作土库曼马。亚历山大大帝在战场上看到泰班马时，也对其大加称赞；公元前2世纪，汉朝使者张骞也曾描述过大宛马的特征。[41]

大草原向来是多种马匹的故乡。随着中原王朝向西北扩张，大草原的牧草地也被纳入其领地之内，中原王朝拥有了更多用于饲养马匹的牧场。比起小泰班马，汉人更偏爱有土库曼血统的马，马群中总有那么一头是混血的。具有土库曼血统的泰班马，不仅头部更小，而且鬃毛顺滑，脊骨两侧的肌肉隆起，使得无鞍骑行更为舒适。[42] 在当时，汉人骑兵和马夫都使用高鞍和马镫。[43]

马群向来容易感染上疾病，而且突厥人和吐蕃人常常越过边境，前来劫掠牲口。一次，唐朝境内爆发严重的瘟疫，损失了十八万匹马，一位大臣不禁叹称："马者，国之武备，天去其备，国将危亡。"[44] 618年，唐朝开国伊始，朝廷的马场仅余五千匹马。截至8世纪中叶，分散在八个马场上的马匹数量已上升至七十多万。[45] 安史之乱以后，吐蕃人对草场的劫掠愈发频繁，唐朝开始依靠回鹘人提供的马匹。尽管回鹘人送来的马匹供大于需，而且很多都是老马，但唐朝畏于对方武力，仍继续向回鹘人购马。[46]

回鹘人是完美的驭马人，即使汗国建立以后一些回鹘人的生活方式带有更多的定居色彩，但马匹的相关技能从未被摒弃，骨咄禄便是一名典型的驭马人。他从小学习养马，能根据季节和工作的需求挑选出最合适的马。夏季骑行，一定要选用那些皮毛较薄的马，而且在前几个月里并未过度劳累，同时还要温顺，因为连日酷暑之下，耐力再好的马匹也会有脾气。与此相反，最适合冬季骑行的是那些皮厚毛长、腹部浑圆，脚部离地时笔直不外张的马匹。要用套索时，宜选择短身的马匹，结实又敏捷。骨咄禄和他的同伴在还不会走路的时候就学会了骑行，他们骑马甚至比走路更为自如。

790 年夏，骨咄禄骑着最喜爱的坐骑之一，靠近正在穿越草原的大旅行队。旅行队中的马匹来自回鹘都城附近的夏季牧场。骨咄禄带着几百匹来自准噶尔南部牧场的马，准备加入他们的行列。他的这些马匹中很多都是老马，剩下的那些也很难走到目的地，因此骨咄禄带上各种马药，其中一种可缓解饮用沙漠水井的冷水时导致的绞痛。这种药物含有印度的白姜黄，又称为郁金。[47] 骨咄禄知道唐朝的督查会对马匹质量有所不满，但他们无可奈何，只能全数买下。回鹘人则会带回一匹匹精美的丝绸，与西方邻国再做交易。趁着马匹贸易这样的好机会，回鹘人可以把孬马都处理掉，如果马匹死在途中，正好用以果腹。

骨咄禄的家人生活在回鹘汗国的南部，在阿尔泰山以南的辽阔草原盆地上（今准噶尔一带），从属于可汗统治的诸多部落之一。在他们那里，每个部落都效忠于自己的首领（都督），[48] 可汗就是从这些部落中选出的。一些非回鹘的突厥语部落也臣服于可汗，战争的前线部队通常就是由这些人组成的。准噶尔盆地既是优质的牧场，又是绝佳的栖息地，大量骆驼、马匹、牦牛和羊群生活在这里。当某块草场被啃食殆尽时，骨咄禄和他的家人便将帐篷和行李打包好，装载到驼背和马车上，向其他地方迁徙。部落中比较富裕的人员，至少有两个圆顶帐篷，这些坚固的圆形住所是用厚毛毡围成的，靠可拆卸的木架支撑，其拱顶中央设有烟孔。

毛毡在回鹘人的生活中扮演着重要的角色，不仅用于搭建帐篷，还用于制作马鞍垫、靴子内衬、衣服和家具，每年秋天他们都会制作新的毛毡。首先将一块旧毛毡（又被称为“母毡”）铺在地上，用水浸透，[49] 然后在上面铺上三层羊毛和一层草，逐层用水浸透，随后用同样泡过水的兽皮将其紧紧卷住，并用皮绳系紧。接下来，还要从毡卷两端注入更多的水，然后用绳子捆住毡卷，同时绑在两名位于相反方向的骑手身上。他们骑马站在毡卷两侧附近，使绳子处于松弛状态，然后一人驾马走远直至身上的绳子绷紧，随后拽着毛毡在地上拖行，令另一人身上的绳子也绷紧。两人轮流拖拽，这样重复大概三四十次。接着，他们打开浸透的毡卷，铺平，取走草层，此时用层层羊毛制成的粗毛毡被称作“女儿毡”。至此制毡过程还没结束。女儿毡会与另外三层羊毛卷在一起，然后重复上述步骤。在这之后，再次用水浸透毛毡，置于帐篷一侧晾干。不同品质的毛毡用不同类型和等级的羊毛制作。最好的毛毡由羊绒制成，而羊绒则是徒手从未剪毛的绵羊身上采集而来的。

骨咄禄大部分时间与家人一起住在准噶尔，他将部落首领——都督——视为自己的领袖，而可汗则是遥不可及的人物。都督负责招募军队，所有十五至五十岁的男性均可从军。为了训练自己的军事技能，骨咄禄和同伴们经常进行各种比赛和体育运动，比如射箭，比赛时他们用牙齿咬紧缰绳，全速骑马驰骋，然后数箭齐发，射向多个箭靶。他们也会去山中打猎，搜捕狼和鹿，骨咄禄最爱猎鹰。捕捉小鹰时，他和部落里的同伴会用诱饵加捕网，捕网染上从黑杨树皮中提取的黄褐色的染料（toghruga），这样一来，捕网和地面泥土混为一体，看不出差别。[50] 为了捉小鹰，他们有时也会掏鸟窝，给它们套上脚套、束带和皮头罩，训练它们捕捉小型哺乳动物和鸟类（见图 12）。他们常常成群结队地去猎鹰，带着他们的鸟和猎犬策马进入阿尔泰山。从环形山峰上观察，脚下是一览无遗的山谷。猎物一出现，他们就把鸟放出来。[51] 一群大雕以这种方式可以猎下

图 12　穿胡服的男子与猎鹰、萨路基（Saluki）猎犬，出自长安附近的唐代皇陵的壁画。（作者绘）

一匹狼，还能用于训鹰。[52]

骨咄禄被选中跟随使团一起去长安，得知这一消息后他兴奋不已。即使是斡耳朵八里那些名门大族的成员，也要为前往唐朝的机会而激烈竞争。骨咄禄从未去过回鹘或唐朝的都城，老兵们描绘的富庶长安与之前出使唐朝的部落同伴带来的近况，都勾起了他的好奇。他们描述了长安西市各色各样的货物，又讲到他们是怎样策马入内，“劝说”那些瑟瑟发抖的商人将货品赠予他们。酒肆与茶馆里有曼妙的龟兹女子招待他们，随后他们还会去光顾位于东市旁边的著名妓坊。[53]这里紧邻富人住宅区，汉人文人看到回鹘青年靠近，急忙转身沿街避走，回忆起这个场景时，他们不禁开怀大笑。回鹘人觉得自己才是长安城的主人。[54]

骨咄禄带着自己的牲口与大旅行队汇合，跟随其步伐。旅行队的行进十分缓慢，负重的骆驼只能蹒跚前行，还有大量的牲口需要喂养。每天，他们一抵达合适的牧场，就卸下骆驼上的货物，搭起帐篷，生火备饭，让骆驼与其他牲口去啃食戈壁草原上稀疏的绿草。回鹘人带了面条与干果，但他们的主要食物是肉类。此外，马奶的用途十分广泛，除了用来制作奶油和乳酪，还可以发酵做成一种酒精含量较低的饮料，这种饮料还可以通过蒸馏，转化成清澈的烈酒。没有柴火的时候，他们会用骆驼或牦牛的粪便来生火。[55]

当旅行队靠近唐朝边境和边市时，整个队伍的情绪都十分高昂，同时众人也警惕起来，因为吐蕃人常在这一带劫掠财物。骨咄禄得知，一行人中，不是每个人都获准继续前往长安。此行主要是高官显宦和可汗的家族成员，包括两名公主。他们携带着给唐朝皇帝的书信和其他“礼物”。骨咄禄希望能跟随他们一起去长安，但唐朝的边卫通常只会允许一定数量的回鹘人进入都城。而且，前段时间发生的一件事把一名回鹘使者也牵涉在内：一群喝醉酒的回鹘青年感到自己被人怠慢，愤怒之下差点把通往皇城鸿胪寺的宫门劈倒。自那以后，这项限制变得尤为严格。[56] 回鹘人都希望见识一下汉人男子，他们认为唐朝的士大夫不仅举止阴柔，而且不愿意在身上带兵器，属于令人不齿的一类人，可以随意欺凌。双方发生冲突时并不总是辱骂一番就算了，酒后斗殴实属家常便饭。774 年、775 年，长安更是发生汉人男子被回鹘人杀害的事件。[57] 回鹘人社群的首领拒绝惩处杀人犯，在这种情况下唐朝政府也不敢强行执法。

令骨咄禄失望的是，最后他并未获准进入长安。他还在边境时，听到一则令人不安的消息，是关于家乡准噶尔一带的。回鹘和唐朝军队在别失八里城败于吐蕃人带领的军队，别失八里位于准噶尔南部的天山脚下。回鹘人向北撤退，跨过戈壁沙漠，到达斡耳朵八里，而唐朝军队则向南越过天山，逃往高昌。[58] 两军计划在秋天联合发动反攻，各个都督都收到命令，召集所有成年男性参军。于是骨咄禄启程返回准噶尔北部的家乡，准备参战。

别失八里的问题由来已久，可追溯到安史之乱发生的时期。回鹘军在帮助唐朝平叛后取得了优势地位，同样的，虽然并不是那么的直接，吐蕃人也在唐王朝日渐式微时从中受益。755 年，也就是安史之乱开始的那一年，吐蕃赞普遭到两位大臣暗杀，756 年新赞普即位。那时中国已经召回了在西域驻扎的大部分军队，于是吐蕃立即趁机挥师北上。到 8 世纪末，吐蕃控制了塔里木一带的大部分地区，西域仅剩几个孤立无援的唐朝军镇，别失八里（汉人称为北庭）即为其中之一。本来，从别失八里出发向东南方行走，穿过河西走廊，便可直通唐朝境内，但河西一带也被吐蕃控制了。别失八里派出的几位使者试图找到另外的路线前往东土，但足足十年以后，才有一位安全抵达了唐朝境内——他先往北走到斡耳朵八里，再折向东南，前往回鹘与唐朝接壤的边境。这时已经是 781 年了，自此以后，所有的物资供给和信使都走这条曲折的路线，回鹘也借此征收了大笔的通行费。[59]

回鹘人不断劫掠、借平叛的功劳一次次要求补偿金，逐渐耗干了唐朝的国库。因此唐廷转而积极地与吐蕃达成和解。783 年，双方经过协商后签订了一项协议，唐朝军队得以抽出手来对付又一次内乱。[60] 根据这两大势力的和解内容，吐蕃承诺协助唐朝平叛，唐朝一方则割让别失八里给吐蕃。然而双方均未遵守协议，吐蕃甚至设计暗杀了两名唐朝大将作为报复。第三位唐朝将领受邀前来协商，然而吐蕃人早已设下埋伏，这位将领好不容易才逃了身。吐蕃还攻打别失八里，对撕毁条约的唐朝做进一步报复。

数年以来这一带在悄悄发生转变，吐蕃的进攻则是变化达到高潮的标志。别失八里大部分都是非回鹘的突厥人，城市周围的平原上更是盘踞着成千上万的沙陀突厥。[61] 这两个部族虽然能够彼此和平共处，但是北边的回鹘人却十分不得人心。年轻的回鹘人常常武装起来到这里进行劫掠，抢走衣物、粮食和牲畜。缺乏人力和物资的唐朝军队完全无力反击，更何况，回鹘人本来就是他们的盟友。

吐蕃在别失八里城中的探子回报，突厥人的不满情绪愈发严重。

于是吐蕃人进一步煽风点火，暗中许诺突厥首领说，如果民众叛变，吐蕃将会全力支持。最终在 789 年，吐蕃认为时机成熟，便越过天山于 790 年 1 月攻占别失八里。回鹘和唐朝的军队继 763 年平定叛乱后再度联手，一度收复了失地。然而当年夏季，民众转向吐蕃一方，联军被迫撤退。

吐蕃给回鹘和唐朝带来不少恐惧，吐蕃人经常深入两方领土进行掠夺。763 年，吐蕃士兵甚至一度占领了唐朝的都城。唐朝与回鹘组成新的联军，骨咄禄即将加入的正是这一支军队。双方都有共同的敌人，但究竟是哪一方在帮助哪一方，其实并不清晰。如果被打败，回鹘人蒙受的损失可能更大，毕竟别失八里是他们与吐蕃之间唯一的缓冲地带；而对唐朝来说，别失八里只是一个重要的边哨，是他们昔日在塔里木一带势力的余晖。两方军队的规模也印证了这一点：回鹘人召集了全部成年男性，总数超过一万人，而唐朝方仅出动了两千人。

骨咄禄赶着一群马，马不停蹄地在夏末时分回到准噶尔。他所属部落的都督被召至斡耳朵八里，其主力部队正在平原上受训，同时为接下来的战争准备马匹和武器。这样的场景在回鹘汗国内随处可见，所有的部落首领都在号召自己的民众加入军队。骨咄禄带上盔甲、武器和最好的马，加入了同乡们的操练行列。汗国北部和东部的各个部落于初秋在都城汇合，继而南下。沿途又有其他军队加入大军，骨咄禄所在的部队是最后一支加进来的。这支混合军队浩浩荡荡向南挺进，率领队伍的将军是回鹘的宰相，他一心想要为此前被吐蕃打败雪耻。回鹘军派出信使，告知唐朝一方他们已经赶到，不过他们并没有从北边直接进入别失八里。相反，回鹘将军带领军队大举南进，跨越天山，到达高昌，与唐朝军队汇合。至此，部分回鹘军队已跋涉近一千六百公里。

回鹘人自认他们比装备笨重的吐蕃骑兵更有优势。他们用动物的角与筋对弓进行加固，他们的木箭射出后会发出响哨来恐吓敌人。唐朝步兵配有弩，带螺纹皮革的箭，还配有长弓，这种弓发射的带钢铁箭头的箭能够刺穿吐蕃人的盔甲。吐蕃步兵是最大的威胁，他们全身上下都裹在盔甲内，以作战勇猛而闻名。吐蕃军队还得到了本身就是精良骑兵的突厥士兵的支持，他们此前也参与反抗回鹘人的统治。

将军佩剑，剑柄与剑鞘都镶有金、银等宝石。根据中国的炼丹术思想，最好的剑集合了阴阳精华。要铸出这样的剑，拉动风箱的必须是童男、童女。在古代，剑都是成对铸造的，雌剑、雄剑各一。传说甚至有神剑是龙魄化身的说法，能闪电劈玉。中国工匠如果未经皇室授权而私自铸剑，则会受到重罚，而武器的进出口更是被严格禁止的。[62]

在高昌与唐朝军队汇合后，骨咄禄和同伴们所在的回鹘军队开始北上，重新翻越天山。在别失八里城下的平原地带，吐蕃军队严阵以待。次日，双方均摆开阵势，旗手、号手和鼓手引领着各自的士兵开始战斗。接下来的每一天，场面都十分混乱，充斥着大量的士兵、马匹和武器。每个夜晚，当军队撤退回到自己的营地时，倒下的士兵便被遗弃在战场上。回鹘和唐朝联军无法将阵线向吐蕃一方推进，随着战程渐长，联军的兵力开始减弱，士气也愈发低迷。

随后，吐蕃开始推进战线，联军士兵试图逃跑，乱成一团，骨咄禄被困在兵荒马乱之中。位于阵线后方的指挥官挥刀砍向自己的兵员，想要恐吓他们回到战场。而此时，大批裹覆灰色铁甲的吐蕃步兵如巨浪般跨过平原，无情地席卷而来。

联军被打得溃不成军。唐朝将领仅带了一百六十人向南越过群山，朝高昌方向逃走。至于回鹘，由于直接向北逃亡的路线被吐蕃人封锁住，回鹘将军只好紧随唐朝将士，承诺可以让他们先在斡耳朵八里暂避，再从安全路线返回唐朝境内。考虑到高昌位置孤立，易于攻陷，也不会有后援来到，唐朝将领最终同意前往斡耳朵八里，两军于是开始向北长途跋涉。然而唐朝将领到底判断失误，他在进入回鹘都城后不久就被暗杀身亡。

次年，回鹘军队再次来到别失八里，一举夺回该城。这一次骨咄禄并不在其中，他的尸首留在去年的战场上，而他的家人则遵循回鹘习俗，把脸划伤，表示哀悼。[63]

第四章

公主

太和公主，公元821—843年

越汉国兮入胡城，亡家失身兮不如无生。
毡裘为裳兮骨肉震惊，羯膻为味兮枉遏我情。
鞞鼓喧兮从夜达明，胡风浩浩兮暗塞营。

—— 蔡文姬《胡笳十八拍》，2—3 世纪 [1]

821年秋，唐皇室的太和公主，即当朝皇帝（译注：唐穆宗）的同父妹妹，端坐在双峰驼背上的轿子中。[2]她的侍女们骑着皇室牧场的尼西马或土库曼马，在她身旁陪侍。侍女们并未使用女子常用的横鞍，而是穿着宽松的丝绸长裤，直接跨坐在高鞍桥上。[3]身为帝妹的太和被选为和亲公主，嫁给回鹘可汗来巩固两国邦交。作为公主的聘礼，回鹘给唐穆宗送去驼绒布、锦缎、貂皮、玉带、五十头骆驼及一千匹马。尽管太和公主来自东方，从小在唐都长安的皇宫中长大，但是她的衣饰和着装风格却来自西方，来自遥远的中亚大草原——她正经行的地方。[4]

她头上戴着精致的白玉簪，玉石晶莹通透，采自于阗的河床；头饰上的象牙是印度的，青金石虽然在于阗采购，但实际上产自更西部的巴达赫尚省（Badakhstan）（见图13）；她的金项链上饰有珍珠及各类相对廉价的宝石，象征着佛教七宝，由中亚西部的工匠倾力打造；[5]她的佛珠是由波罗的海岸的琥珀制成。[6]

她还带了香料，除了可以用在身体和衣物上，沐浴时也可以派上用场，有些还可能是催情药。这些香料大多原产自印度，沉香和麝香的混合香可令公主吐气如兰。离开长安之前，太和公主学习了一种新式舞蹈——胡旋舞。表演这种舞蹈的通常是粟特女子，她们身穿绯红与绿色相间的衣服，飞旋于小圆毯上。[7]太和公主尤其喜

图 13　唐代发型及凤鸟头饰，出自长安附近唐代帝陵的石刻。（作者绘，根据沈从文《中国古代服饰研究》，108 页）

爱龟兹音乐，将来在可汗的宫殿中她可以继续享受这个乐趣，还能弹奏镶金的筝。西域音乐在当时的唐朝都市里非常流行，一些胡人乐队常驻皇宫，在宴会及其他场合中进行演奏，官妓们还改编了传统的中式曲词来适应这些新的曲调。市井伎伶则亲自作词，常常借此来讥讽政治丑闻及官场腐败。街童们很快便学会了这些歌曲，在大街小巷传唱，赚取几块铜板。

身为公主，太和除了驾临自己的封地外，很少离开皇宫。但她并不是只关心宫中事务，对什么都无动于衷。她打波罗球，这是一种从西域传来的球类运动，而且和很多宫廷女性一样，她是一名出色的女骑手：

殿前宫女总纤腰，初学乘骑怯又娇。

上得马来才欲走，几回抛鞚抱鞍桥。[8]

长安的皇宫内有专门的波罗球场，还有五个马厩，分别用于饲养波罗球用马、将军用马、狩猎用马和仪典用马。[9]这些马很多都是拔汗那国和木鹿的尼西马，通过朝贡或贸易从远方的中亚诸国来到境内，与小而结实的草原矮种马杂交。普通士兵骑的就是这种矮种马。尼西马是很多神话的主角。其中流传最广的一个传说把它们形容为半龙的生物，生于水中，乘着它们可以飞升天界：

天马来出月支窟，背为虎文龙翼骨。[10]

唐朝的传说故事提到很多以马著称的国家，例如有一个终年积雪的极北之地被称为“驳马国”（译注：驳马即带有花斑的马），据说那里的马通晓人语。很多国家和部族都向中原王朝进贡马匹，包括迦湿弥罗、罽宾和大食，其中在帕米尔以西，粟特和拔汗那国一带的湿润山谷，是中原王朝上等骏马的主要产地。安史之乱发生以前，唐玄宗的御苑中饲养了六匹著名的“舞马”，都来自拔汗那国。[11]八月初五是皇帝生辰，这些马会在这天表演舞蹈。为了纪念这些舞马，它们还被刻成了石板浮雕，[12]但那已是过去的事。此后吐蕃人多次劫掠皇家牧场，损失的良驹无法得到补给。如今唐朝军队不得不依赖回鹘人为他们提供至关重要的战马，每匹售价高达四十甚至五十匹丝绸，唐朝如果拒付高价，则可能会遭到回鹘人的劫掠。[13]773

年，回鹘人要求唐朝买下一万匹马，总价超过唐朝一年的赋税，唐朝皇帝试图压低回鹘人的勒索金额，下旨说“不欲重困于民”，仅买了六千匹马。但是回鹘人仍定期送来成千上万的马匹，唐朝国库逐渐被榨干。每匹马一被送到唐朝的牧场，便会烙上几个标记来标示其产地、敏捷度、耐力及职责，说明它是驿马、将领坐骑还是公差用马。[14]

太和公主是第四位与回鹘可汗和亲的唐朝公主。第一位和亲公主是她高祖父的妹妹（译注：宁国公主）。回鹘人第一次援助唐朝平定安史之乱后，758 年宁国公主就被送去和亲。[15] 她和亲时已不年轻，曾两次守寡，嫁到回鹘一年后又成了寡妇，于是返回大唐。她陪嫁过去的妹妹（译注：荣王李琬的女儿，又称小宁国公主）则留下来嫁给了新任可汗。[16] 790 年，小宁国公主在斡耳朵八里逝世，而在两年前，太和公主的姑祖母咸安公主又被送去和亲，这是唐朝为了向回鹘借兵攻打吐蕃而仓促定下的条件。[17] 咸安公主一直待在回鹘，直至 808 年去世为止，期间先后嫁给三任可汗。820 年，在足足拖了七年之后，唐朝皇帝终于选择把永安公主，即太和公主的姐姐嫁给可汗。[18] 幸运的是，这位可汗在她离开长安前便已离世。不久，永安便请求皇帝下旨，允许她出家入道，借此逃过后来的和亲。[19] 她并不是第一位采取这个办法的唐朝公主。早在 8 世纪初，金仙公主和玉真公主便开了先河，两人从年轻时候便开始漫长的修行。她们的父亲（译注：唐睿宗）从国库中拨款，为两人各自修建了一所道观，引来官怒民怨，于是两位公主只得动用自己的私库完成道观的工程。此后，共有十五位皇室公主入道，其中包括太和公主的两个侄女。[20]

太和公主的命运是在出发前的一个月才定下来的。一个月前，近六百名回鹘人到长安来接嫁永安公主。[21]最初使团人数有好几千，但大多数被要求在边境待命，因为长安邸舍不够，接待不了这么多外使。此时永安公主本来要嫁的可汗已经去世，皇帝陷入两难。皇室送一位公主出嫁，要付出很高的代价，不仅要给公主配一套符合其身份的嫁妆，还要准备当时的硬通货——丝绸——去购买回鹘使节“进贡”的马匹和其他物品。尽管回鹘不再像从前那样强势，但仍然是唐朝的重要盟友，有资格要求唐朝遵守当初的协议。

最终，唐朝皇室决定由太和公主代永安公主出嫁，派一名大臣向回鹘使节宣旨。一名唐朝使节将陪同公主前往斡耳朵八里，给新可汗授予印绶：唐朝总是佯称邻国为其属国。到了边境以后，有一队回鹘护卫军会加入他们，保护公主一行的安全。仅仅过了一周，护卫队的重要性就凸显出来了——他们在公主行程路线以南不远处，击退了一伙吐蕃劫匪。几年前，吐蕃士兵曾在两天内行军至斡耳朵八里。实际上，双方都希望将来不用防卫，此时一队唐朝使节正赶往逻些（译注：今拉萨）签订和约，合约宣称：“彼此不为寇敌，不举兵革，不相侵谋。”[22]

7 月的第一天，和亲一事便被昭告天下。8 月末，太和公主从长安东北门出城。这趟行程长达几千公里，要到明年才能到达目的地。骑驿马的话，花不到两个月的时间就可以走完，但像太和一行这样的大队人马，行进速度较慢，常要沿途停歇。太和的兄长，即当朝皇帝，以及文武百官都列队为公主送行，声势十分浩大。长安城的百姓也纷纷出门来观看盛事。回鹘骑兵、公主及其随从、唐朝官员，还有那些载着送给可汗的赠礼骆驼，花了好几个小时才全部通过城门，启程北行。

太和公主即将入住的回鹘宫殿堂皇富丽，足以媲美唐朝皇宫，但她始终觉得自己即将前往一个蛮荒之地。他们一行人首先要穿过唐朝领土，直达黄河流域的最北端。黄河的源头远在长安西南方的青藏高原，河水流经河西走廊，又折向北面，流经很长一段路程后再转向东边，然后向南拐，在长安附近继续向东流。被黄河三面围住的这一弓形地带，就是所谓的鄂尔多斯地区，这一带遍布沙漠与泥滩。鄂尔多斯以北和以西为戈壁沙漠，东北方的大草原则是契丹和党项等民族的故乡。唐朝试图掌控鄂尔多斯一带，在黄河对岸设立军镇，还在回鹘的唆使下开设了贸易点，但在这一带，唐朝的统治岌岌可危。自 763 年因安史之乱撤回西域驻军后，唐朝的西翼几乎没有设防。吐蕃人屡次跨过河西走廊进犯回鹘，还在鄂尔多斯地区的西缘进行劫掠。党项族和契丹族则从东北方对这一带构成威胁，并在几个世纪后建立了强盛的王朝。鄂尔多斯南缘有一段侵蚀受损的夯土长城，将整个河曲地带一分为二，它是早期中国政权边界的标志，体现了汉人政权与其北邻势力在该地区的长期拉锯。

唐朝军队配备了强劲的弩机、精良的甲胄、钢铁打造的剑，还有火药与投石机。士兵也像草原民族那样学习骑射，而且很多本来就属于游牧民族。尽管如此，当与侵犯边境的各个民族势力对峙时，他们却从未占过上风。[23] 因此，除了动用军事力量，他们还长期采用外交和贿赂的手段来守卫边境，和亲便是其中一项策略。早在几百年前，各王朝就开始选派公主和亲，以巩固盟友关系，单在唐朝就有二十余名公主被送去和亲。[24] 7 世纪时，一名突厥可汗要求唐朝派皇子迎娶他的女儿，惹怒了朝廷。有官员谏称："自古未有中国亲王娶夷狄之女者。"[25] 结果持异议的官员遭到了流放，武则天女皇选了一名侄孙前去草原和亲。[26] 不过此前被派去异国和亲的都是帝王的远亲或者低级嫔妃的女儿，直到与回鹘联姻时，唐朝才开始派公主去和亲。

安史之乱后，唐朝的统治风雨飘摇，最显著的一点是，唐朝开始抵制包括胡人在内的所有域外事物。和今天一样，民族问题在很大程度上是政治问题。唐朝统治者李氏宣称自己为道家始祖李耳的后裔，然而事实上，他们的祖先正是来自如今被他们贬低为"蛮夷"的中亚。在唐初备受推崇的外来文化如今已深深融入中华文明，哪些是传统的、哪些是外来的已难以分清。但在明显受外来影响的领域，如佛教，仇外情绪日益高涨。佛教最晚在公元 1 世纪传入中国，618 年唐朝建立时，佛教已经完全融入中华文化之中。到了唐朝末年，佛教在一些官员口中却成了国家积贫积弱的替罪羊。819 年，一位杰出的政治家兼文坛领袖向皇帝呈送了一份反佛谏表。[27] 虽然谏表被驳回，但在接下来的几十年中，政府习惯性地将重税与通货膨胀归罪于胡人或夷教，如回鹘高利贷、粟特摩尼僧和免纳税的佛教徒。

821 年秋，太和正在奔赴的目的地位于长安的西北方向，但队伍先向东北走，到达位于黄河河谷的河中府（译注：今山西永济市一带）。黄河流域及其周边肥沃的平原是中国的心腹之地，夹杂大量黄土的河水为平原带来了养分。接着，队伍向北途经河东道（译

注：今山西省一带）前往太原，太原意为“极大的原野”。807年，应回鹘人的要求，太原修建了一座摩尼寺，供当地数量庞大的回鹘人礼拜。近来，太原成了一种高档葡萄酒的主要产地，这种葡萄酒以高昌的马奶葡萄酿成，附近的黄土坡上到处都是葡萄园。[28] 大部分葡萄酒送往长安，太和的兄长，即当今皇帝第一次品尝这种酒时赞叹道：“饮此顿觉四体融合，真‘太平君子’也。”[29] 当时一位唐朝文人还作诗吟咏太原（当时也被称为“晋”）的葡萄园与葡萄是多么诱人：

野田生葡萄，缠绕一枝高。移来碧墀下，张王日日高。
分岐浩繁缛，修蔓蟠诘曲。扬翘向庭柯，意思如有属。
为之立长檠，布濩当轩绿。米液溉其根，理疏看渗漉。
繁葩组绶结，悬实珠玑蹙。马乳带轻霜，龙鳞曜初旭。
有客汾阴至，临堂瞪双目。自言我晋人，种此如种玉。
酿之成美酒，令人饮不足。为君持一斗，往取凉州牧。[30]

和亲队伍在河中府停留数日，一边休整，一边补充物资，包括备好葡萄与葡萄酒以便公主在途中享用，并为下一段行程做好准备。他们继续沿黄河东岸北行，前往一个军镇，避开危险莫测的鄂尔多斯地区——半世纪前那里发生了针对粟特与回鹘商人的大屠杀。[31] 接下来，他们沿黄河北岸西行，北方的地平线上尽是高耸的山峰。队伍穿过这一带后，在黄河由北折向东的拐弯处，转向北面行至鹏鹈泉。这是唐朝的北方边界，在这之后，公主一行得花好几个月跨过戈壁沙漠才能看到多一点的水，更别说河流了。

短暂的夏季已近尾声，地面因霜冻而变得越来越硬，好在天气仍晴朗干爽。队伍每天行进的路程十分有限，很早就停下来扎营，让牲口吃草。之后的路途中，骆驼只能吃草料，因为它们掌上的肉垫很柔软，不能像马那样刨去牧草上的冰和雪。除了牛羊肉以外，回鹘人还会捕食羚羊。第二位可汗立摩尼教为国教时，除了下诏“应有刻画魔形，悉令焚爇”，还提议臣民应“化为蔬饭之乡”。[32] 摩尼僧均食素，俗世信徒虽然未受到严格限制，但也应该对肉食有所节制。然而，不管是在路上还是今后的生活中，太和都未没发现这项诏令有丝毫实行的痕迹。大家仍大食肉脍，牛、羊、牦牛、骆驼、马、羚羊、狐狸、野兔，所有饲养的、猎获的动物，无不在他们大快朵颐的行列。在喝酒方面，他们也没有受限制，公主的队伍中便携有大量马奶酒。

随着一步步深入回鹘的疆土，太和眼前几乎没有什么熟悉的事物可以勾起对故土的回忆。虽然她涉足过的祖国山河并不多，但从文学与艺术作品中，她对自己的故乡是了解的。在她眼中，故乡有翠绿的河谷，有葱郁壮美的山峰，雨水在芭蕉叶上滑落，秋天片片红叶中夹杂着一朵两朵菊花，竹子林布满山坡，每一个季节都有自己的花鸟鱼虫。可如今，每当她早上醒来，眼前只有雪和荒芜，周遭都是灰蒙蒙的一片，如此鲜明的对比令她触目惊心。她不禁想起八百年前一位和亲公主的诗句：“吾家嫁我兮天一方……愿为黄鹄兮归故乡。”[33]

每天都是漫长的旅途，队伍在了无新意的景观中前行，日复一日。公主整日无所事事。早上，侍女为她更衣备饭，她的骆驼已经备好。最初的几个月里，天气温和，景色还比较多样，路上的时间过得很快。她到达营帐时，帐篷已经搭好，摆上垫毯、桌几和小交椅。侍从送来梳洗用的清水，还带了热茶及各式精致点心。许多夜晚，她或是弹筝奏曲，或是作诗咏景，抒发思乡之情，这两样都是中国诗歌的常见题材。然而几个月后，空气干燥，寒风凛冽，她不得不挡着脸，再说沿途也没有什么好看的景色。她开始厌倦这场没有尽头的旅程，今天完了到明天，这个月结束了下一个月开始，她几乎丧失了所有时间的观念。

农历新年即将来临，这是中国最重要的节日，她想到了自己将要错过的那些庆典。队伍中日渐欢腾的气氛让她意识到他们快要到回鹘都城了，一条清晰的道路映入眼帘，很快便拓宽为一条人来人往的大路。路旁的原野上散布着田地和小村庄。人们夹道观看行进中的队伍。骑兵先行进城，将他们即将抵达的消息通报可汗。在距国都仅有两个驿站的距离时，一名从都城来的使节来到队伍中。使节与队伍中的回鹘人商议过后，一起去找唐朝官员。原来可汗希望公主在他们的带领下经由别路进城，这样她便可以悄无声息地抵京，在成婚以前便与可汗私下会面。[34] 这项提议被唐朝官员否决了，回鹘侍臣却坚持说之前一位唐朝公主同意这种做法。陪同太和公主和亲的大臣明确答复回鹘使者，无论之前的公主决定如何，这项提议都有违外交礼节。

翌日，在鄂尔浑河的左岸，斡耳朵八里的城墙已遥遥可见，鄂尔浑河及其宽浅的支流淌过平坦的原野。当时已是 822 年 2 月，时值深冬，河水结冰过河比较方便。树木与其他景物一样，都是灰白色的，覆盖着冰霜。这座城市为城墙所围绕，呈长方形，南北长约八公里，东西宽两公里多。[35] 皇宫也设有围墙，位于城内东北角。经由九道大铁门可以进入城内。公主清晰地看到了著名的可汗金帐，立在宫殿的平顶之上，帐篷外表金灿灿的。[36] 她听说过吐蕃赞普也有这样一座帐篷，彰示了其游牧民族的血统。可汗会在金帐中听政，帐篷内可同时容纳百人。城墙内外的帐篷多如星罗棋布，大部分用作回鹘军队的营帐。

太和一进城便被请入一座大帐，帐内四壁与地面都铺有厚厚的羊毛毯，最外面再覆盖一层精致的丝毯。沿帐壁摆放的大坐垫都包有最上等的唐朝丝绸与粟特丝绸，绣以红、绿、蓝、金各色纹饰。扶手则由檀木制成，饰有金子、樟木和染色象牙。四周堆着各式皮草，包括貂皮、白鼬皮、花兔皮与染成紫色的鹿皮。给公主送上的美酒盛在透明的紫色水晶杯中，杯身雕有精美的葡萄与藤蔓装饰，这样的酒杯在唐朝宫廷也属稀有。她身前的矮几上摆满了水果与坚果，有杏、葡萄、蜜瓜、苹果、核桃与杏仁。接着，有人给她送上一杯香气四溢的茶。瓷杯质量上乘，制作精巧，杯身模仿波斯银器塑成瓣状。回鹘人在与唐朝的马匹贸易中获取了大量丝绸，如今没有什么奢侈品是他们付不起的。公主的译者告诉她，可汗希望太和穿上回鹘的服装，他会派回鹘公主来教太和学习他们国家的风俗习惯。一位年长的侍女会服侍公主穿衣梳发。同时，由唐朝的大臣为大婚庆典挑选一个良辰吉日。

太和的服装有长衬袍与袋状裤子，质料是薄丝绸，裤子还用绳

图 14　穿胡服的唐朝少女。(出自长安附近唐代皇陵的壁画。作者绘)

带勒紧。然后在衬袍外面套一件织纹华丽的长袍，像日本和服一样，在胸部下方宽松地束一下，并加以剪裁，形成交领。穿在最外面的是一件类似于围裙的衣物，撞色，在胸部一带束紧（如传统韩服），垂至地面。最后，再披上一条细长的丝绸披帛，绕过肩部，搭于臂上。她的头发梳成一个精巧的高髻，红绣鞋的足尖部位向上翘起，在裙下若隐若现（缠足风俗是后来才出现的）。[37] 这些丝绸都产自皇室作坊。在玄宗统治的全盛期，他曾遣百名皇室工匠专门为其宠妃杨贵妃制订衣饰。当时的宫廷仕女流行穿胡袍，类似于突厥骑兵服装那样的素色翻领长袍（见图 14）。现在最新的潮流是把袖子做得极为宽大，单是用在袖子上的丝绸就抵得上衣服一半的量。

婚礼当天，太和先身穿回鹘常服走出帐外，向坐在皇宫高塔上

图 15　持莲苞的回鹘公主，出自高昌附近 9 世纪佛寺壁画中的供养人图像。（柏孜克里克 9 号窟，现存柏林亚洲艺术博物馆，编号 III6876b。作者绘）

的可汗行礼，然后回到帐中由回鹘侍女伺候更衣。她先穿上一件素色圆领的红绸衬袍，与唐朝宫廷流行的露肩设计大相径庭。之后再套上一件深红色的长袍，有宽大的绣花翻领，在对襟处、袖子和裙上饰有红白镶边。长袍的袖子是窄袖，与中土的普遍做法截然相反。接着，她的头发被梳成两个大环，分别安在头的两侧，插上金簪、青金石簪及动物形状的发饰。然后，一条宽大的红丝帛在她头部绕了一下，从背部垂下，在臀部系成繁复的结。最后，她佩上长长的金耳环，戴上两端高翘的船形金冠（见图 15）。[38] 太和换好宫装后，再次出帐行礼。她在别人搀扶下坐进轿内，由九位大臣带领，绕着宫殿走了九周。然后她登上塔，在可汗身旁坐下来，面向东方。可汗也身穿丝绸长袍，但领子很高，饰有团纹。除了络腮胡子，他嘴唇上方还蓄有小胡子，头上戴着尖顶高冠，皇冠的红色丝带系于下颌。可汗的发间也缠有垂至背部的宽丝带，长袍两侧开衩，露出长皮靴。

可汗还系有一条镶金饰玉的精美腰带，腰带上悬挂着镶嵌了珠宝的匕首。大臣的服装与可汗相似，但精美程度不及后者。他们轮流拜谒可汗，并将其赞为“日月之神”，然后向太和致敬，尊称她为新任可敦（khatun）——他们的皇后。[39] 太和还注意到有摩尼僧侣在场，他们身穿独特的白色长袍，戴白色高帽。与佛教徒不同的是，他们无须剃发，许多人都留有长胡须。

太和不仅是回鹘与唐朝结盟的象征，作为可敦，她在回鹘宫廷中也握有一定的权力。她可以建立自己的势力，而且有长达一年的时间，唐朝使臣都陪伴在她身边。822 年晚秋，这些大臣不得不返回唐朝，她忧心如焚。太和为他们安排了一场送别盛宴，托他们将大量丝绸和各种饰品带回给她的姐妹，包括一件鹿形的锤金发饰。

那年夏天，可汗接待了一位名为塔米姆 · 伊本 · 巴赫尔的使臣，是河中地区阿拉伯势力的领袖派来的。因为长安曾接待过阿拉伯使者，太和公主对阿拉伯人略有了解。她的丈夫派出多匹驿马，将这名使臣从回鹘西南边境的伊塞克湖地区接至都城。塔米姆·伊本·巴赫尔花了二十天穿越草原，根据他的记录，那里水草丰沛，但杳无人烟，因此没能找到食物。每到一个驿站，管理马匹的人都住在帐篷中，没有多余的供给。之后，路上才开始出现一些耕地，他又花了二十天穿过乡野来到斡耳朵八里。他还写到，可汗的金帐远远可观，但他的记录中并未提到可敦。[40]

我们对太和与新婚丈夫的私生活一无所知。唐朝并非谈性色变，晚期中华帝国社会的各项限制尚未成形，裹脚在一个世纪后才出现。唐代律法规定双方可以和离，寡妇可以再嫁，回鹘女性受到的限制或许比唐朝女性更少。回鹘公主曾随数名使臣前往唐朝，其中一名还是派去迎娶太和的回鹘使者。中国文人曾创作出非常露骨的房事秘笈，而“房中术”也被视为医学的一个分支，[41] 许多大夫都认为缺乏房事会有损健康。不过道士也常叮嘱他们的男患者勿泄元阳，因为他们认为男精中含有至关重要的能量——气，是健康长寿的关键。例如，一位 7 世纪的道教医师在著作中提到：

> 人生四十已下，多有放恣；四十已上，即顿觉气力一时衰退。衰退即至，众病峰起，久而不治，遂至不救。所以彭祖曰：“以人疗人，真得其真。”故年至四十，须识房中之术。夫房中术者，其道甚近，而人莫能行。其法一夕御十人，闭固为谨，此房中之术毕也。[42]

文人写的淫诗艳作也在坊间流传，皇后宫妃的癸水日期、每位皇帝成功施泄的时辰与日子都会被详细记录下来。[43] 我们不知道太和公主在回鹘宫廷中是否有相似的经历，也不知道她有没有怀上可汗的子嗣。

公主的丈夫在她出嫁后两年便溘然长辞，新可汗随即登基。六十五年前，第一位嫁与回鹘可汗的唐朝公主在丈夫去世后被要求殉葬，她拒绝了。作为妥协，她遵循回鹘的哀悼礼俗，以刀划面。[44] 太和没有殉葬，但也没有离开回鹘。尽管她可以跟随向唐朝朝廷传递可汗讣告的回鹘使臣回去，或在 825 年春，随来朝贺新可汗登基的唐朝使者一起返回中国。这位唐朝使者还带了足足五十万匹丝绸，作为马匹贸易的报酬。

太和留在了斡耳朵八里，也许是被她的汉人谋士说服，或者是为了避免送一名新公主产生的巨大花销，又或者是因为她已改嫁新可汗。唐朝每隔几年便会遣使回鹘，因此回鹘都城居住有大量的汉人。使臣常给她带信件、消息与礼物，向她献殷勤。作为回报，公主也会回送自己精心准备的礼物，包括七名骑术高超的女射手，以及两名来自回鹘汗国南境沙陀突厥部落的男孩。[45]832 年，回鹘可汗被多名臣子联合暗杀，另一位可汗即位。太和仍留在回鹘。是时，回鹘已势力大衰，朝中分歧不断，还有黠戛斯军队在西北部频繁袭扰。

黠戛斯人生活在回鹘汗国西北的森林中，距离回鹘都城有四十天的路程，此地“松高者仰射不能及颠（巅）”。[46] 过去二十年里，他们与回鹘人摩擦不断，其语言也属突厥语族。据唐朝与波斯的记载，黠戛斯人身材高大，发色浅，眼瞳是蓝色或绿色 [47]，认为深发黑瞳为不详的征兆。他们认为，深发黑瞳者是公元前 1 世纪一位叛逃到游牧民族的汉将（译注：李陵）的后裔。他们的很多风俗也与其他突厥部落不同：他们不划面致哀，称呼自己的首领为“阿热”(aje)，而非可汗（尽管其后他们也采用这一突厥称呼）。[48]

839 年，可汗以叛国罪为名，处死两名大臣，两人的幕僚为了报复暗杀了可汗，自此斡耳朵八里陷入危机之中。当年冬天天气极其恶劣，土地霜冻得很早，大雪肆虐，到了年底粮草已经耗尽，导致成千上万的牲畜死亡。都城军防已无力抵抗黠戛斯人持续的进犯。840年，黠戛斯人攻陷回鹘国都，杀害了回鹘新可汗，纵火烧城。城中居民与周围农户纷纷南逃，太和公主被俘。[49]

黠戛斯人很快便退回到位于森林地带的老巢，但因为回鹘没有作出有力的抵抗，他们仍然控制着回鹘的故土，直至824年来自唐朝东北边境的契丹人进入这一带。

黠戛斯人派遣卫队护送公主回乡，但他们遭到回鹘军残部的袭击，公主被截至回鹘新可汗的营帐。[50]（直到842年，唐朝朝廷才获悉太和公主的下落。）840年秋，数以万计的回鹘难民在另一位领袖（译注：乌介可汗）的带领下，来到唐朝北境的黄河拐弯处。841年初冬，唐廷为不断生事的回鹘人送去衣物和粮食，但不清楚这批物资最终是到达边境难民的手中，还是去了新可汗的营帐里。中方开始与边境难民谈判，最后首领同意留在唐朝境内，但由于他与唐廷作对，被唐廷出兵攻打，很快就退回到边境一带。

842年是纷争不断的一年。那时唐朝尚不知吐蕃赞普过世的消息，因此担心回鹘会趁着黄河冰冻期过河，投靠吐蕃。太和仍然被回鹘人挟持着，唐廷希望能确保她的安全。843年春，一支唐朝远征军偷袭了回鹘营地，[51]唐朝的探子提醒公主要保持警惕，让她藏在自己的车驾中。回鹘被迫撤退，上千名回鹘人在名为“杀胡山”[52]的地方遭杀害，但更多的回鹘人选择投降唐朝。还有一些南逃至丝路沿线，其中一支定居在河西走廊的甘州，另一支定居于塔里木附近的高昌。可汗在战败后逃窜，几年后在戈壁沙漠一带被俘获并斩首。几代之后，原来留在唐朝北方的回鹘人均被归化。

与此同时，公主在护送下往南走，于 843 年暮春到达都城长安，她的回鹘护卫队在城门处被遣返。有传闻说公主谋杀了随行的回鹘王子，但无从得证。[53] 皇帝召集朝臣商议应如何安置公主，一些大臣因唐朝和回鹘是敌对关系，反对她回国，但皇帝依然为她求情。最终，朝廷决定迎回公主，派禁军护送她由东北城门外的章敬寺回宫，二十年前她就是从这里启程和亲。至此，她的中亚生涯终于落下了帷幕。

第五章

名妓

莱瑞诗卡，公元839—890年

门外猧儿吠，知是萧郎至。
刬袜下香阶，冤家今夜醉。
扶得入罗帏，不肯脱罗衣。
醉则从他醉，还胜独睡时。

——佚名《醉公子》，10 世纪[1]

莱瑞诗卡端坐在镜子前面，举起的手迟迟未动，一只小狗伏在她的脚边。[2] 侍女看到后，向女主人嗔怪了一声，说客人已经到了，正在外面等着她。莱瑞诗卡用粉刷蘸了小罐中的雌黄粉，仔细地在额前描出一弯新月，把一道伤疤遮盖好。[3] 她已不再年轻，但浓妆艳抹下，人们难以辨出她的年纪。侍女检查了女主人的发饰，帮她穿好衣服。然后，莱瑞诗卡从琴盒中取出琵琶，小心地打开包琴的丝绸。她轻拨了一下琴弦，并在火盆上暖了暖手，随后离开房间，准备给客人演奏。

这一幕理应为家庭场景，然而实际上，莱瑞诗卡的一生几乎没有什么家庭生活。她没有丈夫和子女，基本不会做家务或做饭。一生中只有两个地方可以被她称之为“家”，一处是她的祖母家，另一处则是她现在（890 年）居住的地方。这两个地方都位于塔里木盆地北缘的城市龟兹。[4]

同祖母和母亲一样，莱瑞诗卡被训练为伶人。她还是个半大的孩子时，便开始学习音乐、唱歌和舞蹈。她在弹奏上表现出极高的天赋，专攻龟兹琵琶（一种琴颈后弯的四弦乐器）的演奏。[5] 她有时独奏，但更多时候是与乐队一起表演。乐队有三个分部，分别是打击乐、弦乐和木管乐，包括笛子和筚篥。大部分乐曲分为三部分，序曲中木管乐的音调决定了曲子的调式，第二和第三部分则将其进一步发展。

龟兹乐的盛名传遍撒马尔罕到长安一带。当时的唐朝音乐有二十八种调式，大部分都是根据龟兹琵琶的音调而定的。具备演奏龟兹羯鼓（置于架子上的小鼓）的高超技术，成为唐朝皇帝和贵族的必备风尚，[6]8世纪的唐玄宗就会演奏这种小鼓。除了六匹著名的“舞马”，他还在皇宫中安置了三万名乐师和舞伎，很多都来自龟兹或能演奏龟兹乐。龟兹乐队在戏曲中为歌伎伴奏，单就这些曲名就透露出孕育这些曲子的地理环境与文化环境是多么广阔，例如《突厥三台》《南天竺》《龟兹乐》《放鹰歌》及《望月婆罗门》。[7]龟兹的歌伎能够演唱包括梵语在内的许多种语言的歌曲。

很多戏曲都源于印度，在沿贸易路线传来的过程中不断地吸收新元素，并根据当地文化而做出相应调整。后来它们又从中国传入朝鲜和日本，直到今天还有一些曲目仍在演奏。戏曲的题材既有印度的传统神话传说，其中好几部都以印度教神祇湿婆为主角；又有日常生活的种种场景，例如准备波罗球比赛；还有一些类似滑稽剧的戏曲，例如《泼寒胡戏》，以鼓、琵琶和箜篌作伴奏，冬至时在户外演出。出场的年轻人全身上下只戴副面具，舞伎在演出中相互泼冷水，还会不意间将水泼向观众[8]，无所不包。

与龟兹乐师一样，龟兹的舞伎凭技艺声名远播。他们代表龟兹文化的精粹，奉龟兹朝廷之命前往撒马尔罕和长安。龟兹舞与天竺舞相似，都强调臀部的动作、手势的变化和眼神的表达，但是龟兹舞也借鉴了其他舞蹈形式，如男女皆能表演的著名的粟特胡旋舞（见图16）。[9]音乐、歌曲与舞蹈都是丝绸之路上的商品，像银器和

图 16　长安附近唐墓出土壁画中的粟特舞者。（作者绘）

玉器一样可以买卖。来自今天印度、缅甸、柬埔寨一带的粟特巡回舞团在皇宫和城镇集市上演出，而他们的“商品”就是他们表演的戏目。

龟兹城位于塔里木的北缘，约在从疏勒到高昌路段的中间点，城的北面耸立着天山的崇山峻岭。龟兹城的城墙约九公里长，不过其统治地区东西可达四百八十多公里、南北达三百二十多公里，疆域内有丰富的矿藏，包括金矿、铜矿、铁矿、铅矿和锡矿。[10] 与其他王国不同的是，龟兹的百姓为印欧人种，语言亦属印欧语系。在塔里木其他地区都盛行大乘佛教的时候，龟兹始终保持小乘佛教的信仰。龟兹还是名人辈出之地，如 4 世纪的僧人鸠摩罗什，他将佛经从梵语译成汉文，是译著最多和最受尊敬的译师之一；又如哥舒翰，是 8 世纪中叶最为出色的唐朝大将之一。哥舒翰其实是突厥人而非龟兹人，但像塔里木地区的其他城镇一样，龟兹聚集了各个民族的人口。

在莱瑞诗卡的记忆中，龟兹一直处于回鹘人的统治之下。[11] 当她还是个婴儿的时候，第一批回鹘人就逃难到了龟兹东边的高昌。他们原本居住在回鹘的国都，位于鄂尔浑河谷的斡耳朵八里，那里远在天山以北。由于黠戛斯人的军队日益迫近，他们才逃难至此。那是 839 年末 840 年初的冬季，吐蕃控制着塔里木的大部分地区，在接下来的几年中，更多的回鹘平民与士兵从鄂尔浑河谷向东南方逃走，进入唐朝境内。他们聚集在唐朝北境，准备定居下来。这一情形令唐廷大为惊愕，他们根据长年的实践经验以及对回鹘的作战水平的熟悉，认为回鹘对国境安全构成威胁，于是开始暗中备战。843 年，唐朝军队歼灭了大部分回鹘军队，此后成百上千的回鹘难民越过草原和天山，举家投奔甘州和高昌的难民群，虽然与吐蕃人发生了小规模的冲突，然而最终因为人数众多而占统治优势。在上个世纪大部分时间里，吐蕃人曾是塔里木盆地的主宰。可到了这时，吐蕃王朝的气数将尽。短短几年之内，回鹘人从高昌向西迁徙，龟兹的回鹘人口迅速增加。莱瑞诗卡在那时已经是个小女孩，她清楚记得回鹘人到达的情形：他们通常是一大队人结伴而行，骆驼上、车上堆满了传统的毡帐，不论老少全都骑着矮种马，马的毛发又长又乱，行进时会卷起滚滚尘土。黠戛斯人夺取了回鹘的故土，因此回鹘士兵急切想要开创出一个新的王国。他们很快便控制了高昌附近的大片区域，并向西延伸至龟兹。[12]

一直以来龟兹都有外来军队驻扎，最近进驻的是吐蕃人，在此之前，龟兹是唐朝的安西四镇之一。龟兹皇室住在豪华的宫殿里，用金玉来装饰门面。他们统治当地，同时效忠于上述的外族王朝，城中有吐蕃人和汉人定居。一个世纪以前，阿拔斯王朝的哈里发曾派军队围攻龟兹。而至今，龟兹的说书人仍在讲述龟兹王是如何紧急向唐朝求援前来解围。据说唐朝皇帝曾就援助龟兹一事求教于一位著名的禅僧，禅僧建议他去请一位长安的番僧（译注：不空）去向北方毗沙门天王求助。请来番僧后，皇帝和他一同祈愿。据称，就在这时，大批天兵天将从一阵大雾中降临龟兹，赶走了阿拉伯人。[13]

这个故事显示出龟兹对佛教以及外来军队的依赖。龟兹的西城门旁矗立着一尊二十七米高的大佛像，城中有不计其数的寺院与佛塔，可见佛教对龟兹的影响之深。唐朝驻军城中时，龟兹国王频频向唐朝皇帝进贡。据载，他呈送过许多珍宝，如龙马（龙与牝马的后代，龙来自龟兹城内一处湖泊）、游仙枕（枕之入眠，可于梦中游十洲三岛、四海五湖）。龟兹还是卤砂的主要产地，许多中药的药方都会用它化瘀；金匠在焊接天山所产的金块时，会用卤砂作为助熔剂。[14] 这些贡品中还有葡萄、石榴、梨、桃、李子和杏等，龟兹气候温和，盛产各类新鲜水果，龟兹杏仁也具有很高的价值。

军人是莱瑞诗卡远行的主要原因，也是她生计的一大来源。她还是个豆蔻年华的少女时，那些军人就逼迫她离开龟兹。当时正值农历新年伊始，一场隆重的庆典即将举行，莱瑞诗卡和她的乐团准备在晚宴上表演。早上，他们上街游玩，各式各样的表演就像丝路贸易的商品那样丰富多彩。受职业兴趣影响，莱瑞诗卡尤其注意观看了乐师、舞伎和歌伎的表演。除此之外，还有数不清的活动供她观赏：要杂技的孩童在骆驼间翻筋斗、退伍的老兵靠表演大力士来谋生、僧人施展幻术表演剖腹取肠，此外还有木偶戏、说书、戏法、走钢丝、侏儒表演、杂耍、软骨功和吞火的演出，而当日最盛大的活动则会在城墙外举行。根据新年的节日传统，人们挑选牡马、公牛与雄骆驼进行对决，认为对决的结果会预示接下来一年中这类牲畜的状况。当天晚上，莱瑞诗卡在为聚集在宫中的长官和本地贵族表演的时候引起了一位将军的注意，他来自回鹘的大本营高昌。他被莱瑞诗卡深深地吸引住了，命令她随他回高昌为他的宾众表演。莱瑞诗卡别无选择，只得随他离开。

高昌之行标志着莱瑞诗卡颠沛流离生活的开始，与她同行的还有数百名男女，其中很多都是在战争中被俘的奴隶。他们跟随在大部队后面，为士兵们提供各种服务，很多女子不可避免地沦为妓女或被迫卖淫。莱瑞诗卡被公认是一名专业乐师，与一大批伶人一起受召在各种典礼、节庆和私人场合演出。不过，这名将军很快就清楚地表示出，希望从莱瑞诗卡处获得别的服务，于是他成为她的第一位“恩客”。莱瑞诗卡为他表演音乐并提供性服务，作为回报，将军让她过上了舒适的生活。她拥有一名侍女，上好的脂粉、绸缎和珠宝源源不断地供应上来，甚至连她在高昌城所骑的马匹都是盛装打扮过的。

然而，她在高昌仅驻留了几个月便又踏上了旅程——这位将军所在的分部被派往东方支援。回鹘军的总部位于高昌以东的纳职（译注：今哈密市西的四堡村），驻军经常袭掠附近的伊吾城（译注：今哈密市），掳走城中居民及其牲口财物。伊吾并不是唯一遭掠夺的城市，再往南，敦煌附近的农场也常常受到回鹘盟友吐谷浑的攻击，那个地方的游牧民族来自青海湖一带。是时，唐朝将领张议潮准备反攻。848 年，张议潮将军在当地招兵买马，先后将敦煌城和西边两个城镇里的吐蕃人击退。自 842 年上一任赞普被一名隐居的佛教僧人刺杀后，吐蕃的局势就十分混乱。吐蕃士兵从塔里木的米兰等各个要塞撤退，回到安全的昆仑山一带，并在当地跟随不同的王位争夺者作战。张议潮将军在获胜后便派代表前去向唐朝皇帝宣誓效忠，皇帝赐予他“归义军节度使”的武将头衔。856 年，回鹘与吐谷浑的探子回报说，张将军准备北进攻打纳职的回鹘军。

纳职位于敦煌以北五百六十多公里处，张将军率领忠义之师急行抵达该处，给城外的回鹘和吐谷浑军队来了个措手不及，只得退回城内，唐朝将士俘获了大量牲口。莱瑞诗卡的恩客在这次战役中阵亡，她只好开始自己谋生，但没过多久她便被一名吐谷浑将领占有。几个月后，唐军回到南方，莱瑞诗卡便随这名吐谷浑将领启程前往青海湖。在临近敦煌时，一队武装的士兵与镇民袭击了他们。

混乱之中，莱瑞诗卡与吐谷浑将领失散，不得不与这群汉人一起返回敦煌。

她的乐曲在敦煌大获赏识，很快就在唐朝将领中找到新的恩客。她也常为其他官员弹奏琵琶，其中一位还将她的一些曲子记录了下来。她从不缺少奢华之物，可以自由地与婢女一起参与佛事。常年受严重痛经折磨的她在城中找到一位叫楚达的迦湿弥罗僧人，这位僧人为莱瑞诗卡开了一剂对症的草药，药方是他前段时间去五台山朝圣时得到的。[15] 楚达和莱瑞诗卡都是生活在敦煌的异乡人。莱瑞诗卡的恩客不时随张将军外出征伐，攻打仍占据丝路东部城镇的吐蕃，每当这时，两人便聚在一起，讲述彼此的家乡。她听说当地画匠以她为原型，绘制城外石窟的壁画人物。这些壁画很多都绘有舞伎和乐团，其中还有一些乐师坐在驼背上或牛车中（见图 17）。[16] 画中的莱瑞诗卡梳着敦煌流行的汉人发式，把头发于头顶处梳成一个偏向一侧的长髻。

莱瑞诗卡的恩客收藏了很多跟房中术有关的书籍和春宫图，他经常将书籍中的段落读给莱瑞诗卡听，或者向她展示描绘新奇技巧和姿势的春宫图。他最喜欢的书中有一本名为《天地阴阳交欢大乐赋》，作者是当时唐朝一位著名诗人（编注：白居易）的弟弟，书中描写了一对新婚夫妇在风月之处——或高楼月夜，或闲窗早暮——相依参阅素女经中的春宫图。[17] 他们倚于榻上，环以围屏。接下来的一大段描写，详述了前戏的过程："女乃色变声颤，钗垂髻乱。慢眼而横波入鬓，梳低而半月临肩。"[18] 在这段描写的结尾处，作者写道："当此时之可戏，实同穴之难忘。"

图 17　坐于牛车上的乐师们，取自一幅敦煌帛画的局部。（大英博物馆，编号 1919.0101.0.87。作者绘）

莱瑞诗卡参拜过普度众生的观世音菩萨，但依旧未能改变其四处漂泊的命运。867 年，张议潮终于将吐蕃人驱逐出敦煌以东的地区，他把将军之位让给侄子后便告老还乡，返回内地。在他数百位的随行人员之中，也包括莱瑞诗卡。一队士兵护送他们一路东行，防备匪徒。女性常被作为礼物在男人间转手，抵达唐朝境内后，莱瑞诗卡的恩客称已不需要她伺候了，并将她卖给鸨母。[19] 他出示文书，证实她为战俘，因此这项买卖在官府处没有受到刁难。莱瑞诗卡还青春年少，她的音乐才华更是让她身价不菲。自此，她的人生再次转折。

长安城的面积达七十七平方公里，拥有近两百万人口，但在数年后莱瑞诗卡才看到了妓坊以外的风景。妓坊位于皇城东南，紧邻东市。[20]东市另一侧为贵族区，高官宅邸、豪华会馆、道观、孔庙及地方官员的官邸都位于此处。经营妓院的大部分鸨母也都曾是妓女，妓院与妓女都需要在当地官府登记并缴税，相应地，官府会给她们提供保护。妓院会根据所提供的服务和妓女的技艺来划分等级，最低等的妓院是政府经营的妓所，由战俘、囚犯或罪犯的妻女来充当妓女。嫖客光顾这里仅仅是为了买春，有时还会染上淋病及其他花柳病（梅毒在几世纪后才在中国出现）。[21]

在最高等的妓院中，妓女都受过多年训练。她们不仅懂得奏乐，还擅长酒歌、游戏，并善于言谈。她们被雇来在酒宴上陪坐，包括陪客人饮酒。她们还学会一些技巧避免喝醉，如咀嚼丁香就十分有效。[22]这些女孩虽然身世各异，但大多是被贫穷的父母卖入妓院，或者年幼时就被拐骗至此。进入妓院后，她们需要接受长达几年的严格训练。最出色的妓女能够精通诗赋，以文采而非卖春营生，每晚的价钱为一万六千贯铜钱。[23]

传奇名妓的故事有很多。有一位妓女（译注：莲香）十分擅长将自己弄得香喷喷的，据说她一到户外，“则蜂蝶相随，盖慕其香也”。[24]还有一名女孩从小就被喂食香料，长大后便会自体盈香。[25]这个传说让莱瑞诗卡联想到一种被称为“守宫”的壁虎。鸨母告诉她，这种壁虎被养于禁宫之中，以朱砂喂食直至全身红遍，然后杀之，将其躯干捣成膏状，点于妃嫔身上。按照传统说法，妃嫔被临幸后，红点就会消失。[26]

莱瑞诗卡并不比后宫妃嫔更为自由，鸨母是她的监管人。起初，她必须在鸨母或侍者的陪同下才能出门。她年纪已大，不能再学习那些高雅精妙的技巧来招待客人、陪客人喝酒，她基本上靠自己的音乐技能来招徕生意。当然如果碰上出手阔绰的客人不依不饶地进一步索求，她也无法拒绝，否则会触怒鸨母，在妓院中的处境也会很艰难。莱瑞诗卡没有私房钱，她所需要的一切，包括食物、衣服、脂粉、熏香和乐器，都得仰赖鸨母的供给。一些女子找到恩客为其赎身，但她们基本不可能是正妻，只能为妾，待年老色衰后沦为见捐秋扇。

莱瑞诗卡在长安时，听其他女孩谈论过长安最著名的一位妓女。她生于贫苦之家，却能不靠鸨母，通过为客人作诗来自力更生。后来她离开长安，搬入情郎家中。这令其正妻十分妒忌，常与她争吵不休。其后这位妓女跟她的情郎经历了不少离别时刻，这位名妓为情郎作了很多哀伤深情的诗句：

山路欹斜石磴危，不愁行苦苦相思。
冰销远硐怜清韵，雪远寒峰想玉姿。
莫听凡歌春病酒，休招闲客夜贪棋。
如松匪石盟长在，比翼连襟会肯迟。
虽恨独行冬尽日，终期相见月圆时。
别君何物堪持赠，泪落晴光一首诗。[27]

最终，这位名妓不得不永别所爱，入住道观，但她还保持着原来的生活方式。她举办的宴会远近闻名，把那些风度翩翩的文人俊士都邀请过来，客人中甚至还有宗教名流。有传闻说，她靠向客人出售酒食而发家致富。然而当她因杖打婢女致死而遭到逮捕时，却无人向她伸出援手。莱瑞诗卡无从得知这项指控是否属实。有人说这位名妓是被仇视她的债主构陷入狱。不管怎样，她还是被以谋杀之罪判处死刑，于 871 年行刑。

莱瑞诗卡在长安居住了将近二十载，她有独立的套间，有婢女和一只小狗，但她却从未以此为家。她的居处是属于鸨母的，她不过是食人之粟。她试图找到一个恩客可以赎她为妾，把她单独安置在某个居所里，但这样的客人十分罕见。一些客人会继续赏识她的琵琶技艺，但更多客人会选择一走了之。她在妓院中逐渐老去，仅凭她的金发碧眼已没有足够的吸引力。每过一年，她都要花费更长的时间化妆以粉饰岁月的痕迹。莱瑞诗卡在脸上扑粉，仔细地遮住眼周和嘴角的细纹。上流社会的女子流行用铅黄于前额处涂额黄，妓女也仿效其法。她还用黛笔于眼皮处画眼影，并在颊部点上一小颗美人痣。她将眉毛拔去，并在额头高处用黛笔绘出如同蝴蝶翅膀一样的纹样。她的口脂由甲香混合蜡与花果香灰制成，[28] 涂在指甲上的颜料是以凤仙花汁和明矾混合做成的。[29] 最后，她在身上抹上各式香料，用甜罗勒来熏香衣物，腰间还佩了一个精致的纱绸刺绣小香囊，装着其他香叶和花瓣。[30] 如此装扮后，她才算是准备好见客。

随着敛财能力减弱，莱瑞诗卡愈发把时间花在室内，给少女做培训或者和鸨母谈天，希望自己能继任她的位置。她对自己的徒弟极尽喜爱，特别是其中一名在琵琶演奏上展现了出众的才华的女孩。龟兹乐在唐朝的流行程度已今非昔比，和很多沿贸易路线流入中土的东西一样，龟兹乐已经过时。每当政局离析之际，汉人总是尽可能重新发掘本土的传统并加以推崇。不过在酒肆与饭庄中，西域女子仍随处可见：

> 胡姬貌如花，当垆笑春风。
> 笑春风，舞罗衣，君今不醉将安归？[31]

880 年秋，城中盛传一支叛军正从南边靠近都城。这些叛乱断断续续地发生，持续了数年。乱事不是渐弱而竭，便是被朝廷的军队镇压下去。每一次平叛都进一步榨取着几近枯竭的国库，随之而来的是税赋增加、民怨四起。被压榨殆尽的农民毅然加入叛军。不过，自从一个世纪前的安史之乱以来，还没有哪一次叛乱能真正对朝廷构成威胁。

长安的民众对叛乱的传闻早已习以为常。这次叛乱（译注：黄巢起义）自 874 年起便一直有风声，但人们相信军队不会让叛军进入皇城，甚至当有报告称叛军已越过最后一道关隘、即将进城时，人们依然乐观自信。遗憾的是，被派去抵挡叛军进犯的部队不堪一击。都城的驻军本来是从富家子弟中选拔出来的，但他们的父亲为使儿子能免除军役，往往会花钱随便请人代替服役，甚至病弱之人只要自愿都可以上任。最后，叛军将这支杂牌军打得落花流水，顺利开进城中。[32]

叛军先头部队于傍晚时分抵达城内，皇帝与一些妃嫔早在前一天晚上就潜逃出城了。士兵与城中民众放弃抵抗叛军，趁机抢劫皇室财物。一名将军甚至出城亲迎叛军首领（译注：黄巢）——他知道此人或许就是下任帝王，因此务必要得其垂青。叛军首领沉浸在胜利之中，表现得尤为宽宏大量，宣称其揭竿而起的目的是为百姓谋福利，于是长安城的百姓欢迎他及其士兵入城。与此同时，仍有许多人闭门不出。他们的恐惧并非空穴来风，城中混乱无序，叛军的士兵因胜利而欢欣鼓舞，趁火打劫。莱瑞诗卡和妓女同伴们能够轻易逃过此劫，全因为叛军的主要目标是那些达官显贵，但她们仍不敢出门上街。三日后，叛乱首领改朝换代，登基为帝。

叛军士兵很快便疲于劫掠，将领也重掌局面。881 年 5 月，一切几乎恢复如常，妓女们为了应付城中士兵而尤为忙碌。正当百姓开始适应新政时，叛军却撤退离开了。唐朝王师重新集结西进，长安城再次被军队进犯，王师比叛军更漫无军纪，居民们再度紧闭门窗，以备最糟糕的情况发生。

莱瑞诗卡对叛军再次进城攻打王师的那一天永生难忘。[33] 当士兵们破门而入，混乱中她分不清这是哪方的军队，直到后来才知道是叛军，不过哪一支军队对她来说都相差无几。将朝廷的军队被逐出城后，因城中民众起初曾欢迎王师入城，叛军决定惩罚他们，叛军首领命令部队“洗城”，就是血洗全城。

莱瑞诗卡和其他女孩及佣人缩在楼上的房间，战鼓声、马蹄声、呼喊声和尖叫声愈发刺耳。女人们抱成一团，不敢去谈发生了什么。不断有拿着剑的男人闯进屋里，脸上都是血。鸨母与老仆们当场就被杀了，然后士兵们拉扯开相拥的女孩们，将她们摁在地毯上轮番奸淫。莱瑞诗卡让最小的女孩藏入柜橱，但士兵还是听到了小女孩的尖叫。看到一名士兵打开了橱门，莱瑞诗卡一口咬向身上的男人，男人吃痛把手抽开，她立即趁此时机扭身逃脱，飞身挡住了小女孩，暴怒的士兵挥剑向她砍去……当她醒过来时，只看到横在身侧的小女孩衣衫不整，遍体鳞伤，身首异处。士兵已经走了，她的同伴和小狗都死了。

莱瑞诗卡狼狈地逃走，甚至没有带上她的琵琶。她跑过大街小巷，一路奔至西城门，途中她一听到士兵靠近的声响就蜷入门廊。她满心所想的都是如何尽可能地远离这座人间炼狱。她一直跑，直至跑到开阔的郊野才停了下来。时已入夜，她回望身后，但见远方的城市焰火冲天，这是她眼中最后的长安。

莱瑞诗卡一路向西，奔向故乡龟兹。沿途还有许多逃亡的难民，驻守在沙漠边境的唐朝哨兵并未加以阻拦，他们对帝王的忠心已消耗得差不多了。仅有小部分士兵留守边疆，大部分卫兵被征去平叛，可长安依旧未能收复，直到 883 年唐朝皇帝向沙陀突厥求援才成功夺回长安。那时，叛乱之火已燎遍大唐领土，连繁荣的港口城市也未能逃脱。例如 878—879 年，叛军在广州大肆屠杀番商，包括穆斯林、犹太人和祆教徒。这些事件很少被史官提及，但在 883 年被一位阿拉伯人记录了下来。[34] 884 年夏，在遥远的东部，叛军首领终于走投无路，于被捕前割喉自尽。而唐朝皇帝（译注：唐僖宗）在长安落脚没多久，就又为了躲避另一支叛军而再度逃亡。许多唐朝将领趁着群龙无首之时，纷纷建立割据政权。等到 886 年大局稍稳，长安城已沦为废墟。皇帝暂居在长安以西的一个城镇上，888 年在当地驾崩，年仅二十七岁。此时，距唐王朝的覆灭似乎为期不远了，但令人惊叹的是，唐帝国一直苟延残喘至 907 年。此后，帝国再次分崩离析为诸多小王国，直至 960 年宋朝统一天下。

逃出边境后，莱瑞诗卡加入了一支商队。在听闻动乱的消息后，原本向唐朝进发的商队决定沿着这条一度繁华过的商路折返。莱瑞诗卡不得不沿途乞食，舟车辗转。几个月后，她终于平安回到了龟兹。在龟兹的亲朋好友帮助下，她开始经营自己的妓院。855 年，莱瑞诗卡离开龟兹的时候还是一名少女。在二十六年后的公元 9 世纪末，当她重返故乡时，龟兹无论是从衣装、工艺、宗教、文化还是行政管理，都受到了回鹘的影响。此时，回鹘可汗立高昌为冬都，并在天山北麓的别失八里修建了夏季行宫。[35] 当然，可汗的管辖区域也不止于龟兹。曾经，龟兹乐团常常在宫廷宴席与官方庆典上演出，而今只有回鹘军乐团用号角、军鼓和铜锣，演奏起响亮而刺耳的乐曲。

莱瑞诗卡手下的女孩很受回鹘士兵的欢迎，而她本人则经常被醉心传统音乐的老一辈邀去演奏龟兹乐曲。她从不提起那些叛乱，但仍无法忘怀长安的那一夜，记忆并未随额头的伤疤逐渐淡去。她的婢女常看到她静坐着陷入沉思，泪流满面。

第六章

朝圣者

楚达，公元855—870年

迦湿弥罗国，周七千余里。四境负山，山极峭峻……宜稼穑，多花果，出龙种马及郁金香、火珠、药草。……服毛褐，衣白氎。土俗轻僄，人多怯懦。……容貌妍美，情性诡诈。好学多闻，邪正兼信。

——玄奘《大唐西域记》，646 年[1]

年轻人专心致志地看着身穿褐袍的番僧用毛笔沾了沾墨水，在方形的糙纸上绘出一个繁复的图案。墨水干了以后，番僧将符纸递给年轻人，仔细地给他讲述用法——他必须要以这张符纸为样本再多抄写几份，然后在每个月的特定日子烧一份，还要一边烧一边念咒。年轻人递给僧人一斗谷物，随后推开桌边拥挤的人群，挤了出去。[2] 他之所以来这里求问，是因为几个月前他开始脱发。他试过当地一位郎中的药方，用西瓜叶捣汁涂在头皮上，他还去做过头部推拿，但两种办法都没有起效。[3] 于是这天早上他来到庙会集市，希望能找到更有效的治疗方法。

时值870年，这位番僧来自迦湿弥罗国（译注：今克什米尔一带），他的名字叫作楚达。[4] 楚达在塔里木盆地附近的敦煌行医十五载，他居住的寺院位于城外十九公里的断崖旁边。是日，他来到城中心的一座寺院旁支摊。这座寺院规模较小，仅有的二十余名僧人全都住在靠墙的一排小木屋里。[5] 寺中僧人给自己预留了最好的位置，他们在佛寺的小木门旁售卖卷轴、画作、小册子与“挡万煞”的咒符。[6] 城中居民与游人在寺院里进进出出，很多人会在门口这儿停下脚步烧香祭拜两位守门的门神，然后沿路逛逛摊子。排列在主路两侧的摊位一直延伸至相邻的市集，当地或游方而来的僧人在这些摊位上用各种方式给人算命，最盛行的是解签。卜者提供一个插满长条木签的签筒，问卜的人需从签筒中摇出一支，每支签上都刻有晦涩的文字，只有摊主才能解读出这些文字的含义，但一般在向问卜的人解释之前，卜者会先翻阅一下手册。另外一些卜者会为人解梦、解释异象、算卦、看相，有的还会解读黄历。黄历随处可买，尽管唐朝皇帝禁止私藏黄历，但很多人都有一本。[7] 不过由于缺乏足够的技巧，也没有受过充分的教育，几乎没有人可以解读其中艰涩的内容，他们大多愿意付钱请算命的人代劳。

除了那位穿褐袍的僧人，还有其他摊主可以帮人看病。卖药的人在自己面前铺开一块布，摆上一小堆一小堆晒干的药物，植物的、动物的都有；另有大夫提供针灸、号脉、推拿、外科和儿科等各种服务；还有专门驱邪的僧人和道士。[8] 如果这些疗法均无效，患者为招来佛祖的眷顾，可以花钱请人抄写佛经。此外，他们还可以根据自己的需要来诵读相应的咒文，也有花钱请僧人在作法时念诵的，或是烧香、供奉水果。

摊位上售卖的药材来自五湖四海。希腊、阿拉伯、波斯、印度、吐蕃和当地的传统药材，都可以在敦煌买到。实际上，当时一部官修药典列出的药材就不少于八百五十种，还附有详细的备药与服药方法。[9] 然而，医术不仅仅指草药方的用法，当时还有医馆教授针灸、诊脉及推拿。印度已经可以通过手术治疗白内障，希腊和波斯的大夫以开颅术而闻名，[10] 甚至有一本手册指导地方官员对有疑点的死者进行验尸，例如教他们分辨哪些尸体属于溺死的、哪些是死了以后才被投入水中的。[11]

符咒与驱邪是大多数传统文化中不可或缺的要素（见图 18）。

图 18　镇宅符，取自一本 9 世纪印刷的黄历。（大英博物馆，编号 Or.8210/P.6。作者绘）

中国有一种药方专治中邪，将朱砂、雄黄、烤巴豆、菟葵根、乌头根、埋在地里烧了半天的砷黄铁，以及去足的烤蜈蚣（此药的制作需要心灵手巧）研成粉末[12]，过筛，加入蜂蜜后做成一颗颗小丸。患者每日取服一颗，若症状未有缓解，则在午夜再服一颗，服药期间忌“猪肉、冷水与其他生鲜肉类”。

多年以前，还是个孩子的楚达进入喜马拉雅山区迦湿弥罗国当地的一座佛教寺院里。二十几岁时，他宣誓遵守全部戒律，正式成为一名僧人。到 9 世纪，作为佛教发源地的印度北部，大部分地区都被突厥人攻占，其后又被信奉印度教的王朝统治，佛教渐衰。统治克什米尔一带的是迦尔郭咤（Karkota）王朝，他们是印度教教徒，但对佛教很宽容。[13]

如很多佛教僧人一样，楚达的文化水平并不高，也无意成为高僧大德，他对佛学思想哲理没多大兴趣。他入寺为僧并不是为了追求信仰，而只是选择了这样一种生活方式。这不代表楚达没有信仰：他谨遵戒律，参加所有佛教仪式。他从去过中土的游方僧那里听说，在中土，当诵经堂的气氛激昂高涨，一些僧人会以佛祖的名义自残形骸，燃烧自己的手臂或手指直至仅剩一小截。[14] 楚达对这种行为十分不解，根据他学到的教义，释迦牟尼并不赞同印度教苦行僧的这些极端行为。然而，很多本生故事（译注：佛祖未成佛前的前世故事）都描绘了释迦牟尼通过自残来帮助众生，其中一则最著名的故事讲到，为了让母老虎救活饥饿的虎崽，佛祖跳下悬崖，舍身饲虎。广为流行的《妙法法华经》中，有一章描述了佛祖的一位追随者为供养佛而自燃身体："若有发心欲得阿耨多罗三藐三菩提者，能燃手指，乃至足一指，供养佛塔，胜以国城妻子，及三千大千国土，山林河池，诸珍宝物。"[15]

在各大宗教中，自残有时候源于情欲。比如，当时欧洲一位基督教教士为了抵制情欲，将自己的手指轮流在烛火上灼烧。[16] 楚达曾听说一位中土僧人自宫之事。这位僧人写道，自己这样做不是为了克制己身情欲，而是为了杜绝女性的爱慕。[17] 佛祖在菩提树下冥想悟道时，魔王向他施展各种诱惑，企图让他分心，而佛祖轻易地就把这些欲望拒之门外。然而，不是所有僧尼都能忍受禁欲的生活。那位自宫的僧人后来吸引了成千上万的信徒听他布道，尽管历史上没有记载吸引人们过来的究竟是他的能言巧辩，还是人们对他本人的好奇。

绘有战斗场景的绑腿残片，描绘的或许是580年萨珊国王库斯鲁一世和阿克苏姆人的战争。（里昂纺织博物馆，藏品号MT 28828，图片版权归Lyon, MTMAD，Pierre Verrier）

高昌出土的回鹘粟特双语摩尼教插图写经，10 世纪。（柏林国立博物馆 - 亚洲艺术博物馆，I. Papadopoulus 拍摄，藏品号 III6368a）

饰有战斗场景的粟特银盘，场景源于《圣经 · 约书亚记》中的杰里科之战，9—10 世纪。（圣彼得堡艾尔米塔什博物馆，藏品号 S-46。图片版权归艾尔米塔什博物馆。Leonard Kheifets 拍摄）

壁画描绘了“五百强盗成佛”故事中的战争场景，骑兵着锁子甲与持各式武器的步兵作战。来自敦煌莫高窟 285 窟，6 世纪。（图片由敦煌研究院提供）

高昌出土的绘有回鹘王子的麻布幡，或为王子遗像（柏林国立博物馆 - 亚洲艺术博物馆。I. Papadopoulus 拍摄，藏品号 III4524。）

佛教净土世界场景细部，其中舞者可能正在表演粟特的胡旋舞，旁边有乐队伴奏。来自敦煌莫高窟 112 窟，7 世纪。（图片由敦煌研究院提供）

女尼剃度图，描绘了女子与舍利弗辩论输了后出家剃度的场景。来自敦煌莫高窟 445 窟，8 世纪。（图片由敦煌研究院提供）

细密画，描绘亚历山大大帝为了抵御歌革和玛各而建墙。来自菲尔多希(Firdawsi)《列王纪》写本，16 世纪。(大英图书馆委员会，编号 IO Islamic 3540, f.390R)

细密画，描绘了伊尔汗国可汗穆罕默德·合赞（1295—1304 在位）皈依伊斯兰教。来自拉施德丁《史集》写本，14 世纪初。（编号 supplément persan 1113，图片由法国国家图书馆提供）

细密画，描绘了哈利里船。来自哈利里《麦卡玛特集》写本。（编号 Ms. Arabe 5847, f.119V., 图片由法国国家图书馆提供）

有的艳史秽文则描述了僧尼间的不正当关系，在当时广为流传。8世纪唐朝的一本房中秘笈《天地阴阳交欢大乐赋》便有一节讲述寺院的故事，提到僧人间的断袖之情，还说女尼与髡发剃须、身长茎粗的胡僧同寝，[18] 这本书必然有插图本。

楚达听说了很多中亚和中国的故事。两个世纪以前，一位著名的唐朝朝圣者玄奘曾在去印度取经的路上在迦湿弥罗待了两年，[19] 当地辩论水平之高令玄奘叹服。他在这里搜集了很多与因明学（译注：古印度的逻辑学）相关的文献，带回中土。现在迦湿弥罗的寺院中也住有一些汉僧，楚达跟这些人学习他们那种奇怪的语言，稍微会读和写。一直以来他都渴望云游四方，于是855年春，他决定前往唐朝都城长安东北八百多公里的五台山朝圣。[20]

五台山是文殊菩萨的道场。即将顿悟成佛的文殊菩萨，为了普度众生而留在了俗世。[21] 文殊菩萨可以化身为任何事物，看见他的人能得到巨大的福报，于是朝圣者蜂拥而至，热切地将一切异象解释为菩萨显灵，无论是一朵奇形怪状的云、一只长相怪异的动物、山路上遇到的乞丐，还是菩萨本尊。迦湿弥罗国经历多年的内乱，楚达发誓要以这次朝圣之旅保佑国泰民安、佛教兴盛。[22] 他刚决定要朝圣，同伴便闻讯前来，提出种种请求，令他应接不暇。其中一些希望他沿途将信件捎给自己的亲友，另一些则希望他带回某部佛经的抄本、玉念珠或丝绸，还有一些人想要五台山的特产。

迦湿弥罗国距唐朝都城有四千八百多公里，距五台山又有八百多公里。楚达此行要花好几年才能完成。[23] 他的侍从是一名年轻的沙弥，出身当地的贫苦人家，应要求陪同楚达一起前往。楚达准备了两匹马，又雇了两匹矮种马来运载行李。他们在沿路的寺庙或信徒家中化缘和借宿，但他们要备好喂马的粮草、应急的银两，以及经过山区时需要添加的衣物。[24]楚达带了一个装满草药与符咒的药箱，还有一尊铜制的小佛像，以便随身携带。

842年前任赞普被暗杀以后，吐蕃一直处于动乱之中。[25]楚达于是决定不走迦湿弥罗东北部的吐蕃一带，尽管之前很多朝圣者都是从那里经行的。从迦湿弥罗到中亚主要有三条路线，无论走哪一条，都要通过有士兵把守的关口。前往丝路最快的办法是通过北边的一道关口抵达吉尔吉特河谷，但楚达最终选择经行西边的关口。[26]走这条路，会经过犍驮罗（译注：约今阿富汗东部与巴基斯坦西北交界处）与乌仗那国（译注：约今巴基斯坦西北边境），这两个都是佛祖前世居住过的地方。

暮春时节，楚达与侍从离开寺院向西行走，穿过成片的杏园后，到达杰赫勒姆河谷（Jhelum Valley）。沼泽与山坡上全都是新长出的青草和鲜花，有睡莲、雪绒花、黄花龙胆、欧洲百合及仙客来。朝圣者可以在此俯瞰都城（近今斯利那加）在他们脚下沿两边河岸延伸开来。从他们的寺院到遍布沼泽的乌拉尔湖（Wular Lake）仅有一天的脚程，从那里开始，河谷变为狭窄的峡谷，果树被白桦与杉木林取代。楚达夜歇在河岸边的护瑟迦罗寺中。[27]次日，他经过一道边境关卡准备离境。楚达文件齐全，他和侍从顺利地被迦湿弥罗的边卫放行。从巴拉穆拉（Baramulla）峡口，沿杰赫勒姆河谷走五天，就可到达今天的穆扎法拉巴德（Muzaffarabad）。再走几天，就可以跨过杰赫勒姆与印度河的分水岭到达旁遮普，就是现在喀喇昆仑公路的路线。

这条路向南延伸，出高山地带再向西折至塔克西拉。[28] 塔克西拉及其附近地区虽然属于迦湿弥罗国迦尔郭吒王朝的治地，但这一带有着属于自己十分显赫的历史。在公元前 5 世纪，塔克西拉有一所远近闻名的学院，教授数学、天文、医药等科目。[29] 公元前 4 世纪，亚历山大大帝在南行印度的途中曾在此地停驻，与当地民众探讨哲学。[30] 到公元前 3 世纪，孔雀王朝的阿育王于公元前 272 年即位后，将领土扩张至塔克西拉和迦湿弥罗一带，这时塔克西拉开始成为重要的佛教圣地。阿育王在经历一场异常血腥的战役后皈依了佛教，并在统治期间大力推广佛教。他在全国各地修建石柱，用当地语言刻上铭文，提倡宗教宽容，倡导为人和牲畜建立医院，鼓励种植草药。[31] 阿育王还发掘了佛骨舍利。据传统的说法，这些舍利原本埋藏在位于恒河河谷的八座佛塔中，阿育王将舍利重新分葬于国内的各大城市中。塔克西拉的达摩拉吉卡大塔就是用来安放舍利的。[32]

此后，塔克西拉历经多次改朝换代，每位统治者对待佛教都十分宽容，直至公元 3 世纪和 5 世纪，游牧民族的两度入侵摧毁了塔克西拉城。佛寺与佛塔全都被焚毁，僧侣要么被杀要么出逃，这里从此不复往昔的辉煌。楚达曾从游方僧人处听说，在迦湿弥罗以西的国家佛教已经穷途末路，但当他亲眼看到城内外不计其数的废墟时仍然惊愕不已。佛法兴盛时，塔克西拉一带曾有五十座寺院与佛塔，如今仅剩几座还有人在使用。

公元 2 世纪时，塔克西拉那座安置佛舍利的小佛塔，被从外面套了一座大佛塔，不仅涂上石灰泥，还在表面覆金，四周还有众多信徒捐建的小塔与寺院建筑，但如今大多成了废墟。大塔表面的金箔已经剥落，装饰用的佛像与菩萨像也缺头断手，残破不全，环绕大塔表面的浮雕刻画了佛传故事。楚达沿顺时针的方向绕塔（以便使他的右手或干净的手，靠近塔身），默默礼拜。他点燃香，奉上水果，将一条丝绸经幡悬于塔上。在朝圣路上，每到一个地点他都重复一次这个仪式，足足做了上百回。

他们脚下的道路转向西北，进入宏德（Hund）一带的印度河谷地，并从那里再次进入山区，路经马卡姆（Makam）河畔的阿育王石柱，穿过马拉根德（Malakand）关口，到达斯瓦特河谷。[33] 乌仗那国位于河谷，当时的统治者来自北方，带有突厥与印度的血统。他们在河岸突出的地方修建了很多雄伟的要塞，可以俯瞰河流。[34] 在季候降水的滋润下，河谷低处的葡萄和果树茂盛生长，入秋后遍地开满紫色的番红花。

一群僧人虽然仍然住在山谷里，但规模已大不如前。7 世纪西行求法的高僧玄奘就注意到这里境况愈下，他记载："旧有一千四百伽蓝，多已荒芜。昔僧徒一万八千，今渐减少。"[35] 到了 8 世纪，出生于此地的僧人莲花生受吐蕃赞普的邀请前往吐蕃，如今他被称为"咕噜仁波切"，尊为佛教宁玛派的始祖。宁玛派因为其与众不同的着装而又被称为红帽派。[36] 莲花生曾路过迦湿弥罗，至今仍有一些迦湿弥罗僧人遵循他的教义。

当楚达到达斯瓦特河谷时，当地仍在使用的佛寺仅有数百座（见图 19）。一路上，楚达和侍从并不总是能在寺院或佛教徒家中找到

图 19　斯瓦特河谷阿姆鲁克 · 达拉（Amluk-dara）的主佛塔。（图片由意大利考古队 /ACT 项目提供。Edoardo Loliva 拍摄，ACT/ ISCR）

借宿的地方，不过令人欣慰的是，他们沿途参观了很多与佛祖生平相关的遗址。事实上，这里的遗址非常密集，有时朝圣者一整天都在绕塔礼拜。楚达二人穿过斯瓦特河谷一路北行，他们常常绕道山中探访一些特别的遗址，例如佛祖在某个地方化身大蟒、救济饥民，又在某个地方为了书写佛法而以骨头为笔、以皮肤为纸。[37] 楚达听说，中国寺院藏书楼里的一些佛经抄本就是仿照佛陀这样，以骨头为笔、以血为墨写成的。[38]

随着道路继续向河流上游延伸，松枞林逐渐变成贫瘠的岩石坡，朝圣者常会在此处山腰裸露的岩壁上看到佛像。这些佛像雕刻在比他们还高的地方，是早前的朝圣者留下的作品。[39] 前面还有两个佛祖遗迹，都是朝圣者热衷参拜的地方——一个是佛祖晒衣处，一个是岩石上的佛足迹。[40] 再走几天，两人便到达两条河流的汇合处，斯瓦特山谷的开端就在这里。此处山脉向外展开，形成一个海拔六百多米的小高原，土壤肥沃，气候凉爽。他们继续往上走，越靠近源头河流就越窄。河流的源头有一个泉[41]，乌仗那人的守护神、半人半蛇的那迦神阿波逻罗龙就居住在这里。那迦皈依佛教前，每年夏天都会让泉流出白水，收走庄稼，但他悟道了以后，改为每十二年收一次粮食，在其余的十一年，则将庄稼留给百姓食用。[42]

楚达对这个故事并不陌生。迦湿弥尔的神话提到多个那迦神，其中有一位叫作苏什拉瓦（Susravas）。一位苦行僧被派去苏什拉瓦的故乡守田，他曾发誓绝不食用田里的作物。这令苏什拉瓦大为伤神，因为他只有在守田人吃过田里的粮食后才能收走庄稼。最终，为了不挨饿，这位那迦神与他两个美丽的女儿只得吃草籽果腹。[43]

一天，一位年轻的贵族在苏什拉瓦栖息的湖畔歇脚，碰巧遇到了那迦神的两个女儿，她们脚环上的铃铛声暴露了行迹。令他着迷的是两人的眼睛。她们以锑粉画出眼线，让眼睛更加明亮动人，正如说书人所讲的："仿佛是她们耳环上的红莲长出的茎蔓。"年轻的贵族不禁心旌荡漾，把自己的粥饭分给她们食用，于是她们将他引荐给父亲。那迦神向年轻贵族解释了目前的困境，贵族答应助他一臂之力。等到守田人做饭时，年轻贵族趁他走神，偷偷将田里新鲜的玉米丢进他的碗里。守田人毫不迟疑地吃下了玉米。这样一来，那迦神可以随意窃取粮食了。为了收割庄稼，那伽神降下一场大冰雹，把这些作物都毁掉。

为表感激，那迦神将一个女儿许配给了年轻的贵族。他们一直幸福快乐地生活着，直到有一天，当地一个国王看到了那迦神的这个女儿，如“发情之象”般情难自已。国王几次三番地试图打动她，但不见成效，于是派士兵准备将她强行带走。士兵们在房子前袭击，夫妻二人从后门逃走，奔向那伽神的宫殿。那迦神被国王的举动激怒，降下暴风骤雨，国王遭雷电劈死，他的宫殿与大部分臣民都葬身于火海。那迦神的姐妹拉玛芙雅（Ramavya）甚至从她隐居的山林里出来，带着一堆堆巨石，想要助那伽神一臂之力。但她尚未赶到便听说那迦神已经报复成功，于是将石块倒在她当时所在的一个村落里，因此该地至今被称为拉玛芙雅森林。

事后，那迦神对自己的所作所为懊悔不已，面对民众的谴责他疲惫不堪。于是，次日清晨他便离开了这个杀戮之地，在一座偏远的山中安顿下来，还在那里造了一个湖泊，湖水如牛奶般炫白，他的女儿和女婿则住在附近一个湖的岸边。

楚达两人从暮春开始上路，到达此处时已经入夏。实际上若是气候合适，骑上一匹好马，从北部的关隘出迦湿弥罗国境，进入小勃律和罕萨河谷前往疏勒，不消一个月便能走完。可楚达选择了一条耗时较长的路线，沿途走访了大量的佛教圣地。现在两人已经离开那些朝圣遗址，楚达急切地想要在冬季到来前进入塔里木盆地，然而前面还有好几条山路等着他们攀越。

他们从阿波逻罗龙泉那里开始往下走，进入班杰戈拉河（Panjkora）河谷，然后再往上走，一直走到班杰戈拉河与雅尔浑河的分水岭处。[44] 道路愈发陡峭，蜿蜒崎岖，他们两人在嶙峋的灰褐色石峦间绕来绕去，又穿过铺满碎石的山坡。当地人告诉他们，从这里穿过山路到达雅尔浑河谷需要六天的时间，而且沿途没有补给。[45]

于是，这两位朝圣者另加了粮草和物资，又雇了一匹马来运载。尽管他们诚心祈求一路顺风，可意外还是发生了。当他们到达山路最高处的时候，发现山峰另一侧下起了雪。由于害怕路上的岩石与降雪，他们下行的速度十分缓慢。幸运的是，当地的矮种马走起这种地形来轻车熟路。楚达拿着念珠不断祈祷，最终他们顺利下山。

雅尔浑河谷土地肥沃，谷物、葡萄、果树生长其间。每一座村落的旁边都会有一块平地被划分为马球场。与季风气候的斯瓦特比起来，这里的干果（去年的水果）又小又酸。青青谷底仿佛绿色的丝带一路延展，但除此之外，山坡上就只有土褐色的荒地。为了抵御冬季吹向河谷的凛冽寒风，村民的住处都建在地下，只能通过房顶上开的洞口进出。

雅尔浑河谷向东北延伸到河的源头，即巴罗吉尔（Baroghil）和达尔科特（Darkhot）山口间的群山之中，邻近赛格拉顿在帕米尔山区作战的地方。[46] 这两位朝圣者想要从这里折向北，取径巴罗吉尔山口上方，通往萨尔哈德（Sarhad），再跨过阿姆河与帕米尔，到达丝绸之路沿线。这也是 747 年高仙芝带领唐朝军队远征吐蕃的路线。

路上也热闹了起来，楚达他们从旅人那里听到塔里木一带的新情况，据说于阗已经被效忠唐朝皇帝的本地军队从吐蕃人手中收复了，通向中土的道路重新开放。不过由于吐蕃人仍控制东边的一些城镇，而且回鹘军队已退居远方，因此道路还不太安全。[47]这些回鹘人在十年前被黠戛斯人逐出故土，很多人往南逃，在一些绿洲城镇安置下来，尤其是在北边的高昌与东部的甘州聚集了大量的回鹘人。回鹘与唐朝也在交恶，843 年唐朝与回鹘开战，随后长安发生迫害回鹘人的事件，从此以后双方关系开始恶化。

这两位朝圣者继续前行。每逢夏季，雅尔浑河谷的一些路段就会因涨水而无法通行，河流上游的路况更是凶险。两人还有他们的马匹忍受着严寒与高海拔的折磨，在一些路段由于沿河道路被洪水淹没，他们不得不改走峡谷悬壁上的小道。这些小道是用石板或木柱铺上树枝做成的，石块和木柱被插进岩壁上开凿的孔洞里加以固定。[48]峡谷中阴暗湿冷，阳光很难照进来。他们距离巴罗吉尔山口仅八十公里，但花了足足一周才走完。物资没多少了，他们需要抓紧时间赶路。他们花了两天的时间通过巴罗吉尔山山路，先经过一个世纪以前吐蕃人夺下此地后修建的戍堡，然后往下抵达位于阿姆河河谷的萨尔哈德。帕米尔高原在前方拔地而起，这也是他们需要翻越的最后一道屏障。克服这道障碍后他们就能进入塔里木盆地，沿沙漠之路前往中土。

尽管已是夏季，山区仍然一片荒芜。春天时长满山坡的茵茵绿草如今已经褪去，山谷高处的桑树与白杨还未染上红艳的秋色，树叶只剩下淡淡的绿意，淹没在山谷泥土那连绵不绝的灰褐色中。这两位朝圣者走在高高的山路上，陪伴他们的只有土拨鼠与山羊，但当两人抵达雪线以下的夏季牧场，迎面就碰见牧人们在放养突厥绵羊与牦牛。这些牧人常常会热情款待朝圣者，将他们请入帐内，品尝羊奶或牦牛奶做成的奶酪。河谷低处，层层梯田坐落在陡峭的坡地上，有的仅有一两米宽。谷底都是些贫困的城镇和村庄，几乎拿不出食物给旅人。

楚达两人只需要再走一段山路，就可以到达通向沙漠的河谷。克里克（Kilik）山路南侧的夏季草场因常年覆雪而被称为“乳原”，[49]两位朝圣者最后在这里扎营整顿。到了黎明时分，趁着太阳还没有升高、平原上的冰层尚未融化，两人启程前行。地形逐渐开阔，到山路口的时候，平坦的路面覆盖着白雪，东边嶙峋的峰峦在雪地上投下一片阴影。两人在松软的雪地上前进了两个小时后，到达一处适合扎营的平地，但那里的海拔仍有四千多米，气温很低，于是他们决定继续赶路。继续往下走了三个小时，他们来到一个绿草如茵的山谷，其间散布着突厥牧人的帐篷。

山谷向北延伸，越靠近塔什库尔干（译注：又称石头城），山谷越是开阔。塔什库尔干是帕米尔王国色勒库尔（译注：又称羯盘陀国，唐朝在此设置葱岭守捉）的都城，坐落在塔里木盆地的西南缘。山谷两侧的积雪山峰逐渐退去，在帕米尔高原崎岖的峡谷上行走多日后，楚达两人为来到这样一个温暖丰饶的谷地而十分高兴。平缓的山坡上长满了牧草和鲜花，楚达发现了好几种前所未见的植物。他想要向牧人们请教，然而因为语言不通，牧人们只得通过肢体语言，尽力解释这些植物的不同用途。这些植物似乎有药用价值，于是楚达采了一些作为样本，打算进一步了解。

此处距离塔什库尔干仅有两天的路程，但他们需要涉水走过一条水面暴涨的河流。过河的地方很难找，当他们与马匹终于走到河对岸的时候，全身上下都湿透了。他们继续向塔什库尔干前进。这座城建在一处仅半里见方的石崖上，最靠近河岸的一侧建有一座唐朝戍堡[50]，所有来访者都要接受哨所卫兵的盘问。楚达出示了寺院的信函与迦湿弥罗国颁发的通关文牒，但士兵告诉他，他们必须得到许可才能在唐朝境内旅行，然后将他们带到城中一座寺院里办理各种手续。

塔什库尔干的海拔有三千多米，附近的田地只能种植谷物与豆类，其他的供给则靠军队后勤与商人带来。这座佛寺有一小块地盖了棚顶，地里种植了多种草药与一些蔬菜，只有少数几类蔬菜能适应高海拔环境和短暂的夏季时长。

几天后，这两位朝圣者获得了旅行许可继续上路。他们先向北走到英吉沙这个地方，告别山区，才到达下一站——位于塔什库尔干以东的于阗国。他们从疏勒出发，经莎车一路前行。沿河流走了一天后，山谷被冲积为一片绵延数公里的碎石坡。从此处向西北眺望，可以看见慕士塔格山积雪的峰峦，周边是在中国被称为“葱岭”的帕米尔高原向北延伸的余脉。次日早晨，当楚达醒过来，向西边和南边眺望时，群山却消隐在云雾之中。

从英吉沙前往于阗都城的道路一向比较繁荣，大概需要花两周时间抵达。一旦离开绿洲，周围的景色对于来自高山地区的两位朝圣者来说便十分陌生。沙漠与他们刚刚离开的山区一样，都是灰黄色的。不同的是，沙漠里几乎寸草不生，从迦湿弥罗开始一路伴随他们的山峰雪景也消失不见了。他们的体格可以适应高原稀薄的空气与刺骨的寒风，可是在这里，天气炎热，没有一丝微风。沙漠一望无垠，只有巨大的红柳沙堆散布其间。楚达和侍从一言不发，只是捻着袍下的念珠，默默地向佛祖祈祷。在山区，每次转弯都会遇到新的风光，但在一些沙漠地带，连续几个小时都是一成不变的景色。

路途似乎没有尽头。午后时分，他们终于到达一个小绿洲。一名男子坐在路边的树荫下，身旁摆满了蜜瓜与大水罐。看到这个场景，两人大大松了一口气，这是他们自早上以来看到的第一棵树。次日，他们启程前往莎车，道路漫无目的地延伸着，穿行在一个个相似的小绿洲之间。楚达两人颇为乐观，相信自己有能力穿越沙漠，然而他们只是还没碰到最糟糕的情形。

到达莎车后，他们遇到一队即将前往于阗购买玉石的粟特商人，于是决定加入其中。由于商队的行进速度取决于骆驼，因此他们的步伐减慢了不少，不过不管怎样，至少这些商人熟悉沙漠的环境。楚达他们很快就适应了沙漠旅行的日常作息——他们需要昼伏夜出以避酷暑，这意味着他们几乎看不到风景与道路。每当入夜，气温便会骤降，驼夫会套上厚重的羊皮大衣。商人们有时指出附近有哪些佛教圣迹，这两位朝圣者就会焚香礼拜，奉上一点供品。白天商队在小村落里歇脚时，两人还会经常碰见一小群僧人。

前往于阗的最后一段旅程连续经过好几个绿洲，道路两旁种着一排排的白杨和柳树。尽管天色昏暗，两位朝圣者依然能看见路两侧的果园里树影婆娑。只要再走几个小时，他们就可以到达于阗城，楚达二人准备乘小渡船过喀拉喀什河（Kara-kash river）。夏季洪水使得河水高涨，他们费尽九牛二虎之力，才将所有的牲畜与货物装上渡船，平安渡河。商队于破晓时分抵达于阗城，雾气还没有凝结。天色清明，视野清晰，于阗城的高砖泥墙遥遥可见。

于阗城坐落在喀拉喀什河和玉龙喀什河（Yurung-kash river）之间，两河发源于昆仑山，从源头向北流到于阗汇合成于阗河（译注：今和田河）。于阗河继续前流，进入沙漠成为地下河。春夏汛期，昆仑山峰的融雪会注满干涸的河床，小树和灌木靠着河水的滋润逐渐成长起来。但河水来得快去得也快，没过多久就只剩下这些小树、灌木作为河水来过的见证。

这两条河流除了灌溉周围的大片土地、提供当地造纸用水，还将珍贵的玉石从山中带出来。两条河流便得名于这些玉石，“喀拉喀什”“玉龙喀什”分别是黑玉和白玉的意思。大多数玉石都被运往中土，由技艺精湛的工匠雕刻为礼器与饰品，供皇室和贵族使用。[51]和田玉，或称软玉，是一种十分坚硬的矿石，要以细沙加水或用金刚钻研磨数个小时方能成形。因此，像头饰与带扣那样精雕细琢的玉器价格都相当昂贵。和田玉的颜色多样，从深绿到雪白都有，雪白色的和田玉又被称为“月光石”。楚达知道，中国医术认为玉石有延年益寿的功效，服玉可以净化内脏。他曾见过一些道士贩卖所谓的玉液，但他对这些玉液将信将疑。

于阗是一个兴盛的佛教中心，两位朝圣者在于阗修整了好几个星期。再次身处规模如此壮大的僧人团体当中，令两人格外欣慰。城中有不计其数的说法活动，楚达还想去拜访当地一些给人看病的僧人。当地盛产谷物与水果，寺院斋房为他们提供的斋饭十分美味，此前两人在路上一直缺衣少食，吃了不少苦头，如今很快就恢复了过来。

这座寺院是一个庞大的建筑群，建筑物在围墙内沿南北轴线对称分布。规模较大的大殿与经堂是木制建筑，以木柱支撑倾斜的屋顶，檐部上翘。小型建筑与墙体则由随处可见的黄色土砖砌成，用夯土与红柳条加固。僧房靠墙分布，都是一个个小方室，地面夯实，正面开一扇窗（见图 20）。楚达与侍从便住在其中一间僧房里。

于阗有很多可以参观的地方。[52] 北方毗沙门天王的大像立于主城门一侧。重要的佛教天神四大天王各守护着东南西北中的一方，抵御邪魔势力的入侵。通过分辨他们手持的武器，我们可以知道这是哪个天王。南方增长天王持棍棒，东方持国天王持弓箭，西方广目天王持宝剑，北方多闻天王持长矛与宝塔。集市的说书人讲道，几百年前于阗的第一任国王到供奉毗沙门天王的寺里求子。当他祈愿时，天王像的头部开裂，一名男婴现身其中。国王拜谢天王，将婴孩带回了皇宫。但男婴不肯进食，眼见他身体渐渐虚弱，国王只好将他带回寺庙向天王求助。天王像前的地面裂开，露出一乳，男婴吮吸其乳汁，活了下来。说书人又说道，自此以后毗沙门天王成为于阗国王的守护神（见图 21）。[53]725 年，唐朝皇帝遣使到于阗国寻找天王像的样本，从此毗沙门天王在中土也流行起来。[4]

于阗国有很多佛像都来自国外，城中一座戴宝冠的佛像就是迦湿弥罗的。常有生病的人前去祭拜一座高达九米多的檀木佛像，依照病灶的位置，把金箔贴在佛像的相应部位上即可痊愈。这座佛像据说是佛祖涅槃前于印度中部雕成的，佛祖涅槃后雕像便自动飞到

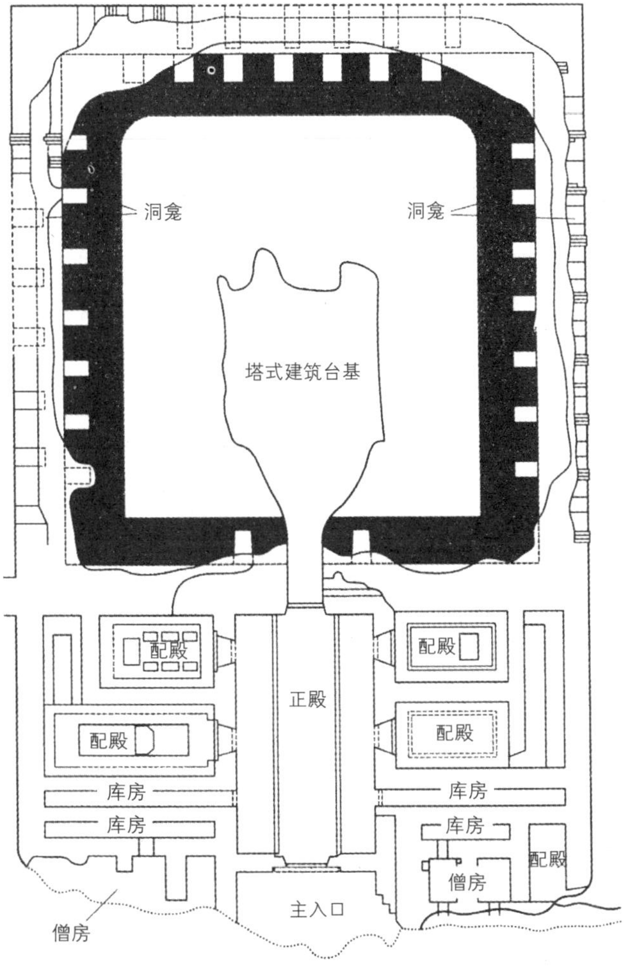

图 20　位于乌鲁木齐附近别失八里（即今吉木萨尔县）的佛寺，9 世纪晚期到 10 世纪早期。（作者据 Steinhardt，1999：图 4 绘）

图 21　多闻天王，北方守护神，取自敦煌的一本木版印刷物。（大英图书馆，编号 Or.8210/P.8。作者绘）

了于阗。[55] 于阗国还有各种各样的故事传说，例如有游牧民前来入侵，但他们的马鞍被老鼠啃食掉，令国家逃过了一劫；又如一位公主将蚕茧与桑树种子藏在头饰里，偷偷带出了中土；再如一位贵族男子迎娶了当地的那迦神，使得河水重流，拯救了原本奄奄一息的城镇。这些故事都被记载在碑文与绘画中。

楚达与侍从是时候要启程了。他们再次加入了一个大商队，从于阗出发前往敦煌。夏天最炎热的时候已经过去，他们可以在白天行进。骆驼满载于阗特产，包括地毯、优质毛毡、宝石，当然还有玉。这支大商队由好几群商人组成，加入商队寻求庇护的旅人不止有楚达和他的侍从，同行的还有一支准备在敦煌庆典上表演的于阗舞团，还有几户要到数程以外的地方探亲的人家，以及另外几名僧人。

楚达很高兴可以与商队一起走，因为从于阗向东行进没多久就会进入大沙漠。这里不再有舒适的绿洲，只有不断流动的沙丘，一阵风便会改变周边的面貌。道路在黄沙的掩盖下几不可见，一路上既没有水也没有草，更不见有住户。他们经过了几座破败的佛塔，楚达奉上供品。几周后他们来到米兰，当地有一座废弃的佛塔以及一座被吐蕃人遗弃的戍堡。十年前，效忠于唐朝皇帝的本地军队推翻了吐蕃人的统治，吐蕃人只得离开这些沙漠要塞往南撤退。[56] 不断侵袭的黄沙已经掩埋了戍堡东侧靠墙的一系列小房间。城中仍有一些僧人与一小群农户，但士兵离开后，这些人无力维护灌溉系统。支渠已经堵塞，沙漠开始侵蚀渠道的边缘，难以想象在这样的地方生活人们该是多么忐忑不安。继续往东，楚达在罗布沙漠中看到了更多这样被废弃的村庄（见图 22）。而不久之后，米兰也沦为这般

图 22　塔克拉玛干沙漠的沙丘与楼兰遗址，3 至 4 世纪。[照片由大英图书馆提供，IDP/Vic Swift，照片编号 1235/3(82)]

光景。离开米兰后的第三天，骆驼突然在途中停下来，跪在地上，将口鼻埋入黄沙中。驼夫立刻向旅人呼叫，让他们找地方遮挡，不要乱动——一场热风即将到来。楚达与侍从因停在一座小佛寺里参拜，落在众人后面不远的地方，没有听见驼夫的呼喊，直到热风扑面才反应了过来。他们经历过的沙漠热风从未像这样猛烈，他们知道必须遮住脸颊与口鼻，热风结束前都要待在原地不能动，但他们所在之处没有任何遮挡物。两人孤立无援，惊恐不已。慌乱之中，他们想跑到前面跟上队伍，可在天旋地转的大风中什么都看不见，当时的景象一如佛教壁画描绘的地狱场景。最终他们不得不停下来躲在自己马匹的后面，风沙堵住了鼻子和嘴巴，几乎呼吸不了。

几个小时后，这场忽然席卷而来的热风又一下子消失了。楚达与侍从花了好一阵子才恢复了知觉，紧接着发现自己慌乱中放走了驮载行李的马匹，如今早已无迹可寻。商队也不见了，周围的地貌也变了。他们轮流搜寻，但天色很快暗下来。他们费劲全力才爬上高达三十多米的巨大沙丘，然而在沙丘顶上放眼望去，只有更多连绵无际的沙丘，好在最终他们找回驮行李的马。此时天色已完全黑下来，他们没办法搭设帐篷，只得就地露营。万幸的是，他们还有几只水壶和一些粮食。

次日与接下来的几天，他们别无选择，只能跟着太阳向东行进。两人艰难地越过一座又一座的沙丘，却仍未发现水或生命的迹象。黄沙上散布着皑皑白骨，每当他们路过的时候，仿佛能听见死亡的钟声。楚达不晓得这些白骨堆在这里一年还是一个世纪，也不知道它们是人骨还是兽骨，他努力不去想这些。面对眼前这个困境，他觉得自己难辞其咎，只好一遍遍地祈祷，安抚恐惧的侍从。三日后，他们的水已经耗尽。接着，一匹马因过于虚弱而无法前行，他们只得弃它而去，任其死亡，另外两匹马也已精疲力竭。楚达的侍从开始神志不清，好像总是能听到沙漠神灵的召唤，想要朝声音的方向跑过去。有人提醒过楚达要警惕沙漠的幻象及陷阱，于是他阻止侍从不要过去，最后双方都筋疲力尽，不能再动。楚达不断向观世音菩萨发愿，希望这位能听见众生苦难的菩萨能前来拯救他们。最后，他们身边只剩下一匹马，无力前行。侍从陷入半梦半醒，楚达在剩下的行李中翻出佛像与发愿文，布置了一个简陋的龛台，在半昏迷的状态下，连续两天一边捻念珠一边祈祷。

楚达看到有人影靠近，心想这一定是幻觉。接下来这些人开始讲话，给他水喝。他指了指侍从，然而为时已晚，侍从已经去世，最后一匹马也死了，躺在他身后。楚达在人们的搀扶下骑上了另一匹马，侍从的遗体与他们的行李被安放到骆驼背上，商队继续前行。楚达记不清接下来的几天是怎样度过的，当他完全清醒过来时，商队里的人告诉他，其实他距离主路不过六十米的距离，只是被一座沙丘遮挡住。队伍中有人碰巧瞥见沙丘上烧剩的残香，这才发现了他。

到达敦煌时，楚达彻底松了一口气。他几乎一无所有，但最令他痛彻心扉的是侍从去世了。他本应照顾这个年轻人，更何况在同行过程中彼此已然成为挚友。在继续上路前，楚达想花一些时间为侍从超度。他先火化了遗体，用仅剩的一点钱请来寺院住持，为死去的年轻人、为因他而丢了性命的马而诵祷。此外，楚达还决定为侍从抄写一部经书。幸运的是，楚达遇见的一位写经生因为胃疼难受，作为免费抄经的交换，他要送写经生一道治胃病的符咒。这份经书不仅是给死去的侍从积功德，还回向世间众生。最后他写了一封信解释侍从的死因，把信交给一位准备前往于阗的僧人。僧人常常把信札交给朝圣者，让他带到目的地。楚达相信，经过一个个朝圣者的手，自己的信函最终会到达迦湿弥罗的佛寺。

几个月后，楚达再次踏上朝圣之路。他也疑惑过，不知道继续旅行是否明智。[57] 敦煌的僧人向他讲述，十年前（845 年），唐朝境内发生过一场出于经济和思想方面的原因而发起的灭佛运动。[58] 当时唐朝的国库亟需赋税收入，然而佛教寺院却是免除赋税的。随着成千上万的僧尼被迫还俗、上千座佛寺被迫关闭，税收大幅增加，数以千计的铜佛像被熔化铸钱。另一方面，自一百年前安史之乱发生后，国家就一直试图回归原有的汉人传统，这次灭佛运动就是其中一项举措。幸好，发起灭佛运动的皇帝于次年便驾崩了，而继任的皇帝则相对宽容。一些被迫还俗的僧尼回到原来的寺院，不过大部分寺院仍是荒无人烟，最终化为废墟。

楚达在敦煌城外的石窟里看到了绘有五台山的壁画，他心中的朝圣之火被重新点燃。[59] 出发前，他决定把这次朝圣和参拜的功德归给死去的侍从——他忘了自己原来的誓言是为了国家和平。

前往中土的路上，楚达毫不关心沿途的风景，专心致志地跟紧商队。他们跨越群山与沙漠之间的走廊地带，穿过低矮的山路，最后进入中原地区。

到达长安后，楚达并未久留，一拿到前往五台山的通行文牒便加入了一支朝圣队伍。他们从长安的东北门出发，这是五十年前太和公主启程北行的地方，也是她在灭佛前返回长安的必经之处。[60] 与楚达同行的朝圣者均为汉僧，其中有些僧人并不严守戒律，经常在日中后进食，也不严格注意自己吃的食物。而且在楚达挂单的寺院里，寺里的僧人并不会一起进餐，除了特殊宴庆外，寺院也不为他们提供食物。

楚达在唐朝的旅行并不愉快。贫弱的政府加重了税赋，乡间愁云惨雾。在北行的路上，楚达与朝圣的同伴们常常找不到借宿的地方。他们甚至被一座寺院拒之门外，只因该寺的僧房全部都出租给了商人和军方人员。当他们到达另一座寺院时，僧人一看到他们便转身跑入寺内，紧闭寺门，无论怎样都敲不开。还有一次，他们直接被寺僧用扫帚赶出了门口。[61] 他们经常要靠当地的信徒接济，但这样的机会也不常有。在一座村庄中，楚达连敲了二十户人家的大门，最后终于敲开一家强行挤进屋里。即便这样，户主仍拒绝提供饭食。[62]

楚达走在黄土地上，这一带地形被河流和雨水严重侵蚀，沟壑纵横。沿途的村镇十分贫困，他听说政府为出兵平定南方叛乱，向百姓征收双倍赋税，招致民怨沸腾。随后他们抵达五台山附近最大的城镇太原，楚达这时才意识到，之前被打压的宗教不只是佛教。太原的摩尼寺也成了一片废墟，城中为数不多的回鹘人向他讲述同胞在都城长安遭受了怎样的迫害。[63]被赶出故乡两年后，残存的回鹘军队在太原东北边境处的一场战役中遭到唐朝军队的屠杀，之后唐朝宰相下令将各地的摩尼僧集中到长安。摩尼教的僧众被迫穿上黑色的佛袍，头发被剃光，以示羞辱（摩尼教的传统教服为白色，也不落发）。据传，有七十余名女教徒被杀害，其余的教徒则遭流放，摩尼教经卷被拿到街上焚毁。两年后，灭佛运动就开始了。

皇帝驾崩后，虽然寺院纷纷重建，但新皇坚持要求寺院更改寺名以体现他的世俗权威。所以即便是十年后的今天，佛教仍未完全恢复。

五台山因五座顶部平坦如台的山峰而得名，山峰海拔有两千七百多米。早在公元3世纪，山顶上、山脚下便建起了寺院。到5世纪，五台山已有两百余座寺庙。而从7、8世纪开始，五台山的寺院逐渐变得十分繁荣，吸引了世界各地数以万计的朝圣者前来参拜。常有僧侣从印度、朝鲜半岛和日本过来，有些会在此停留数年，学习佛法，在山中刻铭纪念。824年，吐蕃赞普向唐朝皇帝求取一幅五台山的布局图，[64]唐朝皇帝满足了他的愿望，此后吐蕃僧也开始到五台山来朝圣。虽说吐蕃王室早在一个世纪前就将佛教定为国教，但佛教信仰是后来才流行起来的。僧人莲花生从斯瓦特前来吐蕃传法，为此赞普开始广建寺院。在位于吐蕃南部、雅鲁藏布江河谷的桑耶寺，中心主殿象征着宇宙的中心——须弥山，两侧分别建有佛殿，象征日月，寺院还建有圆形围墙，象征着大千世界的边缘——铁围山。[65] 桑耶寺及其后许多佛寺的修建理念都源于中土的佛教建筑，包括五台山诸寺。

楚达在五台山停留数月，参观了全部寺院、圣迹等佛址，他还看到了著名的六角形转轮藏。[66] 这里经常有高僧讲经说法，他也常被邀请参加檀越组织的宴席，或为特殊佛事举办的斋宴。另外，他还目睹了一场剃度仪式，年轻的僧人在仪式上发誓遵守全部戒律。楚达并没有忘记自己的誓言，在给当地画师与写经生付了些润笔费之后，他把买来的绘画与写经都献给了他死去的同伴。[67] 楚达在深冬时节离开五台山，那时候寺院大殿覆满白雪，旷野一片荒凉，此情此景仿佛呼应着楚达心中满溢的凄凉。

楚达的朝圣之旅此时已到了尾声，他返回长安后备好回乡的文书就踏上了归途。等他回到敦煌时，听说迦弥郭咤王朝已经灭亡。[68] 尽管新的统治者名声颇好，楚达仍决定留在敦煌，等待进一步的消息。

十几年过去了，楚达的医术在敦煌远近闻名。此刻他坐在寺院外的摊位旁，耐心地等待下一名患者。正如在他以前和以后的人一样，塔里木的美景把他留了下来。

第七章

作家

艾哈迈德，公元903—935年

高雅智者不会羁绊于故乡，所以请离开故土周游四方。

新世界的大门会向你开放，你的人生将因此甜如蜜糖。

我确见死水腥臭肮脏，而活水甘甜润嗓。

雄狮伏地怎能威猛称王？箭不离弦如何打击敌强？

如日非朝升暮落，殷殷之心必会厌倦悒怏，

若月无阴晴圆缺，翘首之人定将不屑一望。

蒙尘之金黯淡无光，覆灰之木一如柴棒。

脱尽窠臼才能为人生改航，客旅他乡方使人金贵辉煌。

真主安拉知道。

—— 伊玛目 · 沙斐仪，

767—820 年 / 回历 105—204 年 [1]

当艾哈迈德迈入伊斯法罕的城门时，几朵未凋零的紫菀让他眼前一亮。[2] 这种花也是跋涉千里的旅行者，它们的故乡在伊斯法罕东南三千多公里远的喜马拉雅山脉，后来传遍了整个欧亚大陆。艾哈迈德在三十年前（903 年）向西跨过一度繁荣的阿拉伯王朝，前往圣城麦加和麦地那朝圣，所走的路程大致与紫菀花差不多，只是方向相反。[3] 他虽然已经返乡，但心里还想着麦加。他自己的亲身经历的旅行，还有从他碰见的人那里听来的、从书里读到的旅行，都深深根植在他的想象世界里。[4] 于是，他决定写一本关于世界地理的书。[5]

艾哈迈德的全名是艾哈迈德·伊本·鲁斯塔·伊斯法罕（Ahmad ibn Rusta Isfahan），“鲁斯塔”（Rusta）是族名，同样也是伊斯法罕一个城区的名称，后人多以此称呼他。艾哈迈德热爱伊斯法罕这座城市，书中用了很长篇幅去描写那里的建筑、历史与传统。[6]

伊斯法罕位于扎格罗斯山山脚，横跨扎因代河（Zayandarud）。伊斯法罕其实由两座城构成，西侧的一座为犹太人聚居地亚胡迪耶（Yahudiya），于公元 4 世纪左右建成。传说，这座城的第一批居民是在公元前 6 世纪尼布甲尼撒二世（Nebuchadnezzar II）摧毁耶路撒冷时徙居于此。据称，他们之所以带着故乡耶路撒冷的土壤与清水到伊斯法罕定居，是因为这里的地貌与故乡十分相似。[7]

阿拔斯王朝建立以前，亚胡迪那是一个小聚落，几公里外便是原来的军镇杰伊（Gay），或称沙赫里斯坦（Sharistan）。最初这个小聚落的规模比杰伊大，但新任的阿拉伯统治者重建了杰伊的堡垒，将城镇的范围扩展到亚胡迪那，还修建了新城墙，将周围的村庄也纳入城中。这座合二为一的新城市逐渐建起了教堂、清真寺、市场及浴场。老城亚胡迪那的面积不断扩大，地位也更加重要，尤其是在城墙外不远的固定市集建成之后，老城更是繁华了不少，市集里都是专门为客人定制商品的商铺和作坊。[8]

艾哈迈德穿行在祷告的人群中，每天都花上好几个小时来探索这座城市，回家后他将自己的感受写下来。[9] 他记录了宏伟的圆形城墙，周长达两公里以上，还有四座巨大的城门和上百座塔楼，环绕着包括鲁斯塔在内的二十个城区。下棋也是艾哈迈德了解这座城市的另一种重要途径，不亚于实地考察。他从对手那里听来很多关于伊斯法罕的传说，然后选取了很多写进书里。其中一个故事说到，城中的居民拒绝帮助宁录反叛上帝，因此获得上帝眷顾，使得这一带富庶丰饶；而在另一个故事中，宁录的军队在伊斯法罕附近被摧毁，城中居民因此得到了亚伯拉罕（译注：希伯来民族的创始人）的祝福。艾哈迈德写道，这座城市将永远有三十个幸运儿，上帝会满足他们的所有愿望。[10]

艾哈迈德和他的很多同胞都精通国际象棋与双陆棋。这些游戏和伊斯法罕的紫菀一样，都是从印度传来的。国际象棋在印度已有上千年的历史。[11] 波斯语和阿拉伯语中的“国际象棋”一词源于梵语“恰图兰卡”（caturgana），意为“四师之军”。最初棋子分为象、

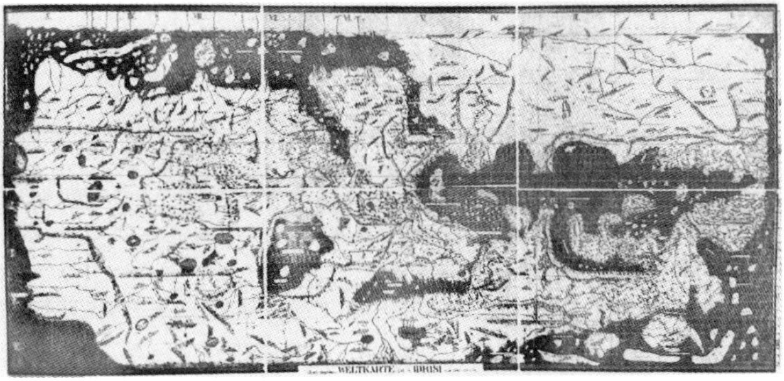

图 23　伊德里西（Al-Idrisi）绘制的世界地图，1154 年；Konrad Miller 重绘，最早在 1928 年制作、刊印于德国斯图加特。[大英图书馆，地图 856(6)]

马、舰、士四类，但传到波斯时，舰被车取代（见图 24）。国际象棋与双陆棋是波斯文人的必备技能，很多波斯文献都提到了这些游戏，还有专门讲授棋法的书。艾哈迈德有一本 6 世纪的波斯书籍《象棋与双陆棋说明》（*The Explanation of Chess and Backgammon*），其中讲述了在 6 世纪萨珊国王库萨和一世统治期间这些游戏是怎样从印度传过来的：

> 据说库萨和一世在位时，为了测试伊朗人的智慧与知识，看看自己能否从中获益，伟大的印度国王德威萨尔姆（Dewisarm）送来一套棋具，其中绿、红宝石棋子各十六颗。同时，他还送来了金银珠宝与各种服装，足足装了一千二百头骆驼，另有九十头大象驮载着专门为他们打造的物品。[12]

插图 24　黑石制象形棋子，波斯，6 世纪末到 7 世纪初。（藏于纽约 Gustavus A. Pfeiffer Collection。作者绘）

艾哈迈德受过良好的教育，有好奇心，他如饥似渴地阅读波斯语和阿拉伯语的文献。他有自己的藏书，也常借书来读。他在伊斯法罕的一位学者朋友，就为了自己的图书馆花掉三十万迪拉姆（dirhams）。[13] 大约两个世纪前，造纸术传入阿拉伯帝国，引起学术研究的变革。[14] 书籍因制作成本的变低，数量大增，随处可得。[15]

艾哈迈德阅读过巴尔赫（Balkh）著名天文学家阿布·马夏（Abū Ma'shar）的著作，还看过专门的书籍，了解伊斯兰世界里已知的各种天文学传统，包括印度、波斯、希腊、叙利亚和阿拉伯地区。[16] 他在书的开篇总结了种种天象，接着写到麦地那和麦加。[17] 虽然同时期有很多文献都对圣城作了描述，但他因为亲自去过这两座圣城，所以更有优势。不过他在撰写其他章节时，就不得不依赖别人的记载与自己的想象力了，好在这两样东西他都不缺。

他最常参阅的是一本讲述地理行政区划的《道里邦国志》，

作者是巴格达的前任邮政与情报长官伊本·胡尔达兹比赫（Ibn Khordadbeh）。[18]伊本·胡尔达兹比赫在书中详述了驿路系统与城市间的距离，不仅涉及阿拉伯王朝，还包括突厥、亚美尼亚人、拜占庭帝国、印度和中国的疆域。他本身就游历四方，经验丰富，但他也会参考别人的叙述，都是他工作时碰见的旅人。其中有一个叫萨拉姆（Sallam）的，一心前往歌革与玛各及其子孙后代的领地，他的故事和旅途就令艾哈迈德十分着迷。[19]

艾哈迈德与其他穆斯林、犹太人和基督徒一样，相信歌革与玛各是带来大灾难的人物，后来被在伊斯兰教传统中称作"双角王"的亚历山大大帝建造的边墙挡在了外面。他们若被上帝放出来，那将是世界末日的预兆。当时很多作者都提到他们，包括与艾哈迈德同时期的穆罕默德·塔巴里（Muhammad al-Tabari）。塔巴里是一名历史学家，根据他在《古兰经》的注解中对歌革与玛各的描绘——他们"在数量上比人类多九倍"、"男的在生够一千个小孩前不会死，女的在生够一千个小孩前也不会死"。[20]

842年，阿拔斯哈里发瓦提克·伊本·穆塔西姆（Al-Wathiq ibn Mutasim）梦见阻挡歌革与玛各的边墙遭到破坏，于是派一名使者去寻找这个边墙并回报其状况。[21]这名使者便是萨拉姆，他是哈里发的突厥语翻译。两年后他回到萨马拉（Samarra），将报告上交给伊本·胡尔达兹比赫。

根据萨拉姆的记载，他先向北走到高加索山脉，当时很多人都认为这是边墙所在的地方，如《古兰经》就说边墙在"极北之处"，还说位于两山之间的峡谷中。高加索地区有两个候选地点都被称为

“里海之门”（Caspian Gates），一个是万门之门（Bāb al-Abwāb），位于杰尔宾特（Derbent），控制着从高加索山区前往西南方的里海的道路。另一个是阿兰人之门（Bāb al-Lān），或称达里埃尔山口（Darial Pass），控制着从高加索北行的路线。萨拉姆提到，他曾到访达里埃尔通道，但并不觉得这是亚历山大所建的边墙。于是他继续前行，抵达位于里海西北的可萨突厥人的都城。萨拉姆本身很可能就是可萨人。[22] 他在高加索以北寻找无果，于是向东走，沿古时候的草原之路穿过中亚，一路走到位于塔里木盆地北侧的哈密，那时哈密正处在回鹘突厥人的统治之下。[23] 他描述了那里的巨门，反复确认后，认为除了一小道裂痕外，这道门几乎完好无损（他从裂痕处刮下一些铁屑，作为证据上呈给哈里发）。随后他经巴尔赫和尼沙普尔（Nishapur）返回，两年后抵达巴格达。

萨拉姆选择走大草原南缘的贸易路线。这些路线已有上千年的历史，被用于贸易、朝贡、行军、迁徙等各种各样的活动。从伊斯法罕出发，走相应路段抵达雷伊（Ray），或穿过伊朗高原东部的沙漠，都可进入这些路线。而要前往伊斯法罕，走海路是个不错的选择，从印度洋和波斯湾沿岸的繁忙港口皆可到达。艾哈迈德听说，那些从事海上贸易的商人，在印度和中国赚了大钱。据说，一名阿曼的犹太商人从中国返航时，带回了各价值一百万迪拉姆的麝香、丝绸与瓷器，还有大量价值连城的宝石。[24] 这些财富远超艾哈迈德的想象，足以让他拥有十分可观的藏书。他采用伊本 · 胡尔达兹比赫的说法，描述了前往占婆港，即今越南东海岸的海上路线。根据伊本·胡尔达兹比赫的记录，商人会从占婆出发，继续前往中国的港口广府

（即广州）、刺桐（即泉州）、江都（即扬州），然后抵达新罗（今韩国）。[25]

某些时期，商人们曾为了避开波斯人及其征税，会选择走北方的草原之路或南方的海上之路。四个世纪以前，拜占庭皇帝查士丁尼一世曾试图通过阿克苏姆的海外贸易商人和斯里兰卡的港口与中国直接进行贸易，但他失败了。[26] 粟特商人也没有和他们的伊朗语同胞，即波斯人合作共谋。为了寻找合适的陆路，他们曾经与突厥人联合，试图不经过萨珊波斯直接到达高加索。[27] 萨珊波斯被阿拉伯哈里发攻陷后，一些皇族曾越过帕米尔山脉，到中国寻求庇护。到了艾哈迈德的时代，海路成了阿拉伯与中国之间最主要的交流途径。此时，两大王朝的势力与疆域均有所缩减，尽管他们各自的边界都延伸到了帕米尔和大草原一带。[28]

阿拔斯王朝最兴盛的时期，西起北非、东至帕米尔的一大片土地都是它的疆域。762 年以后，王朝以巴格达为都城对帝国进行统治；东方的唐朝则从都城长安发号施令，掌控着塔里木盆地到中亚东部一带，这两座都城的人口在其全盛期可达一两百万。两大帝国也有交界的地方，751 年双方就在接壤处爆发了战争。这两大帝国也逐渐有了共同的技术：造纸术与丝绸生产已经在阿拉伯世界扎下了根。[29] 唐朝的统治者带有部分突厥血统，阿拔斯哈里发与之类似，身上混了多个民族的血统。[30] 阿拉伯王室常与其他民族通婚，如哈里发麦蒙（Al-Ma’mūn，813—833 年在位），他的母亲就是波斯人，他十分重视波斯这片土地及其民众的深厚传统："波斯人已经统治了一千年，并不需要我们这些阿拉伯人为他们做什么，哪怕一天。但我们统治波斯一两百年了，却连一个小时都离不开他们。"[31]

然而到 9 世纪初，哈里发的势力范围已大大缩小，唐王朝也失去了对塔里木一带的控制权（唐朝于 907 年灭亡）。哈里发的统治虽然又延续了几个世纪，但日渐式微。伊斯法罕先后有过多个统治者。在艾哈迈德的记忆中，没有哪个十年政权是不变的。艾哈迈德从麦加返乡后，伊斯法罕曾短暂隶属于波斯人建立的萨曼（Samanid）王朝。他们在布哈拉建都，统治过去阿拉伯王朝的东部领土，包括中亚许多重要的贸易城市，如撒马尔罕、尼沙普尔（Nishapur）、巴尔赫及赫拉特（Herat）。他们宣称官方语言是波斯语，但阿拉伯语仍然是人文与科学方面的主要用语。他们开始铸造自己的银币，即迪拉姆。不过萨曼王朝的统治并没有持续多久，很快伊斯法罕就被来自里海沿岸山区的代拉米（Deylami）军队占领了。[32]

现在，又有新的势力进来了，那就是白益人（Buyids）。艾哈迈德希望他们能让伊斯法罕恢复和平稳定，再现昔日辉煌。他们已经铸造了刻有“伊斯法罕”的硬币，同时各项建设也开展起来，包括建造新城墙。[33]

这些白益人是里海沿岸的代拉米人的后裔，但白益王朝的疆域并未到达他们的故土。[34] 对旅行者来说，那里仍然是危险地带。从里海北岸的可萨汗国启航的商人为了避开厄尔布尔士山区（Alborz）的危险路线，往往在里海东南岸的萨曼王朝港口阿巴斯昆（Abaskun）登陆，尽管他们很多人的目的地其实是位于里海西南的巴格达。而且，位于戈尔甘（Gorgan）地区的阿巴斯昆港以丝绸闻名于整个阿拉伯世界，这里生产的面纱甚至可以远销也门。[35] 也有商人会经尼沙普尔和木鹿从中亚抵达这里，带来其他货物进行贸易。接着，这些商人会向南走到一条主路，沿着主路西行，走厄尔布尔士山脉南侧的安全通道到达巴格达。

艾哈迈德一伙人在当地一间浴室里，他们之中很多人都走过朝圣（Hajj）之路，这时候正一边洗澡一边回忆起各自的旅行经历。根据伊本·胡尔达兹比赫的记载，其他人走了几条不一样的路线。一般认为，旅行是伊斯兰学者必不可少的经历，而艾哈迈德给他们讲的紫菀就在从伊斯法罕西南前往印度路上。他还讲到萨拉姆旅行中碰见的一个个沙漠，说他一心想要寻找歌革与玛各的边墙。他们从浴室的蒸汽里走出来，坐在更衣室里，讨论比起伊斯法罕以东的炎炎沙漠，浴室有没有可能更热一些。在往西方行进的道路上，有些旅人去过君士坦丁堡参观拜占庭的皇廷，还去到欧洲走访盎格鲁·撒克逊人的英格兰领地。[36] 不过艾哈迈德的北地之旅仍然是他们最喜欢的故事之一。那次，艾哈迈德一路跟着买卖皮毛的罗斯商人越过里海，前往波罗的海东岸。[37]

这些商人来自斯堪的纳维亚，在整个北欧远近闻名。[38] 他们在北部海域航行了几百年，进行毛皮与琥珀贸易。他们抢劫北部海域沿岸及岛屿，包括波罗的海的东南部。琥珀还可以从西欧进入罗马帝国。从 8 世纪开始，第聂伯河与伏尔加河下游的可萨人在克里米亚和高加索地区与拜占庭人、阿拉伯人进行琥珀贸易。[39]

到 8 世纪末，阿拔斯哈里发铸造的迪拉姆银币，经由这些贸易路线、通过可萨商人和阿拉伯商人，被带到波罗的海东部。[40] 尽管阿拉伯人和可萨人曾为争夺高加索一带的控制权而发生冲突，但到

8 世纪末双方已达成和解，贸易量随之增加，货币流通量也多了起来。在接下来的一个世纪里，伏尔加河中游的不里阿耳人也加入毛皮与琥珀贸易的行列，成为中亚商人的中间商。同时，维京人也已经航行至波罗的海东南部开展季节性贸易，而白银来源的增多更是提高了他们对这一带的兴趣。白银是非常重要的贵金属，但维京人的故乡不产白银。[41] 到 8 世纪中期，维京人的足迹已达沃尔霍夫河（Volkhov river）畔的商镇斯塔拉亚 · 拉多加（Staraia Ladoga）。9 世纪初，他们开始在这里安顿下来。[42]

维京人常常在江河湖海上航行，他们的船吃水浅，有帆和桨，即使是在河道狭窄、水流湍急的河流中也能顺利航行。他们很快便沿着河流的贸易航线南下，到不里阿耳人的领土寻找白银资源。[43] 在斯塔拉亚 · 拉多加没有南下的河流，因此维京人首先要沿好几条河道逆流而上，在一个一个湍流中划船前进，碰到两条河流间相隔一段距离时，他们还要把船搬过去。搬动维京船不是什么大问题，这种船是一块木板一块木板搭建起来的，木料来自成龄树，通过劈而不是锯的方法来做木板，厚度仅有两厘米左右。木板由铁铆钉固定在一起，木板间的夹缝则进行填补处理，以便防水。大部分的划桨、拉舟和搬船工作都由奴隶完成。

南部有好几条路线可以通航，至少春天是适合航行的，这时湍急的流水会把沙滩淹没掉，而北部的河流一到冬天就会结冰。不过这样一来，也可以用雪橇来运载毛皮。有一条航线是通向第聂伯河的，然后从那里前往黑海（“罗马海”）和拜占庭首都君士坦丁堡。[44] 另一条航线则延伸到更远的东部，经伏尔加河到达里海（“久尔疆海”），该航线长度超过三千公里。两条航线中间的高加索地区北部也是可以通行的，沿路途经亚速海和顿河。伊本·胡尔达兹比赫的著作中有一段关于罗斯人的记载：

> 他们把海狸皮、黑狐皮与宝剑，从欧洲斯拉夫人[45]所在的边远地区带到罗马海。罗马统治者[46]对其征收什一税……他们行至可萨人的城市海姆利杰（Khamlij），可萨统治者亦对其征什一税。[47]接着，他们前往久尔疆（Jurian）海，想在哪个海岸登陆就在哪个海岸着陆。[48]

在阿拉伯人看来，毛皮中黑狐皮是最贵重的。罗斯人也供应黑貂皮、西伯利亚松鼠皮、雪鼬皮、黄鼬皮、狐皮、兔皮，还提供蜂蜡、桦树皮、鱼齿、蜂蜜、山羊皮、马皮、猎鹰、橡子、榛果、牛、宝剑和铠甲。[49]

每当冬日临近，艾哈迈德取出来自北方的毛皮衣物时，就会想起那次旅行。他想象自己把这条路线走了好多好多遍，以至于开始相信自己确实去过那里。他告诉朋友第一次看见罗斯人的场景：他们身材高大，皮肤白皙，遍体纹身。他们全副武装，带着斧头、匕首和双刃剑。最贵重的宝剑其实是出自北欧的法兰克人，罗斯人通过贸易和掠夺得来，他们很多货物都是这样来的。[50]罗斯人认为这些宝剑是法兰克人的珍宝，每当拿到一把就会传给自己的子孙后代，而不是和其他私有物品一样随葬到自己的墓里。[51]

罗斯人不只是在欧洲强取豪夺。913 年，他们乘着五百艘战船从第聂伯河出发，沿着既定路线跨过高加索地区，抵达里海一带进行劫掠。[52] 可萨人让他们安全通过，但作为交换，他们需要将一半的战利品分给可萨人。罗斯人突袭了戈尔甘一带，并通过巴库港进侵里海以西的地区。然而，当他们从里海返航时却遭到可萨人攻击，很多罗斯人被杀。幸存下来的罗斯人沿伏尔加河向上游逃窜，但随后被不里阿耳人偷袭并杀害。[53]

在艾哈迈德的想象之旅中，他跟着一队商人安全通过可萨人和不里阿耳人的领土，平安归来。[54] 他们在戈尔甘地区贩卖毛皮、琥珀和奴隶，赚取萨曼王朝的迪拉姆。[55] 萨曼人刚刚在其领地内发现新的白银资源，使撒马尔罕和塔什干附近的作坊得以铸造出更多的钱币，专门用来与罗斯人进行交易。[56]

罗斯人的大艇满载白银、玻璃器、红石髓和丝绸，穿过里海，到达伏尔加河的三角洲，再行至可萨都城海姆利杰。可萨人专门建了一座堡垒来管控河运，罗斯人需要在此缴纳所有货物的关税，才能继续沿河行进。

可萨人原是突厥人的一支，生活在塔里木盆地西北方的大草原上，后来西突厥汗国瓦解，唐朝崛起，他们不得不西迁。[57] 刚开始他们还保持着突厥的宗教传统，崇拜天神腾格里，处在拜占庭帝国与阿拉伯王朝之间战略地带的他们，掌控两地的南北贸易。同时，他们和基督教世界、伊斯兰世界都有所接触。阿尔巴尼亚人和亚美尼亚人在可萨人治下的高加索地区建起天主教堂，而可萨都城的清真寺成了穆斯林群体的活动场所。不过，可萨可汗皈依了犹太教，或许是为了避免受到拜占庭或阿拉伯人的竞争压力。[58]

罗斯人从海姆利杰出发，向伏尔加河中游前进。宽阔的河流蜿蜒流过俄罗斯草原的南部，地势少有起伏，通行方便，只是春汛形成的沙土浅滩容易让船只搁浅。罗斯人越过可萨人的领土，进入不里阿耳人的势力范围。不里阿耳人是另一支从中亚迁来的突厥人。他们原本在高加索西部定居下来，但 7 世纪时可萨人发起进攻并击败了他们。一些不里阿耳人逐渐被新的统治者同化，另一些则西迁至巴尔干半岛，或向东北迁徙到伏尔加河流域。迁到伏尔加河一带的不里阿耳人并未跟可萨可汗一起皈依犹太教，他们在 10 世纪初皈依了伊斯兰教，而巴尔干的不里阿耳人则在一个世纪前成为基督教徒。[59] 阿拔斯哈里发于 921 年遣使不里阿耳，表面上是建立起外交关系，派人传授伊斯兰教义，实际上他还想探察一下是否可能不经过可萨人而直接与不里阿耳人进行贸易。[60] 使者伊本·法德兰(Ibn Fadlān）返回后，为哈里发撰写了一份详细的报告。[61]

这份报告说,伊本·法德兰和随从先于922年西行(译:应为东行)至位于布哈拉的萨曼宫廷，再向北穿过花剌子模地区进入草原游牧人的地带。经过七十天的旅程，越过恩巴河（Emba）乌拉尔河，到达伏尔加河畔的不里阿耳都城。这虽然不是最快捷安全的路线，但是可以保证不经过可萨人的疆土。许多旅人也基于同样的理由选择走这条路。[62] 不里阿耳人告诉伊本 · 法德兰，可萨人封锁了贸易渠道，强行奴役他们。[63]

除了不里阿耳人，伊本 · 法德兰还遇到很多罗斯商人，他将他们描述为“完美的标准体态，高大如椰枣树，金发碧眼，皮肤白皙，脸色红润”。[64] 但他对罗斯人的洗浴习惯颇有微词，称他们为“安拉的创造物中最肮脏的”，提到尽管他们每日洗漱，但他们共用一盆水。他还写到，罗斯人在便溺、房事后不做清洗。这对于一名虔诚的穆斯林来说相当震撼——穆斯林从小就遵照伊斯兰礼仪，保持身体的纯净，人们也推荐通过沐浴来治病强身；每个城区都设有公共浴室，富人还拥有私人浴室。[65] 艾哈迈德与同伴在当地浴室洗完澡，大家热烈地讨论起外国人的沐浴习惯来。

罗斯女子是一件件行走的珍宝，她们把家族的财富都穿在了身上，一件绞金项链的价值可达一万迪拉姆。一些女性拥有好几件金银项链和臂钏，她们的丈夫也佩戴类似式样的臂钏。[66] 她们会用盒形胸针扣紧羊毛披肩或外套，这些胸针所用的金属有铁、黄铜、青铜、银或金，同样体现了拥有者的富裕程度。[67] 有些胸针还会做成动物的形状，如龟壳或龙头（见图 25）。除了起装饰作用，胸针还具有实用价值——它上面的附环可用来挂把小刀。[68] 女子还佩戴彩色珠串，珠子有玻璃的、银的、宝石的和琥珀的，除了可以当作项链，当金属胸针扣在羊毛外袍的肩带上时，还可以将这种珠串挂在胸针之间作为装饰物。[69] 项链的部件也是财富的象征。尽管琥珀是本地出产的，维京人自己可以制作玻璃珠，但这两种仍属于贵重的材料。有些玻璃制品是从别的地方过来的，比如维京人就用一个迪拉姆换一颗玻璃珠。甚至连边角余料也有一定的价值，罗斯人会将这些玻璃碎片进行再加工做成珠子。[70] 宝石则购自里海沿岸，由商人从遥远的中亚南部与北印度的矿藏中带来。

女性饰品并不是罗斯商人身家的唯一象征，他们还蓄养奴隶并进行买卖，这种活动向来是丝路经济的重要一环。他们在劫掠北方

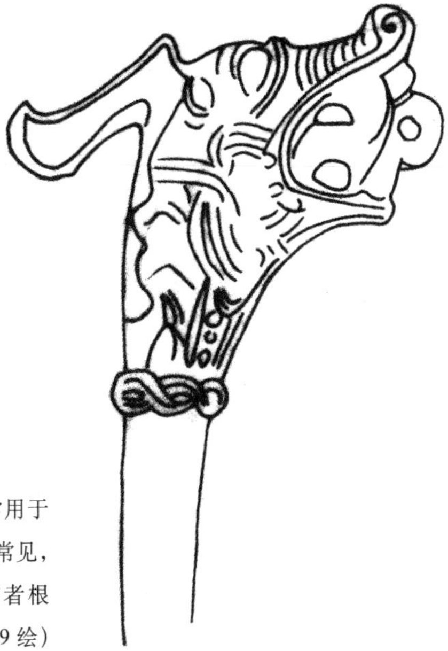

图 25　饰有龙首的发簪，龙头常用于装饰维京船的船首，饰物上也很常见，如本图中的发簪，10 世纪。（作者根据 Williams et al.，2014：50，图 29 绘）

一带时得到这些奴隶，然后带到不里阿耳和可萨的都城出售。[71] 罗斯人一抵达这些城市，就立即向岸边刻有人脸的木柱献上食物与酒水。[72] 他们首先详述自己携带的所有货物，然后祈求他们的生意能顺顺利利。伊本·法德兰还提到，或许他们还会回来两三次，有时候甚至买来牛羊，将其宰杀后把头颅绑在柱子上，直至卖掉所有的货物为止。

离开不里阿耳人的地界后，艾哈迈德和同伴们沿着逐渐拐弯的河道向西北前行，在旅途的最后转走陆路，翻过波罗的海的分水岭，征服一条又一条更为湍急的河流，回到他们位于斯塔拉亚·拉多加的据点。他们在那里修理船只，从当地猎户手中补充毛皮及其他货物的存货。

当艾哈迈德讲完自己的传奇经历时，天色已经不早了。他离开浴室时不禁打了个寒颤，也许是因为他觉得自己仍然身处波罗的海的冬天，也许是因为秋天已近尾声。他裹紧了身上的皮草起身回家，穿过一条条街道，游走在这座他热爱的城市之中，心里仍向往着北方的那片土地。

第八章

官员

翟奉达，公元883—966年

盖民之役，非以役民而已也。凡民之食于土者，出其什一佣乎吏，使司平于我也。今我受其直，怠其事者，天下皆然。岂惟怠之，又从而盗之。向使佣一夫于家，受若值，怠若事，又盗若货器，则必甚怒而黜罚之矣……势不同而理同，如吾民何？

——柳宗元，《送薛存义序》，9世纪初[1]

翟奉达第一次上学之时，[2]和几个年纪较大的男孩一起坐在寺院的配殿里。老师是军队里一名年轻的文吏，他给每个学生发了毛笔和一张背面用过的纸，还帮他们磨墨。接着，老师在翟奉达旁边坐了下来，给他示范怎样写字，老师按从右到左的方向，在纸的最上端写下《千字文》的头五个字。奉达拿起笔，尝试模仿那行字，在下面的空白处再写一遍。第一个字“千”，只有三个笔画，很简单（译注：《千字文》正文第一句为“天地玄黄，宇宙洪荒”，根据敦煌出土的《千字文》写本情况，此处翟奉达所写的可能是“千字文一卷”）。老师一直看着，等到奉达终于按照正确的顺序写出这些笔画后，便满意地离开，开始辅导下一位学生。[3]

奉达的父亲早就教过他《千字文》的开头，他知道自己写的这句话该怎样读。成书于6世纪中叶的《千字文》，是中国学堂上常用的习字底本。《千字文》里的每个字只出现一次，而且一句有四个音节，隔句押韵，十分便于记忆。学堂上的孩子年纪有大有小，学习能力各不相同，有的孩子已经在抄写《开蒙要训》《太公家教》和《王梵志诗》等更高级的习字底本。[4]《王梵志诗》中，王梵志提的建议和说话的口吻，竟与莎士比亚《哈姆雷特》里波洛涅斯和他儿子交谈时的如出一辙。王梵志教导年轻人如何尽孝道、怎样与钱财打交道、怎样在社会上行事。

得言请莫说，有语不须传。

见事如不见，终身无过愆。

无亲莫充保，无事莫作媒。

虽失乡人意，终身误害灾。[5]

学习完这些习字课本后，学生就可以阅读儒家经典及其他更高深的著作。

890年，翟奉达才七岁。他父亲虽然是个文吏，但只会阅读，写不了几个字，他母亲更是目不识丁。尽管如此，他们家雇得起农户在自家田地干活，请得起佣人料理家务事，所以奉达和他的兄长能够自由自在地上学。父亲希望两个儿子可以通过科举考试在朝廷谋个一官半职，为翟氏家门增光。这样一来，他和他妻子两人晚年也能高枕无忧，还能告老还乡回到中原故土。不过京城传来的消息并不乐观。883年，也就是奉达出生的那年，叛乱分子仍然占据着长安，翌年才被赶走。虽说唐僖宗又回去当皇帝了，可谁也不知道他的政权寿命有多久。

奉达一家居住在敦煌，距离长安有千里之远。自848年张议潮率兵赶走这里的吐蕃人以后，敦煌实际上由张氏进行统治，[6]奉达的父亲曾带着他在敦煌郊外一处佛教寺院的石窟里看过一幅描绘这位将领及其常胜军的壁画。[7]奉达记得很清楚，因为那天刚好是端午节。他母亲把一束柳枝插在门上来驱赶瘟神，还让他和兄长在腰带上挂一个小木雕。[8]奉达问母亲为什么要佩这些挂件，她解释说这是护身符，保护兄弟两人不受当天出现的邪魔毒兽，如蟾蜍、蝎子、蜘蛛、蜈蚣、蛇的侵扰。他又问为什么这些毒物要在今天出现，母亲解释说今天是五月五日。但当他又问为什么今天是五月五日时，母亲没了耐心，打发他去逗笼中的蛐蛐，自己则着手准备出行的食粮。

他们打算做一次远足，先到石窟寺，然后去月牙泉和鸣沙山。一家人骑着马出发，奉达坐在母亲前面，仆人则骑着驴跟在马后。石窟寺位于敦煌东南约十九公里处，他们得穿过敦煌和郊外的农田，还有几公里长的戈壁滩才能抵达那片绵延八百多米长的山崖，洞窟就开凿在崖面上。翟氏一家和其他敦煌居民一起上路，出发得很早。不过当他们终于瞧见石窟崖面最北端的天王殿时，也已经日上三竿了。众人来到断崖脚下，翟氏一家在小溪旁边的白杨树下纳凉休息，仆人则忙着准备午饭。奉达的母亲拿了把新扇子，是为端午这天特意用柳木做的。[9]

山谷里挤满了游人，谷里的寺院僧人在寺门外建了几个摊位，奉达和他父母就在那些摊位算命、买香。接下来，他们开始游览石窟寺。数以百计的洞窟开凿在崖壁上，如同蜂巢，数量如此之多，一天之内根本看不完。不过奉达的父母经常来参拜，有特定几个洞窟格外受他们青睐。在大佛殿（译注：第 96 窟），他们跪在这座三十多米高的巨大彩绘塑像前焚香礼拜。[10]这座大佛深深吸引了奉达，他沿着佛像背后摇摇晃晃的木阶梯跑上跑下，大佛的脚趾头都要比他高。这个脚趾头被几千个想要蹭些好运气的人伸手摸过，连颜料都掉光了。随后奉达他们移步前往一座新开的洞窟，又接着参观了一座供奉有观世音菩萨像的洞窟。奉达的父母环绕这座菩萨像一圈，把水果献给随侍的僧人。僧人念了几句赞文，把“净化”后的水果放置在菩萨脚下。他们点了好几根香，插在一个装满沙子的大铜器里，然后把一块棉披巾挂在塑像上，在旁的僧人一直祈求佛祖保佑他们。奉达一家终于离开这个洞窟，继续参观。这时奉达已经开始厌烦了。他的父母领着他，沿着木栈道行走，爬了几级阶梯来到下一个洞窟（译注：156窟），窟里绘有张议潮的画像，是张议潮赶走吐蕃人后建造的。

这幅壁画位于洞窟左壁（译注：西壁）的甬道下层，张议潮身穿红色丝绸长袍，骑在一匹战马上，马由两个马夫牵引着。四个仆人在前方开路，其中两个手持蓝色华盖，以备张大将军到达时可以遮阳。道路上有一列骑兵，第一排的两个是鼓手，他们左手臂下夹着大鼓；背后两排四人则负责吹角，用他们涂了蓝色的长乐器宣示大将军的到来。紧接是两个掌旗手，旗手扛着的红色大旗上有一个蓝色圆圈图案，缀以黑边，在微风中飘扬。掌旗手和另外四对手握细长旌旗的士兵，从头至脚都穿有盔甲。他们背后站着官员和数量更多的掌旗手，穿着或蓝或红的长袍。一群伎乐在路中央表演着庆典舞蹈，张大将军身后跟着一排又一排的骑兵。奉达盯了这幅壁画很久，其中的人物和壮观场面令他着迷。

当奉达一家人向月牙泉和鸣沙山出发时，已经到了午后时分。他们向着敦煌镇的方向往回走了约十二公里，然后转向西边，继续走一公里多。参观洞窟的兴奋劲退去，奉达累得在路上睡着了。当他醒来时发现已经到了目的地——一座大沙丘，围绕着一汪月牙形状的泉水。泉水碧蓝如天，空气中弥漫着沙枣花的香气。大批游客在泉边或南岸小亭的台基上闲逛。这里的摊位比石窟寺更多，奉达很快注意到有个小贩在兜售儿童玩具。这些玩具形状各异，五颜六色，挂在一个木制背囊上，有彩带、顶盖、帽子、拨浪鼓、玩偶、木偶、带轮子的动物、蛐蛐笼等等，数不胜数。奉达挑了一个小型的细腰双面鼓。

一群人打算登上那座个头数一数二的大沙丘，翟氏一家也加入了这个行列。攀爬沙坡可不是件容易事，奉达的母亲不停滑倒，旁人只管大笑和打趣。登上丘顶后，众人成排坐下，双脚摊开。后来不知道谁大喊了一声，随即众人滑下沙丘，带起滚滚沙尘。过了几秒，一阵深沉的轰鸣声从沙丘正中央传来，回荡在月牙泉的周围。奉达觉得他脚下的沙丘仿佛一只巨大的鼓，正发出轰轰的共鸣声。[11] 奉达他们也忽地滚下沙丘，慌乱中他紧紧抓住母亲。仅仅几秒，他们就全都回到沙丘底下。

奉达喜欢上学，可他资材不够，无法参加科举考试，但他父亲望子成龙的心思一点也没变。奉达的同学里，既有镇上士大夫的孩子，又有等待授职的候选生。其中有一名同学是孤儿，因为没有亲人照顾他，所以当地官府下令让他到寺院出家。这名孤儿大部分时间给僧人跑跑腿或干些粗活，他的外号叫“驱乌”，因为他其中一个工作就是要把鸟儿吓跑，不让它们靠近作物。当他闲下来时，可以到课堂上学习，并最终有望取得度牒，成为一名正式的僧人。[12]

奉达对佛教颇感兴趣，经常阅读佛经。他还看天文历算方面的书，四季变化、天体运动同样令他入迷。而到了晚上，他会躺在家中庭院的地板上凝望夜空。虽然寺院的藏书阁有几本关于天文卜算的著作，但奉达首先要掌握好儒家经典才能获准研读这些书籍。[13]其中有一张星图展示了已知的星群，都是古时候三名天文学大家（译注：甘德、石申、巫咸）发现、辨认的。在用心研读这张星图之后，很快奉达就能叫出夜空中看到的那些星体的名字。[14]随后他开始学习恒星和星球的知识，如二十八星宿、日蚀或月蚀的含义、彗星或新星。例如别人告诉他，早在两百年前星象就预示了叛党安禄山会死，当时一颗星球穿过一个叫髦头（昂宿）的星群，而髦头与外来游牧民族、战争和死刑有关。有个僧人还给他展示了寺院藏书阁里的几种日历，包括好几册刊本，其中一册还来自长安。[15]最让奉达感兴趣的是一份用小字印刷的日历，只有一张纸的大小，长约一米有余。那是公元 877 年的日历，比奉达的出生年份还要早六年。[16]奉达捧在手上一看就看了好几个小时，决心要掌握其中的奥秘。

像丝路上的任何事物一样，历算这种知识掺合了多个国度的影响。敦煌百姓用的是中原历法，只是到了这时，中原历法已经吸收了一些印度、巴比伦的天文学和占星术知识，历法制定者把这些外来要素和自身深厚的专业知识结合在一起，制定出中原历法。他们在日历中引进了数、颜色、元素、阴阳、星座这些原理。中国的天文学家曾以太阳历来计算日子，随后又参照太阴历，把两者综合起来使用。阴历只有三百六十四天，为了与三百六十五天以上的太阳周期保持一致，就必须做周期性的调整，具体做法便是增加闰月。因此一年的年头会变化，农作物的播种、收割或其他农活也没有固定的日期。日历最主要的功用其实是规范官方日程，而非调节农业生产。

中国的一位儒学思想家提出“天命”的观念，这意味着如果统治者德行有亏，人民就有反叛的权利。阴、阳构成了浑然一体的自然秩序，皇帝、人、地、天、星、日、月都是其中的一部分。自然秩序中皇帝的这个角色被赋予了一定的道德规范，假如当今皇上的统治不符合这个规范，那么整个宇宙都会陷入失和的状态，并很可能会以日蚀、月蚀或彗星这些现象体现出来。所以，皇帝希望自己手下的天官能预测出任何异常的天体运动，对此作出无碍的解释。不然的话，乱党可能会抓住这些事件作为把柄，宣称这是皇帝昏庸无能的迹象，借此洗白自己的叛乱行为。中国每个朝代建立之初，皇家的天文官员都会受命制定一套新的历法，一方面展示皇帝对自然秩序的理解，另一方面也表明皇帝和自然秩序是和谐共处的。每个朝代都有相应的数字、颜色和元素。如果有异象出现，人们会认为这是天文官员的失误，他们的历法计算并不符合宇宙的整体运行。

有鉴于此，天文学家的举动和日历制定受到了极为严密的监管。只有皇室指定的天文官员才获准制定日历，日历做好后会分发到各个省份。然而，依然有人私造日历（又称历日）。如 835 年一则奏折所言："剑南两川及淮南道，皆以版印历日鬻于市。每岁司天台未奏颁下新历，其印历已满天下，有乖敬授之道。"[17]

至迟在 8 世纪，中国已经发明了雕版印刷术，佛教徒采用这种印刷技术来宣传教义。最早的印刷制品里有一些短小的发愿文，上面还有天王、观音菩萨等等时兴的神像，这些发愿文就放在寺院的摊位上出售。日历的出版商也注意到这项新技术大有用武之地，很快就开始偷偷利用雕版印刷来生产日历，放到市场上卖，这种作风又以华南地区最为盛行。因其毕竟地处偏远，朝廷要在当地加强监管力度没那么容易。唐廷试图垄断日历的制定与生产，既有经济的动因，也有政治方面的考虑：对于朝廷以外的官民来说，日历都是不可或缺的，国家通过贩卖日历可获得相当可观的收入，但私人日历的生产、传播会把这部分利润夺走。835 年以后，朝廷下令地方既不得私印日历，也不能私藏这些日历。这很可能是世界上最古老的出版管理条例。[18] 但是，敦煌寺院藏书阁里的这本来自都城长安的日历，清楚地告诉我们这则法令并没有起到什么效果。这本日历生产自长安东市一个家庭印刷作坊，正在皇帝和诸位要臣的眼皮底下——他们的皇宫、官邸就在东市边上。在敦煌，人们很可能并没有把日历的私人生产看作是扰乱治安的行为。

尽管朝廷有禁令，并且每隔一段时间就会重申一次，各地仍在生产日历，这些日历价格低廉，流通全国。日历上除了列出日子及其干支，还会根据干支体系和五行（水、土、金、木、火）来预示某天适合做什么活动，从理发到婚丧、出行，样样皆有。这套体系在中国源远流长，很早以前人们就开始单独制作日书，直到后来这些内容才被整合进日历里。

877 年的这份日历中，奉达研读得最为专心的是中间一栏，上面显示了十二生肖，这套十二年一循环的体系是从印度舶来的。日历上配了一些动物小插图，还为当年出生的孩子提供嫁娶方面的建议。日历下面一栏有一道符咒，以及风水方面的信息。符咒用于驱赶邪魔，为了达到这个目的，日历会悬挂于床或门框，有时候人们也会把符咒单独抄在一张纸上，贴在墙上，877 年日历上的符咒是

“镇宅符”。风水的示意图告诉人们该怎样为房屋、墓葬选址。“风水”从字面上看属于景观词汇。皇帝的一举一动都会影响到阴阳的协调，同样，房屋或墓葬位置有误的话，可能会给居住或埋葬在里面的人带来厄运。无论是当地高官还是穷困潦倒的奴隶，多数敦煌人都有一大套迷信观念，相信这些做法多少能让他们操控自己每天的生活。大部分日历买家不觉得自己有能力阐释这么多神秘信息，确实，他们多数人甚至一字不懂。因此，每当他们有问题需要解释时，会付点钱找一个专门的卜者来代劳。此外，日历还能用作护身符。

未来翟奉达将充分掌握理论知识，写出他自己的日历，不过那是很多年以后的事情了。其实奉达也有别的兴趣，只是寺院学堂只招收幼童，而他已经不在那里上学，而是去了当地官办的州学。二十岁的奉达仍在课堂上抄写文献，不过已经有一个士子的模样，并且开始作诗。他的书法有了很大进步，所研究的文献也比从前高深许多，此刻他正忙着抄写一篇占卜文。奉达在抄本上署名，写下日期“天复贰载岁在壬戌四月”（902 年 6 月 8 日），并在卷末左边空白处题了几句诗。[19] 这些诗句的措辞大都从经典作品中借来，抒发一位儒家士子的雄心：“男儿不学读诗书，恰似肥菜根枯尽。”[20]

奉达的一些同学长大成人后，从州学升学到了国子监下某个专门学校，他们在学校里学习典礼制度。敦煌遗书中就有几份文献是讲典礼和官方场合的行为举止的，如教导读者如何在马球比赛开始前恰当地鞠躬，或者如何为官方宴席挑选合适的乐曲。还有一些书籍则教人怎样写信，准备了一系列信件模版来应付各种各样的场合。[21] 这些信件的开头往往是问候和气候方面的套话，例如“正月孟春犹寒”“六月季夏毒热”。有些文书仪书有专门用途，比如“朋友书仪”、“吉凶书仪”；其他文书仪书收录的信件模版比较广泛，依类别罗列，包括“寮属起居启状等”、“四海平怀参慰语并书状”、“四海杂相迎书语”、“僧道吉书仪”、“内外族吉书”。每一个能想到的场合，这里都准备好相应的模版应对。例如某人宿醉醒来后，为昨晚宴会上自己的醉酒行为向主人家道歉：

> 昨日多饮醉甚过度，鹿踈言词都不醒觉，朝来见诸人说方知其由。无地容身，惭悚尤积。本缘小器，到次满盈。深伏望仁明不赐罪责续，当面谢先状 咨申伏惟监察不宣。谨状。[22]

国子监的学生以后都要派到官府去任职，其中就需要他们能够代别的官吏在合适的时机写合适的信件。诸如书仪这类文件材料，一般会收藏在官府的资料库中，不仅跟寺院的藏书阁区隔开来，还有自己的官府档案管理人。

在奉达初次作诗的五年后，即 907 年，敦煌开始有人传言唐朝灭亡了。对奉达的父亲来说，这意味着儿子当上朝廷官员的愿望破灭了。中原腹地又建立了一个新王朝，宣称承继正统，但大部分疆土都分裂成一个个独立王国。敦煌的官府在接下来的三年里仍继续使用唐历和废帝的年号，直到以曹议金为首的曹氏家族推翻了张氏家族，取代了他们的统治地位为止。[23] 这时，奉达已经离开学校，

图 26 《金刚经》卷首插画细部，表现了须菩提及其两侧的狮子。（大英图书馆，编号 Or.8210/P.2）

娶妻成家。他像他父亲那样，在当地官府做文官，但仍然研究并抄写文献，创作出更多有分量的作品。例如他有部作品（译注：《持诵金刚经灵验功德记》）收集了一系列灵验故事，这些故事的主角都因推崇、诵读《金刚经》，甚至只是持有《金刚经》而积累功德，引发各种灵验故事。

“金刚”在佛教里表示不可摧毁之物，具有破除一切幻相的力量。402 年，著名龟兹僧人、译师鸠摩罗什首次将《金刚经》从梵文翻译过来。到 10 世纪时，这部佛经在中国佛教徒中备受推崇（见图 26）。[24] 传统意义上的佛经是佛祖生前布道时说的话，在孔雀王朝阿育王时期的第三次集结时被用文字记录了下来。这些经文都以“如是我闻”开头，接着描述佛祖布道的地方。根据《金刚经》的文本记载，佛祖在印度北部一处花园里第一次说此经。经中还记载，当时出席的听众很多，包括上千名比丘。《金刚经》的内容是佛祖和他最年长的弟子须菩提之间的对话，它只有一卷，短小精干，是另一部篇幅长达数十卷的佛经《般若经》的一部分，两部经书都是核心的大乘佛教文献。和其他大乘经典一样，强调抄经、念经、诵经和说经的功德效用，保佑下辈子投胎顺利。

奉达的这本书还进一步谈到《金刚经》的文本。佛祖向须菩提作出种种提问，意在阐明佛教的一个核心教义：客观世界只是梦幻泡影，因此无论人还是外物都不存在，这就是不二法门。《金刚经》中提到一个关于恒河沙粒数量的问题。佛祖问须菩提：“如恒河中所有沙数，如是沙等恒河，于意云何？是诸恒河沙宁为多不？”[25] 这个问题是个陷阱。沙粒是这个客观世界的一部分，而依照佛祖此前所言，客观世界只是梦幻泡影。其实并不存在一粒粒沙子，正如恒河、须菩提都不存在一样。

佛祖还解释了《金刚经》对于解脱的重要性。他又问须菩提：“若人满三千大千世界七宝以用布施，是人所得福德，宁为多不？”[26] 须菩提表示赞同，认为这个人会积累相当大的功德。但佛祖教导说，如果这个人能理解《金刚经》的四句偈并向他人解说，那他的功德将会大得多。

奉达在写完《金刚经》的灵验故事后，又抄写了一份《开元皇帝赞金刚经功德》，这篇文本由一系列赞美《金刚经》功德的赞词组成，作者题为早年的唐玄宗。在最后的题词里，奉达表达了自己的愿望："后为信士兼往亡灵及见在父母合邑等，福同春草，罪若秋苗。"[27] 他还称自己是"布衣弟子"，即佛教的居士。

奉达的教育水平虽然不够用来对付科举考试，但足以让他在当地政府中谋得一官半职——他成了随军参谋。他的工作任务主要是行政管理，而非行军打仗。自从张议潮打败了吐蕃人，皇帝便把敦煌一带设为归义军节度，视敦煌为军事要塞，当地许多官职都带有武官头衔。这不禁让人回想起中原政权在丝路上曾有过的辉煌岁月。曾几何时，中原王朝在整个塔里木盆地乃至帕米尔高原那样远的地方都设有军事驻地，与大食作战。但这已经是很久很久以前的事了。

经过多年的学习，奉达终于具备足够的知识，能够亲自计算日历了（见图 27）。时值 924 年，他写完书稿，最后画上北斗七星 [28] 的图案，这份日历就算是完成了。在接下来的几年里，他雇抄工来抄写自己的日历，不过只能抄写在用过的纸上。中原产的上好纸张不仅稀见而且昂贵，有时候连当地产的土纸也不一定有。结果，纸张几乎不会用完即弃，那些写有经文的纸张更是如此，因为这些纸张在经文的作用下升华为圣物，本身就是人们顶礼膜拜的对象。有位僧人发现皇宫的茅房竟然用写过字的字来作手纸，因而羞愧难当，写下一首偈来抒发自己的感受：

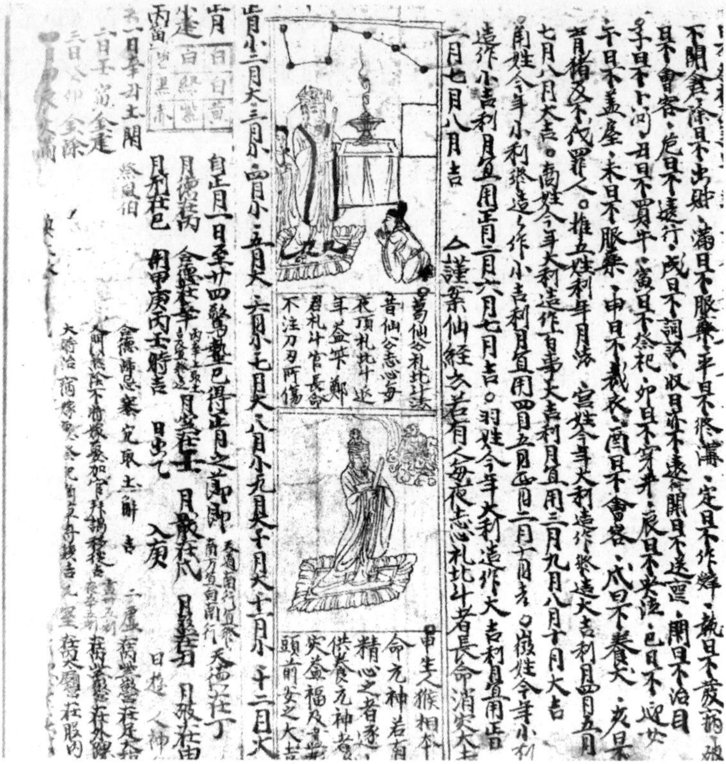

图 27　翟奉达制定的 924 年日历细部。（大英图书馆，编号 Or.8210/S.2404.）

儒童说五典，释教立三宗，

视礼行忠孝，挞遣出九农。

长扬并五策，字与藏经同，

不解生珍敬，秽用在厕中。

悟灭恒沙罪，多生忏不容，

陷身五百劫，常作厕中虫。[29]

我们不知道奉达是否也做过这样的事，不过 928 年，他为自己的一篇作品寻找合适的纸张时，发现了自己年轻时写的诗，于是在诗后写了一小段题词：“幼年作之，多不当路，今笑，今笑！已前达走笔题撰之耳。年廿作，今年迈见此诗，羞煞人！羞煞人！”[30]

奉达制定日历的消息被传了出去，他升任为敦煌的国子祭酒，后迁州学博士。在中国担任博士一职的，主要是那些来自著名国家学术机构的专家，或者是凭借专业的医学或天文学知识而附属于朝廷官署的人。博士一职在九品之中，属于一流。[31]（尽管中国有成千上万个文吏和政府官员来运营整个大帝国，但只有精英才能进入九品官级。）就任新官的奉达，还被授予了“银青光禄大夫”的爵位。可实际上，敦煌不再属于中原朝廷，[32] 这类爵位仍在颁赐给敦煌的官员，不过是上一个时代遗留的残迹。在中原地区，奉达的爵号几乎没任何意义可言。

奉达的妻子死于 958 年。如今他已七十五岁，身体健康，还在担任职务。他收了一个学生，跟自己学习历算知识。最近他升迁为检校尚书工部员外郎一职，负责当地工程建设、道路与渠道维修、统一度量衡。[33] 数年前，他写完一部关于敦煌一带地理与图说的作品（译注：《寿昌县地境》）。在奉达担任新职务期间，这部作品和别人撰写的地理志成了他的指导书。[34]

奉达虽然并没有选择禁欲的生活方式，但他始终保持着佛教信仰，在他兄长和孙子去世以后更是如此。他们夫妇两人经常给佛寺捐赠财物。有一年收成特别好，奉达和妻子就给城里的穷人发粮食。寺院也做一些慈善活动，一些地方的寺院还会向穷人免费派发药物，但这类活动既没有什么组织性也并不普遍。[35] 贫民要靠当地官府的援助和私人的慈善活动来过活，如果一旦近期没有这两类援助，连自己的资产也会全都卖了或典当出去，很多人就会被迫走上犯罪的道路，加入盗匪团伙，在郊外抢掠。

奉达从没沦落到这样的境地，他有土地的收入，有俸禄及其他额外的官家酬劳，他做日历也能产生收益。随着身家渐厚，奉达的捐赠也变得多起来，甚至出资请工匠在新开的一个石窟里绘画。这个石窟集合了归义军政权的统治者和当地所有权贵的捐资，奉达的资助很可能会让这些权势人物注意到他，令他在这个群体里拥有一定的地位。石窟里的主像群是由当地一个商会出资制作的，和大多数人一样，他们想要为现世和另一个世界积福报。

他妻子死了以后，奉达托人抄写十部经书，为她而不是为自己积德。[36] 奉达相信地府的存在——这个观念杂糅了印度、佛教和中国的思想——他的妻子可能要在地府待差不多三年的时间，才可以转世投胎。至于投胎成何物，则视乎她生前的行为，即她的业。在命运被敲定之前，亡人必须连续接受十个阎罗的审判，他们是地府之王。前七场审判在死后每七天举行一次，奉达的妻子在 958 年 3 月 23 日去世，这天妻子第一次跟秦广王会面，奉达为她抄了第一部佛经。他还出资让人画了一幅佛像，组织了一场斋事。在接下来的七个星期里，他在相应的日子依次抄了另外六部佛经，举办了六场斋事。他妻子的第五场审判由阎罗王主持，为此奉达抄了《佛说阎罗王授记四众预修生七往生净土经》，又称《佛说十王经》。这部经书描述了这十场审判及罪人的命运。[37]

七场审判完了以后，奉达的亡妻要到死后第一百天才能接受下一场审判，奉达的供养活动也就没有停下来。在第一百天，他托人抄了一部佛经，经中讲了目连去地狱救母的故事（译注：《佛说盂兰盆经》）。[38] 故事最后，佛祖教导说，如果有亲人刚去世，可在农历七月十五供养僧尼，这些善举肯定会给先人和刚去世的亲人造福。于是，盂兰盆节（又称鬼节）便成了正式的节日。[39]

过了八场审判，还剩下两场。倒数第二场在死后一年举行，最后一场则是在死后三年由五道转轮王主持，要讨论亡者的造业及相应的果报。奉达按照这个顺序，抄了第十部佛经。在这部佛经的末尾，奉达列出之前举办的一系列斋事，以及替妻子抄写的十部佛经，以防审判的阎罗忘记了这些功德。最后他提到：

> 右件写经功德为过亡马氏追福。奉请天龙八部、救苦观世音菩萨、地藏菩萨、四大天王、八大金刚，以作证盟，一一领受福田，往生乐处，遇善知识，一心供养。[40]

奉达的这些功夫是否帮到了他的妻子我们不得而知，但他自己这一世的运气确实越来越好。他被授予了更多爵位，包括“赐绯鱼袋”、被任命为“行沙州经学博士”。他仍继续制定日历，教学生。[41] 奉达在有生之年见证了中原王朝再度统一——960 年，宋朝建立。可是，他并没有踏足先人故乡所在的那片土地。几年后，约 966 年，奉达便故去了。

第九章

比丘尼

妙福，公元880—961年

一切有为法，
如梦幻泡影，
如露亦如电，
应作如是观。

——《金刚经》经末偈语[1]

妙福的房间里光线昏暗，浓烟缭绕。[2] 墙上悬挂着一幅阿弥陀佛的画像，下方的一张小供桌上摆着鲜花、瓜果和香炉。根据佛教的往生仪式，住持询问妙福希望化生在哪一片净土，然后他描述妙福将会在那片净土里享受哪些极乐，并念诵十方诸佛。为了安抚妙福，他还向她解释在死后十方诸佛会依次欢迎她的到来。接着，他带领僧众一起吟颂《佛说无常经》。[3]

妙福是敦煌一座大尼寺的上一任住持。961 年有消息传来敦煌，称中原大地经过半个世纪的分裂后，终于在宋朝的统治下再度统一。妙福的父亲是在敦煌节度使手下任职的汉人，而她的母亲则是吐蕃人。吐蕃王朝统治敦煌六十余年，848 年吐蕃军队被当地武装力量驱逐出城后，仍有许多吐蕃人留在敦煌。[4] 吐蕃王朝也经历了多年的分裂与内乱，但与中原王朝不同的是，至今仍未有统治者能将吐蕃重新统一起来。

妙福热衷于了解敦煌以外的世界，自打小时候听到父亲和外祖母的故事，她的好奇心就被点燃了。每当父亲讲起自己在大唐王朝度过的年少青春时，语气里都是浓浓的怀旧之情。外祖母也是这样，带着怀念的心情述说吐蕃的辉煌岁月，说吐蕃那些雄伟的佛寺远胜过敦煌的所有寺院。此时妙福躺在床上奄奄一息，僧尼的唱诵声回荡在她的身边，迷迷糊糊中，她仿佛又回到了年少的时光……

那时，妙福还是一个小女孩，正准备接受剃度。仪式将在寺院的大殿里进行，场地被绳子围了起来，[5] 大殿及其周边区域也都已经做了净化仪式。香烟缭绕的大殿中，就只有准备剃度的众人和主持仪式的僧尼。大殿的木柱和木椽上挂着绘有佛像与菩萨像的彩色丝幡。要接受初次剃度的是本地的几个小女孩，妙福是其中之一。轮到妙福时，她向前走了几步，跪拜在大佛像的前面，并向住持行礼。一位比丘尼用刀从发根附近将她的长发剃下，放在另一位比丘尼端着的小盘中。然后，妙福又跪拜了三次。当她闭目吟诵佛名时，她的头发被剃光，头部也被洗干净。接下来，她需要背出十戒，然后再次在佛像前跪拜，感谢主持仪式的僧尼。她还领了僧衣和缘钵。仪式后的第二天，她收到一份出家文牒，上面绘有佛像，并盖有官府的印鉴，为此她父亲支付了一头驴和一头奶牛。[6] 现在，对寺院和官府而言，妙福正式成了一名沙弥尼。

妙福的父母都是虔诚的佛教徒，他们不反对她出家。她父亲有时会说，遁入佛门是她的宿命，因为叛军就是在她出生那日攻下了长安，杀死了她的祖母与姑母。那是 880 年的冬天。之后的几个月，从叛军手中逃出来的难民跟别人讲述长安城遭到的残忍破坏，还说到留在长安的女子难逃被奸杀的命运。881 年，妙福的父亲从一名叫莱瑞丝卡的妓女那里听到了更多的消息，她当时正前往龟兹，途经敦煌。[7] 她的额头上横着一道又红又肿的疤痕，讲述了她的几位官妓姐妹是怎样被叛军奸杀的，而她在奋力保护最小的那个女孩时额头受了伤。根据丁忧传统，妙福的父亲因母亲去世可以服丧三年，但直到 884 年叛乱平息后，他才得以回到长安，将母亲安葬在家族墓地中。虽说中原一带名义上仍属唐朝统治，但依然动荡不安，因此他选择独自出门。到了长安后，他发现这里几乎处于无政府状态，而皇帝仍不知所踪。

几个月后，妙福的父亲回到敦煌，他给人讲起长安再次被洗劫的情形，还带回一首诗，作者是800年在京城参加科举的一名考生。[8] 一名年轻女子在叛军进入长安时被抓，这首诗就是以她的口吻来叙述她目睹的惨状。妙福的父亲不允许她看这首诗，但很多个夜晚她都被父亲的哭泣声惊醒。终于，她找到机会，瞒着父母偷看了这首诗。对她来说，这首诗并不好懂，当她终于费力弄懂了两个诗句时，她真希望自己从未读懂过。诗句在她的脑海中勾勒出的景象，远比敦煌寺院壁画中的那些地狱场景更可怕，她宁可遗忘：

> 家家流血如泉沸，处处冤声声动地。
> 舞伎歌姬尽暗捐，婴儿稚女皆生弃。[9]

就是从这时开始，妙福得知自己的祖母与姑母正是在她出生的那天去世。也许，她也正是在这时决定出家为尼。进入尼寺能带来一定的好处，毕竟比丘尼出家并不都是为了修行。尽管目不识丁的比丘并不少，一字不识的比丘尼更多，但比丘尼可以学习。同时，比丘尼还可以逃避指婚。有些唐朝公主进入道观，很明显就是出于这方面的考虑。[10] 也有一些女孩是在父母的劝说下出家的。这样父母不仅可以省下嫁妆，说不定还能在当地僧尼中有些影响力。根据当时的一份契约，有位僧人曾无利息地把十八斗豆借给一位沙弥尼的父亲，[11] 而当时这种无息借贷并不常见。地方上放高利贷的主要是僧人，他们征收的利率通常高于官方规定的 6%。[12] 负债人必须在 8 月底秋收后偿还，如有拖欠，他的财物将会被没收。

佛教戒律规定要年满十二岁才能出家，但 891 年妙福落发为尼时仅有十一岁。因此，她父亲必须代她向当地节度使申请提前入寺。许可文书写好后，节度使会在他的姓氏后面画押，用红色印泥加盖三次方形大印章。[13] 也有一些父母不太愿意让孩子出家。有本文集汇编了过去著名比丘尼的事迹（译注：《比丘尼传》），其中就引用了某位僧人劝说一名犹豫的父亲时所说的话："若从其志，方当荣拔六亲，令君富贵。生死大苦，向得其边。"[14] 还有一个故事叙述了一位叫妙音的住持，前来给她送礼的宾客数不胜数，几百辆马车在她的门外排起了长队，据说她比很多皇亲国戚还要富有。[15] 这些故事表明，寺院生活可以带来的不仅是精神方面的富裕，还有物质方面的回馈。

妙福出家后，当地的一名僧人向节度使控诉妙福和其他四十名比丘尼违反戒律。这名僧人写道："父娘并言爱乐受戒，一则年小，二乃不依圣教，三违王格，条流处分。"[16] 我们无从得知她们到底做了哪些违规行为，但当时人们的确对女尼和尼寺持有很大的偏见，尤其是深受教条主义影响的僧人。在解脱成佛的修行上，女子远没有男子有优势，而且佛经明确记载，佛祖是在母亲的大力劝说下才接受女子出家的。有的僧人甚至拒绝为女子主持出家仪式，甚至不准女子进入寺院或参加经课。即便如此，敦煌仍建了五座尼寺，最大的一座约有两百名比丘尼。[17]

图 28　多罗菩萨，密宗菩萨。(John Huntington 绘)

女子的出家过程较男子更为严苛。[18] 男子和女子都在十二岁时第一次受戒，即酒戒、色戒、杀戒等。但男子十八岁时就可以接受具足戒，要守的寺院戒律有两百一十五到两百六十三条，而女子十八岁时只到中间阶段，必须继续修行两年后才能正式成为比丘尼。据说之所以增加这一条例，是因为佛祖在同意一名十八岁的女孩出家后，发现她刚刚受孕。到二十岁，沙弥尼必须守两百九十到三百八十条戒律才能正式成为比丘尼。不过妙福听吐蕃僧和印度僧说，多罗菩萨（见图 28）在吐蕃和印度有很多信众，不亚于观音菩萨。

有人曾劝说多罗菩萨会改变性别，让自己顿悟得快一些，她回答道："以男身修行佛道的人从来就很多，可是以女身修行佛道的却很少。所以，我今日于佛前发愿，直至苦海成空之时，我都以女身度化一切众生。"[19]

"妙福"这个法号是在她第一次受戒时授予的，意为"美好的祝福"。剃度仪式在敦煌的灵修寺举行，而早在几个月前妙福就已经入寺学习戒律，她有些同门甚至已经在寺里修行了数年，但直到今天才受认可获得受戒的资格。其他人和她一样，都来自寺外。她们要到大殿上课，授课老师是资历较深的比丘或比丘尼。妙福学习了比丘尼的各种实用的生活技能，包括如何擦地、进食、行走（走路方式取决于是否穿了宽袖的外袍、还是只穿了窄袖的衬袍）、向长者行礼、言谈、穿衣、整理床铺，如何将衣物打包好出门。她还学习了如何待客，如何将工作交接给第二天当值的比丘尼。[20]她还需学习经文选段，并整日念诵。而且，她一天当中有不少场合需要正确背诵赞文。

寺院里建筑林立，男孩和女孩分别住在中庭两侧的僧房里。茅厕设在僧房一角，后面便是菜园，排泄物可以很方便地转化为园中的粪肥。除了院墙内的这一小块耕地，寺院周围的大部分农田也是寺院的田产，由农奴和佃农耕种。收获的粮食储存在寺院的谷仓中以较高的利息贷给别人，或是用作通货，购买像麻籽这样的生活必需品。用麻籽榨出的麻油，除了可以作为烹调用油，还可以用来点灯。[21]

这些买卖带来的利润十分可观。另外寺院还会接受布施，通过贩卖度牒、经卷，提供法事服务而获得额外收入，不过主要经济来源还是自营磨坊与榨油作坊。综上，寺院往往是地方上最富有的群体，而且寺院提供各项服务，因此对很多居民来说寺院相当重要。相对于寺庙，俗世的官府似乎只想着从他们手中攫取点什么。官府往往与兵役、赋税和执法有关。很少有人心甘情愿地交税，许多地主为了避税会把土地抵押给寺院，但照常在这些土地上耕种、获利。僧人不用纳税，因此有人会出资购买出家的度牒，登记为僧尼，但他们仍与家人住在城镇上或村里，过着俗世的生活。[22] 法律也并不那么可靠。尽管一些人认为在民事案件上法律还是有效力的，比如违反契约、土地分配不均，但在刑事审判方面，恐怕就不是那么一回事了。很多被捕的人都没能活着从牢房里出来，有些被严刑逼供致死，因为供词是大多数诉讼的主要证据；还有一些人在候审时便在恶臭熏天的牢房里染病身亡。一旦案件开始审理，运气好的犯人会被判处较轻的刑罚，接受大小不等的杖刑；在严重的刑事案件里，男犯会被发配到偏远的地区充军，女犯则没入官营妓院；情节最严重的罪犯还会被处以极刑。但每年新年伊始的时候，皇帝都会大赦天下，许多死囚得以逃过一劫。[23] 与之相反，寺院没有监狱，而且人们遇到麻烦时，还可以去寺里求助，如借谷种来播种、冬天借一口小锅来煮食、借一小块田来耕地。在寺里，穷人找到了工作，富人得到了救赎，而且对于这两类人来说，寺院还是避税的天堂……

妙福稍稍恢复了意识。她知道有一小群僧尼跪在蒲团上，围在自己的床边。她试图集中精神，但他们低沉单调而有节奏的唱诵声，再次将她的思绪拉回到从前——

她坐在讲经殿的灯心草席上，与另外十名比丘尼一起背诵《金刚经》。大殿里的光线十分昏暗，炎热干燥的夏日气息渐渐渗透进来，令她烦躁不安。那是公元900年，她在城里一座尼寺做了十年的沙弥尼，如今已准备好接受具足戒。

妙福成为沙弥尼后，好几年都在跑腿打杂，给别的比丘尼做事。她还得听讲经、上僧课，跟律师、法师学习。妙福识字，因此寺院给她发了经书，让她阅读、熟记与唱诵。她还学会怎样坐禅，还开始学习梵文发音，以便可以念诵佛经与祈愿文的原文。

佛教经典包含三个部分，即梵语所谓的“三藏”：经（佛祖的教义）、律（戒律）、论（佛祖涅槃后僧人解释佛经的著作）。有些著作如《十王经》被认为是伪经，因此不在这些经典的范畴内。这些伪经自然不是佛祖在世时撰写的，大部分是汉文经，但在僧人与居士中流传甚广。

受具足戒比剃度仪式更复杂也更耗时，受戒的人来自各年龄段（译注：受具足戒者一般要年满二十岁且在五十岁以下）。首先，要在邻近的寺院为受戒仪式专门修建一个戒坛，工程需一周有余。成车的泥土被搬运至讲经殿前的庭院中，倒入方形的木构框架内。当整个框架被填满，泥土高高堆起，工人们便开始用沉重的木桩来夯土，直到泥土完全与木构框架的顶部平齐。依同样的方法再夯几层土，然后在其上修建一个小台，在夯土上切出台阶。在土台四周立竿，挂上彩色丝绸制成的幡和旗。寺院的戒坛大部分都是临时修建的，但五台山有一座永久性的戒坛，由大块石料建成，戒坛四周镶有莲瓣玉饰，其上铺有青丝毯。在中国佛教鼎盛的时期，每年有数百僧尼在此出家。[24]

妙福的受戒仪式恰逢春斋宴。与秋斋宴一样，春斋宴由敦煌的军事长官张将军（译注：张承奉）资助，其祖父是帮助敦煌赶走吐蕃人的著名将领张议潮。仪式结束后，二十名受戒的僧尼被节度使府授予“三衣”：袈裟（译注：应为僧伽梨）、上着衣（郁多罗僧）和中着衣（安陀会）。然后，他们进入宴会厅。在吟诵一段赞文后，宴会便开始了。因为僧人过午不食，宴会需在上午进行。受戒仪式很早便结束了，只有那些要在下午干体力活的僧人才被允许吃“夜宵”。当地有一千五百多人参宴，包括官员、士兵、有钱有势的居士和敦煌佛教团体成员。寺院的香积厨为了准备素食已经忙碌多日。

宴后，很多僧尼离开寺院返回城镇及附近村庄的家中。其中一些僧尼需要在家照顾年迈的父母，或者下地做农活。妙福的兄嫂承担了这些家事，因此她不必回家，而且，妙福本身也希望能在寺院生活。她读过好几本有关僧规戒律的文献，当看到自己的僧尼同辈犯了种种破戒行为，她感到十分震惊。[25] 她渴望在本地一座尼寺里当上住持，这样她便能更严格地落实戒律。

想起这些往事，妙福心里一惊，又醒了过来。有那么一会儿，她记得自己忏悔过。几个月前，她开始意识到病情严重，于是请人抄写了七份（译注：应为十七份）《十王经》表示忏悔。在每部经文的最后，她写道：“安国寺患尼妙福发心敬写此经一七卷，尽心供养。”[26] 此外，根据她的遗愿，她将留下布料作为资金，以便在死后每隔一段时间买来供品、雇人念诵赞文，念诵赞文的日期就是她死后被依次带到冥府十殿阎罗王前的日子。其时，这十个阎罗王会根据她的罪业施以惩罚。敦煌郊外石窟寺的壁画中，十个阎罗王

图 29　天王脚下的小鬼，来自一幅 9 世纪的敦煌绢画。（大英博物馆，编号 1919,0101,0.106.Ch.xlix.007。作者绘）

身着汉式官袍，坐在几案后面，亡者被带到他们面前。亡者若是对罪业的裁断有异议就会被带到业镜前，照出其生前的作为，令其知罪。至于其他命运被判决了的亡者，则会戴上枷锁，被挥斧的小鬼驱入地狱炼火中（见图 29、30）。

《十王经》中说道："若复有人修造此经，受持读诵，舍命之后，不生三途（即地狱、饿鬼、畜生的三恶道），不入一切诸大地狱。"[27] 若在特定的日期进行供奉，即人死后的头七、二七直至七七、百日、一年、三年，也会使死者避免沦入三途。

妙福之所以良心不安，是因为她早年严守戒律的宏愿很快就被尼寺的实际生活颠覆了。她在受戒成为比丘尼后，搬到了另一

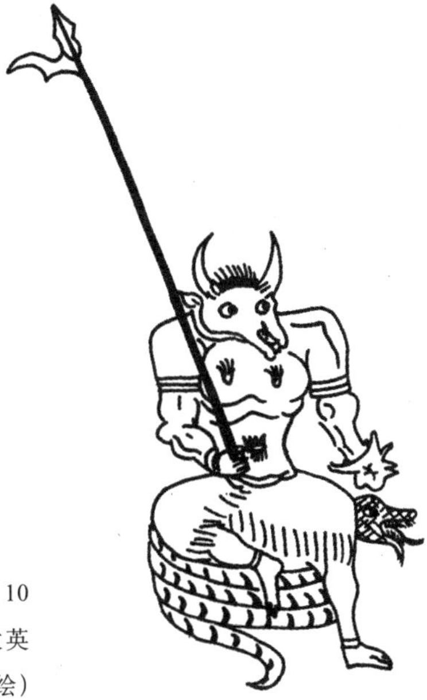

图 30　守卫地狱之间的鬼怪，来自 10 世纪敦煌《十王经》插图写本。（大英图书馆，编号 Or.8210/S.3961。作者绘）

所尼寺，这座尼寺所获的布施远不及之前当沙弥尼时的那座大寺院。很多有求而来的僧人从尼寺库房中“借走”粮食与货物，妙福很快就意识到这些借出去的东西往往不会归还。此外，她的法师还常用尼寺的财产放高利贷，但只将本金还给寺院，把利息留给自己。向他借贷的人往往无力偿还，只好允许他多年无偿征用他们的土地。[28] 妙福还记得，当法师死后，他的遗嘱被公布出来时，所有人都惊讶于他的财产居然如此之多。遗嘱区分了寺院财产与家庭财产。前者归属于寺院与佛教团体，包括“双絹绯坛柒条……赤黄绫夹裤两腰……故王皮裘壹领、红缦紫绫履壹量、京皮靴壹量并靴毡、拾五两金银间腰带壹□、银碗壹枚……白方毡壹领……坠铜盘子壹……画油木盛子贰并盖……五岁草驴壹头、四岁父驴□"。[29]家庭财产包括他用寺院财产投机所得的资产及土地，他将这些遗产留给他的各个侄甥、堂表亲及同寺僧人。他留给一名沙弥（译注：原文作"师兄"）"犊牛壹，母子翻折为五头，一任受用，与白绫壹匹，方耳铛壹口，柒两银盏壹，小牙盘子□面……四岁犊牛壹头，布放修功德"。[30]

不过商业买卖和高利贷为男性专属，比丘尼积累财富的手段十分有限。很多比丘尼或为孤儿，或来自当地农户，家里给不了她们任何财物。所有僧尼都在城里化缘，对一些僧尼来说，这是他们唯一的收入来源。妙福家里不穷，为了让她剃度还付了一笔丰厚的财物，但她决心增加收入。为病人或垂死之人诵经可以获得一定的费用，抄经也有差不多的报酬。尽管写经生常为男子，很少为僧尼。每年妙福都会通过投资土地获得少许谷物，她还得到当地一些名门望族的供养，他们因看重她的学识而给她送礼。借此，妙福在几年里逐渐积累了一些财富。妙福的父亲从小便教她阅读汉文典籍，她还是沙弥尼时就开始学习梵语，她的外祖母还教她藏语。因此，妙福很乐意与当地显贵的夫人交谈，从中了解中原和吐蕃的最新动向及城里的各种八卦消息。

910 年，即妙福成为比丘尼后的第十年，从 848 年起一直统治敦煌的张氏家族被曹氏家族取而代之。[31]曹氏的第一位统治者曹议金仍效忠中原王朝，并称敦煌为"归义军"辖地。此时的唐朝在多年积贫积弱、实权旁落之后，终于走到了尾声。在曹氏掌权的大部分时间，中原大地分裂成几个割据政权。这些政权皆无力重新统一，更遑论重掌一两千公里之外的敦煌，恢复与塔里木盆地及其以外地区像过去那样紧密的联系。宣称正统的政权更迭不断，但敦煌的统治者仍持续遣使前往，相应地，他们也继续受封为“节度使”。到了960年，敦煌仍在曹氏治下。热心佛教的统治者曹元忠被一个接一个的中原王朝封为节度使，他甚至在955年到访中原。在妙福的床榻旁，一众僧尼仍在诵经，靠浓茶在漫长的守夜中保持清醒。妙福因年长且有作为而在佛教团体中德高望重。她在还未到不惑之年就被任命为敦煌最大尼寺的主持，但并非所有人都支持她就任。不过妙福作风严格，治寺有方，最重要的是她能够精明地打理寺里的大小事务。在她任职期间，尼寺财产大增，除了拥有大量土地，还有两座磨坊和一个榨油作坊。[32]

僧尼理应避免跟这些“不洁”事物打交道，包括金银、奴隶、农务、畜牧、毛毯、锅灶、磨坊与榨油。因此，每个寺院都有永久依附该寺的寺户，实际上相当于为寺院劳作的寺奴。妙福所在的尼寺也有寺户在磨坊和榨油作坊劳作，但他们无权自主做工，必须先请求寺院的批准。面粉和油等产品按照一定比例上交尼寺作为实物租金，尼寺则聘请专门的工匠来维护和修理磨坊。每当主要的修缮完工后，妙福常常设宴款待比丘尼与工匠。尼寺还为磨坊工人提供所需的物资，包括用于制作筛网的纱绸，以及将面粉驮至尼寺仓库的牛。一名比丘尼负责详细记录进出仓库的所有物品。

水磨需要用水来驱动，从而使灌溉用水减少，因此当地官府禁止在农作物生长的时节使用水磨。届时，通向分支水渠的水门用挂锁封闭，钥匙交由一名当地官吏保管。如果春夏时节的灌溉用水有所剩余，水门将会破例开启。这时候人们也会大摆筵席，就在磨坊水车的引水渠处，趁着夜色点亮灯火，设宴欢庆。当地官府会在春秋两季向磨坊与榨油作坊征税。

磨坊为比丘尼提供小米面和小麦粉，筛网上留下的粗面粉供寺户食用，麦糠则用来喂马。尼寺需要购买麻籽来榨油，榨出的油既可以食用，也可以点佛殿的长明灯。尼寺有一部分田产专门用来支付麻籽的开支。麻籽饼也常喂给牲畜，养肥它们。

尼寺的声响渐渐传进妙福的房间里，听起来不是一般的嘈杂。她很快就想起来，此时正是夏安居结束的时候，大家都在为盂兰盆节做准备。[33] 夏安居这种修行方法源自印度。在印度，季风带来大量雨水，限制了僧人的活动。[34] 敦煌的沙漠没有季风，但从农历四月到七月，即夏季最炎热的时期，僧众普遍闭门不出。他们本应在这段时间里反省、坐禅，但随着住在城里的僧尼搬进寺院，寺院的常驻僧尼不得不与他们共用房间和设施。大家心浮气躁起来。当年夏天，一名比丘尼抱怨另一个比丘尼走过她房间去水井取水时的声响太大，妙福被请去告诫那位打扰别人的比丘尼。然而，这名比丘尼是妙福一位朋友的女儿，这位朋友是当地一位富有的地主，寺院不想失去她母亲的资助。再加上盂兰盆节将至，按照传统，居士们会在这天向寺里布施大量财物。

此时，年迈的妙福思绪转到盂兰盆节的一个重要故事上。故事中，佛祖的一名弟子从地狱里救出自己的母亲，这位弟子叫作摩诃目犍连，中文也称为目连。妙福想象着集市上的说书人展开卷轴，上面描绘了目连的母亲落入冥府最深处的阿鼻地狱，地狱的恐怖场景把听众都吸引住了。接下来，说书人讲述为什么目连的母亲罪有应得。[35]

目连外出经商时，留给母亲一笔钱财，用来救济乞丐、给僧众施素食。可他的母亲却把钱藏起来，等他返乡时谎称已经按他的吩咐把钱花掉。父母过世后目连出家为僧，发现母亲并不在极乐世界，于是他四处寻找。冥府之王阎摩召来功德史、判官和典吏。目连动身前往冥府，越过奈何之水，那些即将下地狱的亡魂全都站在河岸上恸哭，牛头鬼吏正准备赶他们过河。其中一个对目连说道：

为报家中我子孙，不须白玉为棺椁，徒劳黄金葬墓坟。
长悲窸（怨）叹终无益，鼓乐弦歌我不闻。
欲得亡人没苦难，无过修福救冥魂。[36]

目连来到五道将军处。五道将军“叫譀（喊）似雷惊振动，怒目得电光耀鹤”。目连看到了被劈腹开心或面皮生剥的男男女女。说书人打开卷轴，一边展示这些令人生怖的血腥场面，一边说道：“就连目连也被吓得魂惊胆落。”五道将军告诉目连，他的母亲因罪孽深重，已被送到阿鼻地狱。目连便穿过层层地狱。说书人一边讲，一边展开绘有这些地狱图景的画轴：

铁伦（轮）往往从空入，猛火时时脚下烧。
心腹到处皆零落，骨肉寻时似烂樵。
铜鸟万道望心攒，铁计（汁）千回顶上浇。[37]

说书人用同样的语调又讲了一段，对听众的反应颇为得意。说书人告诉听众，目连的母亲身处更为恶劣的环境，那是个“饶君铁石为心，亦得亡魂胆战处”，也就是阿鼻地狱。目连在那里找到母亲，四十九道长钉把她钉在了铁床上。当她被放下来见儿子时，身上的铁刺啷当作响，“由（犹）如五百乘破车声”。她说自己的身体已经碎裂了上千次，但鬼卒一声令下即恢复如初，然后再次遭受折磨。

尽管母亲声称已经悔过，但仍未能获准离开，目连不得不将母亲留在地狱，前去请求佛祖，佛祖同意亲自解救他的母亲。佛祖公正无私，将地狱众生全都救了出来。可目连的母亲仍有罪业未除，因此堕入饿鬼道，永受饥渴之苦。目连为她送来水和冰，但尚未入口便化成烈火。佛祖便令目连在七月十五日夏安居结束时安排一场涤罪盛宴，只有在那一天饿鬼才能饱食。参加宴会之后，目连的母亲便消失了。佛祖告诉目连，他的母亲转世为一只黑狗，属于比饿鬼高一级的畜生道。目连找到母亲，一起祈愿了七天七夜。至此，他的母亲才还清了罪业，恢复女人身，进入极乐世界。

妙福在睡梦中见到地狱的景象，不由战栗，一名随侍的比丘尼紧紧握住她的手。妙福不相信自己的罪业像目连之母那样深重，她希望自己的作为能够令她进入极乐世界，至少转世为人。她摸索到自己的念珠，开始念诵《观音经》（译注：即《法华经·观世音菩萨普门品》）。《观音经》是她最喜欢的一部佛经，她常随身携带一本带插图的《观音经》小册子。[38] 观世音菩萨是慈悲的化身。

妙福最初卧病不起的时候，曾请一名书写匠前来记录她的遗嘱。几位僧尼被唤来作见证，遗嘱写好后交给新任住持。妙福在寺中有自己的宅院，其中还有侍女的居所。她的遗嘱主要交代了怎样安置这位侍女和一些可动财产——妙福把侍女转赠给侄女，至于财物，如果没有指明继承人的话，常在死者过世后进行拍卖。寺里也制定了一些拍卖规程。只要在前一价格被唱价三次前，买家均可加价，但唱价三次后便不可再加。“不得体的言辞”在禁止之列，但拍卖依然喧哗吵闹，妙福就见过好几回附近寺院的富有僧人竞相争购上好的丝绸。

有些僧人的袈裟是用中原产的最昂贵的丝绸制成，妙福自己就有好几件丝袍，但因为丝绸生产会导致吐丝的家蚕死亡，所以拥有丝织品有违戒律。袈裟其实是一块由碎布拼成的长方形外袍，从一侧肩膀垂下，像披帛一样绕过胸膛。这些碎布本应是老旧或废弃的棉麻布头，借此来象征出家人的贫穷。光彩熠熠的丝制袈裟无疑是对袈裟意义与僧人誓言的一种讽刺。妙福将自己的丝袍和几千尺棉布留给本地的僧尼团体，在僧尼全体集会时分发出去，一同分配的还有其他僧尼、富人捐赠的财物，以及替人做法事的酬劳。

936年，敦煌举办过一次这样的集会，丝锦、刺缝织物、纱绸、毛皮、棉布等各式衣物，还有家具、家居物品等，都被列为当地佛寺的财产。[39] 当地寺院在此前的三年中收到多方捐献的棉布长达两万多米，除去各项花销——包括送给于阗王后的精品丝绸、送给当地官员的一副马鞍，以及赠给这次集会组织方的小礼品——每位僧尼都分到了十八米左右的棉布，而每名沙弥和沙弥尼则分到九米多，他们可以根据个人需要来处置这些棉布。剩下的一千多米棉布，可能被寺院留做日后的开销。尽管中国长期使用铜钱（现钱）和银锭，商人间也开始引入纸币系统，但在10世纪的敦煌，布匹与谷物仍然是通用货币。[40] 中国的官方买卖最少以一千枚铜钱起价，铜钱通过中心的方孔穿在一起。一千枚铜钱的重量超过六百八十多克，价值大约等同于一盎司的白银。而在敦煌当地人的借贷交易中，本金与利息都由实物货币（即谷物或布匹）结算，向朝廷交税也是如此。

盂兰盆节终于到了，这是尼寺一年中最忙碌的一天。盂兰盆节是供养布施的重大节日，因而尤为重要。比丘尼全都很早起床，为方便人们捐赠，尼寺四处都放置了缘钵，避免让先人受目连之母的痛苦。每逢重要的宗教节日，城里都会举办行像仪式。早宴过后，城中的街道上便挤满了前来观看行像的人群。[41] 僧尼在集市或通向寺庙的道路两旁摆摊、给人算命，或兜售佛经与药物。街道两旁有各式表演，空气中弥漫着音乐声、欢笑声。如妙福想象中的那样，说书人展开卷轴，开始讲述目连的故事。

可妙福并没有来参加庆典。就在盂兰盆节的前夜，她离开了人世。

第十章

寡妇

阿龙，公元880—961年

急急如律令。强百鬼远离、善神加力，并不病者能行，日日消散，岁岁日日，愿神星欢喜，其人福至，星神放过，赦罪德口。

——一位六十四岁老妇的发愿文[1]

寡妇阿龙小心翼翼地打开从药铺大夫那里买来的一小包药，[2]这是她特别下的订单。这天早上当她还在挣扎着穿衣时，药铺的伙计来家里告诉她药已经送到。这种珍稀的药材十分昂贵。阿龙感谢佛祖保佑她打赢了官司，现在，她可以用地里的收入来买药。这笔收入不一定能偿清她的赌债，但至少可以让她给孙子留下些遗产。她打开了药包，里面的名贵药材看起来就像一些干瘪的白色小虫。

时值 947 年，阿龙已年至花甲，关节肿痛、发热令她备受折磨。她尝试了各种治疗方法，从一般的草药、针灸、按摩，到驱邪、发愿（见图 31），然而到了冬天，疼痛却一年甚于一年。她的手几乎动弹不得，穿衣也十分困难。幸好，家里还有一个侍女可以伺候她。一位朋友告诉她有一种特殊的药材，是一种虫，只有在积雪的山峰上才能找到，对治疗发热型类风湿有奇效。[3]于是，早在一年前她便请药铺的大夫帮她进货。青藏高原出产的药材由吐蕃商队定期供应，但这些人久不现身，直到几天前才终于经过镇上，药铺得以收到这副药材。

阿龙是镇上最年长的人之一。她的丈夫、儿子、众多堂表亲戚和大部分朋友都先她离世。她的一生饱经病痛，最早的记忆便是因胃痛而蜷卧在床上。她已记不清当时的年纪，只知道父亲为了她进城找药，到第二天晚上才回来。她的父亲带回一些姜黄根，母亲将

插图31　星神罗睺，来自9世纪敦煌发愿文。（大英博物馆，编号 Or.8210/S.5666。作者绘）

其研磨成粉，强行让她服下。[4] 腹部绞痛困扰着她的整个童年，她很快便习惯了这味黄色的药材。成年后，她家中也常备姜黄根，每次大餐前她都会服下这味药以防万一。

阿龙的父母在敦煌东北几公里处经营一家客栈，坐落在敦煌跟下一个城镇的中间地带。这段路上没有村庄，只有小旅店。这些小旅店靠着几棵白杨的遮挡，在水井或泉水的旁边，用泥土和红柳枝搭建而成。敦煌的官府为旅店的主人提供物资，包括谷物、草料与薪柴，然而他们依然过着贫困的生活。[5]附近的土地覆盖着湿软的盐层，寸草不生，连骆驼也讨厌这样的路况，吐着口水。驼夫一整天都在对付这些顽劣难驯的家伙，因此到达旅舍时往往脾气不佳。

阿龙童年中的另一件大事也与疾病有关，虽然这一次她是未染病的少数几个人之一。时值初夏，敦煌爆发瘟疫。敦煌节度使向河西一带寺院的住持送去急函，将瘟疫归罪于僧尼修为不足。住持立即回信，承诺他治下的寺院团体将马上举行一系列忏悔、发愿、彻夜诵经等法事。[6]阿龙的父母从旅人那里听说了这次瘟疫，或许就是这批旅人把他们传染上了，几天后他们双双患病。阿龙在敦煌的伯父母闻讯前去，但当他们赶到时阿龙的父母已不治身亡。

阿龙的伯父一家住在敦煌，但他们的农田在城外。几年前，他们住在离田地不远的村庄里，然而吐谷浑人组成的强盗团伙从青海湖穿过群山前来打劫，绑架了他们的儿子。[7]阿龙的伯父和当地一帮男人都被抢走了子女、牲口或财产。他们骑马追赶这些强盗，但几星期后空手而归。强盗没了踪迹，他们也不敢过于深入吐谷浑领地。此后，阿龙的伯父多次加入当地民防团或者南行的旅行队，希望在柴达木盆地或青海湖畔的草场牧人中找到儿子。虽说他和妻子育有其他孩子，但全是女孩。

阿龙的伯父家虽不富裕，但足以在农忙时雇短工来田里帮忙（见图 32）。夏季雇工的工钱往往以谷物和衣物来结算[8]，除此之外，当地官府还会征收田赋。阿龙的伯父作为户主，还需要服劳役，即在一段时间内为政府无偿做工，但他常花钱请人代役。官税也常

插图 32　敦煌壁画中描绘的犁耕场景，7 世纪。（敦煌榆林石窟第 15 窟，作者绘）

以谷物和衣物的形式缴纳，这两种交易媒介在当时比铜币或银锭更为常用。[9] 每亩地需缴小麦四升、黍三升半和麻半升。此外，每二百五十到三百亩地还要再缴一匹布，因为大多数农民都没有这么多土地，所以这项赋税多和邻户一同分担。布税于初夏上交，而谷税则在收获后交纳。每个农户还负责维护田间纵横的灌溉系统，同时农户还需为当地官府提供薪柴。这些从附近地区收集来的柴薪、红柳和杨树枝，将在士兵驻扎的烽火台里派上用场。

阿龙是一名出众的女孩子。她的父母讲汉语，但实际上两人都是混血儿，祖上有好几代人都来自丝路上的不同民族。阿龙身上流着汉人、吐蕃人及突厥人的血，但她自己并不知道这一点。她的乌发碧眼在敦煌不罕见，但人们仍对她的美貌交口称赞。阿龙十七岁成婚。她与未婚夫在过节时见过几面，在这之后不久，她的伯母便联络男方父母，询问他们是否有意结亲，然后他们聘了一位媒人来安排相关事宜。男方在城北有一小块土地，临近烽火台与废弃的唐朝戍堡。不过他们的主要收入来自房产——他们在城里有几处房产，已经对外出租了。他们雇了工人来耕地，不过由于土壤不利于犁耕和灌溉，所以收成不佳。因为风水先生说这里是理想的葬地，于是他们保留了这块土地，并在这里修建了家族墓地。他们还请卜者占出宜嫁娶的吉日，卜者翻查黄历，以断吉凶。阿龙生于鼠年，而男方生于牛年，根据黄历，鼠年生人只能在农历五月至十一月间嫁娶，而牛年生人则宜在三月至六月间成婚，于是二人只能在五、六月内选择。[10] 同时黄历还显示，这两个月间仅有三日宜嫁娶。看过二人的生辰八字后，卜者从中选出了最合适的一天。

中国士族家庭的婚礼十分复杂。[11] 首先要选择吉日互换函书，写明家族世系及女方嫁妆或男方家产。若双方均无异议，则另选吉日举办“合卺”礼，即新人互相宣誓并交杯饮酒。接着，双方家庭互相赠礼。传统来说，男方要送两根杖及两个缸，缸内分别养了四条红鱼，象征富足有余。资藉豪富之家的杖和鱼会用黄金打造。双方还会交换更多的礼物，由卜者在婚礼前择吉日进行。新娘的嫁妆会在婚礼前夜进行展示。婚礼当天，新郎需至新娘家亲迎。新娘穿着一身红衣，坐在轿内或车上，随着鼓乐喧嚣、五彩缤纷的迎亲队伍到达新郎家。其后，二位新人会再喝一些米酒以缔誓言，然后宾客入座，隆重的婚宴正式开始。

贫庶之家只能举办其中一部分仪式，但婚宴是必不可少的。有时新郎会入赘新娘家。阿龙一家遵循传统礼仪，与男方互相赠礼。

在指定的吉日，阿龙乘轿子抵达新郎家，随后新人喝下象征誓言的合卺酒。他们的亲朋好友全都受邀参加婚宴，因为阿龙的伯父母为她备下了丰厚的嫁妆，大家一致赞叹伯父一家对她厚待有加。然而，阿龙对婚礼的回忆并不是那么快乐。主要因为当天一早她便开始痛经，伯母认为这是不祥之兆。阿龙服了一剂草药，伯母还烧热了一块石头并用绸布包好，在接下来的迎亲路上，阿龙一直把它置于腹部，以度过这段不适的时间。

迎亲队伍的行进路途并不遥远，但男方希望借这次机会来炫耀自己的财富，于是请来一支大型乐队。喧天的锣鼓声和高亢的唢呐声回响在窄巷两旁拥挤房屋的泥墙间，店主和摊贩都停下买卖沿路围观。孩童在灿烂的阳光下随着队伍奔跑，更增添了几分喧闹。

当时有一本讲授房中术的书籍从中原流入敦煌，其中对新婚之夜有如下描述：

> （新郎）乃出朱雀，揽红裈……女握男茎，而女心或或，男含女舌，而男意昏昏。方以津液涂抹，上下揩擦。含情仰受，缝微弦而不知；用力前冲，茎突入而如割。观其童开点点，精漏汪汪。六带用拭，承筐侍将。然乃成于夫妇，所谓合乎阴阳。[12]

婚礼之后，阿龙与丈夫一起住在婆家。当地有一首非常流行的诗歌，讽刺了婚姻、公婆对一名悍妇的影响。《齖魺新妇文》描述了一名少妇“欺儿踏婿，骂詈高声”，这些行为毫无道理可言，更像是她天性使然。就连公婆的训斥她也塞耳不听，在厨房里摔锅砸盆，宣泄怒火。诗中还描写到她“嗔似水牛料斗，笑似辘轳作声”。[13]

在与婆婆争吵多次后，诗中的这位新妇就躺在床上，佯病不起。待夫婿入室，她便向他哭诉，说公婆令她为奴为婢。丈夫未做错事，她却要求离婚。公婆闻讯后十分欢喜，“且与缘房衣物，更别造一床毡被，乞求趁却，愿更莫逢相值”。少妇临走时说道：“不徒钱财产业，且离怨家老鬼。”

根据唐律，若双方情感不和或妻子忤逆公婆，夫妻双方可和离。因为这种情况而写的放妻书，常常在开头叙述起理想的婚姻状态，说夫妇间应两情相悦，“如水如鱼”。[14]但又说道：“苏乳之合，尚恐异流，猫鼠同窠，安能得久。……今诸两家父母、六亲眷属，故勒手书，千万永别。”其中并未提到新娘作为晚辈入住夫家的种种问题。

诗中的少妇在另一座村庄定居下来，得以“自由自在”。诗中提到她不循常俗，因为她不喜“妇女营生”，“是手提竹笼，恰似傍田拾菜”，努力过活。她言道：“本性齖齵处处知，阿婆何用事悲悲，若觅下官行妇礼，更须换却百重皮。”

诗的末尾讲到，挑选媳妇时需对妇人知根知底，“趁逐莫取媒人之配”。与莎士比亚笔下的凯特（译注：莎士比亚《驯悍记》女主角）不同，诗中的悍妇并非被婚姻拯救，而是因离婚而解脱。同时，这位少妇的争吵对象为公婆，而非丈夫。从丈夫的表现来看，他似乎是个孝子，他不愿违抗父母，但因此失去了妻子。

阿龙并未离婚，在当时离婚也不是什么常见的事。她为丈夫怀上了子嗣。这是她生命中又一个重大的时刻，但同样不甚舒适——

她分娩的过程十分痛苦且漫长。为了顺利生产，她服用了凤仙花籽磨粉后制成的草药，她的婆婆还在床下烧符。[15]最终母子平安，令大家十分惊喜，而且她诞下的是个男孩。

生产后，阿龙因失血而非常虚弱。僧医为她开了一剂和酒服用的印度草药，名为质汗，内含红柳甘露、松脂、甘草、地黄根及一种叫作“热血”的草药。8 世纪时，印度国王曾将一剂质汗送给唐朝，而《本草纲目》记录道:“番人试药以小儿断一足，以药纳口中，将足踏之，当时能走者良。”[16]显然，当时汉地和塔里木盆地流行一些夸大胡人野蛮行径的离奇故事，在别的地方也一样。

阿龙尝试自己哺乳，但不成功。她的婆婆用茄子制成敷剂，治疗她绽裂的乳头，给了她一些建议，不过后来她们还是为孩子请了乳母。[17]诞下第一个孩子后，阿龙接连流产，即使没有流产，她生下的孩子也都孱弱多病，出生几天甚至几个时辰后便夭折。每次流产或孩子早夭，她和丈夫都会到当地的佛寺，付钱请僧人为亡子超度。至少他们还有一个儿子可以延续香火，不像他们在寺里见到的那些可怜女人，只能在观音菩萨像前求子。[18]

阿龙夫妇的生活日渐富足。成婚几年后，公婆相继离世，因为丈夫是家里唯一的子嗣，他们将所有财产都留给了他。阿龙还从伯父母那里分到一块土地，其余土地则被她的堂兄弟姐妹瓜分。土地需两人悉心照料，虽然佃农有时会拖欠租金，每年他们交税还债后会剩下一些盈余，可供他们不时放贷收息。他们不必每年借谷播种，甚至为阿龙买了一个使唤的婢女——当地小吏向他们借了三匹生丝和两匹纺丝，为了还债，小吏把这个年轻女孩转给他们。[19]阿龙很高兴有人来打杂。婢女是吐谷浑人，在跟随家人来劫掠时与当地军队发生了冲突，最终被俘。由于她是战俘，因此可以被当作奴隶来买卖。现在看来，阿龙的丈夫当初在婚礼上念诵的传统祝词，似乎已经成真了：

金银年年满库，麦粟岁岁盈仓。

汉奴专知仓库，胡奴检校牛羊。

斤脚奴扶鞍接镫，强壮奴使力耕荒。

……

端正奴拍箜篌送酒，丑掘婢添酥酪浆。

细腰婢唱歌作舞，矬短奴擎炬子食床。[20]

当阿龙回顾人生时，早年和晚年的许多事情涌上心头，淹没了婚姻生活的回忆。不过有那么一段时间，她生活优渥。她可以布施寺院，和朋友赌钱，不时做一套崭新的华服。她的手很灵巧，可以用旧丝绸给经帙做刺绣，送给当地尼寺的住持妙福，她和妙福情同知己。[21]剩下的丝绸则被做成香囊，送给其他友人。她还会用祖母的配方制香，以沉香、檀香、苏合香、龙脑香、甲香与麝香混合磨粉，再用纱布过滤，最后和入蜂蜜。[22]不过她更爱赌博，虽然这一点她从未向妙福坦白过。她和女伴会玩多种游戏，包括麻将、纸牌等，但她们最喜欢的是双陆棋。它的规则与西洋双陆棋类似，两名玩家根据掷骰结果移动黑、白棋子。庭院斑驳的树荫下，妇女们坐在矮凳的丝绸坐垫上，凳腿还髹了漆。她们弓着背，专注地看着精雕细刻的双陆棋盘。[23] 她们下的赌注很低，仅有几块铜板。而男人们玩得更大，他们聚在敦煌的茶馆酒肆里豪赌，每个人都在城外的波罗球赛和马赛下了注。[24]

接下来发生了两件不幸的事，撼动并改变了阿龙的生活。第一件，丈夫在五十岁时去世了。他忽然病倒，毫无预兆。大夫、僧人与驱邪术士全力救治，可三天后，丈夫还是溘然长辞了。当她仍在哀悼丈夫的时候，儿子也遭逮捕。城东南的石窟寺正在重修，官府征召他去服民兵役，守卫那里的大佛像。[25] 民兵团由邻里的壮丁组成，配有弓和箭、盾和矛，这些武器在服役结束后需立即交回，如有延迟，会被罚打七大板。阿龙的儿子没有归还武器，这远比迟交更为严重。未经官府授权，武器买卖是严令禁止的，因为官府担心武器会流入劫匪或外国军队手中。此类案件必须上报调查。阿龙的儿子试图逃跑，但官兵很快就锁定了他的行踪，将他缉拿归案。[26]

阿龙的儿子几年前成了亲，但他的妻子在分娩过程中过世。阿龙和儿子、孙子一起住，靠田产过活。儿子被捕后，阿龙接管了事务，但十分吃力。她和那首诗的少妇不同，她一直仰赖丈夫与儿子处理外事。耕种什么粮食、要不要雇用额外的劳力、何时收获，全都由他们决定。

她儿子被押入邻镇的监狱候审，为此官府起草了一份文件，让阿龙的妹婿在她儿子不在家期间负责照管田地，负责买谷播种、收获粮食、上交田赋和承担劳役。阿龙的儿子被带走前，与姨父一起到官府，听取契约条款。契约规定，阿龙的儿子返回后将重获田地的所有权，违反契约的一方要赔付一只羊。在确认双方都理解契约内容后，判官兼起草这份契约的人，将他们两人和一名证人的名字写在契约的末尾，其后四人均在书契上画押。只有判官识字并能书写自己的名字，其他人则用各种方式画押，通常是用食指在相应的名字下压印，并在手指关节处画三道横线。[27]

之后，为了筹钱帮儿子打官司，阿龙立即把三分之一的土地卖给了那名证人，即她的一位远亲。她觉得可以给相关官员送一些钱，反正不会错。她还出钱请妙福在寺里为儿子诵经祈祷。阿龙的妹婿十分乐意帮她打理剩下的土地，并把地里的一些收成分给她。双方都不认为这是地租，毕竟一家人有义务互相扶持。

当年晚些时候，阿龙获悉儿子死于狱中。直到那时，她都还没找到能把儿子解救出来的办法。于是，她决定不去过多追究儿子的死因——最好不要碰这一块的法律。她为儿子安排了丧礼与法事，还向观音菩萨祈求良久，希望儿子不要投胎成畜生、饿鬼或地狱鬼怪。[28]此后，她几乎每天都会去寺里。

与敦煌的很多妇女一样，阿龙加入了一个妇女社团，定期在尼寺的一栋小房子里集会。[29]有时一名僧人或比丘尼会向她们宣讲佛法，有时她们会一起诵经祈祷。每次聚会的具体安排都会发传单通知，传单上会写明时间、地点及参会人员。[30]大多数妇女都目不识丁，但她们可以请当地僧人把传单念出来，指出她们的名字在哪里。她们每个人都要在自己的名字后做标记，然后将传单传给下一个人。聚会的消息也常常口口相传，但社团的负责人仍会写通报作为记录。

社团宗旨在结社会议上通过后，会以书面形式记录下来：

父母生其身，朋友长其值；遇则相扶，难则相救；与朋友交，言如信；结交朋友，世语相续。……便于社格，人各油一合，白面一斤，粟一斗，便须駈，济造食饭及酒者。……社内正月建福一日，人各税粟一斗，灯油一盏，脱塔印砂。……或有社内不谏大小，无格在席上喧拳，不听上人言教者，便仰众社就门罚醴醆一筵，众社破用。若要出社之者，各人决杖三棒后，罚醴醆局席一筵，无免者。[31]

阿龙所在的社团的十五名成员，包括四名官吏，全都在这份文书上画押，以示“山河为誓、日月证知”。这份文书最后还解释了为什么要写下来：“恐人无信，故勒此条，用后记耳。”

社员定期向社团捐献，大多是谷物。每次集会，最晚到的社员及未出席者需付罚金，有时是谷物酒，有时造价更高，是用当地葡萄酿造的酒。另外，所有成员的丧葬费均用社团资产来承担，这对与会女性来说十分重要，因为她们很多人都年老贫穷。社团也会举办法事，以免自己的社员会像目连的母亲那样沦落地狱。[32] 大部分社员都会努力改变自己的命运，为此她们向尼寺布施，遵守五戒，即不杀生、不偷盗、不邪淫、不妄语、不饮酒。可她们不仅向寺院捐酒，还屡屡提起设斋宴饮，表明至少“不饮酒”这一条没有被严格遵守。[33] 有些社团由城中的富裕女性组成，有能力资助绢画、石窟壁画的绘制，为成员积累更多的功德。[34]

阿龙的儿子死后不久，她的妹婿又被征入民兵团，前去打击频繁袭击偏远村落的武装盗匪。他一去数月，田地只能辍耕。阿龙记得她的堂兄四十几年前被盗匪劫走，去世多年的父母寻人不得，只得当作他已不在人世。好像心有灵犀般，就在她的妹婿离乡期间，一名男子骑马入城，宣称自己就是那名失踪的男孩。他直接到官衙陈述自己的往事，说他本来是最近前来劫掠的团伙中的一员，但他在临近敦煌的时候，设法带着两匹马逃了出来。他被吐谷浑劫匪带到青海湖时还是个小男孩，但他一直记得自己的故乡在敦煌。尽管他已记不清父母的居处和田地的位置，但他知道自己的汉文名字。他希望收回自己的土地，因为他没有其他办法谋生。

官吏相信了他的故事，而且根据初步调查，他的家庭确实拥有土地，其中一部分现在已经荒芜。于是，官府没有深究就把土地指派给了他，还开具了家主证明，以示其合法拥有土地。这块土地正是阿龙的荒田。官吏还用谷物与布匹买下了他的马。这位年轻男子便搬到这块田地里，以此为家。阿龙听到这个消息时非常讶异，但她不想招惹当地官府，于是决定等妹婿归来后再去向这个擅自占地者讨说法。不管怎样，她过得颇为舒适，之前卖掉部分田产的收入至今还没花完。

几个月后妹婿返乡，听闻此讯时也如阿龙般大为震惊。他前去质问那名男子，确认他的说法是否属实。男子十分粗暴无礼，拒绝回答，也不愿放弃土地的所有权，并将官府出具的家主证明出示给阿龙的妹婿。目前仍健在的人中已没人记得那个小男孩，因此无法反驳他的说法，寡妇阿龙与她的妹婿只能接受现实。

他们一直无法确定这个人是否就是当年的那个男孩。然而，这名男子消失了，像出现时一样突然。据说，他从小就习惯游牧人的生活方式，在这块他称之为“苦地”的地方上过得如此乏味辛劳，实在忍受不了。于是他买了一匹马，将行李装进鞍囊，向东南方前进，越过南山返回青海湖畔，那个他长大的地方。

阿龙一家的麻烦并未就此结束。这名男子逗留敦煌期间，与阿龙的一个年轻亲戚交好。阿龙亲戚众多，而这个年轻人是她的一名远亲。此人家里很穷，阿龙对他没什么印象。他在寺院长大，没有土地与财产。那名陌生男子离开后，这个年轻人便搬到这片土地，声称自己是那名男子的侄子，有权拥有这块地。

接下来的十年中，年轻人一直拒绝交出土地，更糟的是，他连一粒收成都不愿分给阿龙。阿龙的财产日益缩减，她也愈发嗜赌，最后债台高筑。她不得不卖掉或者典当许多财产。有一年冬天，她甚至要从当地僧人那里借锅煮食。她已经不能像过去那样慷慨地布施寺院，庆幸的是，由于她定期给社团捐献，因此她的丧葬费用有所着落。她想制作多一些刺绣香囊等织品来卖钱，但因类风湿性关节炎发作，她的关节很快就肿痛、僵硬起来，无法缝纫。

眼看孙子将近成年，她和妹婿决定采取行动夺回土地，否则她的孙子将一无所有。如果他的名下没有任何财产，又如何能够娶到像样的妻子？他们不管花费多少，也不管是否可能败诉，就将案子上呈官府。阿龙还留有儿子被捕后与姨父签订的契约，不过这是唯一的书面证据，而且早已过期。一名书吏录下阿龙、她的妹婿及那位年轻人的证词，将誊写好的证词与契约原件一起，交给了指定审理此案的官员。

官府的判决附于证词之后。审案官员注意到，擅自占地的年轻人虽声称是阿龙的远亲，却没有分给她任何土地上的收入，“针草阿龙不取”。他还注意到寡妇阿龙年事已高，没有其他的收入来源，因此，他认为阿龙更有理，把这片土地及其水源判给了她。[35]

寡妇阿龙剩下的日子终于有了保障。她的孙子不久便会长大成人，可以自己耕种田地。每年清明节，即冬至后的第一百零五天，他们都会带上供品和食物，一起去阿龙儿子的墓地扫墓、献祭，随后在附近野餐。阿龙还在赌博，但她现在有钱请僧人来诵经，期待能够借此缓解关节炎、驱赶所有厄运，她觉得这些不幸事“如闪电般倏忽倾盆而下”。实际上，比起其他数以万计、靠耕种塔里木一带“苦地”过活的农民，她的人生并不差，只是也没有过得更好。

第十一章

画师

董保德，公元965—966年

众皆密于盼际，我则离披其点画；众皆谨于象似，我则脱落其凡俗。弯弧挺刃，植柱构梁，不假界笔直尺。虬须云鬓，数尺飞动，毛根出肉，力健有余。当有口诀，人莫得知。数仞之画，或自臂起，或从足先。巨壮诡怪，肤脉连结，过于僧繇矣。

——《历代名画记 · 吴道子传》，847 年[1]

董保德是一名大画家，掌管敦煌当地画行，除此之外他还是朝廷画院的一员。[2] 时值 965 年，敦煌名义上归附新生政权宋朝，但实际上的掌控者则是从 920 年起就在当地的曹氏家族。[3] 现任统治者曹元忠（944—974 年在任）自称大王，是董保德的资助人。

除画院外，曹氏还成立了官办印局，雷延美就在印局当雕版刻工。[4] 与董保德一样，雷延美的大部分作品都是曹氏委托制作的。董、雷二人经常在当地茶馆会面，一边玩着双陆棋，一边讨论手上的活。[5] 雷延美的职责包括雕刻文字与插图，但他既不是写工，也不是画工。曹元忠命人印制一份发愿文（顶部有观音菩萨像，下方是发愿文），写工负责撰写文本，画工则在另外一张薄纸上绘出图像。[6] 然后，雷延美将纸张有墨的一面朝下，贴在一块切好磨平的木板上。他常用当地的梨木或枣木作材料，二者质地平滑、纹理均匀，有条件的话他也会用梓木，但梓木产自海外，价格昂贵。墨迹透过纸张，清晰可见，雷延美娴熟地将笔画间的木头凿除，使文字突起。接着，他在另一块木板上刻出插图。其后，他给两块木版上墨，再用当地生产的糙纸覆于其上，用干的刷子拓下墨迹。印好的纸张被分发到当地各个寺院中（见图 33）。插图的木版还会被多次利用，分别制作各种样式的菩萨像。947 年盂兰盆节，曹元忠特意命人制作雕版：

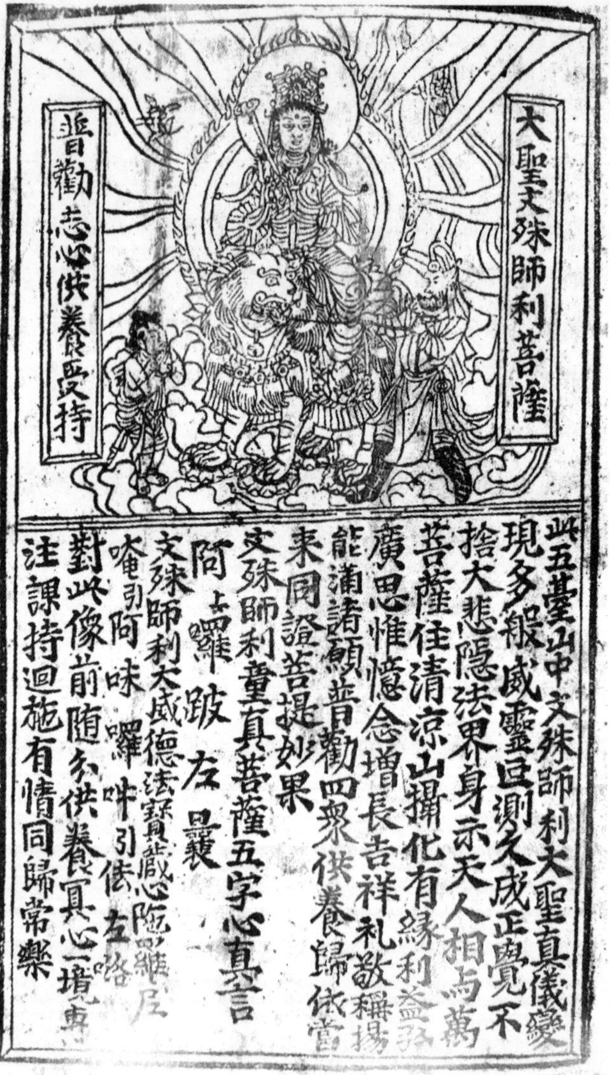

图 33　雕版刻工雷延美印制的发愿文，10 世纪。（大英博物馆，编号 Or.8210/P.20）

> 弟子归义军节度使、瓜沙等州观察处置、管内营田、押蕃落等使、特进检校太傅、谯郡开国侯曹元忠雕此印板。奉为城隍安泰，阖郡康宁，东西之道路开通，南北之沟渠顺化，励疾消散，刁斗藏音。随喜见闻，俱沾福佑。[7]

在曹元忠统治时期，他与妻子翟氏都热心佛事。在命人印制这份发愿文后的几年，他们为当地寺院捐献了不计其数的财物，并有详细记载。948 年新年，依照传统，人们要欢度节日、慷慨解囊，翟氏供奉了一幅“五色绣”经帙。[8] 经书被保存在藏经阁的书架上，每十卷左右为一捆，包在长方形的经帙里，经帙为布面，通常以旧纸作为底衬。通常还会有一个签条，详细写明该经帙包含的经卷，例如“般若波罗蜜多心经第三十卷”。[9] 签条附在经帙边上，以便当一帙帙经书摆在架子上时，人们也能一目了然。

这期间曹元忠捐赠的供品中有一卷上好的纸张，系中原作坊出品，所用纸浆是大麻和构树皮做成的。[10] 纸张为模制，模子由长方形木框架及其内的细木条构成，木条上还设有筛网，用芦苇或上好的竹条做成，以马鬃或麻绳捆绑好。纸浆被倒入模中，摇晃均匀，然后取出晒干。当时为了提升纸质，工匠会在筛网上放一块绸子，以防做好的纸张上会留下筛网的条痕。纸张干燥后，表面会被上浆，染“黄檗”，更确切地说，是从黄檗树皮中提炼出的黄色染料，[11] 这种染料可以防水防虫。这种优质纸张用于抄写佛经藏本，但自从 787 年吐蕃占领敦煌后，这种纸便在当地十分罕见，印工与写工不得不改用当地生产的较为粗糙的纸张。他们还会翻找旧的文书，主要是契约及吐蕃时期以来的行政文件。有些文书只用了一面，可以再次利用。大部分纸张都没有染色。一些碎纸片被分发给学校的教师，让学生拿来练字。[12]

曹元忠还会命人制作一些绘画，除了随身携带的绢画，还有当地石窟寺的壁画[13]。人们纷纷仿效曹大王的做法请人作画，像董保德这样的专业画师相当繁忙。对于自己的生活，董保德该满足了。几年前他就成了顶尖的画师，如今生活无忧，还拥有官衔。尽管品阶不高，但仍提升了他在本地的社会地位。[14] 职务中当然有不如意的地方，比如需要与官僚和懒散的工人打交道，不过他技艺娴熟，报酬丰厚，工作机会源源不断。敦煌附近有超过十五座寺院，其中最重要的莫高窟是位于城东南约十九公里处的一座石窟寺。[15]

莫高窟开凿在一座朝东的崖面上，崖壁位于小溪旁边，高三十多米，起伏不平，向两侧延伸约一公里。小溪边上长着杨树和榆树，除了夏汛时节，溪水寥寥。从 4 世纪起，丝路上旅行的僧人与在家信徒便开始在崖壁上开凿出一层又一层的石窟，最初是禅窟，后来又建了礼拜窟。为了装饰洞窟，他们还请人画上精美的壁画，制作彩绘泥塑像。董保德的许多工作便是给已有的石窟重妆壁画，或者在新开的洞窟里装饰一番。

三年前，即 962 年，曹元忠出资开凿了一座新窟，董保德负责监督其中的装饰工作。[16] 洞窟的开凿交给一些技艺不熟练的工人。他们首先在峭壁下选择一块空地搭建脚手架，一直搭到预定的窟顶高度。到 10 世纪中期，大部分崖壁都开凿了石窟，数百座洞窟如蜂巢般布满了黄色的岩壁，洞窟之间以木栈道与台阶相连。之前的洞窟常被重修，有时会扩建，有时只是简单地重绘壁画。敦煌附近也开始修建其他石窟。[17]

峭壁的砾岩十分易碎，要开凿并不难，用镐和铁锹就足够了。工人从窟顶向里向下挖掘，凿出的碎石用筐运到外面。这份工作既脏又热，还很辛苦。风刮过岩壁，把上面沙丘的黄沙吹下来，阻碍工人的劳作。作为酬劳的一部分，他们的饭食由山谷底部的一座寺院提供。[18] 寺院管事每隔几天便会前来巡视进度，决定洞窟最终的形制。曹元忠是寺院最重要的供养人，因此他们希望工作进展良好，而且不会超支。

初步的开凿完工后，石匠会进一步雕凿窟顶与壁面，填平地面。洞窟有一个较小的前室，通过甬道与主室相通。主室最上方的窟壁呈斜坡状，与窟顶藻井相连。主室中央还建有马蹄形佛坛，后面带有石背屏。

开凿工程完成后，泥匠便开始接手。他们在石壁上涂抹一层厚厚的草拌泥，其上再涂一层白垩。[19] 沙漠天气炙热，涂料很快就干了。这些壁画并非湿壁画，而是在干燥的表面上绘成的。工人与石匠的酬劳以谷物结算，每天还包一顿饭，泥匠另外会拿到三升麻油。[20]

富人用各式各样的绘画来装饰壁面与窟顶：窟壁的主要壁面都绘有多幅图像，包括极乐世界的景象、《观世音菩萨普门品》的情节，以及舍利弗降妖除魔的故事。当时，舍利弗的故事十分流行，董保德在其他洞窟也画过类似的图像，他只需翻一下自己的资料，便可找到创作所需的草图。[21] 开工前，他会在洞窟中用一个上午的时间来丈量尺寸，并在脑海中构思场景的布局。接着，他吩咐年轻学徒们在墙上做标记。他们将线绳沾满红粉，贴着墙拉紧，然后轻弹，红粉便会从线绳抖到墙面上，这样一来便标记出每个水平图层的边界及主构图的界限。舍利弗故事的主要情节占据了南壁下层的九块图幅，同一故事中的其他场景则绘在西壁上。

这个故事讲的是南印度某王国的宰相，“人称柱石，德重盐媒(梅)”，但他当时尚未皈依佛教。[22] 他有数个儿子，其中小儿子尚未婚娶。于是，他派出一名亲信，携金子、玉镯、绸缎、纱绸与一百头大象，帮小儿子找合适的妻子，令其：“星夜不宜迟滞……但称吾子之心，回日重加赏赐！”亲信如期找到一名合适人选，即另一王国的宰相之女。于是，这位宰相前往当地，和女孩家人一起商讨婚嫁事宜。就在那里他知道了佛教，怀着求法的愿望，他开始寻找佛祖，佛祖发出的光芒引领宰相来到佛祖身边，令他当即“顿悟”。佛祖派宰相的同胞，一位年轻僧人舍利弗来担任他的导师，两人一同回国，希望能找到一个地方请佛祖前来布道。费了一番工夫后，他们选定一处合适的庭园，从太子手中高价买下。但该国的六名外道对此十分不满，说书人将他们描述为：

> 心生忿怒，颊怅（涨）嘶高，双眉斗竖，切齿冲牙，非常惨醋。[23]

他们将此事汇报给国王，于是宰相被拘留下来加以审讯。国王听了宰相对佛教的赞颂，认为解决此事的不二法门便是让两大宗教比赛。宰相十分高兴，断言道：“最小弟子(译注：舍利弗)，亦能只敌。”

于是他举荐舍利弗代表佛教参赛。

为了这次比赛，城南建了一座大型道场。国王宣布，如果佛教获胜，他及所有臣民将皈依佛教，但如果佛教败北，舍利弗与宰相将被处斩。宰相自然非常焦虑，但舍利弗宽慰他说："外道共我斗神通，状似将鱼而与獭。"然而，比赛开始前舍利弗竟然消失了。宰相坐立难安，急忙冲出去找人。找舍利弗并不是什么难事，因为他是全国上下唯一剃光头发的人。原来，舍利弗正在入定，请求佛祖赐予他力量取胜。二人来到道场。佛教徒坐在道场东侧，外道坐在西侧，国王端坐北面，民众则聚集在南边。

比赛期间，双方轮流召唤出壮观的幻象。外道首先召出一座宝山，其峰直抵银河，山上有诸仙游观。不出所料，观者无不惊叹。舍利弗则化出金刚，"足方万里……眉郁翠如青山之两崇"。观者们认为后者更胜一筹。接下来的两个幻象分别为水牛和狮子，二者体量巨大，但舍利弗的狮子擒住水牛，咬上它的背部，令它形骸粉碎（见图 34）。

接下来，外道又变出巨大的湖泊，舍利弗召出大象，用象鼻子吸干了湖水。此时，异教徒已经"面色粗赤粗黄，唇口异常乾墋，腹热状似汤煎，肠痛犹如刀搅"。但他仍决心战胜舍利弗，于是用尽全部法力召出毒龙，遮天蔽日，摇山动地。观赛的群众皆两股战战，而舍利弗平静自如，接着变出巨鸟，巨鸟不断从空中攻击毒龙，慢慢将它啄食殆尽。

外道屡战屡败，比赛继续进行，他又召出两只怪兽。舍利弗还未应战，随侍佛祖的四大天王之一现身搏斗。这两头怪兽立刻拜倒

图 34　舍利弗的故事:佛教的狮子吞吃外道的水牛。来自 9 到 10 世纪敦煌经卷。(法国国家图书馆，编号 Pelliot chinois 4524。作者绘)

在地,乞求饶命。仍不认输的外道又变出巨木,于是舍利弗召出风神。风神打开风袋,不停起风,直到巨木摧毁。至此,国王宣布佛教获胜,外道被迫削发礼佛。

舍利弗的故事是流动说书人的主要卖点。他们在集市或庙会上摆摊说书，一讲到这个故事，便从包里取出相应的卷轴一一展开，指着卷轴中的画面，绘声绘色地讲述起来。除了小孩以外，所有人都知道接下来的情节，但依旧乐此不疲地听了一遍又一遍。

当然，石窟壁画以另一种形式描述这个故事。所有叙事情节都放进在一个个画框内同时陈列，而不像说书人的卷轴画那样，一个阶段接一个阶段地展示故事。而且壁画为动作、戏剧性和想象力提供了巨大的发挥空间。画院保存的草图为整个布局提供了样本，它大致绘出每个场景的雏形，以各种记号表明场景顺序与位置。另外还有两个主要人物的草图。画面的细节则留给画匠想象。董保德还是个年轻学徒时就开始绘制这个故事，对其了如指掌，但大部分壁画都由资历浅的年轻画师完成，因此草图对他们来说至关重要。

丈量过后，董保德与其他画师使用动物毛做成的毛笔与黑炭勾勒出主要画面的轮廓。他们徒手作画，有些则以草图作为参考。下一步是绘出细节并上色。董保德查验画坊储存的颜料、画粉、毛笔及其他用品是否充足，以防万一又多订购了一些，实际的绘画准备工作则留给初级的画师来完成。绘画颜料取材于矿物及有机染料，还有一些是进口的。[24]石青和孔雀石是两种基本的铜的碳酸盐，传统上用于制作蓝色与绿色颜料，而在更西边的龟兹，当地附近的石窟广泛使用天青石，那些矿石则产自帕米尔山脉另一边的矿藏。矿物染料分为不同等级，最基本是分为深色的粗粉和浅色的细粉两类。朱砂与铅丹被用来制作红色颜料；黄色颜料则来自铅黄、雌黄与赭石；白铅粉是白色颜料的主要成分。有机染料也常被使用，包括蓼蓝、红胶、红花、茜草、苏木、紫草和藤黄，其中藤黄是一种来自柬埔寨的黄色树汁。[25]

这群画师在正午之前就会停下手中的活，前往崖壁下面的山谷中的寺院斋堂用餐。他们可以在此免费享用一顿饭，以抵部分酬劳。[26]他们努力工作，很快便完成了主要人物的填色：舍利弗坐于的莲座上，上方有一大华盖，外道则面对他坐在道场的另一边。然后，董保德用细毛笔与颜料重新描绘这些人物。场景的其余部分也以同样的方式完成，但由初级的画师绘制。供养人被绘于画面底端，画师会留下长方形的空白处，由当地写工填上榜题。

其余壁面上的主要构图也采用相同的方法绘制，四大天王被画在坡顶与窟壁交接的角落里。接着，董保德需要考虑壁面下层和藻井的装饰图像，常使用的工具有蜡纸与粉本，后者确保重复性图案保持一致。制作粉本时，先用水墨将图像轮廓绘于又粗又厚的土纸的方格内，然后用针沿轮廓线刺孔。接着，画匠将红色朱砂粉装入布袋，扎口，绑在长棍一端。窟内也有脚手架，以便绘制窟顶的图像。画师一手持粉本，将其置于窟顶，另一手用粉袋拍打粉本，红粉透过布袋的粗布与粉本上的针孔，粘在窟顶上，形成淡红色的轮廓。这一过程不断反复，直至窟顶布满红线。绘制窟顶时，董保德让一名学徒准备一份新的粉本，描绘了坐在莲座上的小佛像（见图35）和装饰性的莲花图案。[27]窟顶图像由多层图案构成，外侧为一排排坐佛，接着是飞天伎乐与莲花，最后在窟顶中央的是一对交缠的龙。每位画师分别用不同的颜色描出粉本的图案轮廓，再用几笔填色，直到整个区域绘制完成。壁面下层同样由重复的图案构成，但这个位置便于作画，所以不需要用粉本。

石窟附属的寺院有专门的僧人负责监管委托人的石窟，他会定期到窟内查看进度，其他的僧尼也可以来参观。一日，新入寺的僧尼入窟参观。他们刚刚剃度，露出白皙的头皮，很容易就辨认出来。董保德将外道被剃度的场景指给他们看，许多人都咯咯地笑：这些新入门的僧尼大部分还只是孩子。

画师在窟中工作时，木匠、塑匠及石匠也会加入。木匠模仿寺院的瓦顶，在窟口处搭建一个前檐，窟口两侧的木板则模仿了柱子。

图 35　莲花座的墨线粉本及其反面图像的刺孔轮廓，敦煌，10 世纪中期。（大英博物馆，编号 1919.0101.0.73）

石匠在窟中央建起马蹄形佛坛，并在其双层石阶上雕刻莲花。塑匠丈量好平台的尺寸后，回到自己的作坊，准备制作石窟中央的造像群。通常，造像群会有三尊、五尊或七尊造像，佛像在中间，两侧为弟子，分别是年轻的阿难与年长的迦叶，[28] 还有菩萨像与天王像。当地石材十分短缺，而且易碎，不适宜雕刻，因此塑像多以木料或红柳为芯，外面裹灰泥。[29] 塑像的一些组成部分，如手部与足部则为模制。[30] 佛像塑好后便置入窟中，给塑像表面上色。因为这个窟规模较大，地位重要，所以设有三组造像群，每组佛像的表现形式皆有不同。最主要的一组后面设背屏，面向窟口。佛像两侧的菩萨像绘于背屏上。造像群的位置适中，信徒可以绕像礼拜，背屏后面也绘有精致的图案。

莫高窟有一座洪辩的影堂，他一度是河西地区最重要的高僧大德。9 世纪末，吐蕃人被逐出敦煌一带后，洪辩在当地十分活跃，曾被朝廷“赐紫衣”。[31] 洪辩于 862 年圆寂，沙州节度使张议潮命人在一座石窟的侧面为洪辩开凿影堂，放上洪辩的塑像。说起来，张议潮也是一位重要的供养人。这座彩绘塑像安置在一座低矮的彩绘佛坛上，表现了洪辩身穿田相袈裟，结跏趺坐。后壁绘有两名侍从，还有挂在树上的皮囊和水壶。在董保德的时代，这座塑像还位于原处，但几十年后，这座塑像便被移到了其他的地方，这座小窟也有了其他用途。敦煌寺院藏经阁的写本、印刷文书与绢画被成捆搬到窟中妥善保管，随后窟口被封，封闭处还有彩绘装饰。[32] 直至 1900 年，这座石窟才被重新打开，其中就发现有曹氏命人制作的发愿文与绘画。

与塑像不同，壁画与绢画上绘有许多当地人的形象，他们都是供养人，有当地富户、达官显贵和僧尼，但当时最主要的供养人是敦煌的统治者。曹元忠的姐夫、妹婿不计其数，他第十六位姐妹的丈夫命人建造了一座石窟，其中曹元忠被描绘成一位年轻人。通向主室的甬道侧壁上绘有曹元忠的父亲（译注：曹议金）站在一众子嗣前面，每个儿子手中都捧着供品。[33]

曹元忠的画像完成后不久，两位兄长相继过世。父亲死后，他的两位兄长分别短暂统治过数年，现在权力交到了他手上。曹元忠希望自己死后能由儿子继位。907 年唐朝灭亡后，敦煌的统治者仍时常向中原各个割据政权派遣使者，接受一个又一个君王赐予的封号。但无论怎样看，敦煌实际上都是一个独立的政权。这一情形在

960年宋朝统一中原后仍保持不变。曹氏与塔里木盆地附近的王国有着更紧密的联系，包括西边的于阗、西北的高昌以及东边的甘州，但与帕米尔另一侧的势力联系不多。[34] 敦煌与于阗交好，[35] 使者往来于两地，于阗王室有时还会造访敦煌。于阗王室热衷礼佛，他们甚至捐资修建莫高窟。画院的一位画师把他们的画像绘在石窟壁面上，以纪念他们的功德。画中的国王、王后和众多王子公主都顶着一头精致繁丽的发型，戴有各式珠宝，身穿华丽的锦袍。[36]

高昌和甘州都在回鹘治下，这些回鹘人的祖上被黠戛斯人打败，被迫南迁至此。[37] 这些逃难的回鹘人，一部分先迁到天山北麓的别失八里，其后又越过天山到达吐鲁番盆地，定居高昌，但仍以别失八里为夏都。别失八里位于准噶尔盆地，牧草丰美，而且比地势较低的吐鲁番盆地更为凉爽。很多回鹘人都与当地人成婚并皈依了佛教。高昌也有一个摩尼教社群，主要由粟特人构成。这些粟特人从商多年，在过去的几个世纪中，他们从自己故乡出发，沿丝绸之路进行贸易。最近几十年里，有一大批难民从粟特涌进高昌，因为不愿皈依伊斯兰教而逃来这里。摩尼教与佛教都出资捐建高昌附近的石窟，他们按照回鹘风格进行装饰，与之前的汉风和中亚风截然不同。[38] 当地还有一个景教群体，他们也在石窟里描绘了景教的图像，其中有一幅描绘了棕枝主日时信徒在教堂聚集的场景。[39] 各种语言的佛教、摩尼教和景教文献被翻译成回鹘文，回鹘版《伊索寓言》也是在这一时期撰写而成的。[40]

表面看来，敦煌与回鹘关系友好，但实际上双方多有龃龉。回鹘汗国的众多回鹘人仍维持之前的部落制，汗庭及其下各个社会阶层都深受这种制度的影响。曹元忠的母亲是甘州回鹘可汗的女儿，他的姐姐嫁给了其后的一位可汗。[41] 曹氏在任期间，勉力维持与回鹘的睦邻关系，但自从他逝世以后，回鹘人对敦煌的影响与日俱增。[42]

回鹘的影响也体现在这一时期的艺术作品中。董保德的画风被认为是具有当地特色的汉风，其以发展成熟的“唐风”为基础，融入印度与波斯画风。7 世纪末到 8 世纪初唐朝鼎盛之际，这种风格又沿丝路逐渐向西传回去，与丝路沿线的地方风格交融在一起。8 世纪，六名唐朝画师远赴突厥，为一位驾崩的可汗画像。可汗的弟弟对惟妙惟肖的画像十分满意，于是回赠了五十匹马。[43] 唐朝画师还被邀请到吐蕃王廷。吐蕃也发展出一种独特的画风，先是受到印度、克什米尔与汉地画师的影响，接着从 10 世纪晚期开始，又受到于阗画师的影响。[44]

敦煌画院得益于这些跨文化交流，敦煌一个世纪以来的动荡也为画院带来了好处。吐蕃占领敦煌后，一些吐蕃画师便在此定居下来，回鹘汗国覆灭后回鹘人也迁来此地。这些文化的影响逐渐体现在 10 世纪莫高窟的壁画中，一些供养人甚至指定某个画师与画风。画师都很专业，能辨别不同的风格，但一些图像母题与细微的形式特征已渗透到各个画风里。洞窟在进行翻新的时候，具有之前画风的壁画也会被重新绘制。

敦煌石窟数百个洞窟中，大佛殿是规模最大的一个。[45] 这座巨大的佛像建造于 8 世纪初，当时正值安史乱前的盛唐时期。[46] 这座佛像具有典型的盛唐风格，是利用洞窟开凿时留下的石坯外部，裹上泥土塑造而成。当时的工人还在佛像后面开凿了一条过道，木匠搭建的木梯可通往大佛头部，一座九层佛塔（译注：实际上是九层窟檐）依附在岩壁上，保护佛像不受风雨侵蚀。

到966年，这座石窟亟待翻修。当年五月末，曹元忠与翟夫人在斋戒一个月后到这座洞窟来礼佛。[47] 围绕大佛像的木构平台有两座已经腐朽，曹氏与夫人看见后，当下就同意出资修复洞窟。工程开始于十九天后，不到十天便完成。[48] 因为山谷的杨木过于干燥，工人从镇上的木行运来新的木料。工人也是从敦煌城里雇来的，石窟所在的寺院为他们提供饭食酒水。工程开始后，新的问题出现了。石窟的负责人再次向曹氏求助，后者同意提供更多的资金，请来五十六名木匠与十名泥匠，进行第二阶段的维修工作。工程结束时，众人还举行了一场盛宴表示庆祝。

曹氏与翟夫人并不是董保德唯一的主顾，城中的富人、到访敦煌的皇族与使节为他提供了源源不断的“润笔”费。他还经常受邀制作绢画与经幡，这些作品或是在佛事法会上展示，或是在年中庆典上使用，其中利润最为丰厚的活动是行像仪式。

敦煌的行像仪式源自于阗。早在5世纪的于阗，这种仪式就已十分流行。[49] 行像仪式分别在每年的不同日子进行，如佛诞日和中秋节。举行仪式时，一座大佛像会被置于镶金饰银、经幡飘扬的花车上，其后跟着菩萨像与天王像的花车。佛像会从城里出发前往洞窟，但在这之前，城中的街道皆需洒扫，并用巨大的帘幕遮住城门，僧人也会用香汤把造像清洗一遍。

游行队伍经由尘土飞扬的小道前往石窟，所有僧尼都在曹氏的带领下尾随在花车之后。曹元忠身着崭新的外袍，手持的长柄香炉，香炉表面镀金，镶嵌宝石，炉内燃烧着最上等的香料。在于阗，游行会持续十四天，当地所有僧人都会参加，每天还会有一位当地高僧的塑像加入游行队伍。花车一共有二十辆甚至更多，每一辆都做成五层佛塔的形式。敦煌的行像仪式持续时间较短，过程也更简单，但仍是一项重要的仪式，有能力的人皆奉上供品或装饰物。花车上的与僧人举的经幡中，有许多都出自董保德的手笔。经幡由一条丝绸制成，标准尺度为六米多，常绘有菩萨像或天王像。画像完成后，经幡顶端会缝上一块三角形的幡头，其上有圈结方便悬挂，幡头底部则以竹条或木棍加固。之后，经幡两侧分别缝上一条细长的染色丝带，另有三四条长丝带缝于幡尾。幡身与幡尾间也以木条加固（见图 36）。[50] 那些买不起丝绸的佛教徒则会请人绘制麻布经幡，但董保德没有接受这些委托。[51]

绢画的尺寸是经幡的三倍，董保德可以在上面描绘更为精细复杂的极乐净土——中央是坐在莲座上的佛祖，四周环绕着侍从，最外侧展示的是佛祖前世的场景。[52] 正式下笔前，董保德会仔细绘出一整幅等大的草稿，并在底部留出供养人像的空间，但越来越多的主顾要求把自己的肖像画得更大，结果这些供养人像侵占了主要场景，一些供养人像甚至与画中的主像差不多大小。

在董保德的时代，宋都长安（译注：应为汴梁）的画师或许会认为敦煌只是穷乡僻壤，他们已然忘记中原王朝的辉煌岁月，忘记这片土地曾怎样沿着商路穿过塔里木盆地，与外面的世界进行交流。远方的图像、技艺及其他艺术文化瑰宝，经由塔里木一带逐渐渗透

图 36　行像仪式所用，绘有佛像的彩绘丝幡，9 世纪晚期。
（大英博物馆，编号 1919.0101.0.120。作者绘）

进来，最终成就了他们。中原的新皇帝热衷于资助艺术，宫廷画院吸引了一众能文善画的士族，他们可以参考宫中所藏的历代名作与画谱，其作品的意境与美感自然远远超过他人。[53] 他们的名字为人所知，但画作多已散佚，而董保德和当时塔里木一带的其他画师的作品至今仍受人欣赏，尽管他们的名字早已被人遗忘。

尾声

令人难以置信的是，统治中国边疆地区的蒙古可汗之令，竟能压低英国市场的鲱鱼价格。

——爱德华·吉本

《罗马帝国衰亡史》，1776—1788 年

10 世纪的董保德并不是丝绸之路的终点。事实上，有些人辩称直到今天丝路仍存在。[1] 因此，本书的尾声不过是想要告诉大家，在这些传奇故事发生之后，1000—1400 年间书里讨论的某些主题大概经历了什么变化，同时为那些想要进一步了解的读者提供一些阅读线索,而下文提及的事例就大多发生在 13 世纪。在这几个世纪中，许多新势力崛起又覆灭，有些几乎淹没在历史长河里，如传奇故事里提到的于阗及其他塔里木王国。虽然史料中仍出现它们的名字，但考古遗存所见证的历史要比这多得多，遗存中常见的写本就是用当地失传已久的语言写成的。例如,在 1227 年成吉思汗（同年去世）灭西夏以前，西夏王国的范围从敦煌一直延伸到蒙古草原的边界，这片广大的地域曾在党项族的统治下长达两个世纪。[2] 从西夏边城哈拉浩特（译注：即黑水城）的一座佛塔中发现了一万余卷写本及早期刊本，这批文献目前尚未被完全编目，也还没得到充分的研究。近年来，考古人员对银川附近的西夏都城与皇陵开展调查，为我们提供了丰富的新材料。[3]

其他文明对中亚的影响则更为显著也更持久，特别是突厥与蒙古汗国，其统治范围从中国边境、塔里木盆地一路延伸至印度，并横跨欧亚大陆。[4] 喀喇汗王朝皈依伊斯兰教后不久，于 1006 年拿下于阗。[5] 库曼—钦察联盟和塞尔柱突厥扩张至位于欧洲边缘的西亚，前者在草原一带称霸，后者则深入伊朗和安纳托利亚地区。[6]突厥人还在北印度的德里建立苏丹国，[7]蒙古人也从大草原一带向西扩张，建立起一个无可匹敌的欧亚王朝。[8]随着13世纪蒙古的崛起，横跨欧亚的贸易与旅行开始繁荣起来，通过陆路、海路继续与北非和东非保持联系，与欧洲的来往则靠河道、海路和陆路来维持。[9]

丝绸仍然价格不菲，生丝与丝绸在欧亚大陆已有多个生产中心，而且产量不断增加。中国虽然仍在出口生丝与丝绸，但早已失去了垄断地位。蒙古人对丝绸的需求量十分惊人，他们在塔里木盆地建立了新的生产中心。[10]意大利日益控制了销往欧洲的丝绸贸易，这些丝绸从草原陆路或从海路运来，很多都是通过黑海和枢纽地克里米亚到达欧洲的。[11]旅人可以方便地跨过整个蒙古帝国，这也为肆虐欧亚大陆的瘟疫传播提供了契机，造成数百万人死亡。[12]

蒙古人有着自己的传统信仰，但如果别的宗教能适应其统治的话，他们也表现出一定的宽容。[13]伊斯兰教的进一步扩张，成了这时期的一个显著现象。伊斯兰教的传播靠的不是阿拉伯人的征战，而是突厥人的皈依与征服。科技、经济、艺术和文化也因此继续传播与发展。[14]尽管到了14世纪，塔里木盆地大部分地区都已经伊斯兰化，但仍保持宗教的多样性，例如马可·波罗曾记载今喀什和莎车一带的景教社群，[15]佛教也还在青藏高原盛行。13世纪蒙古的伊利汗国曾短暂信奉佛教，但后来皈依了伊斯兰教。[16]佛教主要流行在丝路的东端，即东南亚、中国、日本和韩国，而在其起源地印度次大陆，佛教却在不断衰落。[17]不过，因宗教迫害而从波斯逃亡出来的袄教社群，即帕尔西人，却在此找到了新的家园。[18] 他们融入当地的印度教、耆那教及伊斯兰教社群。8 世纪，船长传奇开始时，阿拉伯商人便将伊斯兰教带到印度的沿海城市；到 10 世纪，画师传奇结束时，突厥人则把伊斯兰教传到了北方。[19] 在被奥斯曼帝国攻陷以前，基督教以君士坦丁堡为据点，主宰着世界另一边的欧洲。阿克苏姆至今还保持着基督教信仰，但在非洲东岸进行贸易的斯瓦希里人中，伊斯兰信仰是主流。[20]

如书中传奇故事的旅行者一样，在外交、贸易、信仰的推动下，人们往来于蒙古帝国的宫廷，其中有好几个留下了相关记录，包括圣方济各传教士若望 · 柏郎嘉宾（Franciscans John of Plano Carpini，1182—1252）和威廉 · 鲁布鲁克（William of Rubruck，约 1220—约 1293）、商人马可 · 波罗（1254—1324）、朝圣者伊本 · 拔图塔（Ibn Battuta，1304—1368/1369）。[21] 蒙古宫廷的景教僧人拉班 · 扫马（Rabban Sauma，约 1220—1294）还前往欧洲游历。[22] 当时最详细的一部编年史是由波斯史学家拉施都丁（Rashīd al-Dīn，1247—1318）撰写的。[23] 当然，在丝路沿线居住或旅行的人更是不计其数，如士兵、商人、僧尼、公主等等，但他们留下的生活痕迹最多只是蛛丝马迹。

这一时期的陆上交通模式并没有发生巨变。最快的交通方式仍然是骑马，早在千年以前草原骑兵便证明了这一点。此外，根据不同的地形与财富水平，人们还可以选择骆驼、牦牛、牛车、驴子和步行等方式。现代海洋考古的新进展，以及最近的大发现，证实了印度洋的海上贸易一直持续到公元第二个千年。同样不变的还有海

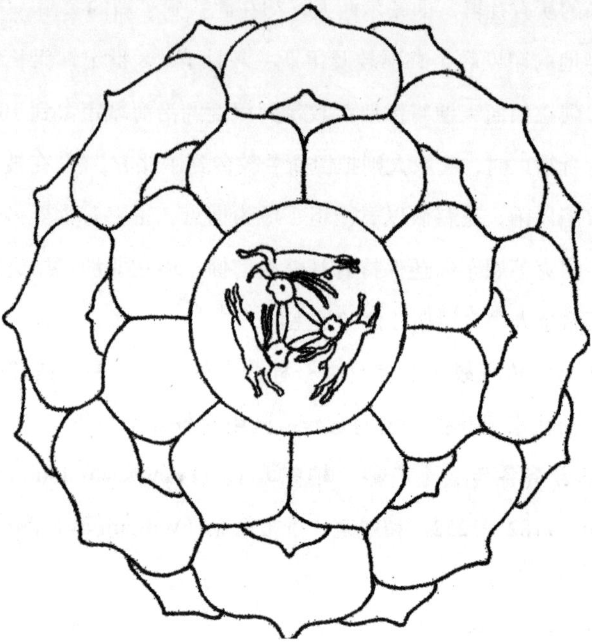

图 37　敦煌莫高窟第 407 窟顶莲心的三兔图案，6 世纪晚期。（作者绘）

上贸易的风险，货船连同其满载的各式货物随时可能沉入海底。公元第一个千年的最后两百五十年，中国发明了瓷器。欧亚大陆对瓷器的需求并不亚于丝绸，但与丝绸相似，几个世纪后瓷器的生产技术才传播开来。[24] 阿拉伯、中国和东南亚的商船运载大量陶器（珍贵的瓷器很少见）销往外地，其市场可远达非洲沿岸。[25]

跟从前一样，还有大量的别的货物在贸易之列：截至 13 世纪，地中海地区有专门买卖中亚奴隶的市场[26]，伊朗则有市场销售中国出产的大黄和茶叶[27]；而在中国的一些市场，人们能买到非洲和印度的象牙。在蒙古人的统治下，汉人可以享用伊朗的雪酪和穆斯林的饺子汤。饺子汤的材料就有羊肉汤、蒙古的奶酪和西亚的豌豆。[28]从德里到伦敦，贵族都穿上金线刺绣的蒙古式衣衫；[29]伊朗的伊利汗国模仿中国的做法，开始使用雕版印制的纸币。[30]

丝路东部沿线的一些石窟里，本生故事（佛祖的前世故事）成了装饰洞窟的壁画题材。这些故事还通过某种渠道，出现在新版的《伊索寓言》里。[31]同时，6 至 7 世纪敦煌石窟顶部的三兔共耳图，竟出现在 12 世纪的伊朗金属器上，乃至 1281 或 1282 年伊儿汗国的铸币上。[32]到 13 世纪，三兔共耳图传到了基督教盛行的欧洲，频频在教堂中亮相，其后这个图案还被用来装饰犹太教堂。正如现代一位学者所说的："蒙古帝国在一个多世纪里，一直是旧大陆最重要的文化交换中心。"[33]

在这个互相联结的世界里，连那些生活在社会边缘的群体也将自己视为其中一分子。根据 13 世纪英国编年史家马太·巴黎（Matthew Paris）的记载，腓特烈二世（Emperor Frederick II，1194—1250）时期的商人曾航海至印度。他还认为，1238 年蒙古对俄国的入侵，影响了英国的鲱鱼市场。这次侵略威胁到了诺夫哥罗德在波罗的海及北海一带的商贸活动，使得其商人不敢前往英格兰购买鱼货，造成英国市场供过于求，卖家不得不调低价格。[34]几个世纪后，这一事件令 18 世纪英国史学家爱德华·吉本感到困惑，但这并非是唯一的事例。亚非欧大陆仍紧密联系在一起，普通人在生活中——哪怕是一些微小的层面——仍可接触到来自远方的文化、技术与商品。

注释

第二版序

1 Susan Whitfield and Ursula Sims-Williams, eds., *The Silk Road: Trade, Travel, War and Faith*, London: The British Library and Serindia, 2004. 网上展览参见 http://idp.bl.uk/education/silk_road/index.a4d。

2 Susan Whitfield, *La Route de la Soie: Un Voyage a travers la vie et la mort*, Brussels: Mercator, 2010.

3 Valerie Hansen, *Negotiating Daily Life in Traditional China: How Ordinary People Used Contracts, 600–1400*, New Haven, Conn.: Yale University Press, 1995. *The Silk Road: A New History*, New Haven, Conn.: Yale University Press, 2013.

引言 船长

1 参见 Tamara Chin, "The Invention of the Silk Road, 1877," *Critical Inquiry* 40 (2013), no. 1, pp. 194–219。

2 参见 Parmay Olson, "The Man Behind the Silk Road: The Internet's Biggest Market for Illegal Drugs," *The Observer*, 10 Nov. 2013。http://www.theguardian.com/technology/2013/nov/10/silk-road-internet-market-illegal-drugs-ross-ulbricht.

3 塔玛拉 · 秦在 2013 年的论文里也谈到斯文 · 赫定（Sven Hedin）采用了这个词，而且自 20 世纪 30 年代以后这个词被广泛应用（参见秦的表格 1）。还可参见 Daniel C. Waugh, "Richthofen's 'Silk Roads': Toward the Archaeology of a Concept," *The Silk Road* 5, no. 1 (2007), pp. 1–10. http://www.silkroadfoundation.org/newsletter /vol5num1/srjournal_v5n1.pdf. "Sven Hedin and the Invention of the Silk Road," paper presented at the Sven Hedin and Eurasia symposium, Nov. 10, 2007, in Stockholm, Sweden。1995 年当我第一次提议写这本书时，出版商对这个书名有所疑虑，说"丝绸之路"这个名字太模糊不清，很难吸引读者。我此前也曾提及（"Was There a Silk Road?" *Asian Medicine* 2 (2007), pp. 201-13, http://idp.bl.uk /downloads/Whitfield_SilkRoad.pdf），这个词实际上是从 20 世纪 80 年代末开始才在欧美普遍应用起来的，但在当时仍是比较专业的词汇。为了粗略展示这一点，我们以 Worldcat（译注：全球图书馆搜索引擎）为例，1995 年以"中世纪"为书名的书籍将近有两千本，而"丝绸之路"只有四十本。

4 James A. Millward, *Eurasian Crossroads: A History of Xinjiang*, New York: Columbia University Press, 2007, p. 3. 布鲁姆根据纸的影响力，认为可以采用"纸之路"。Jonathan M. Bloom, *Paper Before Print: The History and Impact of Paper in the Islamic World*, New Haven: Yale University Press, 2001. 参见注释 2。

5 至于是称"road"（一条路）还是"roads"（几条路），我觉得都没有问题，从广义来看，这些路指的是被标记下来的人、物的迁移路线。但我们应该把跨越草原和海洋的路线也考虑进来，而且草原上可能不只有一条路可走。

6 二元论会将我们对复杂世界的看法简单化，因此总是诱惑我们、误导我们，扭曲我们的认识。参见 Victor Lieberman, "Transcending East-West Dichotomies: State and Culture Formation in Six Ostensibly Disparate Areas," *Modern Asian Studies* 31, no. 3 (1997) pp. 463–546；Susan Whitfield, "The Perils of Dichotomous Thinking: Ebb and Flow rather than East and West," in *Marco Polo and the Encounter of East and West*, edited by Suzanne Akbari and Amilcare A. Iannucci, Toronto: University of Toronto Press, 2008, pp. 247-61. https://www.academia.edu/2645165/The_Perils_of_Dichotomous_Thinking_

Ebb_and_flow_rather_than_east_and_west . 根据塔玛拉 · 秦的讨论，斯文 · 赫定在描述自己对新丝绸之路的看法时表现了二元的观念：“它应该连接太平洋和大西洋两个大洋；连接两个大陆；连接黄种人和白种人两个人种；连接中国文化和西方文化两种文化。” [Tamara Chin, “The Invention of the Silk Road, 1877” , 217 页引用 Sven Hedin, *The Silk Road: Ten Thousand Miles through Central Asia*(New York: Macmillan, 1938)223、233、234 页的内容]

7 关于东非和北欧的交通网络，请分别参见《船长》和《作家》。

8 参见 Tamara Chin, “The Invention of the Silk Road, 1877”；Daniel C.Waugh, “Richthofen's ‘Silk Roads’: Toward the Archaeology of a Concept,” pp. 1–10. http://www.silkroadfoundation. org/newsletter /vol5num1/srjournal_v5n1.pdf。“提出狭义‘丝绸之路’的人对横跨欧亚大陆的交流活动也很感兴趣，而这些交流活动如今全都纳入一个简短的词语中，即我们所知道的‘丝绸之路’。”（James A. Millward, *The Silk Road: A Very Short Introduction*, Oxford: Oxford University Press, 2013, p. 5）塔玛拉 · 秦揭示了李希霍芬是如何利用中国的材料来重新估测希腊人的路线，以及托勒密和马利努斯的路线的。

9 用沃维克 · 保尔（Warwick Ball）的话来说，这个词已经“成了一辆承载同道人的马车，成了一些人不劳而获的工具”(Warwick Ball, *The Monuments of Afghanistan: History, Archaeology and Architecture,* London: I. B. Tauris, 2007, p. 80)。休 · 波浦称之为“浪漫的骗局”。 Hugh Pope, “The Silk Road: A Romantic Deception?” *The Globalist*, Nov. 24, 2005. http://www.theglobalist.com/StoryId. aspx?StoryId = 4889 (accessed Oct. 2, 2008). 另参见 Khodadad Rezakhani, “The Road That Never Was: The Silk Road and Trans-Eurasian Exchange,” *Comparative Studies of South Asia, Africa and the Middle East* 30, no. 3 (2010), pp. 420–33；M. G. Raschke, “New Studies in Roman Commerce with the East,” in *Aufstieg und Niedergang der Romischen Welt II Principat*, edited by Hildegard Temporini, vol. 9, part 2, Berlin: Gruyter, 1978, pp. 604-1361。

10 随着教科文组织的丝路申遗计划进一步推进，在可预见的将来里，中国西部和中亚地区的很多考古遗存可能会被打上“丝绸之路”的标签。参见下页注释 1。

11 有一个重要的佛教寓言故事阐释了这个道理，即《法华经》里的“火宅喻”，讲述了一个父亲为了让他的孩子们逃出着火的宅子，欺骗他们说外面有很棒的玩具，借此拯救了孩子们的性命。参见 Burton Watson, trans., *The Lotus Sutra*, New York: Columbia University Press, 1993, pp. 56-57。

12 Timothy Reuter, "Medieval: Another Tyrannous Construct?" *Medieval History Journal* 1, no. 1 (1998), pp. 25–45. 以大众文化为例，见 http://www.medievaltimes.com/，以及 http://www.zazzle.co.uk/medieval+gifts。

13 2011—2013 年的两个合作项目对"全球中世纪"这个概念的范围和适用性进行了讨论，见 http://www.history.ox.ac.uk/research/project/defining-the-global-middle-ages.html，以及 http://www.laits.utexas.edu/gma/portal/。

14 兰卡斯特大学的佩勒姆 · 戈尔（Pelham Gore）对整个事情进行了简洁的概括："'丝绸之路'这个名字还是有用的，我们可以借此把整个极为复杂的过程进行简化，简单到我们能够把握的程度。借此，我们可以把精力集中在一系列有限的主题和事件上，而不是迷失在一团茫茫无边际的智力迷雾中。将来几个世纪里学者可能会提出跨太平洋的'硅（海）路'这样的名词：虽然现在的我们未必是那样想的，但是，当他们思考今天重要商品的流动，以及伴随它们而发生的经济与权力变化时，这个名词可以简化这些想法。"（私人交流）

15 关于收入的中国遗址，参见 http://whc.unesco.org/en/tentativelists/5335/；蒂姆·威廉姆斯在为丝路申遗而绘制"丝绸之路"地图过程中遇到了不少挑战，相关讨论参见 Tim Williams, "Mapping the Silk Road," 2013 年 11 月 1 日在大英图书馆的讲座。

16 在为"纸之路"进行辩护时，布鲁姆似乎有这样一个标准：商品的贸易量或交换量并不是关键，关键是这个商品对到达地所在的社会产生了什么影响。不过，即使我们接受这样一个标准，也需要对影响程度进行评估，这仍然是一件相当复杂的事，需要考虑到一系列因素，例如贸易为这些社会带来的财富，以及随这些财富而来的思想观念，如佛教。研究造纸技术的传播及其横跨欧亚大陆的贸易活动，固然很有趣，但这些都是在"丝绸之路研究"这个更大的框架之下的。

17 一些学者想要修改这些界限，包括米华健（James A. Millward, *The Silk Road: A Very Short Introduction*）。罗茂锐对中国和中亚的丝绸贸易进行

了总结，见 Morris Rossabi, “The Silk Trade in China and Central Asia,” in *When Silk Was Gold: Central Asian and Chinese Textiles*, edited by James C.Y. Watt and Anne E. Wardell, New York: The Metropolitan Museum of Art, 1997, pp. 7-19。

18 有证据表明，在此之前已经有跨越欧亚大陆的贸易活动，包括丝绸贸易和玉石贸易。“至少到了青铜时代末期，中亚和四方领土都已经有所接触。”（S. A. M. Adshead, *Central Asia in World History*, New York: St. Martin’s Press, 1993.）关于早期的海上贸易，参见 Vimala Begley and Richard B. de Puma, eds., *Rome and India: The Ancient Sea Trade*, Madison: University of Wisconsin Press, 1992。丝绸之路年代的区别在于数量和可持续性。

19 “几百年来，繁盛的灌溉农业是这些中亚遗址的支柱……单靠这一点就很容易解释这一地区为什么如此富裕、繁荣，而不需假设存在一个以贸易为基础的经济体。”（Rashcke，1976, p.699–700）韩森也认为私人贸易在这个地区的地位并没有那么重要，并提出另一观点，认为中国军事力量的出现造就了该地区的繁荣（Valerie Hansen, *The Silk Road: A New History*, Conn., Yale University Press, 2013, p. 82）。对塔里木盆地贸易活动的进一步讨论，参见 Susan Whitfield, *Trade in the Tarim? In Trade and Civilization*, edited by Kristian Kristiansen, Thomas Lindkvist, and Janken Myrdal, Cambridge, Engl.: Cambridge University Press, 2015。

20 行程最远的很可能是外交使者，在传递丝绸和其他商品方面，他们发挥了一定的作用。我在《序章》里简短地讨论了蒙古帝国时期如马可 · 波罗这类商人的长途陆路和长途海路行程。我还论述了一个中国战俘去往巴格达乃至非洲的经历。

21 在《船长》和《作家》里，我讨论了航海商人是否有可能从中国去往非洲，并引述了某个商人的故事——他从阿曼去往中国，再从中国返回。

22 我们应该不断质疑这些简单化的做法，但不应该非得在学术共同体内部这样做。通过海上贸易，相距遥远的商人之间肯定是有交流的，如斯里兰卡的非洲商人和中国的犹太裔阿拉伯商人。

23 这些商品的贸易活动是亚非欧大陆间的重要联系之一。在大多数情况下，丝绸之路的进一步开发为这些商品开辟了远方的新市场。

24 参见本章注释 6。

25 关于中亚重要性的论战，参见安德鲁·冈德·弗兰克（Andre Gunder Frank, *The Centrality of Central Asia*, Amsterdam: VU University Press, 1992)。这场辩论在《历史研究》(*Studies in History*) 期刊上继续进行（相关参考文献见 Gunder Frank, "The Centrality of Central Asia," *Studies in History* 8, no. 1 [1992], pp. 43–49. doi: 10.1177/025764309200800103)。阿谢德把中亚放到印欧语系之争、祆教、景教的史学框架里来讨论它的角色。关于中亚在丝路故事中的核心地位，参见 Étienne de la Vaissière, *Sogdian Traders: A History*, translated by James Ward, Leiden: Brill, 2005。

26 "谁会愿意离开肉锅，而走进荒原中？没人会自愿选择'外面的黑暗'。做一个野蛮人，不仅是其伦理道德沦为野蛮，其经济状况和政治处境都将是如此。欧亚大陆中部的历史就是野蛮人的历史。"(Denis Sinor, *Inner Asia and Its Contacts with Medieval Europe*, I, London: Variorum Reprints, 1977, pp. 94–95.)

27 例如 1928 年沃尔明顿（E. H. Warmington）对罗马和印度间贸易的研究。

28 非洲和印度洋的贸易网络，以及最近的海洋考古发现，参见《船长》。关于中国和东南亚海上贸易的更多情况，参见《作家》和《尾声》。

29 见《船长》。

30 关于英国皇家考古的讨论，见 Charlotte Trümpler et al., eds., *Das grosse Spiel: Archäologie und Politik zur Zeit des Kolonialismus (1860–1940)*, Cologne: DuMont, 2008；Justin Jacobs, "Confronting Indiana Jones: Chinese Nationalism, Historical Imperialism and the Crimilization of Aurel Stein and the Raiders of Dunhuang, 1899–1944," in *China on the Margins*, edited by Sherman Cochran and Paul G. Pickowicz, Ithaca, N.Y.: Cornell University Press, 2010, pp. 65-90；"Nationalist China's 'Great Game': Leveraging Foreign Explorers in Xinjiang, 1927–1935," *Journal of Asian Studies* 73, no. 1 (February, 2014), pp. 43–64。

31 不过最近有些历史入门简读本对欧亚大陆也有所涉及。Liu Xinru, *The Silk Road in World History,* Oxford: Oxford University Press, 2010; Peter B. Golden, *Central Asia in World History*, Oxford: Oxford University Press, 2011.

我推荐米华健（James A. Millward）的小书 *The Silk Road: A Very Short Introduction*，他并不是想写一部历史，而是选择了一个大主题进行写作。与我们这里讨论的“丝绸之路”相比，他无意中给“丝绸之路”下了一个更宽泛的定义。关于主要陆路路线的考古调查报告和地理调查报告也是有用的入门文献，如 Jonathan Tucker, with photographs by Antonia Tozer, *The Silk Road: Art and History*, London: Philip Wilson Publishers, 2003。

32 M. Aurel Stein, *Serindia: Detailed Report of Explorations in Central Asia and Westernmost China*, Oxford: Oxford University Press, 1921, p. viii.

33 关于藏经洞的封闭，学者提出不同的解释。对此，有学者做了概括并给出结论，见 Imre Galambos and Sam van Schaik, *Manuscripts and Travellers: The Sino-Tibetan Documents of a Tenth-Century Buddhist Pilgrim*, Berlin: De Gruyter, 2012, p. 24。

34 Rong Xinjiang, “The Li Shengduo Collection: Original or Forged Manuscripts?” In *Dunhuang Manuscript Forgeries*, edited by Susan Whitfield, London: British Library, 2002, pp. 62-83.

35 Susan Whitfield ed., *Dunhuang Manuscript Forgeries*, London: British Library, 2002.

36 文献方面的确取得了十分出色的学术成果，但这个研究方法也存在明显的缺陷，例如在研究佛教文本的源流时，需要考虑到藏文、回鹘文、于阗文、梵文、犍陀罗语等版本，又如，采用这种方法来研究艺术的话无法顾及印度和健陀罗的案例。

37 Christopher Beckwith, *The Tibetan Empire in Central Asia*, Princeton: Princeton University Press, 1987, p. 192.

38 D. M. Dunlop, *The History of the Jewish Khazars*, New York: Schocken, 1967; Walter J. Fischel, “The Rediscovery of the Medieval Jewish Community at Fīrūzkūh in Central Afghanistān,” *Journal of the American Oriental Society* 85, no. 2 (1965), pp. 148–53; Lena Cansdale, “Jews on the Silk Road,” in *Worlds of the Silk Roads: Ancient and Modern. Proceedings from the Second Conference for the Australiasian Society for Inner Asian Studies*, Macquarue University, 1996, edited by David Christian and Craig Benjamin, Turnhout,

Belgium: Brepols, 1998, pp. 23–30.

39 关于摩尼教，见 S. N. Lieu, *Manicheanism in the Later Roman Empire and Medieval China: A Historical Survey*, Manchester: Manchester University Press, 1985；*Manicheanism in Central Asia and China*, Tübingen: J. C. Mohr Paul Siebeck, 1992。关于袄教，见 Susan Whitfield and Ursula Sims-Williams eds., *The Silk Road: Trade, Travel, War and Faith*, London: The British Library and Serindia, 2004. 网络版见 http://idp.bl.uk/education/silk_road/index.a4d；Sarah Stewart ed., *The Everlasting Flame: Zoroastrianism in History and Imagination*, London: I. B. Tauris, 2013。

40 Richard C. Foltz, *Religions of the Silk Road*, New York: St. Martin's Press, 1999, pp. 61–88.

序章 船长

1 原书英译文引自 George F. Hourani, *Arab Seafaring in the Indian Ocean in Early and Medieval Times*, Revised and expanded by John Carswell, Princeton: Princeton University Press, 1995, p. 3。

2 除了阿克苏姆王国的那些国王，我们几乎没什么记录有阿克苏姆人名的材料。因此，我把某个国王的名字安在了这个角色上。塔泽纳（Tazena）这个名字取自国王卡莱布（Kaleb）的父亲，本章故事正是发生在卡莱布统治时期。这并不是暗示说这个故事与皇室有什么关联，角色是虚构的，但这里描述的事情却在历史上真实发生过。

3 对此，胡拉尼引用了好几处相关材料，见 George F. Hourani, *Arab Seafaring in the Indian Ocean in Early and Medieval Times*, pp. 92–95。提高船只木板的灵活度以便承受暗礁的撞击，这是胡拉尼讨论过的诸多设想之一。他还考虑了其他几个方法，其中他认为最合理的是，依据船员的保守个性，他们会用老办法。再说，用钉子把船钉牢的话，花的铁料费要更高（95—97 页）。对于船体特性的讨论，约翰 · 卡斯威尔（John Carswell）有新的研究进展，参见 George F. Hourani, *Arab Seafaring in the Indian Ocean in Early and Medieval Times* 的相关注释（150–152 页）。

4 关于印度洋和季候风，见 Michael N. Pearson, *The Indian Ocean*, London: Routledge, 2003, pp. 19–24。作者指出，从青铜时代开始，印度洋上的社群就已了解季候风的特性（51 页）。那时的人们似乎认为，钉起来的船可以适应海洋气候，而且由于当地传统习惯、技术和材料来源的原因，这类船只仍在继续使用。

5 公元 1 世纪的希腊航行手册《厄立特里亚海航行记》曾提及巴尔巴里："这条河（印度河）有七个入海口，水十分浅，而且很泥泞，无法在上面航行，但除了中间那个海口以外，而在这个入海口的岸边，就是市镇巴尔巴里。"（http://depts.washington.edu/silkroad/texts/periplus/periplus.html，第 38 段）英译文参见 L. Casson, *Periplus Maris Erythraei*, Princeton: Princeton University Press, 1989。关于印度洋的早期贸易活动，参见 Philippe Beaujard, *Les mondes de l'océan Indien*, Paris: Colin Armand, 2012；Vimala Begley and Richard B. de Puma eds., *Rome and India: The Ancient Sea Trade*, Madison: University of Wisconsin Press, 1992；C. Mehaud, *Historical Relations Across the Indian Ocean*, Paris: UNESCO, 1980。

6 关于贝格拉姆（Beglam）发现的贵霜时期罗马玻璃制品，见 J. Hackin, "Recherches archéologiques à Begram," *Mémoires de la Délégation Archéologique Francaise en Afghanistan* 9, 1939；"Nouvelles recherches archéologiques à Begram," *Mémoires de la Délégation Archéologique Francaise en Afghanistan* 11, 1954。

7 印度发现了大量的阿克苏姆钱币。Paul B. Henze, *Layers of Time: A History of Ethiopia*, London: Hurst, 2000, p. 31. 参见本章注释 14。

8 关于粟特人和印度，见 Étienne de la Vaissière, *Sogdian Traders: A History*, pp. 83–89。

9 关于印度河河谷上游的粟特铭文，见 Nicholas Sims-Williams, "The Sogdian Inscriptions of the Upper Indus: A Preliminary Report," in *Antiquities of Northern Pakistan, Reports and Studies*, edited by Karl Jettmer, Vol. 1, Mainz: P. von Zabern, 1989, pp. 131-37；"The Sogdian Merchants in India and China," in *Cina e Iran da Alessandro Magno alla Dinastia Tang*, edited by A. Cadonna and L. Lanciotti, Florence: Leo S. Olschki Editorc, 1996, pp. 52-56。关于其

他文字的铭文，见 Karl Jettmar ed. *Antiquities of Northern Pakistan, Reports and Studies*, Vol. 1: *Rock Inscriptions in the Indus Valley*, Mainz: Verlag P. von Zabern, 1989. Jason Neelis, "Kharosthi and Brahmi Inscriptions from Hunza-Haldeikish Sources for the Study of Long-Distance Trade and Transmission of Buddhism," *South Asian Archaeology* 2 (1997), pp. 903–23；Ma Yong, "The Chinese Inscription of the Da Wei Envoy of the Sacred Rock of Hunzam," in *Antiquities of Northern Pakistan, Reports and Studies*, vol. 1, pp. 139-57, pl. 1（参见马雍《巴基斯坦北部所见"大魏"使者的岩刻题记》,《西域史地文物丛考》，北京：文物出版社，1990 年，129—137 页）；T.Höllmann, "Chinesische Felsinschriften aus dem Hunza und Industal," in *Antiquities of Northern Pakistan, Reports and Studies*, vol. 2, Mainz: P. von Zabern, 1993, pp. 61–75.

10 贝齐纳提示说这些钱币是从阿杜利斯一路被携带至阿克苏姆的，携带者很可能是前往阿克苏姆的贵霜使者，但现在没发现能够证实此说的证据，也没有证据显示他们究竟是如何抵达阿克苏姆的。S. I. Berzina, "Kushana coins in Axum," *Information Bulletin, International Association for the Study of the Cultures of Central Asia* (Moscow) 7 (1984), pp. 57–64.

11 这座寺院很可能是在 6 世纪建立的。参见 David W. Phillipson, *Ancient Ethiopia. Aksum: Its Antecedents and Successors*, London: British Museum Press, 2002, pp. 128–131；D. H. Matthews and A. Mordini, "The Monastery of Debra Damo, Ethiopia," *Archaeologia* 97 (1959), pp. 1–58，但正如贝齐纳指出的那样，它是在一个已有的圣地上建造起来的。当然，这些钱币也有可能当时还不在这里，只是后来放进去的。贝齐纳认为盒子是印度制作的。埃塞俄比亚曾发现过一个类似的印度手工制作的盒子，见 Neville Chittick, "Excavations at Aksum, 1973–74: A Preliminary Report," *Azania* 9 (1974), p. 199, 插图 23a。

12 佛教徒从印度出发，身上带着许多货物，在整个东亚和东南亚传播佛教。

13 关于阿克苏姆王国的基督教化，见 Fowden，1993：109–116；Phillipson，1998：112；Paul B. Henze, *Layers of Time: A History of Ethiopia*, pp. 32–34。

14 关于阿克苏姆的钱币，见 Stuart Munro-Hay and Bengt Juel-Jensen, *Aksumite Coinage*, London: Spink, 1995； Stuart Munro-Hay, *Catalogue of the Aksumite*

Coins in the British Museum, London: British Museum Press, 1999。关于印度和斯里兰卡发现的阿克苏姆钱币及其仿制品，见 R. Kristhnamurthy, "Aksumite Coins of Ethiopia from Karur, Tamil Nadu," *Studies in South Asian Numinsmatics* 8 (1999), pp. 58–64；H. Nawartmal, "Aksumite Coins in India—Some New Evidence," *Sprink Numismatic Circular* 107, no. 1 (1999), pp. 1–2；Vincent West, "A Gold Variety of Ezanas of Aksum from India," *Oriental Numismatic Society Newsletter* 180 (2004), p. 4。

15 如门罗 - 哈伊指出的那样，圆盘和新月形图案可能代表着太阳和月亮。Stuart Munro-Hay, *Aksum: An African Civilisation of Late Antiquity*, Edinburgh: Edinburgh University Press, 1991, p. 185. 考虑到马赫莱姆在皇室神话中的重要地位，这个解释是可能的。大多数宗教里都有太阳和月亮的象征符号，包括摩尼教，见 Hans-Joachim Klimkeit, "The Sun and Moon as Gods in Central Asia," *South Asian Religious Art Studies Bulletin* 2 (1983), p. 11。

16 关于这座大教堂，见 Phillipson，1998，p. 114–116。至今在阿杜利斯已发现两座礼拜堂的遗迹，带有巴西利卡，半圆形后殿下侧有方形房间，与现在叙利亚和巴勒斯坦的礼拜堂相似。但我们对这些建筑的装饰知之甚少，因此这部分只是我们基于对其他地方东正教礼拜堂装饰的了解而作出的假设。保罗 · 亨齐讨论阿克苏姆的建筑，记录了一份由先知穆罕默德弟子之一于 620 年代所写的报告，那时她已经结束了在阿克苏姆的流放生活回到故地。根据这份报告，大教堂的墙壁上覆盖有绘画。Paul B. Henze, *Layers of Time: A History of Ethiopia*, pp. 34–37.

17 国王优素福 Yūsuf As'ar Yath'ar 也被称作 Yūsuf Dhū Nuwās。我们不清楚这次袭击的具体细节和发生时间，但同时代的记录显示，优素福在采法尔和纳季兰（即今天的也门，以及沙特阿拉伯与也门的边界）对基督教团体发起反对行动。鲍尔索克讲述了这次冲突，见 G. W.Bowersock, *The Throne of Adulis: Red Sea Wars on the Eve of Islam*, Oxford: Oxford University Press, 2013。对此，亨齐也做了概括（Paul B. Henze, *Layers of Time: A History of Ethiopia,* pp. 41-41）。关于丝绸之路中的也门，见 Diana Pickworth Wong, "Stamp Seals of the Ancient Yemen," PhD diss., University of California, Berkeley, 2003。关于也门的基督教遗存，见 P. Yule, "Zaphar: Capital of

Himyar," *Archäologische Berichte aus dem Yemen* 11 (2007), pp. 477–548。国王卡莱布的反击一事被拜占庭的历史学家普洛柯比乌斯（Procopius）记录下来，根据他的说法，查士丁尼一世支持了这次的反击，卡莱布取得战争的胜利，扶立了一个信奉基督教的新君主。关于这次事件的内容，主要参考了当时一位名叫“贝斯·阿萨姆的西缅”（Simeon of Beth Arsham）的人用叙利亚语写的信件（540 年），但已经有人对这封信件的真实性提出质疑。门罗 - 哈伊暗示，这次行动导致阿克苏姆王国的力量遭到了削弱。Stuart Munro-Hay, *Aksum: An African Civilisation of Late Antiquity*, p. 88.

18 罗伯塔·汤姆伯回顾过去的学术研究，表示这次行动其实是波斯帝国和拜占庭帝国之间一次权力大角斗。操作船只的不仅有阿克苏姆人，还有罗马人和波斯人。Roberta Tomber, *Indo-Roman Trade: From Pots to Pepper,* London: Duckworth, 2008, p. 170.

19 这个说法是门罗–哈伊提出来的，为了解释为何在卡莱布国王治下金币发行的数量要比之前多得多。Stuart Munro-Hay, *Aksum: An African Civilisation of Late Antiquity*, p. 183.

20 这则碑文也被称为“阿杜利斯纪念碑”（*Monumentum Adulitanum*）。原件已经丢失，但这位僧侣的抄本被收录于《基督教诸国风土记》（*Christian Topography*）中。英语译文，参见 Wanda Wolska-Conus, ed. and trans., *Cosmas Indicopleustès, Topographie Chrétienne, I: Livres I-IV,* Paris: Les Editions du Cerf, 1968, pp. 372–378。吉兹语的书写文字，同时使用了碑铭体南阿拉伯字母和新近发展起来的阿克苏姆文字。见 Paul B. Henze, *Layers of Time: A History of Ethiopia*, pp. 37–39；Stuart Munro-Hay, *Aksum: An African Civilisation of Late Antiquity*, p. 215；G. W.Bowersock, *The Throne of Adulis: Red Sea Wars on the Eve of Islam*, pp. 8–21。

21 英语译文见 Stuart Munro-Hay, *Aksum: An African Civilisation of Late Antiquity*, p. 229。

22 同上。

23 Stuart Munro-Hay, *Aksum: An African Civilisation of Late Antiquity*, p. 37。

24 埃塞俄比亚发现了最古老的福音书，即尕日玛福音，保存在尕日玛修道院里。这些福音写在羊皮纸上，年代为 4 世纪到 7 世纪。参见 Martin

Bailey, "Discovery of the Earliest Illustrated Manuscript," *The Art Newspaper,* features, issue 214 (June, 2010), p. 46。

25 关于阿杜利斯最近的发掘成果，见 David Peacock and Lucy Blue eds., *The Ancient Red Sea Port of Adulis, Eritrea*, Oxford: Oxbow Book, 2007。早期发掘可参见 R. Sundström, "Report on Adulis in E. Littman, Preliminary Report of the Princeton Expedition to Abyssinia," *Zeitschrift für Assyriologie* 20 (1907), pp. 171–82，以及 R. Paribeni, "Richerche nel luogo dell-antica Adulis," *Monumenti Antichi, Reale Accademia dei Lincei* 18 (1907), pp. 437–572. http://digi.ub.uni-heidelberg.de/diglit/monant1907/0255.

26 关于这些货物的来源概况，见 Stuart Munro-Hay, *Aksum: An African Civilisation of Late Antiquity*, pp. 173–174。

27 关于红海贸易，见 Eivind Heldaas Seland, "The Liber Pontificalis and Red Sea Trade of the Early to Mid 4th Century AD," in *Navigated Spaces, Connected Places: Proceedings of the Fifth International Conference on the People of the Red Sea, Exeter 2010*, edited by D. Agius, J. Cooper, A. Trakadas, and C. Zazarro, Oxford: Archaeopress, 2012, pp. 117-26。有证据表明，阿克苏姆有自己的玻璃制造业，见 A. Kaczmarczyk, "The Composition of Glass Vessels and Beads from Askum," in *Excavations at Aksum: An Account of Research at the Ancient Ethiopian Capital Directed in 1972–4 by the late Dr. Neville Chittick*, edited by Stuart Munro-Hay, London: British Institute in Eastern Africa, 1989, pp. 333-39；Helen Morrison, "The Glass," in *Excavations at Aksum: An Account of Research at the Ancient Ethiopian Capital Directed in 1972–4 by the late Dr. Neville Chittick*, edited by Stuart Munro-Hay, London: British Institute in Eastern Africa, 1989, pp. 188-209。

28 Stuart Munro-Hay, *Aksum: An African Civilisation of Late Antiquity*, pp. 238–239；Helen Morrison, "The Glass," p. 208.

29 Stuart Munro-Hay, *Aksum: An African Civilisation of Late Antiquity*, p. 22。

30 塔普罗巴奈是希腊人对斯里兰卡的称呼。根据科斯马斯·印地科普莱斯特斯的记载（Indicopleustes，1897，Book XI），他在塔普罗巴奈见过阿克苏姆人。斯里兰卡东南部的戈达瓦亚（Godawaya）港口最近发现了一艘沉船，年代暂时确定为公元前 2 世纪到公元 4 世纪，见 A. S. Gaur et al, "Preliminary Assessment of an Early Historic (2000 Year Old) Shipwreck at Godawaya, Sri Lanka," *Bulletin of the Australasian Institute for Maritime Archaeology* 25 (2011), pp. 9–17。斯里兰卡和中亚间的贸易，见 Osmond Bopearachchi, "The Maritime Silk Roads: Trade Relations Between Central Asia and Sri Lanka from the Evidence of Recent Excavations," *Silk Road: Art and Archaeology* 5 (1997-8), pp. 269–95。

31 不过，这些商船不一定是中国船只。僧人义净就是坐的波斯船离开中国的。关于曼泰，见 John Carswell, "The Port of Mantai, Sri Lanka," in *Rome and India: The Ancient Sea Trade*, edited by Vimala Begley and Richard B. De Puma, Madison: University of Wisconsin Press, 1992, pp. 197–203。

32 Procopius, *History of the Wars*, translated by H. B. Dewing, Cambridge, Mass.: Loeb, 1914, pp. 192–195。从拜占庭前往东方的陆路和海路都被波斯人控制着。参见 David W. Phillipson, *Ancient Churches of Ethiopia*, New Haven: Yale University Press, 2009, p. 355。

33 胡拉尼引用了普罗科匹厄斯的材料，见 George F. Hourani, *Arab Seafaring in the Indian Ocean in Early and Medieval Times*, p. 43。也可参见 John Julius Norwich, *Byzantium: The Early Centuries,* New York: Knopf, 1988, p. 266。关于走私的丝绸，见 Hung，2011。

34 Cosmas Indicopleustes，1897，Book II：45–46.

35 Michael N. Pearson, *The Indian Ocean*, London: Routledge, 2003, p. 29.

36 同上。

37 越来越多的沉船被海洋考古学家发现，证实了这一点。

38 2—3 世纪新疆开始产丝，见 Zhao Feng, "The Evolution of Textiles Along the Silk Road," in *Dawn of a Golden Age, 200–750 AD*, edited by James C. Y. Watt et al., New York: Metropolitan Museum of Art, 2004, p. 70。关于拜占庭的丝绸，见 Oikonomidès, N., "Silk Trade and Production in Byzantium from the Sixth to the Ninth Century: The Seals of Kommerkiarioi," *Dumbarton Oaks Papers* 40 (1986), pp. 33–53。据说，这两名僧侣从印度出发来到中国，目睹了丝的生产过程，两人带着蚕茧跨越里海和黑海，回到拜占庭。他们之

所选择这条路线，也许是为了躲开波斯人，倘若两人真的这样走，那他们会途经中亚地区的丝绸生产地，蚕茧有可能就是在当地获得的。拉舍克质疑中国垄断丝生产这个观点，见 M. G. Raschke, “New Studies in Roman Commerce with the East,” in *Aufstieg und Niedergang der Romischen Welt II Principat*, edited by Hildegard Temporini, vol. 9, part 2, Berlin: Gruyter, 1978, pp. 622–623。当然，这个时候中国人已经无法完全控制丝线的生产，不过从中亚曾数次试图复制中国的织锦技术（关于织锦，见 Zhao Feng, “The Evolution of Textiles Along the Silk Road,” pp. 69-72）来看，当时确实没办法获取这些信息。这是因为中亚的织工受到限制没办法学到这些知识，还是因为他们纯粹还没获得这些知识？我们目前还不清楚。

39 拜占庭历史学家梅南窦（Menander Protector）讲了一个发生在 568—575 年间的真实案例，说明粟特人是怎样利用他们的外交影响力来和突厥一起开辟新市场的。在与萨珊波斯人合作失败后，粟特商人转而说服突厥汗国的可汗去跟拜占庭交涉，以便将中国向突厥纳贡的数千匹丝绸出口到别的地方。R. C. Blockley, *The History of Menander the Guardsman*, Liverpool: Francis Cairns, 1985, pp. 111–115. 除了丝绸和其他织物（Dorothy G. Shepherd and W. B. Henning, “Zandanījī Idenitified?” In *Aus der islamischen Kunst: Festschrift für Ernst Kühnel zum 75. Gebertstag am 26.10.1957*, edited by Richard Ettinghausen, Berlin: Gebrüder Mann, 1959, pp. 15-40），粟特人也买卖萨珊波斯和中亚的银器，乌拉尔地区就发现过一些。（Étienne de la Vaissière, “Les marchands d'Asie centrale dans l'empire khazar,” in *Les centres proto-urbains russes entre Scandinavie, Byzance et Orient*, edited by Michel Kazansky, Anne Nercessian, and Constantin Zuckerman, Paris: Lethielleux, 2000, pp. 368–369）。关于粟特人贸易网络的更多信息，参见“商人”一章。

40 人们常常引用中国 3 世纪的一个史料（万震《南州异物志》），描述了当时的四帆船只，可以承载七百人和两百六十吨货物，但可能是外国船只。相关讨论见 George F. Hourani, *Arab Seafaring in the Indian Ocean in Early and Medieval Times*, pp. 46–50。

41 胡拉尼也讨论过中国船只在东非出现的证据，但抱怀疑态度，认为这在 14 世纪之前是不可能的。卡斯威尔在增订版的注释里指出（John Carswell,

"The Port of Mantai, Sri Lanka," p. 140)，最近越来越多考古证据表明两者的接触时间不晚于公元 800 年。还可参见 R. McLaughlin, *Rome and the Distant East: Trade Routes to the Ancient Lands of Arabia, India and China*, London: Hambledon Continuum, 2009；塞拉西称，在这之前中国的船只甚至到达过红海这样远的地方，见 Sergew Hable Selassie, *Ancient and Medieval Ethiopian History to 1280*, Addis Ababa: Addis Ababa University Press, 1972, pp. 84–85。汉朝史书曾提及一个叫作"条支"的国家，赫尔曼认为就在阿克苏姆海岸一带，见 A. Herrmann, "Ein alter Seeverkehr zwischen Abessinien und Süd-China bis zum Beginn unserer Zeitrechnung," *Zeitschrift der Gesellschaft für Erdkunde* 10 (1913), pp. 553–61。

42 关于阿克苏姆有罗马玻璃的证据，见 Helen Morrison, "The Glass"。但很有可能像大卫 · 菲利普森指出的那样，阿克苏姆人拥有自己的玻璃业（David Phillipson，1998, p. 67）。中国人视这些进口玻璃为珍宝，精英阶层的墓葬里就出现了希腊和罗马的玻璃精品。参见 Susan Whitfield, *La Route de la Soie: Un Voyage a travers la vie et la mort*, Brussels: Mercator, 2010, cat.48。

43 在 751 年怛罗斯之役中被阿拉伯人俘虏的中国人杜环，很可能也去了阿克苏姆。参见 Wolbert Smidt, "A Chinese in the Nubian and Abyssinian Kingdoms (8th Century)," *Chroniques yéménites* 33, 2001. http://cy.revues.org/33。关于中国人及其对象牙的了解，见 Berthold Laufer, *Ivory in China*, Chicago: Field Museum of Natural History, 1925。

44 中国僧人法显参加了佛牙节，于 413 年从斯里兰卡返回中国，他先搭乘一艘可载两百人的大型商船，然后在爪哇或苏门答腊的港口换乘另一艘小一点的船只，中间停留了五个月之久（Samuel Beal, trans., *Si-Yu-Ki: Buddhist Records of the Western World, Translated from the Chinese of Hiuen Tsiang (A.D. 629*, London: K. Paul, Trench, Trübner, 1884, pp. lxxx–lxxxii；James Legge, trans, *A Record of Buddhistic Kingdoms: Being an Account by the Chinese Monk Fâ-hien of His Travels in India*, Oxford: Clarendon Press, 1886, pp. 104–107, 111–115）。426 年，在一名叫难提的舶主带领下，斯里兰卡的一批比丘尼到达广州港口。429 年难提又带来了第二批比丘尼（http://www.maldivesculture.com/index.php?option=com_content&task=view&id=207&Ite

mid=42)。中国僧人陆续通过海路来往于中国与斯里兰卡、印度之间。关于到访斯里兰卡并礼敬佛牙舍利的唐朝（618—907）僧人的情况，参见 Latiki Lahiri, trans., *Chinese Monks in India,* Delhi: Motilal Banarsidass, 1986, pp. 33，41，51，95，III。

45 依照中国僧人据法显的说法有六万。关于法显在斯里兰卡的经历，见 James Legge, trans, *A Record of Buddhistic Kingdoms*, pp. 101–107。

46 这一庆典（Esala Perahera）直至现在仍在举办，时间为每年 8 月份。根据法显的说法，佛牙节在农历三月中开始。这段描述也是采用了他的记载，见 James Legge, trans, *A Record of Buddhistic Kingdoms,* pp. 105–107。西北季风大约在 11 月来临。

47 Stuart Munro-Hay, *Aksum: An African Civilisation of Late Antiquity*, pp. 219–220.

第一章 商人

1 原文的英译文引自 Samuel Beal trans., *Si-Yu-Ki*, Book I, p. 32。感谢魏义天（Etienne de la Vaissière）对本章的评价及建议。

2 诺槃陀(Nanaivandak)这个名字出现在 4 世纪粟特文信札 2 号中〔见 Annette L. Juliano and Judith A. Lerner eds., *Monks and Merchants: Silk Road Treasures from Northwest China*, New York: Harry N. Abrams and the Asia Society, 2001, cat.8〕，由辛姆斯–威廉姆斯（Nicholas Sims-Williams）翻译成英语〕和印度河河谷的铭文中（见下文注释 32）。本章并不是依据某个已知的历史人物写成的，而主要是从第一手材料里获取相关信息，创造出一个杂糅了多方面内容的角色。

3 大部分粟特商人不会做这样长途的旅行。魏义天表示，三四个城镇之间有一条长达数百公里的巡回路线（Étienne de la Vaissière, *Sogdian Traders: A History*, p. 165），但他也指出不少路途更加遥远的贸易旅程事例，包括粟特文信札中的诺槃陀（pp. 165-166），虽然这一次的路线在时间上更早一些。吐鲁番发现的一件文书证明，8 世纪时已经有撒马尔罕的商人来到龟兹（60TAM35：21，引自 Jonathan Karam Skaff, "The Sogdian Trade

Diaspora in East Turkestan during the Seventh and Eighth Centuries," *Journal of the Economic and Social History of the Orient* 46, no. 4 (2003), p. 505)。关于计划前去都城长安的西方商人的通行许可证，参见 Jonathan Karam Skaff, "The Sogdian Trade Diaspora in East Turkestan during the Seventh and Eighth Centuries," p. 507。

4 B. I. Marshak and N. N. Negmatov, "Sogdiana," in *History of Civilizations of Central Asia*, vol. 3, edited by B. A. Litvinsky, Paris: UNESCO, 1996, pp. 233-80.

5 以下对这座城市的描述，引自马尔沙克（Boris Marshak）的考古报告。相关图像、概况和参考文献，见 Boris I. Marshak, "The Sogdians in Their Homeland," in *Monks and Merchants: Silk Road Treasures from Northwest China*, edited by Annette L. Juliano and Judith A. Lerner, New York: Harry N. Abrams and the Asia Society, 2001, pp. 230-37；"Panjikant," *Encyclopaedia Iranica*, 2002. http://www.iranicaonline.org /articles/panjikant。

6 粟特人的衣着在诸如片治肯特和阿弗拉西阿卜（Afraisyab）的壁画上可以看到。也可参见 Boris I. Marshak, "The Sogdians in Their Homeland"；Sergey A. Yatsenko, "The Late Sogdian Costume (the 5th–8th Centuries)," *Transoxiana* (Webfestschrift Marshak), 2003. http://www.transoxiana.org/Eran /Articles/yatsenko.html。

7 关于塔里木盆地与河西走廊市镇里的粟特人社群，见荣新江、张志清《从撒马尔干到长安——粟特人在中国的文化遗迹》，北京：北京图书馆出版社，2004 年；Rong Xinjiang, "New Light on Sogdian Colonies along the Silk Road: Recent Archaeological Finds in Northern China," 2001 年 9 月 20 日在柏林—勃兰登堡科学院的讲座，刊载于 *Berlin-Brandenburgische Akademie der Wissenschaften, Berichte und Abhandlungen* 10 (2006), pp. 147–60, Further Remarks on Sogdians in the Western Regions," in *Exegisti Monumenta: Festschrift in Honour of Nicholas Sims-Williams*, edited by Werner Sundermann, Almut Hintze, and Francois de Blois, Wiesbaden: Harrassowitz Verlag, 2009, pp. 399-416；Jonathan Karam Skaff, "The Sogdian Trade Diaspora in East Turkestan during the Seventh and Eighth Centuries"；罗丰《固原南郊隋唐墓地》，

北京：文物出版社，1996 年；Frantz Grenet and Nicholas Sims-Williams, "The Historical Context of the Sogdian Ancient Letters," in *Transition Periods in Iranian History: Actes du Symposium de Fribourg-en-Brisgau (22–24 mai 1985)*, edited by Societas Iranologica Europaea, Leuven: Association pour l'avancement des etudes iraniennes, 1987, pp. 101-22。（荣新江《中古中国与粟特文明》，北京：生活 · 读书 · 新知三联书店，2014 年）

8 硇砂既可作为焊接时的助焊剂，也可用作药物（E. H. Schafer, *The Golden Peaches of Samarkand*, Berkeley: University of California Press, 1963, p. 218）。从吐鲁番发现的文书里，我们得知粟特人交易的有哪些商品，见 Rong Xinjiang, "New Light on Sogdian Colonies along the Silk Road: Recent Archaeological Finds in Northern China," pp. 149-150。敦煌北发现的古粟特文信札 2 号提及麝香贸易（见 Annette L. Juliano and Judith A. Lerner eds., *Monks and Merchants: Silk Road Treasures from Northwest China*, cat. 8；也见 King，2007：130-132）。根据大英图书馆藏的一份敦煌写本（Or.8210/S.4398）的记载，敦煌曹议金派人向中原的皇帝送了 5 千克的硇砂（参见《画家》）。

9 关于安禄山收藏的银器，见 Rong Xinjiang, "New Light on Sogdian Colonies along the Silk Road: Recent Archaeological Finds in Northern China," p. 152。这件饰有骆驼的执壶是埃尔米塔日博物馆的一件藏品，和安禄山之间没有联系。

10 这场唐朝和阿拉伯帝国的冲突就是公元 751 年的怛罗斯之战。关于阿拉伯帝国在 8 世纪对中亚及喀什的侵略活动，见 H. A. R. Gibb, "The Arab Invasion of Kashgar in 715," *Bulletin of the School of Oriental Studies* 2, no. 3 (1922), pp. 467–74；The Arab Conquests in Central Asia, London: The Royal Asiatic Society, 1923, Rpt. 1970。

11 这两项技能在那时很可能已经传到阿拉伯帝国。在塔里木一带这两个技能已为人所知。参见 Jonathan M. Bloom, *Paper Before Print*，以及《作家》。

12 在今天阿富汗东北部的巴达赫尚有青金石的矿山，这里的开矿历史长达六千年以上，是这个地区和前现代欧亚大陆主要的青金石来源。吐蕃人以其金属加工技术而闻名，见 E. H. Schafer, *The Golden Peaches of Samarkand*,

p. 254 ; Amy Heller, "Rezeption und Adaptation fremder ästhetisher Elemente in der tibetischen Skulptur–Eine Spurensuche," in *Tibet Klöster öffnen ihre Schatzkammern*, Essen: Kulturstiftung Ruhr, Villa Hügel, 2006, pp. 80-89（英译版见 http://www.asianart.com/articles/aesthetics/）。

13 蒂洛对长安作了全面的描述，见 Thomas Thilo, *Changan: Metropole Ostasiens und Weltstadt des Mittelalters, 583–904*, Wiesbaden: Harrassowitz Verlag, 1997。

14 甘肃兰州附近的一个四千年前的遗址发现了面条遗存。

15 见 John Kieschnick, *The Eminent Monk: Buddhist Ideals in Medieval Chinese Hagiography*, Honolulu: University of Hawaii Press, 1997, 222–249。

16 Robert van Gulik, *Sexual Life in Ancient China: A Preliminary Survey of Chinese Sex and Society from ca. 1500 B.C. Till 1644 A.D*, Leiden: Brill, 2003, p. 178。薛爱华在《撒马尔罕的金桃》中也谈到长安酒坊（21 页）和长达三天的饮酒节日（144 页）。当时还有一封为醉酒行为而写的道歉信，见 Susan Whitfield and Ursula Sims-Williams eds., *The Silk Road: Trade, Travel, War and Faith*, pp. 237-239。

17 E. H. Schafer, *The Golden Peaches of Samarkand*, p. 55 ; Robert van Gulik, *Sexual Life in Ancient China*, p. 186.

18 石国就是今天的塔什干。

19 摩尼教的概述，见 Richard C. Foltz, *Religions of the Silk Road*。更多详细内容，见 Lieu S. N., *Manicheanism in the Later Roman Empire and Medieval China: A Historical Survey* ; *Manicheanism in Central Asia and China*, Tübingen: J. C. Mohr Paul Siebeck, 1992 ; X. Tremblay, *Pour une histoire de Sérinde. Le manichéisme parmi les peoples et religions d'Asie Centrale d'après les sources primaires*, Vienna: Verlag der Osterreischischen Akademie der Wissenschaften, 2001。

20 关于粟特人的宗教，见 Grenet，2007。

21 不空是著名的历史人物，他可能是在斯里兰卡出生，随后搬到撒马尔罕。715 年，父亲死后，十岁的他从撒马尔罕前往中国。之后他到访斯里兰卡（见《船长》），在回中国的路上受到名将哥舒翰的供养（见《士兵》）。关于不空对中国佛教的影响，见 Martin Lehnert, “Tantric Threads Between India and China,” in *The Spread of Buddhism*, edited by Ann Heirman and Stephan Peter Bumbacher, Leiden: Brill, 2007, pp. 261–66。

22 关于阿拉伯对粟特地区的侵略，见 Étienne de la Vaissière, *Sogdian Traders: A History*, pp. 263–273。

23 关于突骑施的简要叙述，见 D. Sinor and S. G. Klyashtorny, “The Türk Empire,” in *History of Civilizations of Central Asia*, vol. 3, edited by B. A. Litvinsky, Paris: UNESCO, 1996, pp. 344–347。

24 Jonathan Karam Skaff, *Sui-Tang China and Its Turko-Mongol Neighbors: Culture, Power, and Connections, 580–800*, Oxford: Oxford University Press, 2012, p. 38 引用了中国的材料。

25 关于八世纪三十年代突骑施可汗与汉人的关系，见 Jonathan Karam Skaff, *Sui-Tang China and Its Turko-Mongol Neighbors*, pp. 181–184；Thomas J. Barfield, *The Perilous Frontier: Nomadic Empires and China 221 BC to AD 1757*, Cambridge, Mass.: Blackwell, 1992, pp. 131–149。

26 见《作家》。

27 M. A. Shaban, *The Abbasid Revolution*, Cambridge, Engl.: Cambridge University Press, 1970, pp. 58–61.

28 见 F. Grenet and E. de la Vaissière, “The Last Days of Panjikent,” *Silk Road Art and Archaeology* 8 (2002), pp. 155–96。

29 鲁斯塔姆故事的早期片段，见大英图书馆藏的手稿 Or.8212/81，转写版本 见 Susan Whitfield and Ursula Sims-Williams eds., *The Silk Road: Trade, Travel, War and Faith*, cat.3，网上资源见 http://idp.bl.uk/database/oo_loader.a4d?pm=Or.8212/81。

30 G. Azarpay, “Nana, the Sumero-Akkadian Goddess of Transoxania,” *Journal of the American Oriental Society* 96, no. 4 (1976), pp. 536–42. Grenet, F., and B. I. Marshak, “Le mythe de Nana dans l’ art de Sogdiane,” *Arts Asiatiques* 53 (1998), pp. 5–18; Matteo Compareti, “Afrasiab: II. Wall Paintings,” *Encyclopaedia Iranica*, online edition, New York, 1996–, 2009. http://www.iranica.com/articles /afrasiab-ii-wall-paintings-2.

31 Sarah Stewart ed., *The Everlasting Flame: Zoroastrianism in History and Imagination*, London: I. B. Tauris, 2013.

32 关于印度河河谷上游的粟特文碑刻，见 Nicholas Sims-Williams, "The Sogdian Inscriptions of the Upper Indus: A Preliminary Report," in *Antiquities of Northern Pakistan, Reports and Studies*, edited by Karl Jettmer, Vol. 1, Mainz: P. von Zabern, 1989, pp. 131-37；"The Sogdian Merchants in India and China," in *Cina e Iran da Alessandro Magno alla Dinastia Tang*, edited by A. Cadonna and L. Lanciotti, Florence: Leo S. Olschki Editore, 1996, pp. 45-67；Étienne de la Vaissière, *Sogdian Traders: A History*, pp. 82–89。至于其他文字的碑刻，见 Karl Jettmar ed. *Antiquities of Northern Pakistan, Reports and Studies*, Vol. 1: *Rock Inscriptions in the Indus Valley*；Jason Neelis, "Kharosthi and Brahmi Inscriptions from Hunza-Haldeikish Sources for the Study of Long-Distance Trade and Transmission of Buddhism," *South Asian Archaeology* 2 (1997), pp. 903–23；Ma Yong, "The Chinese Inscription of the Da Wei Envoy of the Sacred Rock of Hunzam"；T. Höllmann, "Chinesische Felsinschriften aus dem Hunza und Industal," in *Antiquities of Northern Pakistan, Reports and Studies*, edited by Karl Jettmar, vol. 2, Mainz: P. von Zabern, 1993, pp. 61–75。

33 Nicholas Sims-Williams, "The Sogdian Inscriptions of the Upper Indus: A Preliminary Report," p. 23. 关于塔什库尔干，见《朝圣者》。

34 Étienne de la Vaissière, *Sogdian Traders: A History*, pp. 368–369. 关于拜占庭的丝绸走私活动，见 Patrick Hunt, "Late Roman Silk: Smuggling and Espionage in the 6th Century CE," *Philolog.*, 2011. http://traumwerk.stanford.edu/philolog/2011/08/byzantine_silk_ smuggling_and_e.html。

35 E. H. Schafer, *The Golden Peaches of Samarkand*, p. 254，n. 42.

36 关于一个女性奴隶的粟特文契约，见吉田豊、森安孝夫、新疆ウィグル自治区博物館《麹氏高昌国時代ソグド文女奴隸売買文書》，《内陸アジア言語の研究》第 4 号，1989 年，第 1-50 页；Li Jian and Valerie Hansen, *The Glory of the Silk Road*, Dayton, Ohio: Dayton, 2003. Art Institute cat 48。关于其他奴隶契约及花费，见 Valerie Hansen, *Negotiating Daily Life in*

Traditional China, pp. 41–42 ；Helen Wong, *Money on the Silk Road*, London: British Museum Press, 2004, p. 70。

37 C. Edmund Bosworth, “Osrušana,” *Encyclopaedia Iranica,* online edition, New York, 1996–, 2005. http://www.iranicaonline.org/articles/osrusana. 关于同时代的记载，见 Samuel Beal trans., *Si-Yu-Ki*, I, pp. 31–32。

38 关于同时代的描述，见 Samuel Beal trans., *Si-Yu-Ki*, I, p. 30。

39 这是 6 世纪拜占庭历史学家梅南窦选择的路线，见 R.C. Blockley, *The History of Menander the Guardsman*, Liverpool: Francis Cairns, 1985。

40 Ye. I. Lubo-Lesnichenko, “Svedeniya kitaiskikh pismennykh istochnikov o Suyabe (Gorodishche Ak-Beshim),” in *Suyab Ak-Beksim*, edited by G. Semenov et al., St. Petersburg: Hermitage Museum, 2002, pp. 115-27. Grigory Semenov, “Suye and the Journey to the West,” in *Xuanzang and the Silk Route*, edited by Lokesh Chandra and Radha Banerjee, New Delhi, India: Munshiram Manoharlal Publishers in association with Indira Gandhi National Centre for the Arts, 2008, pp. 259-68. 738 年苏禄可汗死后，这座城市被龟兹的汉人军事长官（译注：应为北庭大都护兼碛西节度使盖嘉运）重新占领。

41 如今“卡拉库尔”（karakul）的俄文名称“astrakhan”更有名。近来这些羊皮的做法是杀死母绵羊后，再取出胎里小羊的皮。但我没有找到史料可以证明 8 世纪有这种做法。肥尾羊也叫作“dumba”。

42 关于同时代人对这时期突厥可汗帐篷装饰的概况描述，见 Jonathan Karam Skaff, *Sui-Tang China and Its Turko-Mongol Neighbors,* pp. 150–153。参见 Samuel Beal trans., *Si-Yu-Ki*, pp. 42–43。

43 关于当时对突厥人形象的表现，在阿弗拉西阿卜及其他地方发现有相关材料（Susan Whitfield and Ursula Sims-Williams eds., *The Silk Road: Trade, Travel, War and Faith*, III）。当时一位穆斯林使者塔米姆·伊本·巴赫（Tamim ibn Bahr）也有过记述，见 V. Minorsky, “Tamīm ibn Baḥr’s Journey to the Uyghurs,” *Bulletin of the School of Oriental and African Studies* 12, no. 2 (1948), pp. 275-305。

44 关于骆驼的花费，见 Helen Wong, *Money on the Silk Road*, p. 102。

45 Samuel Beal trans., *Si-Yu-Ki*, I，pp. 19-24.

46 龟兹语也被称为吐火罗语 B。有关学术讨论，见 Valerie Hansen, *The Silk Road: A New History*, pp. 70–77。关于克孜尔发现的吐火罗语 B 写稿，见 THT3（http://idp.bl.uk/database/oo_loader.a4d?pm=THT 133）。更多文本，请见国际敦煌项目官网（http://idp.bl.uk/）及 TITUS 数据库（http://titus.fkidg1.uni-frankfurt.de/texte/tocharic/tht.htm）。对于不同种类的吐火罗语，克劳斯和斯洛克姆做过精要的简介，见 Todd B. Krause and Jonathan Slocum, *Tocharian Online*, Austin: University of Texas Linguistics Research Center. http://www.utexas.edu/cola/centers/lrc /eieol/tokol-0-X.html (2014 年 9 月 8 日查阅)。

47 Christopher Beckwith, *The Tibetan Empire in Central Asia*, pp. 197–198.

48 Pan Yihong, "The Sino-Tibetan Treaties in the Tang Dynasty," *T'oung Pao* 78 (1992), pp. 129–130；Beckwith，1993：106。

49 见第本章注释 7。

50 Edwin O. Reischauer, *Ennin's Travels in T'ang China*, New York: Ronald Press, 1955, pp. 143–145.

51 像这样的鞋子，大英博物馆藏有一只，登记编号为 MAS.495（Susan Whitfield and Ursula Sims-Williams eds., *The Silk Road: Trade, Travel, War and Faith*, cat.16，http://idp.bl.uk/database/oo_loader.a4d?pm=MAS.495）。

52 E. H. Schafer, "The Camel in China down to the Mongol Dynasty," *Sinologica* 2 (1950), p. 181. 此处及下面大部分引用的是中国史书，引自薛爱华（E. H. Schafer）的英语译本。

53 E. H. Schafer, "The Camel in China down to the Mongol Dynasty," p. 180.

54 E. H. Schafer, "The Camel in China down to the Mongol Dynasty," pp. 182-183.

55 E. H. Schafer, "The Camel in China down to the Mongol Dynasty," pp. 180, 187.

56 E. H. Schafer, "The Camel in China down to the Mongol Dynasty," pp. 179-180. 陕西历史博物馆有一件三彩载乐骆驼俑。

57 E. H. Schafer, "The Camel in China down to the Mongol Dynasty," p. 189. 这来自 10 世纪的史料。

58 20 世纪早期的皇家探险者讨论了当地的气候变化，尤其是罗布沙漠的罗布泊一带。关于这些争论及其影响，学者有过讨论，见 Phillipe Forêt, "Sven

Hedin and the Invention of Climate Change," In *Sven Hedin and Eurasia: Knowledge, Adventure and Geopolitics*, edited by Ingmar Oldberg, Stockholm: Sällskapet för studier av Ryssland, Centraloch Osteuropa samt Centralasien, 2008, pp. 29-34；"Climate Change: A Challenge to the Geographers of Central Asia," *Perspectives* 9 (2013), pp. 24–27. http://rfiea.fr/en/articles/climate-change-challenge-geographers-colonial-asia。

59 希罗多德《历史》第七章，见乔治·罗林森（George Rawlinson）的英文译本：http://www.piney.com/Heredotus7.html。

60 关于马的品种，更多内容请见《马夫》。

61 安西，在中文里有"安定西方"的含义。现在被称为"瓜州县"，老城称作"锁阳城"。可参见 Mildred Cable and Francesca French, *The Gobi Desert*, London: Hodder and Stoughton, 1950, pp. 85–86。

62 关于安西和哈密之间的沙漠旅途，20 世纪早期有过生动的记载，见 Mildred Cable and Francesca French, *The Gobi Desert*, pp. 94–117。

63 Mildred Cable and Francesca French, *The Gobi Desert*, pp. 112-113.

64 盗贼出没这件事已经得到证明并被描绘出来，如莫高窟 45 窟南壁。

65 Jonathan Karam Skaff, "The Sogdian Trade Diaspora in East Turkestan during the Seventh and Eighth Centuries," p. 503.

66 E. H. Schafer, *The Golden Peaches of Samarkand*, p. 75.

67 对长安市场及商人行会的描述，见 Kato Shigeshi, "On the Hang or the Association of Merchants in China," *Memoirs of the Research Department of Toyo Bunko* 8 (1936), pp. 45–84。也见 Robert van Gulik, *Sexual Life in Ancient China*, chap.7；Thomas Thilo, *Changan: Metropole Ostasiens und Weltstadt des Mittelalters, 583–904*。

68 Christopher Beckwith, *The Tibetan Empire in Central Asia*, p. 106；Pan Yihong, "The Sino-Tibetan Treaties in the Tang Dynasty," pp. 132–133. 潘以红认为这个时期是 732 年，但同意双方实际上是在 730 年开始协商的。

69 高仙芝卒年为 756 年。高句丽这个国家位于今天韩国北部。关于这场决定性战役的记载，见《士兵》。至于高仙芝的民族身份对其仕途的影响，相关讨论见 Jonathan Karam Skaff, *Sui-Tang China and Its Turko-Mongol Neighbors*,

pp. 88–91。

70 见《马夫》。

71 关于帕米尔一役，见《士兵》。

72 只有一些片段保存在《通典》里，见《通典》卷一九二和一九三。关于杜环在非洲的旅程，见 Wolbert Smidt, "A Chinese in the Nubian and Abyssinian Kingdoms (8th Century)," *Chroniques yéménites* 33, 2001. http://cy.revues.org/33。关于近代以前中非之间的关系，见 Philip Snow, *The Star Raft: China's Encounter with Africa*, Ithaca: Cornell University Press, 1988, pp. 1–36。

73 在安禄山之乱末期，随着城池陆续收复，唐朝下令屠杀"外国人"（Étienne de la Vaissière, *Sogdian Traders: A History*, pp. 220–222；Lieu S. N., *Manicheanism in Central Asia and China*, pp. 231–234, 237–239）。当时的诗歌也体现了这种排外情绪（F. Hu-Sterk, "Entre fascination et repulsion: Regards des poètes des Tang sur les 'Barbares'," *Monumenta Serica* 48 (2000), pp. 18–38）。

第二章　士兵

1 摘自杜佑《通典》卷一九〇，页 1023a，英文译文改编自白桂思的译本（*The Tibetan Empire in Central Asia*）。我想感谢萨姆（Sam van Schaik）对本章的意见。

2 史料里很少会出现某个士兵的内容，但幸运的是，丝路沿线的麻扎塔格和米兰的吐蕃戍堡遗址里发现了几百枚简牍文书，还有一些人工制品。武内绍人对这些简牍进行了全面的研究，相关综录仍在准备当中。本章并不是依据某个已知的历史人物写成的，而是主要从上述史料和武内绍人对士兵日常生活细节的研究（关于这批文书的整理文本和英语译文，见 F. W. Thomas, *Tibetan Literary Texts and Documents Concerning Chinese Turkestan: Part II: Documents*, London: Royal Asiatic Society, 1951）里获取相关信息，创造出一个杂糅了多方面内容的角色。主要历史事件记载在汉文和吐蕃文的材料中，包括敦煌发现的两部吐蕃编年史（英语译本见 Brandon Dotson, *The Old Tibetan Annals: An Annotated Translation of Tibet's First History, with an*

Annotated Cartographical Documentation by Guntram Hazod, Vienna: Verlag der Osterreichischen Akademie der Wissenschaften, 2009）。上述这些材料可在国际敦煌项目官网上浏览：http://idp.bl.uk。此外还有一些铭文保留下来，见 Kazushi Iwao, Nathan W. Hill, and Tsuguhito Takeuchi, *Old Tibetan Inscriptions*, Tokyo: Research Institute for Languages and Cultures of Asia and Africa, Tokyo University of Foreign Studies, 2009。

3 Colin Mackerras, *The Uighur Empire: According to the T'ang Dynastic Histories*, Columbia: University of South Carolina Press, 1973, p. 30.

4 “赛格拉顿”（*Seg Lhaton*）这个名字引自敦煌藏经洞（见《画家》）发现的一件吐蕃文书，编号为 IOL Tib J 1359(B)。见 F. W. Thomas, *Tibetan Literary Texts and Documents Concerning Chinese Turkestan: Part II: Documents*, pp. 80–84, 116。

5 武内绍人表示家庭会随士兵一起前往戍堡，但米兰没有发现相关证据。

6 《吐蕃王朝编年史》第 4 条，转引自 Christopher Beckwith, “The Revolt of 755 in Tibet,” *Wiener Studien zur Tibetologie und Buddhismuskunde* 10 (1983), p. 16，n17。最近被翻译成英语，见 Brandon Dotson, *The Old Tibetan Annals*。

7 关于吐蕃王朝的兴起和历史，近来有通俗易懂的介绍，见 Sam van Schaik, *Tibet: A History*, New Haven, Conn.: Yale University Press, 2011, 第一、二章。至于早期的详细情况，见 Christopher Beckwith, *The Tibetan Empire in Central Asia*。吐蕃文名称，见 Christopher Beckwith, “On the Chinese Names for Tibet, Tabghatch and the Turks,” *Archivum Eurasiae Medii Aevi* 14 (2005), pp. 7–22。

8 Pan Yihong, “The Sino-Tibetan Treaties in the Tang Dynasty”。关于这时期各个势力间的关系，有学者提出一个精辟的模型，见 Naomi Standen, “Ecology and Politics and Pre-Modern Eastern Eurasia,” inaugural lecture for the College of Arts and Law, University of Birmingham, June 18, 2013。

9 青海湖位于青藏高原北部，即今天中国青海省境内。瓦罕人的王国和小勃律分别位于今天阿富汗东北部和巴基斯坦北部。

10 5 世纪初中国西行朝圣的僧人法显就是沿着这条路前往印度的。“沙河中多有恶鬼、热风，遇则皆死，无一全者。上无飞鸟，下无走兽。遍望极目，欲求度处，则莫知所拟，唯以死人枯骨为标识耳。”（英语译文引自 Samuel

Beal trans., *Si-Yu-Ki*, p. xxiv）从敦煌到米兰所在的鄯善要花十七天。

11 关于米兰的早期历史，见 Christa Paula, “Miran and Paintings from the Shrines M.III. and M.V.” Phd diss., the University of London, 1992。

12 Christa Paula, “Miran and Paintings from the Shrines M. III. and M.V.,” p. 81. 这期间也用过蓄水池，但至今米兰尚未确认有任何这类遗迹。见 Bertrand, 2012。

13 平面图、历史照片、现代照片，都可以在国际敦煌项目的官网上浏览（http://idp.bl.uk）。

14 Tsuguhito Takeuchi, “The Tibetan Military System and the Activities from Khotan to Lop Nor,” in *The Silk Road: Trade, Travel, War and Faith*, edited by Susan Whitfield and Ursula Sims-Williams, London: The British Library and Serindia, 2004, pp. 50-56.

15 派到岗哨的士兵可能要在那里待一年（Tsuguhito Takeuchi, “The Tibetan Military System and the Activities from Khotan to Lop Nor,” p. 53，引用文书 L Tib N 1629）。

16 F. W. Thomas, *Tibetan Literary Texts and Documents Concerning Chinese Turkestan: Part II: Documents*, p. 437，翻译自文书 ib N 325（M.I.vii.49）。

17 斯坦因（M. Aurel Stein）根据戍堡这些房间的发掘情况，推断出这一系列活动的先后发生顺序（M. Aurel Stein, *Serindia*, pp. 348–349, 459–460）。

18 考古学家不得不对付“无孔不入的氨气味道”（M. Aurel Stein, *Ruins of Desert Cathay: Personal Narrative of Explorations in Central Asia and Westernmost China*, London: Macmillan, 1912, p. 440）。

19 关于这一时期中原和吐蕃关系的记载，见 Paul Demiéville, *Le Concile de Lhasa: Une controverse sur le quiétisme entre bouddhistes de l'Indeet de la Chine au VIIIe siècle de l'ère chrétienne*, Paris: Presses Universitaires de France, 1952；Pan Yihong, “The Sino-Tibetan Treaties in the Tang Dynasty,” pp. 132–133。

20 吐谷浑（又称“阿柴虏”）的相关记载，见 Paul Pelliot, “Note sur les T'ou-yu-houen et les Sou-p'i,” *T'oung pao* 20 (1912), p. 323；Gabriella Mole, *The T'u-yü-hun from the Northern Wei to the Time of the Five Dynasties*, Rome:

Istituto italiano per il Medio ed Estremo Oriente, 1970。这时期有关吐谷浑的写本，见 F. W. Thomas, *Tibetan Literary Texts and Documents Concerning Chinese Turkestan: Part II: Documents*；Uray，1978。最近相关人员对该地区这时期的墓葬进行了发掘，发现了一些有趣的纺织物，见 Heller and Xu，2006。

21 新娘是文成公主（Pan Yihong, "The Sino-Tibetan Treaties in the Tang Dynasty," pp. 118–119）。

22 Paul Demiéville, *Le Concile de Lhasa*, p. 369.

23 这则史料的英语译文引自 Beckwith，1978，p. 129–130。

24 哥舒翰（? —757）身上有于阗人和突厥人的血统（Étienne de la Vaissière, *Sogdian Traders: A History*, p. 218）。哥舒翰的恩主，见 Jonathan Karam Skaff, *Sui-Tang China and Its Turko-Mongol Neighbors*, p. 89。

25 这些事件的发生顺序是依据《资治通鉴》第 215 卷（英语译文引自 E. Chavannes, *Documents Sur Les Tou-Kiue (Turcs) Occidentaux Recueillis Et Commentés Par E. Chavannes*, Paris: Librairie d'Amérique et d'Orient Adrien Maisonneuve, 1903, pp. 151，152 n1）、斯坦因探索这一带地形时的分析（M. Aurel Stein, *Serindia*, pp. 52-59），以及作者自己 2004 年重访战场时的判断。也可见 Christopher Beckwith, *The Tibetan Empire in Central Asia*, pp. 130–132。近来阿迦汗文化基金会对连云堡（Kansir fort）进行调查，斯坦因相信是吐蕃人修建了连云堡（M. Aurel Stein, *Serindia*, pp. 68–70；Jawad Khan and Andy Miller, *Kansir Fort, Sarhad-e Broghil, Upper Wakhan: A Preliminary Assessment and Survey*, Kabul: Ministry of Information and Culture in conjunction with thc Aga Khan Trust for Culture, 2009）。

26 此处和别处所引用的赛格拉顿的话都是虚构的。

27 我自己就曾在午后河水泛滥时骑马渡过这条河，因此可以想象，让军队安全渡河要面临相当多的危险。

28 斯坦因表示在今天塔吉克斯坦、阿富汗接壤处霍罗格（Khorog）以北的什克南（Shighnān）一带（M. Aurel Stein, *Serindia*, p. 53）。

29 至少有一处戍堡遗址——连云堡——在那；见上文第 60 页注释 5 和插图 10。

30 839年左右，一位被吐蕃人俘虏了六年的汉人官吏描述过这些举止，这份一手资料见 Elliot Sperling, "A Captivity in Ninth-Century Tibet," *The Tibet Journal* 4, no. 4 (1979), pp. 22–24；Paul Demiéville, *Le Concile de Lhasa*, pp. 197–198。中国军队也有类似的文身做法，相关综述见 Carrie E. Reed, "Early Chinese Tattoo," *Sino-Platonic Papers* 103 (June, 2000), pp. 19–24。

31 S Elliot Sperling, "A Captivity in Ninth-Century Tibet," p. 24.

32 Christopher Beckwith, *The Tibetan Empire in Central Asia*, p. 134.

33 唐朝皇帝的祖上是突厥人。

34 "安禄山"的英语拼写为 Rokshan。

35 参见本章开头题词及其史料出处。也见 Stephen W. Bushell, "Early History of Tibetan from Chinese Sources," *Journal of the Royal Asiatic Society* 12 (1880), pp. 435–541。目前考古发掘中尚未发现锁子甲，这也不奇怪，这类防具十分珍贵，因此可想而知，锁子甲会从战场上的士兵身上脱去，以便再度利用。斯坦因在米兰发现上漆的盔甲鳞片（British Museum，MAS：611/621；见 Susan Whitfield and Ursula Sims-Williams eds., *The Silk Road: Trade, Travel, War and Faith*, cat.109）。或许这些装备也用于表现等级差别。

36 F. W. Thomas, *Tibetan Literary Texts and Documents Concerning Chinese Turkestan: Part II: Documents*, pp. 425–426.

37 这些武器在中国用了好几百年。Joseph Needham, *Science and Civilisation in China*, Vol. 5: *Chemistry and Chemical Technology*, Part II: *Military Technology: Missiles and Sieges*, Cambridge, Engl.: Cambridge University Press, 1994, pp. 27, 446.

38 有文书提及这些"慰劳部队"，见 F. W. Thomas, *Tibetan Literary Texts and Documents Concerning Chinese Turkestan. Part III: Addenda and Corrigenda, with Tibetan Vocabulary, Concordance of Document Numbers, and Plates*, London: Royal Asiatic Society, 1955, pp. 423, 464，引自文书 IOL Tib N 1703（M.Tagh.a.IV.0087）。

39 毒烟弹里有石灰、硫磺、砒霜，见 Joseph Needham, *Science and Civilisation in China*, Vol. 5: *Chemistry and Chemical Technology*, Part VI: *Military Technology: The Gunpowder Epic*, Cambridge, Engl.: Cambridge University

Press, 1986, pp. 123, 165–166, 343–344。

40 李白《战城南》(英语译文引自 Stephen Owen, *An Anthology of Chinese Literature: Beginnings to 1911*, New York: W. W. Norton, 1996, p. 244)。

41 杜甫《兵车行》(英语译文引自 Stephen Owen, *An Anthology of Chinese Literature: Beginnings to 1911*, p. 469)。中文及其他语言版本，见 http://www.chinese-poems.com/d16.html。

42 甘草根原产于柴达木盆地，以其对消化类疾病的广泛疗效而广为人知（E. H. Schafer, *The Golden Peaches of Samarkand*, p. 181)；这种药草仍为人所用。见 http://www.avogel.ch/en/plant-encyclopaedia/glycyrrhiza_glabra.php。

第三章　马夫

1 英语译文引自 E. H. Schafer, *The Golden Peaches of Samarkand*, p. 96。我要感谢德金（Desmond Durkin-Meisterernst）和拉什曼（Simone-Christiane Raschmann）对本章的意见。

2 “骨咄禄”（Kutlug）是常见的回鹘人名，广为人知，意为“幸运，幸福，受祝福的”，见 Gerard Clauson, *An Etymological Dictionary of Pre-Thirteenth-Century Turkish*, Oxford: Clarendon Press, 1972, p. 601。这个名字已出现在多份写本里，例如柏林藏的吐鲁番文书里的 U5582、Ch/U7362v，如回鹘汗国第一任君主骨咄禄毗伽阙可汗（Kutlug Bilge Kül Khagan, 744—747 年间卒）。本章并不是依据某个已知的历史人物写成，而是主要从第一手的考古和文献材料里获取相关信息，创造出一个杂糅了多方面内容的角色。

3 D. Sinor, Geng Shimin, and Y. I. Kychanov, “The Uighurs, the Kyrgyz and the Tangut (eighth to the thirteenth centuries),” in *History of Civilizations of Central Asia*, vol. 4, edited by M.S. Asimov and C.E. Bosworth, Paris: UNESCO, 1998, p. 192.

4 关于突厥服装和装备（如匕首）的例子，可参考 Susan Whitfield, *La Route de la Soie*, pp. 58–59。不过这些是较早时期的装扮，目前关于突厥人的这一统治时期，出版的资料很少。2005 年英国国家学术院试图解决这个问题，但把出版的重点放在了艺术作品和写本上（David J. Roxburgh ed., *Turks: A Journey*

of a Thousand Years, 600–1600, London: Royal Academy of Arts, 2005)。突厥汗国灭亡后，回鹘人就迁往塔里木盆地居住，根据这些回鹘人的写本、壁画等材料，我们可以找到更多证据（David J. Roxburgh ed., *Turks*, pp. 42–59 ；Herbert Härtel and Marianne Yaldiz, *Along the Ancient Silk Routes: Central Asian Art from the Berlin State Museums,* New York: Metropolitan Museum of Art, 1982, pp. 169–172)。

5 泰班马如今几乎灭绝了,但在准噶尔盆地西边的草原和蒙古南部仍能找到（E. H. Schafer, *The Golden Peaches of Samarkand*, p. 61)。

6 有关可萨人和不里阿耳人，可见《作家》。有关回鹘人的组成，见 E. G. Pulleybank, "Some Remarks on the Toquzoghuz Problem," *Ural-Altaische Jahrbücher* 28 (1956), pp. 35–42。迁徙到安纳托利亚的塞尔柱突厥人，是西邻回鹘的突厥人的后代。

7 大致在今天蒙古境内。那时突骑施控制了这一地区，西至粟特边境（见《商人》)。目前还没有一部历史书能完整讲述这一带突厥人的历史，但有简短的介绍，见 Thomas J. Barfield, *The Perilous Frontier* ；程溯洛《唐宋回鹘史论集》，北京：人民出版社，1994 年；D. Sinor and S. G. Klyashtorny, "The Türk Empire"；D. Sinor, Geng Shimin, and Y. I. Kychanov, "The Uighurs, the Kyrgyz and the Tangut (eighth to the thirteenth centuries)"。还有学者总结了上述简介，十分有用，见 Jonathan Karam Skaff, *Sui-Tang China and Its Turko-Mongol Neighbors*, pp. 35–39。

8 关于回鹘汗国，见 Colin Mackerras, "The Uighurs," in *The Cambridge History of Early Inner Asia*, edited by Denis Sinor, New York: Cambridge University Press, 1990, pp. 335-42 ；D. Sinor, "The Uighur Empire of Mongolia," *Studies in Medieval Inner Asia, Variorum*, 5 (1997), pp. 1–25 ；Thomas J. Barfield, *The Perilous Frontier*, pp. 150–160。马克拉斯从中国史书中摘出有关回鹘的段落并翻译成英文，还对其他材料进行了考察（Colin Mackerras, *The Uighur Empire: According to the T'ang Dynastic Histories*, pp. 1-7)。卡马洛夫讨论了希乃乌苏（Shine-Usu）的碑刻（Ablet Kamalov, "The Moghon Shrine Usu Inscription as the Earliest Uighur Historical Annals," *Central Asiatic Journal* 47, no. 1 [2003], pp. 77–90)。出使回鹘的阿拉伯使者塔米姆 · 伊本 · 巴赫的记载，

在米诺尔斯基的文章中有英语译文和相关讨论。V. Minorsky, "Tamīm ibn Baḥr's Journey to the Uyghurs."

9 D. Sinor and S. G. Klyashtorny, "The Türk Empire," pp. 328–330. 关于这时期突厥人信仰的概述，见 Peter Zieme, "Religions of the Turks in the Pre-Islamic Period," in *Turks: A Journey of a Thousand Years, 600–1600*, edited by David J. Roxburgh, London: Royal Academy of Arts, 2005, pp. 32-37。

10 斡耳朵八里在突厥语 里叫"Karabalghasun"。"斡耳朵八里"是蒙古时期的称呼，年代更晚。关于斡耳朵八里，见 Hüttel and Erdenebat Ulambayar, 2009。关于突厥城市建设的讨论，见 Jonathan Karam Skaff, *Sui-Tang China and Its Turko-Mongol Neighbors*,pp. 150–152。

11 塔米姆·伊本·巴赫曾说到这个毡帐（V. Minorsky, "Tamīm ibn Baīr's Journey to the Uyghurs," p.283），参见 Jonathan Karam Skaff, *Sui-Tang China and Its Turko-Mongol Neighbors*, pp. 150–151。

12 有关回鹘汗国建立以前突厥和粟特的关系，见 E. G. Pulleybank, "A Sogdian Colony in Inner Mongolia," *T'oung Pao* 41 (1952), pp. 319–23。希乃乌苏碑文提到，回鹘在色楞格河畔建第二座城时，粟特人有份参与（D. Sinor, Geng Shimin, and Y. I. Kychanov, "The Uighurs, the Kyrgyz and the Tangut (eighth to the thirteenth centuries)," p. 192）。

13 这些话引自中国史料，出于可汗一名回鹘幕僚之口（Colin Mackerras, *The Uighur Empire: According to the T'ang Dynastic Histories*, p. 40）。骨咄禄的祖父和骨咄禄一样，都是虚构的角色。

14 安禄山很可能是养子，因此他的亲生血缘仍属未知，相关史料，见 Christopher Beckwith, *Empires of the Silk Road: A History of Central Eurasia from the Bronze Age to the Present*, Princeton: Princeton University Press, 2009, p. 145，n19。

15 Jonathan Karam Skaff, *Sui-Tang China and Its Turko-Mongol Neighbors*, p. 226。

16 关于这些舞者的描述和刻画，见 Annette L. Juliano and Judith A. Lerner eds., *Monks and Merchants: Silk Road Treasures from Northwest China*, cats.81，82。

17 E. H. Schafer, *The Golden Peaches of Samarkand*, p. 167。

18 E. H. Schafer, *The Golden Peaches of Samarkand*, p. 71。这则故事来自宋代作品《杨太真外传》。

19 这些话引自 E. H. Schafer, *The Golden Peaches of Samarkand*, p. 158。

20 E. H. Schafer, *The Golden Peaches of Samarkand*, p. 56。

21 南唐皇帝李煜（937—978）的词。“云雨”这个词汇是中国传统文学中对性行为的表达方式，常被引用，出自公元前 3 世纪的文本（Robert van Gulik, *Sexual Life in Ancient China*, pp. 214–215）。

22 这些小插曲，见 E. H. Schafer, *The Golden Peaches of Samarkand*, pp. 77, 101。

23 关于安禄山之乱，见 E. G. Pulleybank, *The Background of the Rebellion of An Lu-shan*, London: Oxford University Press, 1955；Robert des Rotours trans., *Histoire de Ngan Lou-chan*, Paris: Presses Universitaires de France, 1962；Denis Twitchett ed., *The Cambridge History of China*, Vol. 3: *Sui and T'ang China 589–906*, *Part 1*, Cambridge, Engl.: Cambridge University Press, 1979, pp. 561–585。

24 这时期中国文献记载的汉人与回鹘的外交关系，见 Robert des Rotours trans., *Histoire de Ngan Lou-chan*；Colin Mackerras, “Sino-Uighur Diplomatic and Trade Contacts (744 to 840),” *Central Asiatic Journal* 13 (1969), pp. 221–225; *The Uighur Empire: According to the T'ang Dynastic Histories*, pp. 14–32。

25 关于这次洗劫洛阳事件，更多内容见 Robert des Rotours trans., *Histoire de Ngan Lou-chan*。洛阳不是头一回遭受这样的洗劫，见 W. J. Jenner, *Memories of Lo-yang: Yang Hsuan-chih and the Lost Capital (493–534)*, Oxford: Clarendon Press, 1981。

26 Pan Yihong, “The Sino-Tibetan Treaties in the Tang Dynasty,” pp. 137。

27 关于边境市场，见 Jonathan Karam Skaff, *Sui-Tang China and Its Turko-Mongol Neighbors*, pp. 262–266。

28 Colin Mackerras, “Sino-Uighur Diplomatic and Trade Contacts (744 to 840),” p. 218. 白桂思表示，一匹丝可能从来没有过一个真实的价格（Beckwith, 2009：393–394，n26）。742 年西州市的价格单上的价格从一匹到二十二匹丝不等，见 Jonathan Karam Skaff, *Sui-Tang China and Its Turko-Mongol*

Neighbors, p. 264。丝是这时候的通货（Helen Wong, *Money on the Silk Road*, pp. 14–15）。

29 关于回鹘人的改宗，见 Paul Pelliot with E. Chavannes, “Un traité manichéen retrouvé en Chinc,” *Journal Asiatiquc* (1911), pp. 499–617; (1913), pp. 99–199, 261–392；Peter Zieme, “Religions of the Turks in the Pre-Islamic Period,” pp. 34–35；Lieu S. N., *Manicheanism in Central Asia and China*, pp. 234–235。关于当时的摩尼教写本，见 Herbert Härtel and Marianne Yaldiz, *Along the Ancient Silk Routes*, pp. 174–181；Zsuzsanna Gulasci, *Mediaeval Manichaean Book Art: A Codicological Study of Iranian and Turkic Illuminated Book Fragments from 8th–11th Century East Central Asia*, Leiden: Brill, 2005。

30 关于腾格里信仰的综述，以及这时期没有萨满教存在证据的观点，见 Peter Zieme, “Religions of the Turks in the Pre-Islamic Period,” pp. 33–34。也可以参见 Robert Dankoff, “Kashgari on the Beliefs and Superstitions of the Turks,” *Journal of the American Oriental Society* 95 (1975), pp. 68–80；Santiago López-Pavillard, “Studies on Shamans and Shamanism: Bibliographic Review of Academic Publications 1993–2010,” 2013. http://www.academia.edu/3491289/Studies_on_Shamans_and_Shamanism_Bibliographic_Review_of_ Academic_Publications_1993_-_2010。

31 古突厥文（Kökturk）也被称为鲁尼文（runic）。印度的婆罗米文，以及摩尼字母（见 http://www.iranicaonline.org/articles/manichean-script）都被用于书写回鹘语。现存不少写本和碑刻就是用这些文字写成的。例子见 Turfanforschung, *Documentation of the Languages and Scripts Attested in Pre-islamic Central Asia Mainly Using Images from the Berlin Turfan Collection*, 2013. http://www.bbaw.de/bbaw/Forschung/Forschungsprojekte/turfanforschung/de/sprachenundschriften。关于突厥语言及其文字的综述，见 Osman Fikri Sertkaya, “The Turkic Languages,” in *Turks: A Journey of a Thousand Years, 600–1600*, edited by David J. Roxburgh, London: Royal Academy of Arts, 2005, pp. 472-75。

32 Colin Mackerras, *The Uighur Empire: According to the T'ang Dynastic Histories*, p. 88.

33 拉里·克拉克和田坂兴道都认为这次策划是针对摩尼教徒的。Larry Clarke, "Manicheanism Among the Uygurs: The Uygur Khan of the Bokug Clan," in *New Light on Manicheanism: Papers from the Sixth International Congress on Manichaeism*, edited by Jason David BeDuhn, Leiden: Brill, 2009, p. 71；关于田坂兴道，见 Colin Mackerras, *The Uighur Empire: According to the T'ang Dynastic Histories*, pp. 152–153，n. 146。

34 这时中国的华北地区已经有一群汉化的粟特人（Rong Xinjiang, "New Light on Sogdian Colonies along the Silk Road: Recent Archaeological Finds in Northern China"；罗丰《固原南郊隋唐墓地》）。

35 Denis Twitchett ed., *The Cambridge History of China*, Vol. 3: *Sui and T'ang China 589–906, Part 1*, p. 593.

36 Colin Mackerras, *The Uighur Empire: According to the T'ang Dynastic Histories*, p. 37.

37 Colin Mackerras, *The Uighur Empire: According to the T'ang Dynastic Histories*, pp. 37-38.

38 Colin Mackerras, *The Uighur Empire: According to the T'ang Dynastic Histories*, p. 153，n150。关于这时的穿着，见 Y. Harada, "A Study of Clothing in the Western Regions," *Memoirs of the Toyo Bunko* 4, 1935；沈从文《中国古代服饰研究》，上海：上海书店出版社，2012 年。

39 Colin Mackerras, *The Uighur Empire: According to the T'ang Dynastic Histories*, pp. 34, 49, 86, 87.

40 Erkes，1940。官方和私人都有养马（Jonathan Karam Skaff, *Sui-Tang China and Its Turko-Mongol Neighbors*, p. 262）。也可参见 Denis Sinor, "Horse and Pasture in Inner Asian History," *Oriens Extremus* 19 (1972), 171–84. 收入 *Inner Asia and Its Contacts with Medieval Europe*.

41 马匹一般 15 到 16 手高（秦始皇骑兵部队的矮种马是 13 到 14 手高），身躯瘦小，背部长，四肢也长，马蹄细小。这种马的现代后裔可能是阿哈尔捷金马。关于这时中国马匹的讨论，见 E. H. Schafer, *The Golden Peaches of Samarkand*, pp. 58–70，特别是 pp. 60–61。

42 薛爱华认为这是土库曼的阿拉伯马的特点（E. H. Schafer, *The Golden*

Peaches of Samarkand, p. 61)。他注意到阿拉伯马的这一特点在古代西方也很受称赞，并引用了维吉尔的诗句来证明（Virgil，Georgica iii.87，“At duplex agiture per lumbos spina”：295，n. 26)。

43 日前还不确定严格意义上的马镫是在什么时候和什么地方发明的，但已知最早的马镫形象出现在南京附近一个汉人墓葬里，墓葬纪年是 322 年（Albert Dien, “The Stirrup and Its Effect on Chinese Military History,” 2000. http://silkroadfoundation.org/artl/stirrup.shtml)。关于唐代马具，见 Bill Cooke ed., *Imperial China: The Art of the Horse in Chinese History,* Lexington: Kentucky Horse Park, 2000, pp. 49–52，cats. 139, 145。

44 E. H. Schafer, *The Golden Peaches of Samarkand*, p. 58.

45 E. H. Schafer, *The Golden Peaches of Samarkand*, p. 58.

46 关于回鹘与中国的马匹贸易，见 E. H. Schafer, *The Golden Peaches of Samarkand*, pp. 63–64；Jonathan Karam Skaff, *Sui-Tang China and Its Turko-Mongol Neighbors*, pp. 262–270。

47 E. H. Schafer, *The Golden Peaches of Samarkand*, p. 186. 有报道称，20 世纪初有一种药的特性与之类似，里面有某种姜黄、生姜，加上梧桐树长出来的菌类或“泪水”，以及苦艾、茴香、苦杏仁、大黄。Mildred Cable and Francesca French, *The Gobi Desert*, London: Hodder and Stoughton, 1950, p. 87.

48 关于回鹘人的组成，见 E. G. Pulleybank, “Some Remarks on the Toquzoghuz Problem”。

49 Berthold Laufer, *Felt: How It Was Made and Used in Ancient Times and a Brief Description of Modern Methods of Manufacture and Uses*, Chicago: Western Felt Works, 1937.

50 黑杨的这一产物如今仍被广泛用作染料、肥皂和药物等（来自 1999 年左右与雅森 · 吾守尔的私人通信)。

51 E. H. Schafer, *The Golden Peaches of Samarkand*, pp. 93-96, Susan Whitfield and Ursula Sims-Williams eds., *The Silk Road: Trade, Travel, War and Faith*, pp. 236–237.

52 在今天的中亚，用大雕来狩猎这种做法仍然存在。

53 Robert van Gulik, *Sexual Life in Ancient China*, p. 171 ; Thomas Thilo, *Changan: Metropole Ostasiens und Weltstadt des Mittelalters, 583–904*, pp. 233–36.

54 不过，这些有关长安城回鹘人举止的记载，我们应谨慎看待。如马克拉斯（Colin Mackerras, *The Uighur Empire: According to the T'ang Dynastic Histories*, p. 32）注意到的那样，关于长安城回鹘人暴乱的记载主要来自中国史料。

55 对当时寄蔑突厥人的记载，见伊本·基赫（Ibn al-Faqih）、加尔迪齐（Gardēzī）和伊德里西（al-Idrisi），转引自 M. S. Asimov and C. E. Bosworth eds., *History of Civilizations of Central Asia*. Vol. 4: *The Age of Achievement: A.D. 750 to the End of the Fifteenth Century*, Paris: UNESCO, 1998, pp. 70–71。

56 Colin Mackerras, *The Uighur Empire: According to the T'ang Dynastic Histories*, p. 32.

57 Colin Mackerras, *The Uighur Empire: According to the T'ang Dynastic Histories*, pp. 34-35.

58 这些发生在别失八里（中国称"北庭"）的战事的记载，见 Hila Ecsedy, "Uighurs and Tibetans in Pei-t'ing (790–791 A.D.)," *Acta Orientalia Academiae Scientiarium Hungaricae* 17 (1964), pp. 83–104 ；森安孝夫《ウイグルと吐蕃の北庭争奪戦及びその後の西域情勢について》，《東洋学報》（第 55 巻第 4 号），1973 年，第 60–87 页。

59 Colin Mackerras, *The Uighur Empire: According to the T'ang Dynastic Histories*, p. 30.

60 Pan Yihong, "The Sino-Tibetan Treaties in the Tang Dynasty," pp. 137–143.

61 Colin Mackerras, *The Uighur Empire: According to the T'ang Dynastic Histories*, p. 163，n193 ; Jonathan Karam Skaff, *Sui-Tang China and Its Turko-Mongol Neighbors*, pp. 190–191 ; W. Eberhard, "Some Cultural Traits of the Sha-t'o Turks," *Oriental Art* 1 (1948), pp. 50–55.

62 《唐律疏议》第八十七条，英语译文见 Wallace Johnson trans., *The T'ang Code*, Vol. 2: *Specific Articles*, Princeton: Princeton University Press, 1997, p. 53。

63 Colin Mackerras, *The Uighur Empire: According to the T'ang Dynastic Histories*, pp. 68, 69, 136–137 n69.

第四章　公主

1 蔡琰，又称蔡文姬，在 192 年被一个突袭团伙掳掠，成了匈奴人的妻子。之后被赎身，返回长安。有一系列以蔡文姬之名写的诗歌，但作者是否是她，目前仍不确定。相关讨论和英语译文，见 Chang Kang-I Sun and Haun Saussy, *Women Writers of Traditional China: An Anthology of Poetry and Criticism,* Stanford: Stanford University Press, 1999, pp. 22–23。

2 太和公主是一个历史人物，本章复原了她人生中的主要遭遇，大部分参考自中国正史。关于这些材料的回顾和英语译文，见 Colin Mackerras, "Sino-Uighur Diplomatic and Trade Contacts (744 to 840)," pp. 218, 235–236, 238；*The Uighur Empire: According to the T'ang Dynastic Histories*, pp. 114–122。

3 有关马的品种和用具的讨论，见《马夫》。关于唐朝绘画和雕塑中描绘的唐朝女子，见 Susan Whitfield and Ursula Sims-Williams eds., *The Silk Road: Trade, Travel, War and Faith*, cats.174–179。

4 有关这里及下文提及的产物，见 E. H. Schafer, *The Golden Peaches of Samarkand*。

5 一位隋朝公主(译注：李静训)的随葬品里有一件类似的项链。见 Watt, James C. Y., et al., eds., *Dawn of a Golden Age, 200–750 AD*, New York: Metropolitan Museum of Art, 2004, pp. 294-95, cat. 187。http://www.metmuseum.org/research /metpublications/China_Dawn_of_a_Golden_Age_200_750_AD。关于佛教七宝及其在贸易中的地位，见 Liu Xinru, *Ancient India and Ancient China: Trade and Religious Exchanges AD 1–600*, Delhi: Oxford University Press, 1994, pp. 92–102；Tansen Sen, *Buddhism, Diplomacy, and Trade: The Realignment of Sino-Indian Relations, 600–1400*, Honolulu: University of Hawaii Press, 2003, pp. 185–192。http://hdl.handle.net/10125/23052.

6 见《作家》，以及 Berthold Laufer, "Historical Jottings on Amber in Asia," *Memoirs of the American Anthropological Association* 1(1905), pp. 211–44。

7 E. H. Schafer, *The Golden Peaches of Samarkand*, p. 56。关于舞者的描述和描绘，见 Annette L. Juliano and Judith A. Lerner eds., *Monks and Merchants: Silk Road Treasures from Northwest China*, cats. 81, 82。

8 花蕊夫人徐氏的诗作。她是后蜀君主孟昶的妃子。关于打波罗球的女性造像，见 Susan Whitfield and Ursula Sims-Williams eds., *The Silk Road: Trade, Travel, War and Faith*, cats 175–176。

9 关于唐朝马、马厩和打波罗球，见 E. H. Schafer, *The Golden Peaches of Samarkand*, pp. 58–70。

10 李白《天马歌》，英语译文来自 E. H. Schafer, *The Golden Peaches of Samarkand*, p. 60。

11 E. H. Schafer, *The Golden Peaches of Samarkand*, pp. 67-68.

12 Zhou Zongyu, *Land Within the Passes*, Translated by Susan Whitfield, London: Viking, 1987, pp. 250–251, cats. 417–420.

13 Colin Mackerras, *The Uighur Empire: According to the T'ang Dynastic Histories*, pp. 86–87. 参见《马夫》。

14 E. H. Schafer, *The Golden Peaches of Samarkand*, p. 66.

15 Colin Mackerras, *The Uighur Empire: According to the T'ang Dynastic Histories*, pp. 63–69.

16 Colin Mackerras, *The Uighur Empire: According to the T'ang Dynastic Histories*, pp. 106–107.

17 Colin Mackerras, *The Uighur Empire: According to the T'ang Dynastic Histories*, pp. 97–99.

18 Colin Mackerras, *The Uighur Empire: According to the T'ang Dynastic Histories*, pp. 114–15, 174-75.

19 这类诏令有些可能属于一时的权宜之计，例如太平公主在 670 年代被遣至一座寺院里，就是为了避免和吐蕃人联姻，见 Jennifer Holmgren, "A Question of Strength: Military Capabilities and Princess Bestowal in Imperial China's Foreign Relations (Han to Ch'ing)," *Monumenta Serica* 39 (1990), p. 46。

20 高罗佩（Robert）指出，并不是所有女性道观都是隐居之所；有一些就以其酒席、晚宴而著称（van Gulik，1961：175）。他以鱼玄机（844—871）为例加以叙述，鱼玄机进入了长安的咸宜观，并在那里碰见一名年轻的诗人，和他有一段风流往事。

21 Colin Mackerras, *The Uighur Empire: According to the T'ang Dynastic Histories*, pp. 114–17.

22 Pan Yihong, "The Sino-Tibetan Treaties in the Tang Dynasty," pp. 143–47，英语译文见 156–158 页。

23 "自古以来我们汉人便多次与蛮夷作战，其间一直用弩……（弩）射程长，是匈奴的弓所无法匹敌的。"（Joseph Needham, *Science and Civilisation in China*, Vol. 5: *Chemistry and Chemical Technology,* Part II: *Military Technology: Missiles and Sieges*, p. 123）关于驾于车辆上的床弩（arcuballista），见 Joseph Needham, *Science and Civilisation in China*, Vol. 5: *Chemistry and Chemical Technology,* Part II: *Military Technology: Missiles and Sieges*, p. 192。关于火药，见 Joseph Needham, *Science and Civilisation in China*, Vol. 5: *Chemistry and Chemical Technology*, Part VI: *Military Technology: The Gunpowder Epic*。

24 这常常是双方的安排，见 Jennifer Holmgren, "A Question of Strength: Military Capabilities and Princess Bestowal in Imperial China's Foreign Relations (Han to Ch'ing)"。也可参见 Jonathan Karam Skaff, *Sui-Tang China and Its Turko-Mongol Neighbors*, pp. 203–207（一篇评论），211-212（这类联盟的列表）。草原和定居人群之间的这类婚姻联盟，也见于这时期其他的欧洲文化，例如可萨突厥和拜占庭帝国。7—8 世纪的相关例子，见 David Christian and Craig Benjamin, eds., *Worlds of the Silk Roads: Ancient and Modern. Proceedings from the Second Conference for the Australiasian Society for Inner Asian Studies, Macquarue University, 1996*, Turnhout, Belgium: Brepols, 1998, p. 292。

25 Denis Twitchett ed., *The Cambridge History of China*, Vol. 3: *Sui and T'ang China 589–906*, *Part 1*, p. 317. 派皇子去邻国"和亲"，这是中亚政权外交的一般环节。

26 如巴菲尔德（Thom as J. Barfield, *The Perilous Frontier*, p. 160 n17）指出，这位年轻男子因为不是皇位继承人而没有被接受为和亲的对象。他在突厥人身边待了好几年，回来时仍身穿突厥衣服，并在 708 年娶了一位唐朝公主。

27 即韩愈（768—824），见 Jacques Gerne, *Buddhism in Chinese Society*, translated by Franciscus Verellen, New York: Columbia University Press, 1995, pp. 237–38。这份谏表可以在网站上下载：http://afe.easia.columbia.edu/ps/cup/hanyu_bone_of_buddha.pdf.

28 关于中国唐朝的酒，见 E. H. Schafer, *The Golden Peaches of Samarkand*, pp. 141–145。

29 E. H. Schafer, *The Golden Peaches of Samarkand*, p. 143.

30 刘禹锡（772—842），英语译文引自桑普森（Theos. Sampson），转引自 E. H. Schafer, *The Golden Peaches of Samarkand*, pp. 144–145。

31 见《马夫》。

32 Lieu S. N., *Manicheanism in Central Asia and China*, p. 193.

33 这首诗的作者据说是汉朝皇帝的侄女刘细君，公元前 2 世纪时被派去嫁给乌孙国王（Wilt Idema and Beata Grant eds., *The Red Brush: Writing Women of Imperial China,* Cambridge, Engl.: Cambridge University Press, 2004, p. 91）。

34 Colin Mackerras, *The Uighur Empire: According to the T' ang Dynastic Histories*, pp. 120–21.

35 有关这座城市的研究，见 S.Kiselev, "Drevnie goroda Mongolii," *Sovietskaya arkheologiya* 2 (1957), pp. 94–95 ；Yu. S. Khudyakov, "Pamyaatniki uigurskoy kultury v Mongolii," in *Tsentral' naya Aziya I sosednie territorii v srendnie vka*, edited by V. E. Larichev, Novosibirsk: Nauka, 1990, pp. 84-89。

36 一位名叫塔米敏 · 伊本 · 巴赫的旅人记载了这顶金帐（英语译文见 V. Minorsky, "Tamīm ibn Baḥr' s Journey to the Uyghurs," p. 283）。

37 关于女性着装，见沈从文《中国古代服饰研究》，当时的绘画和雕塑中有大量刻画女性装束的例子。

38 有一幅壁画展示了资助建造某座石窟的回鹘女性，见 Herbert Härtel and Marianne Yaldiz, *Along the Ancient Silk Routes*, cat.10。

39 拉里 · 克拉克注意到 779—795 年间统治者的称号里没有日月的元素，因为这些统治者并不是摩尼教徒。Larry Clarke, "Manicheanism Among the Uygurs: The Uygur Khan of the Bokug Clan," in *New Light on Manicheanism:*

Papers from the Sixth International Congress on Manichaeism, edited by Jason David BeDuhn, Leiden: Brill, 2009, p. 71.

40 V. Minorsky, "Tamīm ibn Baḥr's Journey to the Uyghurs."

41 Joseph Needham, *Science and Civilisation in China*, Vol. 5: *Chemistry and Chemical Technology*, Part V: *Spagyrical Discovery and Invention: Physiological Alchemy*, Cambridge, Engl.: Cambridge University Press, 1983.

42 Robert van Gulik, *Sexual Life in Ancient China*, p. 193. 译注：原文引自外思邈《备急千金要方》。

43 Robert van Gulik, *Sexual Life in Ancient China*, p. 189.

44 Colin Mackerras, *The Uighur Empire: According to the T'ang Dynastic Histories*, pp. 66–69.

45 Colin Mackerras, *The Uighur Empire: According to the T'ang Dynastic Histories*, p. 122；Eberhard，1948.

46 D. Sinor, Geng Shimin, and Y. I. Kychanov, "The Uighurs, the Kyrgyz and the Tangut (eighth to the thirteenth centuries)," p. 198.

47 D. Sinor, Geng Shimin, and Y. I. Kychanov, "The Uighurs, the Kyrgyz and the Tangut (eighth to the thirteenth centuries)," pp. 197-198.

48 D. Sinor, Geng Shimin, and Y. I. Kychanov, "The Uighurs, the Kyrgyz and the Tangut (eighth to the thirteenth centuries)," p. 198.

49 Michael P. Drompp, *Tang China and the Collapse of the Uighur Empire: A Documentary History*, Leiden: Brill, 2005, p. 38.

50 下面的内容描写了在接下来两年的僵局中发生的一些关键事件，其中的复杂程度远高于此处的描述。详细的叙述，见 Michael P. Drompp, *Tang China and the Collapse of the Uighur Empire: A Documentary History*, pp. 39–42。

51 对这次偷袭的描述，见 Michael P. Drompp, *Tang China and the Collapse of the Uighur Empire: A Documentary History*, pp. 113–114。

52 Michael P. Drompp, *Tang China and the Collapse of the Uighur Empire: A Documentary History*, p. 114.

53 这是日本僧人圆仁的记载，他亲眼目睹了公主的归来，见 Edwin O. Reischauer, trans., *Ennin's Diary: The Record of a Pilgrimage to China in*

Search of the Law, New York. Ronald Press, 1955, pp. 326–327。有关公主归来的讨论，见 Michael P. Drompp, *Tang China and the Collapse of the Uighur Empire: A Documentary History*, pp. 120–123。

第五章　名妓

1 英语译文引自 E. H. Schafer, *The Golden Peaches of Samarkand*, p. 21。

2 莱瑞诗卡（Larishka）是这时期典型的吐火罗语人名，大量材料上都能找到这个名字。道格拉斯·亚当斯将其列为“寺院记录里专有的名称”，并以文本 465a2 作为这个名称的参考例子，见 Douglas Q. Adams, *Dictionary of Tocharian B,* New edition, Amsterdam: Rodopi, 2013, p. 591。他还补充说“这是 lare 的指小词”，而 lare 他认为是“(形容词)亲爱的，心爱的”意思(595 页)。谢谢德金 - 麦斯特恩斯特（Desmond Durkin-Meisterernst）帮忙提供这些材料。我们尚未发现有材料记载过一个叫莱瑞诗卡的妓女。她只是一名想象出来的人物，但她生命中发生过的事件和细节都经过证实。至于宠物小狗，参见 E. H. Schafer, *The Golden Peaches of Samarkand*, pp. 77–78。

3 Robert van Gulik, *Sexual Life in Ancient China*, p. 186; E. H. Schafer, *The Golden Peaches of Samarkand*, p. 214.

4 目前仍没有一部详细讲述龟兹历史的英语著作，但有一些简史，见 Geng Shimin, “The Uighur Kingdom of Kocho,” in *History of Civilizations of Central Asia*, vol. 4, edited by M. S. Asimov and C. E. Bosworth, 200–206, Paris: UNESCO, 1998；Valerie Hansen, *The Silk Road: A New History*, pp. 56–82。关于当地考古情况，见 Chao Huashan et al., *Sites divers de la région de Koutcha,* Paris: Collège de France, Instituts d'Asie, Centre de recherche sur l'Asie centrale et la Haute Asie, 1987。

5 关于龟兹音乐及其对中国的影响，见 E. H. Schafer, *The Golden Peaches of Samarkand*, pp. 50–52。

6 E. H. Schafer, *The Golden Peaches of Samarkand*, p. 52.

7 E. H. Schafer, *The Golden Peaches of Samarkand*, p. 53.

8 同上。

9 E. H. Schafer, *The Golden Peaches of Samarkand*, p. 55.

10 当时关于龟兹的记载都出自几位旅人之手，包括西行取经的著名僧人玄奘（Samuel Beal trans., *Si-Yu-Ki*, I, pp. 19-24）。

11 关于甘州回鹘，见 Takao Moriyasu, "The Sha-chou Uighurs and the West Uighur Kingdom," *Acta Asiatica* 78 (2000), pp. 28–48。

12 森安孝夫认为在此之前回鹘就已经控制了龟兹（Takao Moriyasu, "Qui des Ouigours ou des Tibétains ont gangné en 787–792 à Besbaliq?" *Journal Asiatique,* no. 269 (1981), pp. 203-204），但白桂思不同意（Christopher Beckwith, *The Tibetan Empire in Central Asia*, pp. 170-171 n179）。关于龟兹的回鹘人，见 Geng Shimin, "The Uighur Kingdom of Kocho "。

13 关于毗沙门天王和于阗的类似传说，见《朝圣者》。

14 E. H. Schafer, *The Golden Peaches of Samarkand*, p. 218.

15 见《朝圣者》。

16 这里指的是敦煌石窟。很多洞窟的大型天宫场景里都描绘了乐师和舞伎，例如 220 号窟（Fan Jinshi, *The Caves of Dunhuang*, London: London Editions, 2010, pp. 118–119）。

17 Rober t van Gulik, *Sexual Life in Ancient China*, pp. 192, 203–207. 敦煌发现了这部作品的抄本，现藏巴黎法国国家图书馆（编号 Pelliot chinois 2539）。关于这部作品及其在医学史上的地位，见 Sumiyo Umekawa, "*Tiandi yinyang jiaohuang dalefu* and the Art of the Bedchamber," in *Medieval Chinese Medicine: The Dunhuang Medical Manuscripts*, edited by Vivienne Lo and Christopher Cullen, London: RoutledgeCurzon, 2005, pp. 252-77。

18 Robert van Gulik, *Sexual Life in Ancient China*, pp. 205–206.

19 Robert van Gulik, *Sexual Life in Ancient China*, p. 171.

20 关于那时妓坊及其活动的详细内容，见 Robert van Gulik, *Sexual Life in Ancient China*, pp. 170–172, 179-180。

21 Robert van Gulik, *Sexual Life in Ancient China*, p. 182.

22 E. H. Schafer, *The Golden Peaches of Samarkand*, p. 172.

23 E. H. Schafer, *The Golden Peaches of Samarkand*, p. 21。他在注释中提及一则记载，报酬甚至高达三十万贯。

24 E. H. Schafer, *The Golden Peaches of Samarkand*, p. 157.

25 E. H. Schafer, *The Golden Peaches of Samarkand*, p. 158.

26 E. H. Schafer, *The Golden Peaches of Samarkand*, p. 198.

27 即鱼玄机。她的故事可见 Robert van Gulik, *Sexual Life in Ancient China*, pp. 172–175；这首诗的英语译文，174。

28 “甲香提取自一种腹足软体动物的鳃盖。” E. H. Schafer, *The Golden Peaches of Samarkand*, p. 175.

29 Charles D. Benn, *Daily Life in Traditional China: The Tang Dynasty,* Westport, Conn.: Greenwood, 2002, p. 101.

30 E. H. Schafer, *The Golden Peaches of Samarkand*, pp. 162–163.

31 李白的诗句，英语译文引自 E. H. Schafer, *The Golden Peaches of Samarkand*, p. 21。

32 关于这次叛乱的历史记载，见 Denis Twitchett ed., *The Cambridge History of China*, Vol. 3: *Sui and T'ang China 589–906*, *Part 1*, pp. 727–762.

33 以下内容主要根据当时的一首叙事诗《秦妇吟》。这首诗原来只有目录为人所知，敦煌几份抄本发现以前，人们已经认为它已经失传了。英语译文见 Lionel Giles, “The Lament of the Lady of Ch'in,” *T'oung Pao* 24 (1925–26), pp. 305–80. 大英图书馆藏的其中一份敦煌抄本（编号 Or.8210/S.5477），见 Susan Whitfield and Ursula Sims-Williams eds., *The Silk Road: Trade, Travel, War and Faith*, p. 246。倪健讨论了敦煌这几份不同的抄本，见 Christopher M. B. Nugent, “The Lady and Her Scribes: Dealing with Multiple Dunhuang Copies of Wei's Zhuang's ‘Lament of the Lady of Qin’,” *Asia Major* 20, no. 2 (2007), pp. 25–73。

34 记录人叫阿布 · 扎伊德 · 罗夫（Abū Zayd al-Sīrāfī）。见 Joseph Touissaint Reinaud, *Relations des voyages faits par les Arabes et les Persans dans l'Inde et la Chine,* Paris: Imprimerie Royale, 1845, pp. 64–65；Jacques Gernet, *Buddhism in Chinese Society*, translated by Franciscus Verellen, New York: Columbia University Press, 1995, p. 292；Emil Bretschneider, *On Knowledge Possessed by the Ancient Chinese of the Arabs and Arabian Colonies and Other Western Countries Mentioned in Chinese Books,* London: Trubner, 1871, p. 10。

35 关于高昌的回鹘人，见 Geng Shimin, “The Uighur Kingdom of Kocho”；Takao Moriyasu, “The Sha-chou Uighurs and the West Uighur Kingdom”。

第六章 朝圣者

1 英语译文引自 Samuel Beal trans., *Si-Yu-Ki*, p. 148。

2 虽说铜币是常见的通货，但在 9 世纪中叶的敦煌，铜币十分稀少，因此这位僧人收到的可能是其他形式的报酬，比如一斗谷物，见 Eric Trombert, “The Demise of Silk on the Silk Road: Textiles as Money at Dunhuang from the Late Eighth Century to the Thirteenth Century,” *Journal of the Royal Asiatic Society* 23, no. 2 (2013), pp. 327–47。

3 这张药方的汉文写本来自敦煌，现藏于大英图书馆（编号 Or.8210/S.76），纪年是 934 年。Lionel Giles, “Dated Chinese Manuscripts in the Stein Collection, V, Tenth Century,” *Bulletin of the School of Oriental and African Studies* 10, no. 2 (1940), p. 333.

4 卡尔哈纳的《王河》(*Rajatarangini*，12 世纪克什米尔的历史）里有好几个人的名字叫“楚达”，全都是在第 8 卷提到的（见 M. Aurel Stein，*Kalhana's Rājataranginī:* A Chronicle of the Kings of Kasmīr, London: Constable & Co.,1900, pp. 183, 454, 1570)。我综合了多方面材料，包括此时敦煌的佛教、僧人、药物这些内容，全都融合在“楚达”这个角色上。写这一章，除了根据敦煌藏经洞的写本和斯坦因的记录，我还得到了几位学者的帮助，特别是在医学方面，我尤其感谢罗维前。

5 关于敦煌寺院的列表，见藤枝晃《敦煌の僧尼籍》,《東方學報》第 29 册，1959 年，第 199–202 页。

6 目前已知最早的有纪年的印刷制品是 9 世纪下半叶的（值得注意的是，868 年的《金刚经》[编号 Or.8210/P.2] 和 877 年的历书 [编号 Or.8210/P.6] 都出自敦煌，现藏于大英图书馆)，但它们已是成熟的印刷品，表明印刷这项技术并不是新近发明的。现存最早的印刷的发愿文是 10 世纪的（编号 O.8210/P.8，P.9；见《画匠》)，而且很可能模仿了手写的发愿文。

7 Susan Whitfield, “Under the Censor's Eye: Printed Almanacs and Censorship in

Ninth-Century China," *The British Library Quarterly* 24, no. 1 (1998), pp. 4–22. www.bl.uk/eblj/1998articles/pdf/article2.pdf .

8 见 E. H. Schafer, *The Golden Peaches of Samarkand*, pp. 176–194；Paul U. Unschild, *Medicine in China: A History of Pharmaceuticals,* Berkeley: University of California Press, 1986；张恩勤主编《中药学》，上海：上海中医学院出版社，1990 年；关于这时的医药，见 Vivienne Lo and Christopher Cullen eds., *Medieval Chinese Medicine: The Dunhuang Medical Manuscripts,* London: RoutledgeCurzon, 2005, pp. 369–373〔Penelope Barrett 制表〕。薛爱华注意到，"大量异域药物持续传入中国，特别是，这些药物往往积聚在佛教寺院里"（E. H. Schafer, *The Golden Peaches of Samarkand*, p. 183）。关于克什米尔的药物，薛爱华还给出了一个来源。

9 关于《新修本草》，见 E. H. Schafer, *The Golden Peaches of Samarkand*, p. 178；Paul U. Unschild, *Medicine in China: A History of Pharmaceuticals*。

10 Christopher Beckwith, "The Introduction of Greek Medicine into Tibet in the Seventh and Eight Centuries," *Journal of the American Oriental Society* 99, no. 2 (1979), pp. 297–313.

11 Robert van Gulik, *Tangyinbishi. Parallel Cases from under the Pear-tree; a 13th Century Manual of Jurisprudence and Detection*. Translated from the original Chinese with an introduction and notes by R. H. van Gulik, Leiden: Brill, 1956, pp. 152–153.

12 Paul U. Unschild, *Medicine in China: A History of Ideas*, Berkeley: University of California Press, 1985, pp. 41–42.

13 M. Aurel Stein，*Kalhana's Rājataranginī*: A Chronicle of the Kings of Kasmīr, p. 9.

14 819 年韩愈上表皇帝，当时皇帝数次把法门寺的佛骨迎奉到长安，韩愈在谏表中批评了这些举措，对佛教大加抨击。《谏迎佛骨》的英语译文，见 http://afe.easia.columbia.edu/ps/cup/hanyu_bone_of_buddha.pdf。《高僧传》还举出了许多事例（John Kieschnick, *The Eminent Monk: Buddhist Ideals in Medieval Chinese Hagiography*, Honolulu: University of Hawaii Press, 1997, pp. 35–42）。对这些举动的综合讨论，见 James Benn, *Burning for the*

Buddha: Self-immolation in Chinese Buddhism, Honolulu: University of Hawaii Press, 2007 ；Jan Yün-hua, "Buddhist Self-Immolation in Medieval China," *History of Religions* 4, no. 2 (1965), pp. 243–68。20 世纪的中国佛教仍存在这类举动，见 J. Prip-Møller, *Chinese Buddhist Monasteries: Their Plan and Its Function as a Setting for Buddhist Monastic Life,* Oxford: Oxford University Press, 1937, pp. 320–324。

15 James Benn, *Burning for the Buddha*, p. 61.《法华经》的中文译本，见 James Benn, *Burning for the Buddha*, pp. 54-65，有关中文翻译的内容在 62—65 页。

16 John Kieschnick, *The Eminent Monk*, p. 21. 柯嘉豪注意到这是托尔斯泰《谢尔盖神父》的创作底本（John Kieschnick, *The Eminent Monk*, p. 156 n31）。

17 John Kieschnick, *The Eminent Monk*, pp. 22, 120. 有一个类似的故事与龟兹有关，被玄奘记载了下来（Samuel Beal trans., *Si-Yu-Ki*, pp. 22–23）。某位官员（译注：其实是国王的同母弟）要代国王监国，他阉割了自己，并把割断的部位放进一个金盒里，呈送给国王，让国王回国以前都不要打开它。国王回来后，有人诬陷这位监国者，说他"淫乱中宫"。国王质问他，他让国王打开盒子——最后国王受到了适当的责罚。

18 Robert van Gulik, *Sexual Life in Ancient China*, p. 207.

19 631—633 年玄奘待在迦湿弥罗国学习佛法（见 Sally Hovey Wriggins, *The Silk Road Journey with Xuanzang*, Boulder: Westview Press, 2004, pp. 73–76）。

20 有记载称迦湿弥罗有不少僧人到中国来。相关综述见 Sunil Khosa, *Art History of Kashmir and Ladakh,* New Delhi: Sagar, 1984, pp. 22–24。

21 关于文殊菩萨和五台山，见 Raoul Birnbaum, "The Manifestation of a Monastery: Shen-Ying's Experiences on Mount Wu-t'ai in T'ang Context," *Journal of the American Oriental Society* 106, no. 1 (1986), pp. 19–37；"Visions of Manjusri on Mount Wutai," in *Religions of China in Practice*, edited by Donald S. Lopez, 203–22, Princeton: Princeton University Press, 1996 ；Etienne Lamotte, "Manjusri," *T'oung Pao* 48, nos. 1–3 (1960), pp. 1–96。关于朝圣，见 Susan Naquin and Chün-fang Yü, *Pilgrims and Sacred Sites in China*, Berkeley: University of California Press, 1992 ；Karl Debreczeny, "Wutai shan: Pilgrimage to Five Peak Mountain," *Journal of the International Association of*

Tibetan Studies 6 (2011), pp. 1–133。圆仁在 840 年去过五台山，并记载了当时的情况（Edwin O. Reischauer trans., *Ennin's Diary*, pp. 214–251）。

22 这时期的迦尔郭咤王朝正处于没落阶段，最终于 855 年灭亡（见 M. Aurel Stein，*Kalhana's Rāhjataranginī*: *A Chronicle of the Kings of Kasmīr*, pp. 96–97）。

23 一日走十六公里左右，这可能是一个合理的平均速度。从长安到五台山，圆仁走了四十二天（不包括休息的天数），而这没有包括沿途停留和宗教观光所花的时间。不过赖孝和指出，圆仁和他的同伴有时一日能走六十里，相当于三十公里左右（Edwin O. Reischauer, *Ennin's Travels in T'ang China*, p. 141）。

24 在中国旅行时，圆仁提了很多次自己住宿的地方，包括前往五台山路上时。关于旅行、住宿的讨论，见 Edwin O. Reischauer, *Ennin's Travels in T'ang China*, pp. 143–149。

25 Christopher Beckwith, *The Tibetan Empire in Central Asia*, pp. 168–169.

26 关于西边的关口，见 M. Aurel Stein, "Notes on Ou-K'ong's Account of Kaçmīr," *Sitzungsberichte der Philosophisch-Historischen Classe der Kaiserlichen Akademie der Wissenschaften* (Vienna) 135, no. 7 (1896), pp. 8, 22。斯坦因还对玄奘和悟空的记载作了总结，两者都沿着这条路线来克什米尔。也可见 Sally Hovey Wriggins, *The Silk Road Journey with Xuanzang*, p. 52；Stanislas Julien, *Histoire de la vie d'Hiouen-Thsang, et de ses voyages dans l'Inde entre les années 629 et 645 de notre ère.: Trad. du chinois*, Paris: Arthus Bertrand, 1851, p. 90；Samuel Beal trans., *Si-Yu-Ki*, pp. 119–135（关于玄奘在乌仗那国的记载），136-152（关于塔克西拉到斯利那加）。今天要穿过这片地带，常常仍得走古代的道路，这是由地理决定的，需要沿同样的河流行走，穿过同样的山路。从 1896 年开始，斯坦因追寻这些路线的路段，在出版物中描述自己的旅程时，经常引用历史资料，相关出处见下文。时间方面是根据这些旧日旅人记载的经历来安排的，见 M. Aurel Stein, *Ancient Khotan*, pp. 2–4。

27 悟空和玄奘都在这里待过（M. Aurel Stein, *An Archaeological Tour in Upper Swat and Adjacent Hill Tracts*, pp. 7–8）。护瑟迦罗寺（Huskara）位于今天的

村庄乌斯库尔（Uskür）附近（M. Aurel Stein，*Kalhana's Rājataranginī: A Chronicle of the Kings of Kasmīr,* I, p. 168）。

28 “塔克西拉”（Taxila）原来是希腊人的叫法，如今已广为人知。这座古老城市的发掘报告，见 John H. Marshall, *Taxila: An Illustrated Account of Archaeological Excavations, Carried out at Taxila Under the Orders of the Government of India Between the Years 1913 and 1934*. 3 vols, Cambridge, Engl.: Cambridge University Press, 1951。

29 学者一致认为塔克西拉是学问中心，尽管对它能否被称为一所“学院”仍有些许争议（例如李约瑟说：“公元前 4 世纪亚历山大的军队来到印度的塔克西拉，发现了一所学院。他们从未在希腊见过与这类似的事物，这所学院教授三吠陀及十八学艺。当中国西行僧人法显大约于 400 年到这里时，这所学院还在。”见 Joseph Needham, *Within the Four Seas: The Dialogue of East and West*, London: Allen and Unwin, 1969, p. 135）。

30 Aubey de Sélincourt trans., *Arrian: The Campaigns of Alexander*, London: Penguin, 1971, pp. 266, 350.

31 关于阿育王在塔克西拉的举动，见 Romila Thapur, Asoka and the Decline of the Mauryans, Oxford: Oxford University Press, 1961。关于塔克西拉的铭文，有一份全面的文献目录，见 Hajime Nakamura, *Indian Buddhism: A Survey with Bibliographical Notes*, Delhi: RI Publishers, 1987, pp. 90–92，附有带出处的脚注。

32 John H. Marshall, *Taxila*, pp. 230–294。其他参考书，见 Denise E. King, *A Comprehensive Bibliography of Pakistan Archaeology, Prehistoric to Historic Times,* East Lansing: Asian Studies Center, Michigan State University, 2010。

33 碑文位于今天的沙巴兹加希（Shahbaz Garahi），就在马尔丹西北处。

34 斯坦因分别在 1896、1897、1906、1926 年到访斯瓦特，记载在 *Serindia*, pp. 1929, 1930。也可参见 H. Deane, “Note on Udyana and Gandhara,” *Journal of the Royal Asiatic Society* 28 (1896), pp. 655–77. http://dx.doi.org/10.1017/S0035869X00023959。斯坦因还对玄奘和悟空前往乌仗那国的记载作了综述（M. Aurel Stein, *Serindia*, pp. 14-16）。

35 英语译文见 Samuel Beal trans., *Si-Yu-Ki*, p. 120。

36 见 F. A. Bischoff, “Padmasambhava est-il un personnage historique?” in *Csoma de Körös Memorial symposium,* edited by Louis Ligeti, Budapest: Akadémiai Kiadó, 1978, pp. 27–33；D. Jackson, “The Life and Liberation of Padmasambhava (Padma bKaí thang),” *Journal of Asian Studies* 39 (1979), pp. 123–25；Herbert V. Guenther, *The Teachings of Padmasambhava,* Leiden: Brill, 1996。

37 M. Aurel Stein, *Serindia*, p. 13，从宋云的记载到玄奘的记载。经斯坦因确认，这是在今天图尔萨克（Tursak）附近的甘巴泰（Gumbatai）遗址群。关于斯瓦特河谷其他佛教遗址的确认，见 M. Aurel Stein, *Serindia*, pp. 13–20。

38 见《官员》。

39 M. Aurel Stein, *An Archaeological Tour in Upper Swat and Adjacent Hill Tracts*, Calcutta: Archaeological Survey of India, 1930, p. 50，pl. 37, 38.

40 哈罗德·迪恩（Harold Deane）也有所提及，这个佛足迹给他留下了印象（H. Deane, “Note on Udyana and Gandhara”）。这些地点在法显、宋云和玄奘的记载都有提及，斯坦因做过总结，见 M. Aurel Stein, *An Archaeological Tour in Upper Swat and Adjacent Hill Tracts*, pp. 56–58, 60, 65, 102。

41 现在叫作赛德盖湖（Saidgai Lake）。

42 M. Aurel Stein, *An Archaeological Tour in Upper Swat and Adjacent Hill Tracts*, p. 58；Thomas Watters, *On Yuan Chwang's Travels in India AD 629–45*, London: Royal Asiatic Society, 1904–5, i.231；Stanislas Julien, *Histoire de la vie d'Hiouen-Thsang, et de ses voyages dans l'Inde entre les années 629 et 645 de notre ère.: Trad. du chinois*, I, pp. 135, 141。关于恶龙皈依佛教，见 John S.Strong, *The Legend and Cult of Upagupta: Sanskrit Buddhism in North India and Southeast Asia*, Princeton: Princeton University Press, 1992, pp. 26–28。

43 卡尔哈纳的《王河》有记载（见 M. Aurel Stein，*Kalhana's Rāhjataranginī*: A Chronicle of the Kings of Kasmīr, I, pp. 204–267）。也可参见 Jean Phillippe Vogel, *Indian Serpent Lore: Or, the Nagas in Hindu Legend and Art*, London: A. Probsthain, 1926, pp. 241–243。

44 穿过今天的第尔河（Dir），然后前往契特拉河。从第尔河到契特拉河，见 M.

Aurel Stein, *Serindia*。斯坦因注意到悟空选择了不同的路线，推测他可能是为了避开当时政局动荡的区域（M. Aurel Stein, *Serindia*, pp. 17–19）。

45 穿过洛瓦里山口（Lowari pass，见 M. Aurel Stein, *Serindia*, pp. 21–29）。斯坦因选择在夜间通过这里，以避免白天太阳可能引发的雪崩，当时正值 5 月初。

46 见《士兵》。

47 J. R. Hamilton, “Les règnes khotanais entre 851 et 1001,” in *Contributions aux études sur Touen-houang*, edited by Michael Soymié, Droz: Geneva, 1979, pp. 49–50.

48 今天，类似的小道在这一带仍有人在走。面对这些危险的小道，斯坦因总是持乐观心态：“沿着如此险峻的道路小步快走，旁边数百英尺之下便是河流，要是在别的地方这可能是对勇气的考验，但人们很快就学会了像奇特拉尔人那样坐在小马上，信心满满地上路。”（M. Aurel Stein, *Serindia*, p. 32）不过他也的确记载过，至少有一匹小马失足掉了下去，所幸并没有大碍。

49 斯坦因详细描述了这条路线（Stein，1904：57–72）。

50 M. Aurel Stein, *Ancient Khotan*, Oxford: Clarendon Press, 1907, pp. 33–40.

51 关于中国对玉的认识，见 Berthold Laufer, *Jade: A Study in Chinese Archaeology and Religion*, South Pasadena: P. S. and Lone Perkin, 1946。

52 当时对于阗及其寺院的记载，见 Jean Pierre Abel-Rémusat, *Histoire de la ville de Khotan, tirée des annales de la Chine et traduite du chinois suivie de Recherches sur la substance minérale appelée par les Chinois ‘ierre de Iu’, et sur le jaspe des anciens*. Paris: édition Impr. de Doublet, 1820，以及玄奘（英语译文见 Samuel Beal trans., *Si-Yu-Ki*, pp. 309–322）。

53 有关于阗建国传说和毗沙门天王的综述，见 M. Aurel Stein, *Ancient Khotan*, pp. 156–166；Susan Whitfield and Ursula Sims-Williams eds., *The Silk Road: Trade, Travel, War and Faith*, pp. 136–137。

54 E. H. Schafer, *The Golden Peaches of Samarkand*, p. 268。一个世纪以前，于阗画家乙僧闻名中国，创作了多种风格的绘画。H. W. Bailey, *Khotanese Texts*, Cambridge, Engl.: Cambridge University Press, 1979, pp. 16–17；Alexander Soper, trans., *Kuo Jo-Hsü's Experiences in Painting (T'u-hua chien-*

wen chih): *An Eleventh Century History of Chinese Painting, Together with the Chinese Text in Facsimile*, Washington, D.C.: American Council of Learned Societies, 1951, p. 11；E. H. Schafer, *The Golden Peaches of Samarkand*, pp. 32, 287 n210；T. Nagahiro, "On Wei-ch-ih I-seng, a Painter of the Early T'ang Dynasty," *Oriental Art* n.s. 1, no. 2 (1955), pp. 70–74.

55 玄奘有记载，见 M. Aurel Stein, *Ancient Khotan*, pp. 455–456。

56 见《士兵》。

57 关于西行朝圣的中国人的讨论，见 Imre Galambos and Sam van Schaik, *Manuscripts and Travellers: The Sino-Tibetan Documents of a Tenth-Century Buddhist Pilgrim*, Berlin: De Gruyter, 2012, pp. 35–74，根据敦煌发现的一份10世纪手稿。

58 当时对845年灭佛运动的记载，见 Edwin O. Reischauer trans., *Ennin's Diary*, pp. 340–44, 347–248, 373；Edwin O. Reischauer, *Ennin's Travels in T'ang China* 第七章。

59 159窟和361窟简单地描绘了当时五台山的面貌（Dorothy Wong, "A Reassessment of the Representation of Mt Wutai from Dunhuang Cave 61," *Archives of Asian Art* 46 [1993], p. 41）。敦煌石窟61窟后壁大幅壁画的年代，王静芬认为是947—957年左右，但杜凯鹤指出敦煌研究院的人员最近修订了原来的纪年，改为14世纪。Karl Debreczeny, "Wutai shan: Pilgrimage to Five Peak Mountain," *Journal of the International Association of Tibetan Studies* 6 (2011), p. 11 n19.

60 见《公主》。

61 尽管村民们正受病魔折磨，然而圆仁记载自己还是吃了闭门羹，（Edwin O. Reischauer trans., *Ennin's Diary*, pp. 188–189）。

62 圆仁记载的另一遭遇（Edwin O. Reischauer trans., *Ennin's Diary*, p. 189）。

63 Lieu S. N., *Manicheanism in Central Asia and China*, pp. 128–131.

64 Dorothy Wong, "A Reassess ment of the Representation of Mt Wutai from Dunhuang Cave 61," p. 38，引用了中国的史料。关于后来吐蕃人与五台山的关系，见 Karl Debreczeny, "Wutai shan: Pilgrimage to Five Peak Mountain"。

65 Matthew Kapstein, *The Tibetan Assimilation of Buddhism*, Oxford: Oxford

University Press, 2000, pp. 63–65.

66 明代藏经阁里发现一座六角形、两层高的转轮藏，时间比藏经阁要早。这座转轮藏是否能追溯到 9 世纪，目前仍属未知。据记载，一位名叫傅翕的僧人在 544 年发明了转轮藏，这一发明逐渐流行开来。现存 863 年的一则记载提到苏州一座佛寺里有一转轮藏。见 J. Prip-Møller, *Chinese Buddhist Monasteries*, pp. 55–58（转轮藏的例子），pp. 51-58（佛教的藏书楼）。关于中国的藏书楼，也可参见 Jean-Paul Drège, *Les bibliothèques en Chine au temps des manuscrits (jusqu' au Xe siècle,* Paris: Ecole Francoise d' Extreme-Orient, 1991。

67 见《画匠》。

68 M. Aurel Stein，*Kalhana' s Rājataranginī: A Chronicle of the Kings of Kasmīr*, pp. 96-97.

第七章 作家

1 沙斐仪是一名法官，他的思想后来成了一门法学派别的基础思想。他还是一位诗人。英语译文见 http://lifetimesandcrimes.wordpress.com/2012/06/27/imam-ash-shafiee-on-travel/。本章的写作得到了奈尔 · 格林（Nile Green）的帮助，在此表示感谢。

2 伊本 · 鲁斯塔（Ibn Rustah）是一个历史人物，波斯人，其地理学著作流传至今。他生活的年代不详，但 903 年曾旅行到麦地那。我冒昧揣测他在此之后又活了几十年，尽管没有任何证据可以证明。我想象这个故事发生在他的晚年，即 935 年左右。除了他的麦地那之旅是真的以外，他很可能并没有去过他说的那些地方。因此，本章的内容以阿拉伯作家伊本 · 法德兰（Ibn Fadl ā n）的记述为依据，他在 921—922 年间曾以外交使者的身份前往罗斯，并作了详细的记录。不过，我希望本章的焦点仍是中亚，同时纳入波斯和阿拉伯的要素。伊本 · 鲁斯塔的生平综述，见 Ahmad S. Maqbul, “Ibn Rusta,” in *Encyclopaedia of Islam (Second Edition)* Online, edited by P. Bearman et al. Brill Online, 2013. 他的地理著作有法语译本，见 G. Wiet trans., *Ibn Rusteh*, Les Atours précieux, Cairo: l' Institut Français d' Archéologie Orientale du Caire,

1955。

3 G. Wiet trans., *Ibn Rusteh*, pp. 79, 81.

4 艾德蒙 · 博斯沃兹表示伊本 · 鲁斯塔并没有去过麦地那以外的地方，见 C. Edmund Bosworth, "Ebn Rosta, ABŪ'ALĪ AH.MAD," Encyclopaedia Iranica, online edition, New York, 1996–, 2011. http://www.iranicaonline.org/articles/ebn-rosta。胡阿里 · 图阿蒂指出 ："中世纪的穆斯林学者对旅行十分着迷……因为他们视旅行为一种生活方式，途中历经的磨难能让自己受益匪浅。"（Houari Touati, Islam and Travel in the Middle Ages, Chicago: University of Chicago Press, 2010, p. 1.

5 这部作品保留至今，但收在了另一本部头更大的百科全书《珍贵见闻录》（*Kitāb al-A'lāk an-Nafīsa*）里，放在书的第七部分（Ahmad S. Maqbul, "Ibn Rusta"）。可是，这部作品的其余部分仍属未知，我们不清楚这本书最终完成与否。

6 G. Wiet trans., *Ibn Rusteh*, pp. 175–188.

7 Hossein Kamaly, "Isfahan: vi. Medieval Period," in *Encyclopaedia Iranica,* 2012, http://www.iranicaonline.org/articles/isfahan-vi-medieval-period.

8 有关中世纪伊斯法罕的综述，见 Heinz Gaub, Iranian Cities, in *The City in the Islamic World*, edited by Salma Khadra Jauusi et al., vol. 1, Leiden: Brill, 2008, pp. 163–173 ；Jürgen Paul, "The Histories of Isfahan: Mafarrukhi's Kitāb mahāsin Isfahān," *Iranian Studies* 33, nos. 1/2 (2000), pp. 117–32. http://www.jstor.org/stable/4311336 ；Michael Dumper and Bruce Stanley, *Cities of the Middle East and North Africa*, Santa Barbara, Calif.: ABC-CLIO, 2007 ；Salma Khadra Jayyusi et al. eds., *The City in the Islamic World*, Vol. 1, Leiden: Brill, 2008。

9 参见 G. Wiet trans., *Ibn Rusteh*, pp. 175–188.

10 G. Wiet trans., *Ibn Rusteh*, pp. 179, 190.

11 Toutaj Daryaee, "Mind, Body and the Cosmos: The Game of Chess and Backgammon in Ancient Persia," *Iranian Studies* 35, no. 4 (2002), pp. 281–312.

12 英语译本引自 Toutaj Daryaee, "Mind, Body and the Cosmos: The Game of Chess and Backgammon in Ancient Persia," p. 303。

13 阿布 · 加法尔 · 艾哈迈德 · 马赫迪 · 罗斯坦（Abu Ja'far Ahmad b. Mahdi b. Rostam，回历 272/ 公元 886 年去世；Abu No'aym：I，85–86）拥有大量财富，为了自己的私人藏书室，他能花 30 万迪拉姆（Hossein Kamaly, "Isfahan: vi. Medieval Period"）。

14 Jonathan M. Bloom, *Paper Before Print.* Geoffrey Roper ed., *The History of the Book in the Middle East,* Aldershot: Ashgate, 2013.

15 这时已经出现印刷文本了，见 Thomas F. Carter, *The Invention of Printing and Its Spread Westwards,* 2nd ed., revised, New York: L. Carrington Goodrich, 1955；Geoffrey Roper, "The Printing Press and Change in the Arab World," in *The History of the Book in the Middle East*, edited by Geoffrey Roper, Farnham: Ashgate, 2013, pp. 389-406。

16 阿布·马夏（787 年出生）撰写了许多天文学的作品（见 David Pingree, "Abu Ma'shar," in *Dictionary of Scientific Biography*, edited by Charles Coulston Gillispie, vol. 1, New York: Charles Scribner's Sons, 1970, pp. 32-39；David Pingree, "Abu Ma'shar," *Encyclopaedia Iranica,* 2011。关于这时印度的天文学知识及其对伊朗的影响，见 David Pingree, "Astronomy and Astrology in India and Iran," *Isis* 54 (1963), pp. 229–46。

17 这时期的地理书常常对天文学有所讨论。

18 伊本 · 胡尔达兹比赫生活于 9 世纪，他写的《道里邦国志》是阿拉伯现存最早的有关行政地理的书籍。他在巴格达长大，846 年在萨马拉写成这本书，见 Bosworth, "Ebn Kordādbeh," *Encyclopaedia Iranica,* online edition, New York, 1996–, 2011, http://www.iranicaonline.org/articles/ebn-kordadbeh。

19 在《古兰经》（和《旧约圣经》）里，歌革和玛各指的是带来世界末日的人。传说亚历山大大帝（公元前 353—前 323 年）建立了一道边墙，把他们隔绝在外。"歌革"、"玛各"两个名称很可能来自古叙利亚语，在阿拉伯语里它们叫 *Ma'jūj*。参见 Emeri J. Van Donzel and Claudia Ott., wa-Mādjūdj," in *Encyclopaediaof Islam (Second Edition) Online*, edited by P. Bearman et al., Brill Online。

20 Emeri J. van Donzel and Andrea Barbara Schmidt, *Gog and Magog in Early Eastern Christian and Islamic Sources: Sallam's Quest for Alexander's Wall,*

Leiden: Brill, 2010, p. 71.

21 关于萨拉姆之行的概述，见 Emeri J. Van Donzel, “Sallām al-Tardjumān,” in *Encyclopaedia of Islam*, 2d ed., edited by P. Bearman et al., Leiden: Brill, 2013。萨马拉在底格里斯河沿岸，巴格达以北，是上任哈里发（现任哈里发的父亲）在 836 年建造的新都城。

22 萨拉姆也可能是犹太人，这一点已有学者提出，见 Emeri J. van Donzel and Andrea Barbara Schmidt, *Gog and Magog in Early Eastern Christian and Islamic Sources*。

23 萨拉姆记载的真实性、他这次旅行的实际目的地，以及他眼中的边墙，都引起了大量的学术争论。对此，埃梅里 · 范 · 东泽勒（Emeri J. Van Donzel, “Sallām al-Tardjumān”）做过总结，并得出结论说萨拉姆的确到过哈密，所谓的边墙就是戈壁滩上著名的玉门关。关于回鹘人，见《马夫》。

24 10 世纪阿曼商人艾萨克·本·亚胡达（Issac ben Yahuda）的故事被记载在《印度奇事》（*Kitāb al-Ajab al Hind*）里，这本书收集了各种传说故事，有些十分离奇，收集这些故事的人是一名来自罗姆霍尔木兹的船长，叫布祖格 · 伊本 · 沙哈里亚尔（Buzurg ibn Shahriyār），他从波斯湾的罗夫（Siraf）出航。见 Buzurg ibn Shahriyār, *Book of the Marvels of India*, London: G. Routledge and Sons, 1928。

25 见 Ahmad S. Maqbul, “Djāba,” in *Encyclopaedia of Islam* (*Second Edition*) *Online*, edited by P. Bearman et al. Brill Online 2013. http://referenceworks.brillonline.com /entries/encyclopaedia-of-islam-2/djaba-SIM_1887。关于 10 世纪以来泉州的穆斯林商人，参见 J. W. Chaffee, “At the Intersection of Empire and World Trade: The Chinese Port City of Quanzhou (Zaitun), Eleventh–Fifteenth Centuries,” in *Secondary Cities and Urban Networking in the Indian Ocean Realm, c. 1400–1800*, edited by Kenneth R. Hall, Lanham, Md.: Rowman & Littlefield, 2008, pp. 99-122；“Muslim Merchants and Quanzhou in the Late Yuan–Early Ming: Conjectures on the Ending of the Medieval Muslim Trade Diaspora,” in *The East Asian “Mediterranean” Maritime Crossroads of Culture, Commerce, and Human Migration*, edited by Angela Schottenhammer, Wiesbaden: Harrassowitz Verlag, 2008, pp. 115-32。如贾志扬（John W.

Chaffee）指出的那样，这时期泉州的崛起正值中国动荡不安之时，泉州港不受任何中央权力的摆布（J. W. Chaffee, “At the Intersection of Empire and World Trade: The Chinese Port City of Quanzhou (Zaitun), Eleventh–Fifteenth Centuries,” p. 102）。关于中国商人，见 Lo Jung-Pang, “China as a Sea Power During the Later Sung and Early Yuan Periods,” *Far Eastern Quarterly* 11, no. 1(1952), pp. 91–105；“Chinese Shipping and East-West Trade from the Xth to XIVth Century,” in *Sociétés et companies de commerce en Orient et dans l” Ocean Indient: Actes du Huitième Colloque International d’Histoire Maitime*, edited by Michael Mollat, Paris: SEVPEN, 1970, pp. 167-78。

26 见《船长》。

27 该地区 8—9 世纪的一些墓葬里有产自中国、粟特、拜占庭的丝绸，相关描述见 Anna Ierusalimskaya, “Early Medieval Burial Grounds in the North Caucasus,” in *Expedition Silk Road: Journey to the West*, edited by Hermitage Amsterdam, Amsterdam: Hermitage Amsterdam, 2014, pp. 240-47。这两种文化之间的传播互动，也可参见 Berthold Laufer, *Sino-Iranica: Chinese Contributions to the History of Civilisations in Ancient Iran, with Special Reference to the History of Cultivated Plants and Prod -ucts*, Chicago: Field Museum of Natural History, 1919。

28 或许如贾志扬谈到广州时指出的那样，由于中央权力的衰落，这两个王朝也随之衰落了。J. W. Chaffee, “At the Intersection of Empire and World Trade: The Chinese Port City of Quanzhou (Zaitun), Eleventh–Fifteenth Centuries,” pp. 102–103.

29 751 年怛罗斯之役以阿拉伯方的胜利而告终。在这场战争被俘虏的中国人中据说有造纸工和丝绸织工，是他们把这两项技术教给了阿拉伯人。不过还有另一种可能，这些技术是从塔里木盆地那边渐渐传过来的，因为当时这些技术已经传入塔里木一带（见 Jonathan M. Bloom, *Paper Before Print*）。

30 有关唐王朝的突厥血统，详细讨论见 Chen Sanping, *Multicultural China in the Early Middle Ages*, Philadelphia: University of Pennsylvania Press, 2012。

31 Bertold Spuler, *The Muslim World*, Vol. 1: *The Age of the Caliphs*, Leiden: Brill, 1960, p. 29.

32 “（自 913 年萨曼王朝终结后）约二十年来，各股军事势力为争夺伊斯法罕及其附近高地互相开战。在一个接一个代拉米军事领袖的带领下，数量巨大、按部落组织起来的代拉米人、库尔德人、突厥人军队，对伊斯法罕的城市与农村生活构成了根本性的威胁，哈里发的其他领地也遭遇同样的困境。” Hossein Kamaly, “Isfahan: vi. Medieval Period”，根据 Anne K. S. Lambton, “Is.fahān i. History (1978),” in *Encyclopaedia of Islam (Second Edition) Online*, edited by P. Bearman et al. Brill Online, 2012–13。

33 关于白益人的钱币，见 Treadwell，2001。至于新造的城墙，见 Hossein Kamaly, “Isfahan: vi. Medieval Period”。

34 关于白益人的起源，见 V. Minorsky, “Daylem,” in *Encyclopedia Iranica,* vol. 7, edited by Ehsan Yarshater, London: Routledge and Kegan Paul, 1996, p. 193。

35 10 世纪阿拉伯的地理学家阿勒–穆卡达西（Al-Muqaddasī）提到了这一点。转引自 Bosworth，2002。

36 这些地区在伊本 · 鲁斯塔的地理书中皆有所涉及（见 G. Wiet trans., *Ibn Rusteh*）。

37 伊本 · 鲁斯塔及其他人用的是“罗斯人”（Rus）这个名称。这一称谓很可能出自古斯堪的纳维亚语，意思是“划船的男人”。不过关于罗斯人的族属有很多争论，尤其集中在他们与斯拉夫人的关系、维京人对罗斯的形成发挥过多大作用这两个问题上（“诺曼人争论”）。最近的研究参见 Omeljan Pritsak, *The Origin of Rus'*, Cambridge, Mass.: Harvard Ukrainian Research Institute, 1981 ；Simon Franklin and Jonathan Shepard, *The Emergence of Rus, 750–1200*, London: Longman, 1996 ；Andrii Danylenko, “The name Rus': In search of a new dimension,” *Jahrbuecher fuer Geschichte Osteuropas* 52 (2004), pp. 1–32。蒙哥马利对阿拉伯作者使用这一称谓的情况作过讨论，并表示很多人设想阿拉伯人口中的“罗斯人”指的是同一群人，这个论据其实很危险 ：“明显还有另一种可能，那就是中世纪的阿拉伯人也茫然不知何谓真正的罗斯人，于是把两类不同的人群混为一谈。”（James E. Montgomery, “Ibn Fadlān and the Rūsiyyah,” *Journal of Arabic and Islamic Studies* 3 (2000), p. 3. 这里并不是说所有沿着伏尔加河这条路线来的人都是斯堪的纳维亚人，也不是就“诺曼人争论”做任何评判 ；我把这个问题留给这一领域的专家们。

38 Archibald R. Lewis, *The Northern Seas: Shipping and Commerce in Northern Europe A.D. 300–1100*, Princeton: Princeton University Press, 1958. Gareth Williams et al. eds., *Vikings: Life and Legend*, London: The British Museum Press, 2014.

39 关于可萨人的历史，参见 D. M. Dunlop, *The History of the Jewish Khazars*, New York: Schocken, 1967 ；Peter B. Golden, "The Q'azars: Their History and Language as Reflected in the Islamic, Byzantine, Caucasian, Hebrew and Old Russian Sources," PhD diss., Harvard University, 1970。

40 托马斯·努南在好几篇文章里对钱币窖藏及其来源、纪年作过颇为详细的讨论。Thomas Noonan, *The Islamic World, Russia and the Vikings*, Aldershot: Variorium/ Ashgate, 1998.

41 英格兰是最近的银矿产地，自古罗马时期便被人开采。

42 斯塔拉亚·拉多加如今叫"老拉多加"，位于拉多加湖岸边以南六英里处，在今天的圣彼得堡东边，从波罗的海出发一直沿涅瓦河过来便可到达。努南表示，自 8 世纪中开始这里便出现了斯堪的纳维亚人，但他也注意到，有前苏联学者争论说这些人出现的时间要更晚一些。Thomas Noonan, *The Islamic World, Russia and the Vikings*, p. 346.

43 一艘纪年为 820 年左右、可在湖上和海岸航行的船只"奥塞贝格号"被发掘了出来。

44 这条路被称为"维京贸易航线"（Varanigian Trade Route）。同时代的材料提到有一支瑞典人在 839 年到达君士坦丁堡，准备启程回去时因为有一群"野蛮人"危及他们回程的安全，因而寻求别的返程路线，见 Thomas Noonan, *The Islamic World, Russia and the Vikings*, p. 345， 参见 Thomas Noonan, "When Did Rus/Rus' Merchants First Visit Khazaria and Baghdad?" *Archivum Eurasiae Medii Aevi* 7 (1987–91), pp. 213–19。

45 他用的其实是"萨卡里巴"（Saqaliba）这个称呼，出自词语"斯拉夫"（Slavs），但一般说来指的是欧洲奴隶。

46 "罗马统治者"指的是拜占庭帝国。

47 海姆利杰很可能位于伏尔加河流入里海的三角洲一带，靠近今天的村庄萨摩德勒卡（Samosdelka）。德米特里·瓦西列夫（Dmitry Vasil'ev）多年来在那里进行发掘，认为这是可萨人的都城伊铁尔（Atil）遗址。D. Vasil'ev, "Preliminary Results of Researches on Samosdelskoye Site in Connection with Oguz Problem," *European Association of Archaeologists. 9th Annual Meeting: Final Program and Abstracts* (St. Petersburg): 29, 2003. 参 见 http://www.khazaria.com/atil.html。

48 Peter B. Golden, "Rus," in *Encyclopaedia of Islam (Second Edition) Online*, edited by P. Bearman et al., Brill Online, 2012.

49 当时的作家马苏迪（Al-Mas'udi）和穆卡达西（Al-Muqaddasī）分别提到，转引自 Peter B. Golden, "Rus"。

50 汉普顿认为这些剑中有许多都是通过劫掠和打仗得来的，由于 864 年秃头查理的禁令，这些物品无法贩卖给维京人（Valerie Dawn Hampton, "Viking Age Arms and Armor Originating in the Frankish Kingdom," *The Hilltop Review* 4, no. 2: article 8, 2011. 最初的剑是用模具合铸法制造的，有关产自 9 世纪的宝剑"乌勒夫贝尔特剑（Ulfberht）"，见 http://www.wikinger.speyer.de/index.php?id=11&L=1&B=14.

51 圣加尔僧侣（Monk of St. Gall）在 9 世纪的著作《查理大帝传》（*The Life of Charlemagne*）里描述了这些宝剑（Archibald R. Lewis, *The Northern Seas*, p. 223 n206）。

52 Donald F. Logan, *The Vikings in History*. 2d ed., London: Routledge, 1992.

53 马苏迪，引自 Simon Franklin and Jonathan Shepard, *The Emergence of Rus, 750–1200*, p. 69。

54 一些学者表示，到了这时不里阿耳人会充当贸易的中间人，许多罗斯人并不一直南下。Simon Franklin and Jonathan Shepard, *The Emergence of Rus, 750–1200*, p. 43.

55 一份敦煌文书（编号 Or.8210/S.6050）列有 10 世纪时捐赠给寺院的九块琥珀。通过各种各样的中间人，罗斯商人手上的这些物品都是能够找到的。

56 Thomas Noonan, "Fluctuations in Islamic Trade with Eastern Europe during the Viking Age," *Harvard Ukranian Studies* 16 (1992), p. 243; "The Vikings in the East: Coins and Commerce," in *Developments around the Baltic and the North Sea in the Viking Age*, edited by B. Ambrosiani and Helen Clarke, Stockholm:

Birka Project for Riksantikvarieämbetet and Statens Historiska Museer, 1994, p. 227. Roman K. Kovalev, "Dirham Mint Output of Samanid Samarqand and Its Connection to the Beginnings of Trade with Northern Europe (10th century)," *Histoire & mesure* 17, nos. 3/4, doi: 10.4000/histoiremesure.892, 2002. Stephen Merkel et al., "Analysis of Slag, Ore, and Silver from the Tashkent and Samarkand Areas: Medieval Silver Production and the Coinage of Samanid Central Asia," *Metalla Sonderhelf* 6 (2013), pp. 62–66. 努南估算大约有 1 亿 2500 万萨曼王朝的迪拉姆钱币在 10 世纪期间流入北欧，见 "Volga Bugharia's Tenth-Century Trade with Samanid Central Asia," *Archivum Eurasiae Medii Aevi* 11 (2000–1), p. 206。

57 见《商人》、《马夫》。

58 关于皈依犹太教，见 Joshua T. Olsson, "Coup d'état, Coronation and Conversion: Some Reflections on the Adoption of Judaism by the Khazar Khaghanate," *Journal of the Royal Asiatic Society* 23, no. 4 (2013), pp. 495–526, doi:10.1017/S1356186313000266；David Christian, *A History of Russia, Central Asia and Mongolia*, Vol. 1: *Inner Eurasia from Prehistory to the Mongol Empire*, Oxford: Blackwell, 1998, pp. 293–295。关于拜占庭与阿拉伯人相抵触的诉求，见 Noonan，1999，p. 502。有许多学者对这次皈依做过研究，其中不少持怀疑态度，但如今大家一致认同这次皈依发生在 8 世纪中叶稍晚的时候；奥尔森表示在 861 年以前不久，见 Joshua T. Olsson, "Coup d'état, Coronation and Conversion: Some Reflections on the Adoption of Judaism by the Khazar Khaghanate," p. 519。随着回鹘可汗皈依摩尼教（见《马夫》），这一新宗教也为精英阶层所接受，但并不是所有民众都这样。信奉基督教和伊斯兰教的人仍维持自己的信仰，一些可萨人很可能还保留自己的传统信仰。

59 Thomas Noonan, *The Islamic World, Russia and the Vikings*, pp. 284–285.

60 M. A. Shaban, *Islamic History A. D. 750–1055 (A. H. 132–448): A New Interpretation,* Cambridge, Engl.: Cambridge University Press, 1976, pp. 148–151.

61 见 Richard N. Frye trans. *Ibn Fadlan's Journey to Russia*, Princeton: Markus Wiener, 2005。伊本·法德兰的记载为一本小说奠定了基础——迈克尔·克莱顿（Michael Crichton）的《食尸者》（*Eaters of the Dead*），1976 年，这本书后

来又被拍成电影《终极奇兵》(*The Thirteenth Warrior*)，试金石电影公司/迪士尼，1999年。

62 Simon Franklin and Jonathan Shepard, *The Emergence of Rus, 750–1200*, p. 64.

63 引自 Simon Franklin and Jonathan Shepard, *The Emergence of Rus, 750–1200*, p. 64。

64 Richard N. Frye trans. *Ibn Fadlan's Journey to Russia*.

65 Bertold Spuler, *The Muslim World*, Vol. 1: *The Age of the Caliphs*, p. 67.

66 沃尔特斯艺术博物馆里有这类项链和臂钏，见 http://art.thewalters.org/detail/2826/neck-ring/ 和 http://art.thewalters.org/detail/28543/arm-ring-1/。也可参见 Gareth Williams et al. eds., *Vikings: Life and Legend*, pp. 60–61。

67 Gareth Williams et al. eds., *Vikings: Life and Legend*, p. 197，以及 http://art.thewalters.org/detail/20160/box-shaped-brooch/.

68 根据伊本·法德兰的报告。不过蒙哥马利暗示这可能是衣服上的别针（James E. Montgomery, "Ibn Fadlān and the Rūsiyyah," pp. 6–7 n19）。

69 Graham-Campbell, James, *The Viking World*, London: Frances Lincoln, 2001, 118.

70 关于珠子和珠子贸易，见 A. Lundström, "Bead Making in Scandinavia in the Early Middle Ages," *Early Medieval Studies* 9, Antivariskt Arkiv 61, 1976；Johan Callmer, *Trade Beads and Bead Trade in Scandinavia ca. 800–1000 AD*, Lund: Munksgaard, 1977。个中例子，见 Gareth Williams et al. eds., *Vikings: Life and Legend*, pp. 54, 65, 189。

71 关于这时奴隶贸易的范围，马瑞克·简柯维阿克有过讨论，见 Marek Jankowiak, "Dirhams for Slaves: Investigating the Slavic Slave Trade in the Tenth Century," 2012. https://www.academia.edu/1764468/Dirhams_for_slaves.Investigating_the_Slavic_slave_trade_in_the_tenth_century。

72 关于维京人的崇拜物，见 Jacqueline Simpson, *Everyday Life in the Viking Age*, New York: B. T. Batsford, 1967, pp. 182–183；关于木头人，见 H. M. Smyser, "Ibn Faldan's Account of the Rus'," in *Medieval and Linguistic Studies in Honour of Francis Peabody Magoun*, edited by J. B. Bessinger Jr. and R. P. Creed, London: Allen and Unwin, 1965, p. 105。

第八章　官员

1 英语译文引自 Kenneth K. S. Ch'en, *Buddhism in China: A Historical Survey*, Princeton: Princeton University Press, 1972, p. 153。

2 本章是根据一个真实人物写成的。翟奉达编过日历，八十多岁时还为纪念亡妻写过一系列文稿，这些材料保存到了今天，借助这些材料我们能够对这个人有所了解。有些材料是在敦煌藏经洞里发现的，有关讨论见 Stephen Teiser , *The Scripture of the Ten Kings and the Making of Purgatory in Medieval China,* Honolulu: University of Hawaii Press, 1994, pp. 102–121。太史文（Stephen Teiser）的研究对本章帮助甚大，在此表示感谢。

3 许理和讨论过这时期佛教在蒙学教育中发挥的作用，包括展示如何练字，见 Eric Zürcher, "Buddhism and Education in T'ang Times," in *Neo-Confucian Education: The Formative Stage*, edited by Wm. Theodore de Bary and John W. Chaffee, Berkeley: University of California Press, 1980, pp. 35-50（图 2.1—2.10）。也可参见现藏于大英图书馆的敦煌文书 Or.8210/S.5491（Susan Whitfield and Ursula Sims-Williams eds., *The Silk Road: Trade, Travel, War and Faith*, p. 251）。

4 敦煌发现了这些文本的抄写本，示例参见 Lionel Giles, "Dated Chinese Manuscripts in the Stein Collection, IV, Ninth Century," *Bulletin of the School of Oriental and African Studies* 9, no. 4 (1939), pp. 1024–1025, 1034；Eric Zürcher, "Buddhism and Education in T'ang Times," pp. 35–36。

5 关于王梵志，见 Paul Demiéville, *L'Oeuvre de Wang le Zélateur (Wang Fan-tche), suivie des Instructions domcstiques de l'Aïeul (T'ai-kong kia-kiao): Poèmes populaires des T'ang (VIIIe-Xe siècles, édités traduits et commentés après des manuscrits de Touen-houang),* Paris: Collège de France, Institut des hautes études chinoises, 1982。

6 关于这时期敦煌的历史，见 Rong Xinjiang, "New Light on Sogdian Colonies along the Silk Road: Recent Archaeological Finds in Northern China"。

7 敦煌莫高窟 156 窟。复制品，见 Susan Whitfield and Ursula Sims-Williams eds., *The Silk Road: Trade, Travel, War and Faith*, p. 193；Fan Jinshi, *The*

Caves of Dunhuang, pp. 189–91。

8 Jacques Gernet, *Daily Life in China on the Eve of the Mongol Invasion, 1250–1276*, Stanford: Stanford University Press, 1970, pp. 193–94，虽然这些其实是稍晚的做法。

9 这种做法记载在敦煌的一份写本里，现藏大英图书馆，编号为Or.8210/S.5933。

10 敦煌莫高窟 96 窟，见 Fan Jinshi, *The Caves of Dunhuang*, pp. 124–125。

11 可能由于污染的原因，敦煌的沙丘不再发出轰鸣声。不过在内蒙古的巴丹吉林沙漠，沙丘的轰鸣声被记录了下来（Isobel Clouter and Rob Mullender, *Myths of Origins: Sonic Ephermera from East Asia*, Seattle: OAR Recordings, 2008, tracks 6 and 7）。Mildred Cable and Francesca French, *The Gobi Desert*, p. 64，记载了 1920 年代敦煌的这种现象。

12 Eric Zürcher, "Buddhism and Education in T'ang Times," p. 30.

13 邓文宽《敦煌天文历法文献辑校》，南京：江苏古籍出版社，1996 年。Susan Whitfield and Ursula Sims-Williams eds., *The Silk Road: Trade, Travel, War and Faith*。

14 这份敦煌文书现藏于大英图书馆（Or.8210/S.3326）。星图是国家文件，却有一件出现在敦煌，这是个谜。J-M. Bonnet-Bidaud, F. Praderie, and S. Whitfield, "The Dunhuang Sky: A Comprehensive Study of the Oldest Known Star Atlas," *Journal of Astronomical History and Heritage* 12 (1978), pp. 39–59. http://idp.bl.uk/education/astronomy_researchers /index.a4d.

15 敦煌这件印刷的日历现藏于大英图书馆，见 Or.8210/P.12。有关这份年历的讨论，见 Susan Whitfield, "Under the Censor's Eye: Printed Almanacs and Censorship in Ninth-Century China"；Susan Whitfield and Ursula Sims-Williams eds., *The Silk Road: Trade, Travel, War and Faith*, pp. 302–303（图片）。

16 敦煌这件印刷的日历现藏于大英图书馆，见 Or.8210/P.6。见 Susan Whitfield and Ursula Sims-Williams eds., *The Silk Road: Trade, Travel, War and Faith*, pp. 302–303；Susan Whitfield, "Under the Censor's Eye: Printed Almanacs and Censorship in Ninth-Century China," p. 14。关于纪年，见 Lionel Giles, "Dated Chinese Manuscripts in the Stein Collection, IV, Ninth Century," pp.

1033–1034。

17 Susan Whitfield, “Under the Censor’s Eye: Printed Almanacs and Censorship in Ninth-Century China,” p. 14. 中文出自王钦若等编修《册府元龟》卷一百六十。

18 关于日历审查制度的讨论，见 Susan Whitfield, “Under the Censor’s Eye: Printed Almanacs and Censorship in Ninth-Century China,” pp. 13–17。

19 Stephen Teiser , *The Scripture of the Ten Kings and the Making of Purgatory in Medieval China*, p. 102.

20 Stephen Teiser , *The Scripture of the Ten Kings and the Making of Purgatory in Medieval China*, p. 117.

21 赵和平《敦煌写本书仪研究》，台北：新文丰出版公司，1993 年。Lionel Giles, “Dated Chinese Manuscripts in the Stein Collection, IV, Ninth Century,” pp. 1026–1027; *Descriptive Catalogue of the Chinese Manuscripts from Tun-Huang in the British Museum*, London: Trustees of the British Museum, 1957, cats.7485–7506.

22 英语译文改编自 Lionel Giles, “Dated Chinese Manuscripts in the Stein Collection, IV, Ninth Century,” pp. 1026–1027。也可参见 Susan Whitfield and Ursula Sims-Williams eds., *The Silk Road: Trade, Travel, War and Faith*, pp. 238–239。

23 关于这时期的历史，参见 Rong Xinjiang, “New Light on Sogdian Colonies along the Silk Road: Recent Archaeological Finds in Northern China”。

24 释永有曾写过中国的《金刚经》(Venerable Yong You, *The Diamond Sutra in Chinese Culture*, Los Angeles: Buddha’s Light Publishing, 2010)。

25 A. F. Pricetra ns., *The Diamond Sutra,* London: Buddhist Society, 1947, p. 56.《金刚经》的英语译文，可以在线浏览 http://lapislazulitexts.com/tripitaka/T08_0235。

26 A. F. Price trans., *The Diamond Sutra*, p. 58.

27 Stephen Teiser , *The Scripture of the Ten Kings and the Making of Purgatory in Medieval China*, p. 119.

28 只有少数几例星群，西方（按照传统命名的星座）和中国（规模较小的星群）

是重合的。在中国，这一星群叫作北斗星。

29 慧远（344—416）的诗作。英语译文引自 Arthur Waley trans., *Ballads and Stories from Tun-Huang: An Anthology,* London: George Allen and Unwin, 1960, p. 122。

30 Stephen Teiser , *The Scripture of the Ten Kings and the Making of Purgatory in Medieval China*, p. 118.

31 关于唐代的文官制度，见 P. A. Herbert, *Examine the Honest, Appraise the Able: Contemporary Assessments of Civil Service Selection in Early Tang China*, Canberra: Australian National University, 1988 ；David McMullen, *State and Scholars in T' ang China*, Cambridge, Engl.: Cambridge University Press, 1988。

32 Stephen Teiser , *The Scripture of the Ten Kings and the Making of Purgatory in Medieval China*, p. 243.

33 Stephen Teiser , *The Scripture of the Ten Kings and the Making of Purgatory in Medieval China*, pp. 120, 243.

34 关于另一部手稿（Or.8210/S.788）的讨论，见 Lionel Giles, "A Topographical Fragment from Tunhuang," *Bulletin of the School of Oriental and African Studies* 7, no. 3 (1934), pp. 545–72。

35 关于寺院的慈善功能，见 Jacques Gernet, *Buddhism in Chinese Society*, pp. 217–223。

36 Stephen Teiser, *The Scripture of the Ten Kings and the Making of Purgatory in Medieval China*, pp. 102–106.

37 有关地狱和十阎王插画的研究，见 Stephen Teiser , *The Scripture of the Ten Kings and the Making of Purgatory in Medieval China*, pp. 31–40。也可参见 Whitfield and ims-Williams，2004 ：330–333。

38 见《比丘尼》。

39 Stephen Teiser, *The Ghost Festival in Medieval China,* Princeton: Princeton University Press, 1988.

40 Stephen Teiser , *The Scripture of the Ten Kings and the Making of Purgatory in Medieval China*, p. 106.

41 Stephen Teiser , *The Scripture of the Ten Kings and the Making of Purgatory in Medieval China*, p. 243.

第九章 比丘尼

1 英语译文改编自 A. F. Price trans., *The Diamond Sutra*, p. 74。英语译文在线浏览，见 http://lapislazulitexts.com/tripitaka/T08_0235。

2 妙福是一名比丘尼，敦煌发现的几份写本里都提到这个人，相关讨论见 Stephen Teiser , *The Scripture of the Ten Kings and the Making of Purgatory in Medieval China*, pp. 128–132。根据这些材料，我们只能推测出妙福生平最基本的时间线。但通过其他记载，我们可以了解到当时佛教徒的生活，因此本章故事以这些记载作参考材料，来想象妙福可能经历了怎样的人生。

3 《佛说无常经》,《大正新修大藏经》第 801 号，最初由义净（635—713）从梵语翻译成中文。

4 吐蕃占领敦煌的确切日期目前仍有争议，但大家一致认为是在 786 年，参考文献见 Valerie Hansen, *The Silk Road: A New History*, p. 280 n36。敦煌石窟发现的 9—10 世纪吐蕃文写本表明，当时敦煌仍有吐蕃人。武内绍人认为吐蕃语在那时属于通用语言，见 Tsuguhito Takeuchi, "The Tibetan Military System and the Activities from Khotan to Lop Nor" ; "Old Tibetan Buddhist Texts from the Post-Tibetan Imperial Period (mid-9th to late 10th c.)," in *Proceedings of the Tenth Seminar of the ITA, 2003*, edited by Cristina Scherrer-Schaub, vol. 14, Leiden: Brill, 2012, pp. 205-15。有关使用多种语言的现象，见 Tokio Takata, "Multilingualism at Tun-huang," *Acta Oricntalia* 78 (2000), pp. 49–90。10 世纪有位朝圣者携带吐蕃的通关文书通过敦煌，有关讨论见 Imre Galambos and Sam van Schaik, *Manuscripts and Travellers*。

5 剃度仪式的细节参考自不同的材料，包括 9 世纪来华的日本僧人圆仁（Edwin O. Reischauer, *Ennin's Travels in T'ang China*, pp. 171–172 ; Edwin O. Reischauer trans., *Ennin's Diary*, p. 207）,当时的相关图像在敦煌石窟也有发现，例如莫高窟 445 窟北壁（Fan Jinshi, *The Caves of Dunhuang*, pp. 164–165）；也可以参考 J. Prip-Møller, *Chinese Buddhist Monasteries*, pp. 240–247, 297–

299。敦煌也发现了度牒，见土肥義和《スタイン敦煌文献及び研究文献に引用紹介せられたる西域出土漢文文献分類目錄初稿：非佛教文献之部古文書類》，第 2 分冊，东京：东洋文库，1966 年，第 33-55 页。

6 这份敦煌文书现在藏于法国国家图书馆，编号 Pelliot chinois 3774。

7 参见《名妓》。

8 敦煌文书中保存了这些写本，例如藏于大英图书馆的（编号 Or.8210/S.5477，见 Lionel Giles, "The Lament of the Lady of Ch'in"。我们不清楚它们是如何被带到敦煌的。

9 Lionel Giles, "The Lament of the Lady of Ch'in," p. 339.

10 例如《公主》里太和公主的妹妹（译注：永安公主）。

11 这份文书现藏于大英图书馆，编号为 Or.8210/S.1473，见 Sarah E. Fraser, *Performing the Visual: The Practice of Buddhist Wall Painting in China and Central Asia, 618–960*, Stanford: Stanford University Press, 2004, pp. 18–19。

12 例如现藏于大英图书馆的文书 Or.8210/S.5867（见 Susan Whitfield and Ursula Sims-Williams eds., *The Silk Road: Trade, Travel, War and Faith*, cat.210），利率为 10%。

13 这份文书现藏于大英图书馆，编号 Or.8210/S.4291，纪年为 938 年（见 Lionel Giles, "Dated Chinese Manuscripts in the Stein Collection, V, Tenth Century," cat. 7384）。

14 引自 6 世纪的一部编纂作品（Kathryn Ann Tsai, *Lives of the Nuns: Biographies of Chinese Buddhist Nuns from the Fourth to Sixth Centuries. A Translation of the Pi-ch'iu-ni Chuan*, Honolulu: University of Hawaii Press, 1994, pp. 20–21）。这位僧人是佛图澄（约 231—349），是一名来自龟兹的著名高僧。

15 Kathryn Ann Tsai, *Lives of the Nuns*, pp. 33–34.

16 这份敦煌文书现藏于法国国家图书馆，编号 Pelliot chinois 3167V（转引自 Stephen Teiser , *The Scripture of the Ten Kings and the Making of Purgatory in Medieval China*, p. 132）。

17 敦煌文书之一的 Or.8210/S.2614（现藏于大英图书馆），列出了当地的僧寺、尼寺及每座寺院的僧尼数量。文书 S.2614 纪年为 921 年，提到了五座尼寺，最大的一座有女尼一百八十九人（包括比丘尼，以及年少和年长的沙弥尼）；见 Lionel Giles, "Dated Chinese Manuscripts in the Stein Collection, V, Tenth Century," p. 327。关于敦煌的僧寺，见 Rong Xinjiang, "New Light on Sogdian Colonies along the Silk Road: Recent Archaeological Finds in Northern China," pp. 266–279。

18 关于比丘尼的戒律，见 Subhra Barua, *Monastic Life of Early Buddhist Nuns*, Calcutta: Atisha Memorial Publishing Society, 1997；Yifa, *The Origins of Buddhist Monastic Codes in China: An Annotated Translation and Study of the Chanyuan Qinggui*, Honolulu: University of Hawaii Press, 2002；Bhiksu Chuehmen trans., *Cultivation in the Present Moment: The Disciplinary Rules for Nuns*, Dehwala, Sri Lanka: Buddhist Cultural Centre, 2013。

19 Martin Wilson, *In Praise of Tara: Songs to the Saviouress*, London: Wisdom Publications, 1986, p. 34.

20 见 Kathryn Ann Tsai, *Lives of the Nuns*。

21 关于佛教寺院经济的讨论，见 Jacques Gernet, *Buddhism in Chinese Society*, pp. 142–152。

22 Jacques Gernet, *Buddhism in Chinese Society*, pp. 58–60.

23 Brian E. McKnight, *The Quality of Mercy: Amnesties and Traditional Chinese Justice*, Honolulu: University of Hawaii Press, 1981.

24 Edwin O. Reischauer trans., *Ennin's Diary*, pp. 207, 217–218.

25 Shayne Clarke, *Family Matters in Indian Buddhist Monasticisms*, Honolulu: University of Hawaii Press, 2014. Sam van Schaik, "Married Monks: Buddhist Ideals and Practice in Kroraina," *South Asian Studies* 30, no. 2 (2014), pp. 201–309.

26 这份文书现藏于大英图书馆，编号 Or.8210/S.2489 和 S.2490（英语译文引自 Lionel Giles, *Descriptive Catalogue of the Chinese Manuscripts from Tun-Huang in the British Museum*, cats.5454, 2178）。

27 Stephen Teiser , *The Scripture of the Ten Kings and the Making of Purgatory in Medieval China*, p. 202.

28 Jacques Gernet, *Buddhism in Chinese Society*, pp. 176–178；Schopen，2004.

29 Jacques Gernet, *Buddhism in Chinese Society*, p. 82. 见敦煌文书 Pelliot chinois 3410。

30 Jacques Gernet, *Buddhism in Chinese Society*, p. 83.

31 Rong Xinjiang, "New Light on Sogdian Colonies along the Silk Road: Recent Archaeological Finds in Northern China" .

32 关于寺院里的作坊设施，见 Jacques Gernet, *Buddhism in Chinese Society*, pp. 142–150（关于磨坊水轮）, pp. 150-152（关于榨油器）。

33 关于盂兰盆节的描述，见 Stephen Teiser, *The Ghost Festival in Medieval China*。

34 这份敦煌文书(Or.8210/S.797)确认了敦煌有结夏安居。见 Lionel Giles, "Dated Chinese Manuscripts in the Stein Collection, I, Fifth and Sixth Centuries," *Bulletin of the School of Oriental and African Studies* 7, no. 4 (1935), p. 810。

35 这份敦煌文书（编号 Or.8210/S.2614）文本的英语译文，见 Victor Mair, *Tun-huang Popular Narratives*, Cambridge, Engl.: Cambridge University Press, 1983, pp. 87–123。

36 英语译文引自 Victor Mair, *Tun-huang Popular Narratives*, p. 97。

37 英语译文引自 Victor Mair, *Tun-huang Popular Narratives*, p. 99。

38 例如文书 Or.8210/S.6983。参见 Susan Whitfield and Ursula Sims-Williams eds., *The Silk Road: Trade, Travel, War and Faith*, pp. 244–245。

39 Jacques Gernet, *Buddhism in Chinese Society*, p. 67.

40 关于货币，参见 Helen Wong, *Money on the Silk Road*。在这时的敦煌，寺院生活和世俗生活里的金钱行为是不一样的，童丕指出了两者的不同之处。Eric Trombert, *Le crédit à Dunhuang: Vie matérielle et société en Chine médiévale*, Paris: Collège de France, Institut des Hautes Études Chinoises, 1995; "The Demise of Silk on the Silk Road: Textiles as Money at Dunhuang from the Late Eighth Century to the Thirteenth Century" .

41 有关节日及人群、队列的描述，见 Jacques Gernet, *Buddhism in Chinese Society*, pp. 235–240。

第十章 寡妇

1 引自一份敦煌文书（编号 Or.8210/S.5666），现藏于大英图书馆。英语译文引自 Lionel Giles *Descriptive Catalogue of the Chinese Manuscripts from Tun-Huang in the British Museum*, cat.6264。也可参见 Susan Whitfield and Ursula Sims-Williams eds., *The Silk Road: Trade, Travel, War and Faith*, cat.278。

2 阿龙是敦煌的居民，藏经洞的好几份法律文书都提过她（相关译文和讨论见 Valerie Hansen, *Negotiating Daily Life in Traditional China*, pp. 68–74），下文提及的土地诉讼案的有关细节即直接参考了这些文书。不过，我们不清楚她是否热衷赌博或患有关节炎。

3 冬虫夏草是长在毛虫身上的菌类，把毛虫杀死后，注入菌丝。其藏语拼音为 yartsa gunbu。参见当时的《新修本草》。

4 参见 D. Wujastyk, *Roots of Ayurveda*, London: Penguin Classics, 2003, p. 181。

5 Edwin O. Reischauer, *Ennin's Travels in T'ang China*, pp. 143–149.

6 敦煌文书里有这位节度使的函件和寺院主持的回信（Or.8210/S.1604），纪年为 902 年（Lionel Giles, "Dated Chinese Manuscripts in the Stein Collection, V, Tenth Century," p. 318）。

7 山里来的袭击者绑架小孩的举动，在好几份敦煌文书都有所提及，例如 Or.8210/S.5394。其实不止是小孩会被绑架：一个耕田雇工的契约里就有一则条款，说明如果盗贼来袭把他掠走的话应该怎样处理（Arthur Waley trans., *Ballads and Stories from Tun-Huang: An Anthology*, p. 162）。

8 对于在农历一月到九月干活的雇工，他们的报酬是每月一驮谷物，以及一套春衣、一件衫、一件裤、一双皮鞋（Arthur Waley trans., *Ballads and Stories from Tun-Huang: An Anthology*, p. 161）。

9 Eric Trombert, "The Demise of Silk on the Silk Road: Textiles as Money at Dunhuang from the Late Eighth Century to the Thirteenth Century."

10 敦煌发现的 877 年日历印刷品带有生肖的说明，见 Or.8210/P.6（Lionel Giles, "Dated Chinese Manuscripts in the Stein Collection, IV, Ninth Century," pp. 1033–1034；Susan Whitfield and Ursula Sims-Williams eds., *The Silk Road: Trade, Travel, War and Faith*, cat.264）。

11 Robert van Gulik, *Sexual Life in Ancient China*, pp. 234–235.

12 敦煌写本 Pelliot chinois 2539，白行简（775—826）的《大乐赋》，英语译文见 Robert van Gulik, *Sexual Life in Ancient China*, pp. 203–207，此处英语译文转引自 204 页。

13 英语译文改编自 Paul Demiéville, "La nouvelle mariée acariatre," *Asia Major* 7 (1959), pp. 59–65。这份文本是敦煌文献之一种，现藏于大英图书馆，编号 Or.8210/S.4129（Susan Whitfield and Ursula Sims-Williams eds., *The Silk Road: Trade, Travel, War and Faith*, cat.190）。

14 Arthur Waley trans., *Ballads and Stories from Tun-Huang: An Anthology*, p. 56. 有关离婚的讨论，以及离婚文书的英语译文，见 Valerie Hansen, *Negotiating Daily Life in Traditional China*, pp. 63–64。

15 Or.8210/S.5561 里有关于痛经的祝愿文，还提及怎样治疗（Susan Whitfield and Ursula Sims-Williams eds., *The Silk Road: Trade, Travel, War and Faith*, cat.186）。

16 E. H. Schafer, *The Golden Peaches of Samarkand*, p. 184.

17 见 Lee Jen-der, "Wet Nurses in Early Imperial China," *Nan Nü: Men, Women and Gender in Early and Imperial China* 2, no. 1(2000), pp. 1–39。

18 有一本带插图的《观世音菩萨普门品》（《法华经》第二十五品）写本，表现了一对夫妇求子并在九个月后诞下子息，见 Or.8210/S.6983 ff.9V–10R（Susan Whitfield and Ursula Sims-Williams eds., *The Silk Road: Trade, Travel, War and Faith*, cat. 185）。

19 Or.8210/S.1946. Lionel Giles, "Dated Chinese Manuscripts in the Stein Collection, VI, Tenth Century," *Bulletin of the School of Oriental and African Studies* 11, no. 1 (1943), p. 172–173；Susan Whitfield and Ursula Sims-Williams eds., *The Silk Road: Trade, Travel, War and Faith*, cat.42.

20 英语译文引自 Arthur Waley trans., *Ballads and Stories from Tun-Huang: An Anthology*, p. 162。

21 见《比丘尼》。关于经帙，见 Susan Whitfield and Ursula Sims-Williams eds., *The Silk Road: Trade, Travel, War and Faith*, cat. 255（大英图书馆，编号 MAS.858）。

22 E. H. Schafer, *The Golden Peaches of Samarkand*, p. 159 n37.

23 在阿斯塔那墓葬出土过一件棋盘，见中国历史博物馆、新疆自治区文物局编《天山古道东西风 · 新疆丝绸之路特辑》，北京：中国社会科学出版社，2002年，202—205页。阿斯塔那墓葬中还有一幅画，表现了一位女子坐在凳子上下象棋（208页）（译注：现一般称为《弈棋仕女图》，实际上女子很可能是坐在榻上，下的应是围棋）。有关双陆棋的描述，见 Jacques Gernet, *Daily Life in China on the Eve of the Mongol Invasion, 1250–1276*, p. 227。

24 关于当时波罗球的受欢迎程度，见 E. H. Schafer, *The Golden Peaches of Samarkand*, pp. 66–67。人们常常提到赌博，证明这项活动在当时很流行，例如著名官员韩愈即因好赌而闻名（Oliver J. Moore, *Rituals of Recruitment in Tang China*, Leiden: Brill, 2004, p. 304）。

25 见 Or.8210/S.3005，这份文献现藏于大英图书馆。

26 阿龙的这段遭遇取材自一份敦煌文献，相关讨论见 Valerie Hansen, *Negotiating Daily Life in Traditional China*。

27 Pelliot chinois 3257，这份文献的照片和相关讨论见 Valerie Hansen, *Negotiating Daily Life in Traditional China*, fig.5。另一事例见某位比丘尼的画押，见 Or.8210/S.2199（Susan Whitfield and Ursula Sims-Williams eds., *The Silk Road: Trade, Travel, War and Faith*, cat.209）。

28 关于地狱的模样，见带插图的写本《十王经》及其经变画，包括现藏于大英图书馆的 Or.8210/S.3961 和藏于大英博物馆的 1919,0101,0.23（Susan Whitfield and Ursula Sims-Williams eds., *The Silk Road: Trade, Travel, War and Faith*, pp. 331–33）。

29 妇女结社的例子，见 Susan Whitfield and Ursula Sims-Williams eds., *The Silk Road: Trade, Travel, War and Faith*, p. 247。有关妇女结社的讨论，见宁可、郝春文《敦煌社邑文书辑校》，南京：江苏古籍出版社，1997年。

30 例如，可参见 Or.8210/S.527（Lionel Giles *Descriptive Catalogue of the Chinese Manuscripts from Tun-Huang in the British Museum*, cat.7572）。

31 Or.8210/S.527，英语译文引自 Lionel Giles, “Dated Chinese Manuscripts in the Stein Collection, VI, Tenth Century,” p. 156。

32 参见《比丘尼》。

33 Eric Trombert, "Bière et Bouddhisme: La consummation de boissons alcoolisées dans les monastères de Dunhuang aux VIIIe–Xe siècles," *Cahiers dExtreme-Asie* 11 (1999-2000), pp. 128–81.

34 描绘女性的画作和由女性资助的画作，见 Nancy Schuster, "Striking a Balance: Women and Images of Women in Early Chinese Buddhism," in *The Role of Women in Middle Ages*, edited by Y. Y. Haddad and Findly N. Banks, Albany: State University of New York Press, 1985, pp. 87-114；Lilla Russell-Smith, *Uyghur Patronage in Dunhuang: Regional Art Centres on the Northern Silk Road in the Tenth and Eleventh Centuries*, Leiden: Brill, 2005, p. 195。

35 Valerie Hansen, *Negotiating Daily Life in Traditional China*, p. 73.

第十一章　画师

1 英语译文引自 William R. B. Acker trans., *Some T'ang and Pre-T'ang Texts on Chinese Painting,* vol. 2, Leiden: Brill, 1974, pp. 234–236。关于吴道子，参见 Richard M. Barnhart et al., *Three Thousand Years of Chinese Painting,* New Haven, Conn.: Yale University Press, 1997, pp. 90–94。

2 董保德是一个历史人物，敦煌文献 Or.8210/S.3929（现藏大英图书馆）简短地记载了他的生平，相关讨论见 Sarah E. Fraser, *Performing the Visual*, pp. 27–28。我想感谢胡素馨（Sarah Fraser）、敦煌研究院及盖蒂保护研究所的保护人员，他们的研究对本章内容帮助很大。

3 关于这时期敦煌的历史，见 Rong Xinjiang, "New Light on Sogdian Colonies along the Silk Road: Recent Archaeological Finds in Northern China"。宋朝在960 年立国。

4 "雷延美"这个名字出现在藏经洞几份印刷本的末尾题跋上，包括Or.8210/P.11（纪年为949—950年）和Or.8210/P.9（纪年为947年）。参见Lionel Giles, "Dated Chinese Manuscripts in the Stein Collection, VI, Tenth Century," pp. 149–150, 151–152；Rong Xinjiang, "Official Life at Dunhuang in the Tenth Century: The Case of Cao Yuanzhong," in *The Silk Road: Trade, Travel, War and Faith*, edited by Susan Whitfield and Ursula Sims-Williams, London: The British Library and

Serindia, 2004, p. 62；Susan Whitfield and Ursula Sims-Williams eds., *The Silk Road: Trade, Travel, War and Faith*, cat.263。

5 双陆棋是一种棋类游戏，类似于十五子棋。参见《寡妇》。

6 见敦煌写本 Or.8210/P.9；Rong Xinjiang, "Official Life at Dunhuang in the Tenth Century: The Case of Cao Yuanzhong," p. 62。

7 英语译文引自 Lionel Giles *Descriptive Catalogue of the Chinese Manuscripts from Tun-Huang in the British Museum*, p. 279。

8 记录在一份敦煌写本上（Or.8210/S.2687），见 Susan Whitfield and Ursula Sims-Williams eds., *The Silk Road: Trade, Travel, War and Faith*, cat.256，英语译文引自 Lionel Giles, "Dated Chinese Manuscripts in the Stein Collection, VI, Tenth Century," p. 150。这类经帙的例子，参见 Susan Whitfield and Ursula Sims-Williams eds., *The Silk Road: Trade, Travel, War and Faith*, cat.255。也可参见法国集美博物馆的类似藏品（编号 EO 1208, 1199）。

9 许多敦煌遗书的卷子都保留了这样的签条，例如 Or.8210/S.849、S.4701、S.4704；这些签条的照片，见 http://idp.bl.uk。

10 Or.8210/S.5973。见 Lionel Giles, "Dated Chinese Manuscripts in the Stein Collection, VI, Tenth Century," p. 161。

11 有关黄檗，见 Peter J.Gibbs and Kenneth R. Seddon, *Berberine and Huangbo: Ancient Chinese Colorants and Dyes*, London: The British Library, 1998；S. E. Bell et al., "Identification of Dyes on Ancient Chinese Paper Samples Using the Subtracted Shifted Raman Spectroscopy Method," *Analytical Chemistry* 72, no. 1 (2000), pp. 234–39，网络版见 http://www.ncbi.nlm.nih.gov/pubmed/10655659。

12 见《官员》。

13 马世长讨论过曹氏家族对这些石窟的资助情况，见 Ma Shichang, "Buddhist Cave Temples and the Cao Family at Mogao Ku, Dunhuang," *World Archaeology* 27, no. 2 (1995), pp. 303–17。

14 胡素馨提到，姜伯勤表示这是董保德买来的官衔，见 Sarah E. Fraser, *Performing the Visual*, p. 28。

15 Rong Xinjiang, "Khotanese Felt and Sogdian Silver: Foreign Gifts to Buddhist

Monasteries in Ninth and Tenth Century Dunhuang," p. 17. 详细内容见 Rong Xinjiang, "New Light on Sogdian Colonies along the Silk Road: Recent Archaeological Finds in Northern China," pp. 266–279。

16 敦煌莫高窟 55 窟（Fan Jinshi, *The Caves of Dunhuang*, pp. 206–209）。

17 部分石窟的具体情况，见 Fan Jinshi, *The Caves of Dunhuang*, pp. 27–33。

18 工人的酬劳有熟食和生食，相关论述见 Sarah E. Fraser, *Performing the Visual*, pp. 37–47。

19 Lisa Shikede, Fan Zaixuan, Francesca Piqué, and Wong Lorinda, "The Role of In Situ Examination in the Technical Investigation of the Cave 85 Paintings," in *Conservation of Ancient Sites on the Silk Road: Proceedings of the Second International Conference on the Conservation of Grotto Sites, Mogao Grottoes, Dunhuang, People's Republic of China, June 28–July 3, 2004*, edited by Neville Agnew, Los Angeles: The Getty Conservation Institute, 2010, pp. 430-37.

20 Jacques Gernet, *Buddhism in Chinese Society*, p. 151.

21 以下环节是根据胡素馨的研究来复原的（Sarah E. Fraser, *Performing the Visual*, chap.2）。

22 此处和接下来的英语译文引自 Victor Mair, *Tun-huang Popular Narratives*, 第一章（31–84 页）。

23 Victor Mair, *Tun-huang Popular Narratives*, p. 58.

24 关于莫高窟 85 窟所用到的颜料，见 Michael R. Schilling, Joy Mazurek, David Carson, Su Bomin, Fan Yuquan, and Ma Zanfeng, "Analytical Research in Cave 85," in *Conservation of Ancient Sites on the Silk Road: Proceedings of the Second International Conference on the Conservation of Grotto Sites, Mogao Grottoes, Dunhuang, People's Republic of China, June 28–July 3, 2004*, edited by Neville Agnew, Los Angeles: The Getty Conservation Institute, 2010, pp. 438-48；Lisa Shikede et al, "The Role of In Situ Examination in the Technical Investigation of the Cave 85 Paintings"。

25 Cecily M. Grzywacz, Jan Wouters, Su Bomin, and Fan Yuquan, "Asian Organic Colorants: A Collaborative Research Project," in *Conservation of Ancient Sites on the Silk Road: Proceedings of the Second International Conference on the*

Conservation of Grotto Sites, Mogao Grottoes, Dunhuang, People's Republic of China, June 28–July 3, 2004, edited by Neville Agnew, Los Angeles: The Getty Conservation Institute, 2010, 450-56.

26 Sarah E. Fraser, *Performing the Visual*, pp. 42–47.

27 关于粉本的设计，见大英图书馆藏的敦煌写本，编号 IOL Tib J 1361（Susan Whitfield and Ursula Sims-Williams eds., *The Silk Road: Trade, Travel, War and Faith*, cat.216）。

28 例如，参见 45 窟（Fan Jinshi, *The Caves of Dunhuang*, pp. 143–145）。

29 希腊可能对中国真人大小的雕塑产生过影响，相关讨论见 Lukas Nickel, "The First Emperor and Sculpture in China," *Bulletin of the School of Oriental and African Studies* 76, no. 3 (2013), pp. 413–47。

30 Sarah E. Fraser, *Performing the Visual*, p. 99，fig 2.26（模具）。

31 洪辩告身碑的英语译文，见 E. Chavannes，"Chinese Inscriptions and Records," in *Serindia: Detailed Report of Explorations in Central Asia and Westernmost China*, edited by M. Aurel Stein, 1329–39, Oxford: Oxford University Press, 1921, pp. 1331–1334。

32 关于藏经洞的使用情况及封闭缘由有多种说法，相关回顾见 Imre Galambos and Sam van Schaik, *Manuscripts and Travellers*, pp. 18–28。

33 曹氏家族资助的石窟列表，参见 Sarah E. Fraser, *Performing the Visual*, p. 72。关于 61 窟，参见 Sonya S. Lee, "Repository of Ingenuity: Cave 61 and Artistic Appropriation in Tenth-century Dunhuang," *The Art Bulletin* 94, no. 2, (2012), p. 199。

34 曹氏与周边政权的关系，参见 Rong Xinjiang, "New Light on Sogdian Colonies along the Silk Road: Recent Archaeological Finds in Northern China"；Takao Moriyasu, "The West Uighur Kingdom and Tun-Huang around the 10th–11th Centuries," *Berlin-Brandenburgische Akademie der Wissenschaften, Berichte und Abhandlungen* 8 (2000), pp. 337–68。

35 于阗捐赠给敦煌佛寺的物品，参见 Rong Xinjiang, "Khotanese Felt and Sogdian Silver: Foreign Gifts to Buddhist Monasteries in Ninth and Tenth Century Dunhuang," *Asia Major* 17, no. 1 (2004), pp. 22–23。

36 莫高窟 98 窟表现了于阗的统治者家族。关于于阗对敦煌石窟的资助情况，参见荣新江《略谈于阗对敦煌石窟的贡献》，载《2000 年敦煌学国际研讨会文集》，兰州：甘肃民族出版社，2003 年，第 67-82 页。

37 Geng Shimin, "The Uighur Kingdom of Kocho," Michael P. Drompp, *Tang China and the Collapse of the Uighur Empire: A Documentary History*, pp. 36–38. 荣新江、张志清《从撒马尔干到长安——粟特人在中国的文化遗迹》，20—21 页。

38 参见 Lilla Russell-Smith, *Uyghur Patronage in Dunhuang*, pp. 94–96。

39 经过辨认，现藏于柏林亚洲艺术博物馆的柏孜克里克石窟一壁画残片，可能描绘了棕枝主日，参见 Geng Shimin, "The Uighur Kingdom of Kocho," p. 204。也可以参见高昌一座景教寺院的壁画残片（Herbert Härtel and Marianne Yaldiz, *Along the Ancient Silk Routes*, cat.95）。

40 Geng Shimin, "The Uighur Kingdom of Kocho," p. 204.

41 Rong Xinjiang, "New Light on Sogdian Colonies along the Silk Road: Recent Archaeological Finds in Northern China," pp. 15, 17, 114.

42 敦煌是否直接受回鹘人的统治，这一点学者间仍有争议，但大家一致认为至少回鹘对敦煌的影响力变大了。见 Lilla Russell-Smith, *Uyghur Patronage in Dunhuang*, pp. 65–66；Takao Moriyasu, "The West Uighur Kingdom and Tun-Huang around the 10th–11th Centuries," pp. 33–34。

43 E. H. Schafer, *The Golden Peaches of Samarkand*, p. 63.

44 Lilla Russell-Smith, *Uyghur Patronage in Dunhuang*, pp. 181–183, 187–188. Heather Karmay, *Early Sino-Tibetan Art*, Warminster: Aris and Phillips, 1976. D. Klimberg-Salter, *The Silk Route and the Diamond Path: Esoteric Art on the Trans-Himalayan Trade Routes,* Los Angeles: UCLA Art Council, 1982. Amy Heller, *Tibetan Art*, Milan: Jaca Book, 1999.

45 莫高窟 96 窟（Fan Jinshi, *The Caves of Dunhuang*, pp. 124–125）。

46 参见《马夫》。

47 Sarah E. Fraser, *Performing the Visual*, pp. 37–38.

48 Sarah E. Fraser, *Performing the Visual*, p. 41.

49 关于这类行像仪式的描述，参见 Luo，1988。

50 参见 Arthur Waley, *A Catalogue of Paintings Recovered from Tun-Huang by Sir Aurel Stein,* London: Trustees of the British Museum, 1931；Roderick Whitfield, *The Art of Central Asia: The Stein Collection in the British Museum*. 3 Vols., Tokyo and Dunhuang: Kodansha and Trustees of the British Museum, 1982–85。

51 这类麻布经幡的例子，参见大英图书馆的藏品，添加编号 Or.5222–4 在网址 http://idp.bl.uk 后面即可见。也可以参见彩图 5。

52 有三层，或有一层加两个半层，如大英博物馆藏敦煌绢画 1919, 0101, 0.12；见 Roderick Whitfield, *The Art of Central Asia*, pl.8。

53 Richard M. Barnhart et al., *Three Thousand Years of Chinese Painting*, pp. 87–137. Wen C. Fong and Marilyn Fu, *Song and Yuan Painting,* New York: Metropolitan Museum of Art, 1980. Alexander Soper trans., *Kuo Jo-Hsü's Experiences in Painting (T'u-hua chien-wen chih).*

尾声

1 在本章的阅读方面，丹尼尔·沃（Daniel Waugh）给了非常有用的评价和建议，在此表示感谢。关于丝路的延续，见 James A. Millward, *Eurasian Crossroads: A History of Xinjiang*, p. 110。关于这时期欧亚大陆的联系，进一步的讨论参见 Philip Curtin, *Cross-cultural Trade in World History,* Cambridge, Engl.: Cambridge University Press, 1984；Janet L. Abu-Lughod, *Before European Hegemony: The World System, AD 1250–1350*, Oxford: Oxford University Press, 1989；Jerry H. Bentley, Hemispheric Integration, 500–1500 C.E., *Journal of World History* 9, no. 2 (1998), pp. 237–54。

2 关于西夏的历史，见 Ruth W. Dunnell, *The Great State of White and High: Buddhism and State Formation in Eleventh-Century Xia*, Honolulu: University of Hawaii Press, 1996；Y. I. Kychanov, "The Tangut Hsi Hsia Kingdom (982–1227)," in *History of Civilizations of Central Asia*, vol. 4, edited by M. S. Asimov and C.E. Bosworth, Paris: UNESCO, 1998, pp. 206-14。关于蒙古的征服之旅，见 Ruth W. Dunnell, "Xi Xia: The First Mongol Conquest," in *Genghis*

Khan and the Mongol Empire, edited by William W. Fitzhugh, Morris Rossabi, and William Hon-eychurch, Media, Pa.: Dino Don, 2009, pp. 153-62；Kepping, Ksenia, The Guanyin Icon: Chingghis Khan's Last Campaign, paper given at the Circle of Inner Asian Art, SOAS, London, May 16, 2001，修订版见 http://kepping.net/raboty-15.htm。关于西夏的艺术，见 Mikhail Piotrovsky ed., *Lost Empire of the Silk Road: Buddhist Art from Khara Khoto (X–XIIIth Century)*, Milan: Electa and Thyssen-Bornemisza Foundation, 1993。

3 很多西夏的写本和印版都已经数字化，可在 http://idp.bl.uk 和 http://eap.bl.uk 浏览。关于早年发现的写本，见 T. I. Yusupova, "P. K. Kozlov's Mongolian and Sichuan Expedition (1907–1909): The Discovery of Khara-Khoto," in *Russian Expeditions of Central Asia at the Turn of the 20th Century*, edited by I.F. Popova, Saint Petersburg: Russian Academy of Sciences, 2008, pp. 112-29；Y. I. Kychanov, "The Tangut Hsi Hsia Kingdom (982–1227)"。诸如墓葬这类的发现，见 Nancy Shatzman Steinhardt, "The Tangut Royal Tombs Near Yinchuan," *Muquarnas* 10 (1993), pp. 369–81。

4 到蒙古时期为止与中国接壤的政权，参见 Herbert Franke and Denis Twitchett eds., *The Cambridge History of China*, Vol. 4: *Alien Regimes and Border States, 907–1368*, Cambridge, Engl.: Cambridge University Press, 1994。关于辽国，见 Denis Twitchett and Klaus-Peter Tretze, "The Liao," in *The Cambridge History of China*, edited by Herbert Franke and Denis Twitchett, 4, Cambridge, Engl.: Cambridge University Press, 1994, pp. 43-153；Shen Hsueh-man, *Gilded Splendor: Treasures of China's Liao Empire (907–1125)*, New York: Harry N. Abrams, 2006；Naomi Standen, *Unbounded Loyalty: Frontier Crossing in Liao China*, Honolulu: University of Hawaii Press, 2007。关于突厥人和蒙古人的论文，见 Reuven Amitai and Michael Biran eds., *Mongols, Turks and Others: Eurasian Nomads and the Sedentary World*, Leiden: Brill, 2005。关于中亚诸国，见 Denis Sinor, *The Cambridge History of Early Inner Asia*, Cambridge, Engl.: Cambridge University Press, 1990；M. S. Asimov and C. E. Bosworth eds., *History of Civilizations of Central Asia*. Vol. 4: *The Age of Achievement: A.D. 750 to the End of the Fifteenth Century*；Nicola Di Cosmo, Allen J. Frank, and

Peter B. Golden eds., *The Cambridge History of Inner Asia: The Chinggisid Age*, Cambridge, Engl.: Cambridge University Press, 2009 ；Peter Golden, *Central Asia in World History*, Oxford: Oxford University Press, 2011。关于突厥人及其在欧亚大陆的扩张，见 Carter Vaughn Findley, *The Turks in World History*, Oxford: Oxford University Press, 2005。关于 10 世纪以来塔里木盆地的历史，见 James A. Millward, *Eurasian Crossroads: A History of Xinjiang*。

5 Davidovich, E. A., *The Karakhanids*, in *History of Civilizations of Central Asia*, vol. 4, edited by M. S. Asimov and C. E. Bosworth, Paris: UNESCO, 1998, pp. 119–43. Carter Vaughn Findley, *The Turks in World History*. 敦煌邻近于阗，有些学者表示敦煌佛教徒封闭藏经洞的原因就在于此（Rong Xinjiang, "The Nature of the Dunhuang Library Cave," *Cahiers d'Extrême-Asie* 11 (2000), pp. 272–275）。对这个说法和其他说法的讨论，见 Imre Galambos and Sam van Schaik, *Manuscripts and Travellers*, pp. 26–27。

6 Carter Vaughn Findley, *The Turks in World History*, pp. 51, 56–75.

7 Peter Jackson, *The Delhi Sultanate: A Political and Military History*, Cambridge, Engl.: Cambridge University Press, 2003.

8 Michal Biran, "The Mongol Transformation: From the Steppe to Eurasian Empire," *Medieval Encounters* 10, nos. 1–3 (2004), pp. 339–61. 关于蒙古人的书籍有很多；概述见 David Morgan, *The Mongols*, 2nd ed., Oxford: Wiley Blackwell, 2007 ；Daniel C. Waugh, "The Golden Horde and Russia," in *Genghis Khan and the Mongol Empire*, edited by William W. Fitzhugh, Morris Rossabi, and William Honeychurch, Media, Pa.: Dino Don, 2009, pp. 173-80 ；Timothy May, *The Mongol Conquests in World History*, London: Reaktion Books, 2013。包括一系列论文和插图的入门介绍，见 William W. Fitzhugh, Morris Rossabi, and William Honeychurch eds., *Genghis Khan and the Mongol Empir*, Media, Pa.: Dino Don, 2009。也可以参见牛津大学的网络资源"世界史中的蒙古人"（http://afe.easia.columbia.edu/mongols/）。托马斯·雷斯曼（Thomas Lessman）网站（"Talessman's Atlas"）上有欧亚大陆的历史地图，表现了这些王国的兴衰，普遍做得很好，网址为 http://www.worldhistorymaps.info/maps.html。

9 关于印度洋，见 Neville Chittick, "Excavations at Aksum, 1973–74: A Preliminary Report," *Azania* 9 (1974), pp.159–205; K. N. Chaudhuri, *Trade and Civilisation in the Indian Ocean: An Economic History from the Rise of Islam to 1750,* Cambridge, Engl.: Cambridge University Press, 1985; Michael N. Pearson, *The Indian Ocean*。关于非洲贸易，见 John Middleton, *The World of the Swahili: An African Mercantile Civilization*, New Haven, Conn.: Yale University Press, 1992；M. Horton, "Artisans, Communities and Commodities: Medieval Exchanges Between Northwest India and East Africa," *Ars Orientalis* 34 (2004), pp. 62–80；M. Horton and J. Middleton, *The Swahili, the Social Landscape of a Mercantile Society*, Oxford: Blackwell, 2000；D. Whitehouse, "East Africa and the Maritime Trade of the Indian Ocean, AD 800–1500," in *Islam in East Africa: New Sources*, edited by B. S. Amoretti, Rome: Herder, 2001, pp. 411-24；Philippe Beaujard, "East Africa, the Comoros Islands and Madagascar before the Sixteenth Century," *Azania: Archaeological Research in Africa* 42 (2007), pp. 15–32。关于中国的海上贸易，见 J. W. Chaffee, "Muslim Merchants and Quanzhou in the Late Yuan–Early Ming: Conjectures on the Ending of the Medieval Muslim Trade Diaspora"；Angela Schottenhammer ed., *The East Asian Mediterranean: Maritime Crossroads of Culture, Commerce and Human Migration*, Wiesbaden: Harrassowitz Verlag, 2008。

10 Morris Rossabi, "The Silk Trade in China and Central Asia," pp. 14–15. 其中一个中心就在别失八里（见"马夫"）。也可参见 Thomas T. Allsen, *Commodity and Exchange in the Mongol Empire: A Cultural History of Islamic Textiles*, Cambridge, Engl.: Cambridge University Press, 1997。

11 J. R. S. Phillips, *The Medieval Expansion of Europe*, 2nd ed, Oxford: Oxford University Press, 1998. 关于蒙古人的角色，见 Nicola Di Cosmo, "Mongols and Merchants on the Black Sea Frontiers in the Thirteenth and Fourteenth Centuries: Convergences and Conflicts," in *Mongols, Turks and Others: Eurasian Nomads and the Sedentary World*, edited by Reuven Amitai and Michael Biran, Leiden: Brill, 2005, pp. 391-424。《通商指南》（*La Pratica della Mercatura*）是 14 世纪佛罗伦萨商人裴哥罗梯（Francesco Balducci

Pegolotti）所写的参考书，英语译文见 Henry Yule and Henri Cordier, *Cathay and the Way Thither: Beijing, a Collection of Medieval Notices of China*, London: Halkyut Society, 1916, pp. 137–173，或在线浏览 http://depts.washington.edu/silkroad/texts/pegol.html。

12 William H. McNeill, *Plagues and Peoples*, New York: Anchor Books, 1998.

13 关于蒙古帝国的宗教及其宗教容忍度的讨论，见 D. Jackson, "The Mongols and the Faith of the Conquered," in *Mongols, Turks and Others: Eurasian Nomads and the Sedentary World*, edited by Reuven Amitai and Michael Biran, Leiden: Brill, 2005, pp. 245-90。

14 Carter Vaughn Findley, *The Turks in World History*, pp. 56–77. 也可参见《作家》。关于伊斯兰国家的科学的讨论，见 Seyyed Hossein Nasr, *Islamic Science: An Illustrated Study*, Chicago: Kazi Publications, 1997；Howard R. Turner, *Science in Medieval Islam: An Illustrated Introduction*, Austin: University of Texas Press, 1997。

15 Henry Yule and Henri Cordier, *Cathay and the Way Thither*, pp. 182, 187.

16 Andrew Skilton, *A Concise History of Buddhism*, New York: Barnes and Noble, 1994, pp. 183–192, 202–203.

17 关于佛教在印度的衰落，见 Jan Yün-hua, "Buddhist Relations between India and Song China," *History of Religions* 6, no. 1 (1965), pp. 24–42, and 6, no. 2 (1966), pp. 135–44，以及 Andrew Skilton, *A Concise History of Buddhism*, pp. 143–145。

18 关于这次逃亡的时间点学界仍有争议，说法从 8 世纪初到 10 世纪都有；参见 John R. Hinnels, "Parsi Communities i: Early History," *Encyclopaedia Iranica,* 2008。*http://www.iranicaonline.org/articles/parsi-communities-i-early-history.*

19 AndréWink, *Al-Hind: The Making of the Indo-Islamic World.* Vol. 1: *Early Medieval India and the Expansion of Islam, 7th–11th Centuries,* Leiden: Brill, 2002. Peter Jackson, *The Delhi Sultanate: A Political and Military History*.

20 Phillipson，1998，p. 127–139；Philippe Beaujard, "East Africa, the Comoros Islands and Madagascar before the Sixteenth Century"。

21 Christopher Dawson ed., *Mission to Asia,* Toronto: Toronto University Press,

1998. Henry Yule and Henri Cordier, *Cathay and the Way Thither*；Igor de Rachewiltz, *Papal Envoys to the Great Khans*, Stanford: Stanford University Press, 1971；Tim Mackintosh-Smith ed., *The Travels of Ibn Battutah*, London: Picador, 2003。这些文献的英语译文可在线浏览：http://depts.washington.edu/silkroad/texts/rubruck.html，http://depts.washington.edu/silkroad/texts/carpini.html。

22 拉班·扫马记录的英语译文，可在网上浏览：http://depts.washington.edu/silkroad/texts/sauma.html. 也可参见 Morris Rossabi, *Voyager from Xanadu: Rabban Suama and the First Journey from China to the West,* Tokyo: Kodansha, 1992。

23 W. M. Thackston trans., *Rasiduddin Fazlullah's Jami'u't-tawarikh. Compendium of Chronicles. A History of the Mongols*, 3 vols, Cambridge, Mass.: Harvard University Press, 1998-99. 也可参见 Thomas T. Allsen, *Culture and Conquest in Mongol Eurasia*, Cambridge, Engl.: Cambridge University Press, 2001，大量引用了拉施都丁的记载。

24 Margaret Medley, *The Chinese Potter: A Practical History of Chinese Ceramics*, Oxford: Phaidon, 1989, pp. 97–102. Robert Finlay, *The Pilgrim Art: Cultures of Porcelain in World History*, Berkeley: University of California Press, 2010.

25 关于8—9世纪的陶瓷贸易，见 Regina Krahl et al., *Shipwrecked: Tang Treasures and Monsoon Winds*. Washington, D. C: Smithsonian Books, 2001。马来西亚群岛东端发现一艘中国沉船，时代暂定为14 世纪，船上承载了泰国和越南的陶瓷，参见 http://maritimeasia.ws/turiang/index.html。也可以参见 Xu Tongjie, "The Dream and the Glory: Integral Salvage of the Nanhai No. 1 Shipwreck and Its Significance," *The Silk Road* 5, no. 2 (2008), pp. 16–19。

26 Nicola Di Cosmo, "Mongols and Merchants on the Black Sea Frontiers in the Thirteenth and Fourteenth Centuries: Convergences and Conflicts," p. 398.

27 这时大黄和茶叶都用来入药，参见 Clifford M. Foust, *Rhubarb: The Wondrous Drug*, Princeton: Princeton University Press, 1992, pp. 3–17；Thomas T. Allsen, *Culture and Conquest in Mongol Eurasia*, pp. 120, 152。托马斯·奥森参考了拉施都丁的记载，后者花了一定的篇幅来描写茶叶。

28 Thomas T. Allsen, *Culture and Conquest in Mongol Eurasia*, pp. 155, 139。也可以参见 Paul B. Buell and Eugene N. Anderson, *A Soup for the Qan: Chinese Dietary Medicine of the Mongol Era*, Leiden: Brill, 2010。爱尔森指出最早做出雪酪的是来自撒马尔罕的景教徒。

29 Thomas T. Allsen, *Commodity and Exchange in the Mongol Empire*, p. 1.

30 爱尔森引用了拉施都丁的记载，后者辨认出中国纸张的原料是桑树的树皮，Thomas T. Allsen, *Culture and Conquest in Mongol Eurasia*, pp. 177–179。中国印刷术传入欧洲的可能性，见 Thomas T. Allsen, *Culture and Conquest in Mongol Eurasia*, pp. 180–185。

31 参考了 10 世纪回鹘文版本。参见《画匠》。

32 Susan Whitfield and Ursula Sims-Williams eds., *The Silk Road: Trade, Travel, War and Faith*, p. 290。

33 Thomas T. Allsen, *Culture and Conquest in Mongol Eurasia*, p. 211。

34 Vaughan, Richard, *Matthew Paris*, Cambridge, Engl.: Cambridge University Press., 1958, p. 145. https://archive.org/details/matthewparis012094mbp. 参见 Igor de Rachewiltz, *Papal Envoys to the Great Khans*, p. 80。

参考文献

【中文】

程溯洛：《唐宋回鹘史论集》，北京：人民出版社，1994 年。

邓文宽：《敦煌天文历法文献辑校》，南京：江苏古籍出版社，1996 年。

罗丰：《固原南郊隋唐墓地》，北京：文物出版社，1996 年。

罗华庆：《9 至 11 世纪敦煌的行像和浴佛活动》，《敦煌研究》，1988 年第 4 期，第 98-103 页。

《略谈于阗对敦煌石窟的贡献》，《2000 年敦煌学国际研讨会文集》，兰州：甘肃民族出版社，2003 年，第 67-82 页。

荣新江：《归义军研究——唐宋时期敦煌历史考察》，上海：上海古籍出版社，1996 年。

宁可，郝春文：《敦煌社邑文书辑校》，南京：江苏古籍出版社，1997 年。

荣新江，张志清：《从撒马尔干到长安——粟特人在中国的文化遗迹》，北京：北京图书馆出版社，2004 年。

沈从文：《中国古代服饰研究》，上海：上海书店出版社，2012 年。

中国历史博物馆，新疆自治区文物局：《天山古道东西风 · 新疆丝绸之路特辑》北京：中国社会科学出版社，2002 年。

张恩勤主编：《中药学》，上海：上海中医学院出版社，1990 年。

赵和平：《敦煌写本书仪研究》，台北：新文丰出版公司，1993 年。

【日文】

吉田豊、森安孝夫、新疆ウィグル自治区博物館：「麹氏高昌国　代ソグド文女奴隷売買文書」、「内陸アジア言語の研究」第4号、1989年、第1-50頁。

森安孝夫:『ウイグルと吐蕃の北庭争奪戦及びその後の西域情勢について』、『東洋学報』(第55巻第4号)、1973年、第60–87頁。

藤枝晃:『敦煌の僧尼籍』、『東方學報』京都、第29册、1959年、第199–202頁。

土肥義和：『スタイン敦煌文献及び研究文献に引用紹介せられたる西域出土漢文文献分類目録初稿:非佛教文献之部古文書類』、第2分冊、東京:東洋文庫、1966年、第33-55頁。

【西文】

Abel-Rémusat, Jean Pierre, *Histoire de la ville de Khotan, tirée des annales de la Chine et traduite du chinois suivie de Recherches sur la substance minérale appelée par les Chinois 'ierre de Iu', et sur le jaspe des anciens*. Paris: édition Impr. de Doublet, 1820.

Abu-Lughod, Janet L, *Before European Hegemony: The World System, AD 1250–1350*, Oxford: Oxford University Press, 1989.

Acker, William R. B., trans., *Some T'ang and Pre-T'ang Texts on Chinese Painting,* vol. 2, Leiden: Brill, 1974.

Adams, Douglas Q, *Dictionary of Tocharian B,* New edition, Amsterdam: Rodopi, 2013.

Adshead, S. A. M, *Central Asia in World History,* New York: St. Martin's Press, 1993.

Agnew, Neville, ed., *Conservation of Ancient Sites on the Silk Road: Proceedings of the International Conference on the Conservation of Grotto Sites, Mogao Grottoes, Dunhuang*, Los Angeles: The Getty Conservation Institute, 1997.

——. *Conservation of Ancient Sites on the Silk Road: Proceedings of the Second International Conference on the Conservation of Grotto Sites, Mogao Grottoes,*

Dunhuang, People's Republic of China, June 28–July 3, 2004, Los Angeles: The Getty Conservation Institute, 2010.

Allsen, Thomas T., *Commodity and Exchange in the Mongol Empire: A Cultural History of Islamic Textiles*, Cambridge, Engl.: Cambridge University Press, 1997.

——.*Culture and Conquest in Mongol Eurasia*, Cambridge, Engl.: Cambridge University Press, 2001.

Amitai, Reuven, and Michael Biran, eds., *Mongols, Turks and Others: Eurasian Nomads and the Sedentary World*, Leiden: Brill, 2005.

Asimov, M. S. and C. E. Bosworth, eds., *History of Civilizations of Central Asia*. Vol. 4: *The Age of Achievement: A.D. 750 to the End of the Fifteenth Century*, Paris: UNESCO, 1998.

Astrup, Evabeth, and Arnfinn Andersen, A Study of Metal Foiled Glass Beads from the Viking Period, *Acta Archaeologica* 58 (1987) , pp. 222–28,

Azarpay, G., Nana, the Sumero-Akkadian Goddess of Transoxania, *Journal of the American Oriental Society* 96, no. 4 (1976), pp. 536–42.

Bailey, H. W., *Khotanese Texts*, Cambridge, Engl.: Cambridge University Press, 1979.

Bailey, Martin, Discovery of the Earliest Illustrated Manuscript, *The Art Newspaper,* features, issue 214 (June, 2010), p. 46.

Ball, Warwick, *The Monuments of Afghanistan: History, Archaeology and Architecture,* London: I. B. Tauris, 2007.

Barfield, Thomas J., *The Perilous Frontier: Nomadic Empires and China 221 BC to AD 1757*, Cambridge, Mass.: Blackwell, 1992.

Barnhart, Richard M., et al., *Three Thousand Years of Chinese Painting,* New Haven, Conn.: Yale University Press, 1997.

Barua, Subhra, *Monastic Life of Early Buddhist Nuns*, Calcutta: Atisha Memorial Publishing Society, 1997.

Beal, Samuel, trans., *Si-Yu-Ki: Buddhist Records of the Western World, Translated from the Chinese of Hiuen Tsiang (A.D. 629,* London: K. Paul, Trench,

Trübner, 1884.

——, trans., *The Life of Hiuen Tsiang,* London: K. Paul, Trench, Trübner, 1888.

Bearman, P., et al., eds., *Encyclopaedia of Islam (Second Edition) Online*, Brill Online, 2014. http://referenceworks.brillonline.com/entries/encyclopaedia-of-islam-2/.

Beaujard, Philippe, East Africa, the Comoros Islands and Madagascar before the Sixteenth Century, *Azania: Archaeological Research in Africa* 42 (2007), pp. 15–32.

——. *Les mondes de l' océan Indien*, Paris: Colin Armand, 2012.

Beckwith, Christopher, The Introduction of Greek Medicine into Tibet in the Seventh and Eight Centuries, *Journal of the American Oriental Society* 99, no. 2 (1979), pp. 297–313.

——. The Revolt of 755 in Tibet, *Wiener Studien zur Tibetologie und Buddhismuskunde* 10 (1983), pp. 1–16.

——. *The Tibetan Empire in Central Asia*, Princeton: Princeton University Press, 1987.

——. On the Chinese Names for Tibet, Tabghatch and the Turks, *Archivum Eurasiae Medii Aevi* 14 (2005), pp. 7–22.

——. *Empires of the Silk Road: A History of Central Eurasia from the Bronze Age to the Present*, Princeton: Princeton University Press, 2009.

Begley, Vimala, and Richard B. de Puma, eds., *Rome and India: The Ancient Sea Trade*, Madison: University of Wisconsin Press, 1992.

Bell, S. E., et al., Identification of Dyes on Ancient Chinese Paper Samples Using the Subtracted Shifted Raman Spectroscopy Method, *Analytical Chemistry* 72, no. 1 (2000), pp. 234–39. Online at http://www.ncbi.nlm.nih.gov/pubmed/10655659.

Benn, Charles D., *Daily Life in Traditional China: The Tang Dynasty,* Westport, Conn.: Greenwood, 2002.

Benn, James, *Burning for the Buddha: Self-immolation in Chinese Buddhism*, Honolulu: University of Hawaii Press, 2007.

Bentley, Jerry H., Hemispheric Integration, 500–1500 C.E., *Journal of World History*

9, no. 2 (1998), pp. 237–54.

Bertrand, Arnaud, Water Management in Jingjue Kingdom: The Transfer of a Water Tank System from Gandhara to Xinjiang in the Third and Fourth Centuries C.E., 2012.

Berzina, S. I., Kushana coins in Axum, *Information Bulletin, International Association for the Study of the Cultures of Central Asia* (Moscow) 7 (1984), pp. 57–64.

Biran, Michal, "The Mongol Transformation: From the Steppe to Eurasian Empire" , *Medieval Encounters* 10, nos. 1–3 (2004), pp. 339–61.

Birnbaum, Raoul, The Manifestation of a Monastery: Shen-Ying's Experiences on Mount Wu-t'ai in T'ang Context, *Journal of the American Oriental Society* 106, no. 1 (1986), pp. 19–37.

——. Visions of Manjusri on Mount Wutai, in *Religions of China in Practice*, edited by Donald S. Lopez, 203–22, Princeton: Princeton University Press, 1996.

Bischoff, F. A., "Padmasambhava est-il un personnage historique?" In *Csoma de Körös Memorial symposium,* edited by Louis Ligeti, 27–33, Budapest: Akadémiai Kiadó, 1978.

Blockley, R.C., *The History of Menander the Guardsman*, Liverpool: Francis Cairns, 1985.

Bloom, Jonathan M., *Paper Before Print: The History and Impact of Paper in the Islamic World*, New Haven: Yale University Press, 2001.

——. "Silk Road or Paper Road?" *The Silk Road* 3, no. 2 (2005), pp. 21–26. http://www.silkroadfoundation.org/newsletter/vol3num2/5_bloom.php.

Bonnet-Bidaud, J-M., F. Praderie, and S. Whitfield, The Dunhuang Sky: A Comprehensive Study of the Oldest Known Star Atlas, *Journal of Astronomical History and Heritage* 12 (2009), pp. 39–59.

Bopearachchi, Osmond, The Maritime Silk Roads: Trade Relations Between Central Asia and Sri Lanka from the Evidence of Recent Excavations, *Silk Road: Art and Archaeology* 5 (1997-8), pp. 269–95.

Bosworth, C. Edmund, Gorgān, *Encyclopaedia Iranica,* online edition, New York, 1996–, 1997/8.

——. Osrušana, *Encyclopaedia Iranica,* online edition, New York, 1996–, 2005.

——. Ebn Kordādbeh. *Encyclopaedia Iranica,* online edition, New York, 1996–, 2011.

——. Ebn Rosta, ABŪ 'ALĪ AḤMAD, *Encyclopaedia Iranica,* online edition, New York, 1996–, 2011.

Bowersock, G. W., *The Throne of Adulis: Red Sea Wars on the Eve of Islam*, Oxford: Oxford University Press, 2013.

Bretschneider, Emil, *On Knowledge Possessed by the Ancient Chinese of the Arabs and Arabian Colonies and Other Western Countries Mentioned in Chinese Books,* London: Trubner, 1871.

——. *Notes on Chinese Medieval Travellers to the West,* London: Trubner, 1875.

——. *Mediaeval Researches from Eastern Asiatic Sources*, London: Trubner Oriental Series, 1888.

Buell, Paul B., and Eugene N. Anderson, *A Soup for the Qan: Chinese Dietary Medicine of the Mongol Era*, Leiden: Brill, 2010.

Buzurg ibn Shahriyār, *Book of the Marvels of India*, London: G. Routledge and Sons, 1928.

Bushell, Stephen W., Early History of Tibetan from Chinese Sources, *Journal of the Royal Asiatic Society* 12 (1880), pp. 435–541.

Cable, Mildred, and Francesca French, *The Gobi Desert*, London: Hodder and Stoughton, 1950.

Callmer, Johan, *Trade Beads and Bead Trade in Scandinavia ca. 800–1000 AD*, Lund: Munksgaard, 1977.

Cansdale, Lena, "Jews on the Silk Road," in *Worlds of the Silk Roads: Ancient and Modern. Proceedings from the Second Conference for the Australiasian Society for Inner Asian Studies, Macquarue University,* 1996, edited by David Christian and Craig Benjamin, Turnhout, Belgium: Brepols, 1998, pp. 23–30.

Carswell, John, The Port of Mantai, Sri Lanka, in *Rome and India: The Ancient Sea Trade*, edited by Vimala Begley and Richard B. De Puma, Madison: University of Wisconsin Press, 1992, pp. 197–203.

Carter, Thomas F., *The Invention of Printing and Its Spread Westwards,* 2nd ed., revised, New York: L. Carrington Goodrich, 1955.

Casson, L., *Periplus Maris Erythraei*, Princeton: Princeton University Press, 1989.

Chaffee, J. W., At the Intersection of Empire and World Trade: The Chinese Port City of Quanzhou (Zaitun), Eleventh–Fifteenth Centuries, in *Secondary Cities and Urban Networking in the Indian Ocean Realm, c. 1400–1800*, edited by Kenneth R. Hall, Lanham, Md.: Rowman & Littlefield, 2008, pp. 99-122.

——. Muslim Merchants and Quanzhou in the Late Yuan–Early Ming: Conjectures on the Ending of the Medieval Muslim Trade Diaspora, in *The East Asian "Mediterranean" Maritime Crossroads of Culture, Commerce, and Human Migration*, edited by Angela Schottenhammer, Wiesbaden: Harrassowitz Verlag, 2008, pp. 115-32.

Chandra, Lokesh, and Radha Banerjee, eds., *Xuanzang and the Silk Route*, New Delhi, India: Munshiram Manoharlal Publishers in association with Indira Gandhi National Centre for the Arts, 2008.

Chandra, Satish, ed., *The Indian Ocean: Explorations in History, Commerce and Politics,* New Delhi: Sage, 1987.

Chang, Kang-I Sun, and Haun Saussy, *Women Writers of Traditional China: An Anthology of Poetry and Criticism,* Stanford: Stanford University Press, 1999.

Chao, Huashan, et al., *Sites divers de la région de Koutcha,* Paris: Collège de France, Instituts d'Asie, Centre de recherche sur l'Asie centrale et la Haute Asie, 1987.

Chaudhuri, K. N., *Trade and Civilisation in the Indian Ocean: An Economic History from the Rise of Islam to 1750,* Cambridge, Engl.: Cambridge University Press, 1985.

Chavannes, E., *Documents Sur Les Tou-Kiue (Turcs) Occidentaux Recueillis Et Commentés Par E. Chavannes*, Paris: Librairie d'Amérique et d'Orient Adrien Maisonneuve, 1903.

——. *Les documents chinois découverts par Aurel Stein dans les sables du Turkestan oriental*, Oxford: Oxford University Press, 1913.

——-. Chinese Inscriptions and Records, in *Serindia: Detailed Report of Explorations in Central Asia and Westernmost China*, edited by M. Aurel Stein, 1329–39, Oxford: Oxford University Press, 1921.

Chen, Jo-shui, *Liu Tsung-yuan and Intellectual Change in T'ang China, 773– 819*, Cambridge, Engl.: Cambridge University Press, 1992.

Ch'en, Kenneth K. S., *Buddhism in China: A Historical Survey*, Princeton: Princeton University Press, 1972.

Chen, Sanping, *Multicultural China in the Early Middle Ages*, Philadelphia: University of Pennsylvania Press, 2012.

Chin, Tamara, The Invention of the Silk Road, 1877, *Critical Inquiry* 40 (2013), no. 1, pp. 194–219.

Chittick, Neville, Excavations at Aksum, 1973–74: A Preliminary Report, *Azania* 9 (1974), pp.159–205.

——. East Africa and the Orient: Ports and Trade Before the Arrival of the Portuguese, in *Historical Relations Across the Indian Ocean*, edited by UNESCO, Ghent, Belgium: UNESCO, 1980.

Christian, David, *A History of Russia, Central Asia and Mongolia*. Vol. 1: *Inner Eurasia from Prehistory to the Mongol Empire*, Oxford: Blackwell, 1998.

Christian, David, and Craig Benjamin, eds., *Worlds of the Silk Roads: Ancient and Modern. Proceedings from the Second Conference for the Australiasian Society for Inner Asian Studies, Macquarue University, 1996*, Turnhout, Belgium: Brepols, 1998.

Chuehmen, Bhiksu, trans., *Cultivation in the Present Moment: The Disciplinary Rules for Nuns*, Dehwala, Sri Lanka: Buddhist Cultural Centre, 2013.

Clarke, Larry, Manicheanism Among the Uygurs: The Uygur Khan of the Bokug Clan, in *New Light on Manicheanism: Papers from the Sixth International Congress on Manichaeism*, edited by Jason David BeDuhn, Leiden: Brill, 2009, pp. 61–72.

Clarke, Shayne, *Family Matters in Indian Buddhist Monasticisms*, Honolulu: University of Hawaii Press, 2014.

Clauson, Gerard, *An Etymological Dictionary of Pre-Thirteenth-Century Turkish*,

Oxford: Clarendon Press, 1972.

Clouter, Isobel, and Rob Mullender, *Myths of Origins: Sonic Ephermera from East Asia*, Seattle: OAR Recordings, 2008.

Compareti, Matteo, Afrasiab: II. Wall Paintings. *Encyclopaedia Iranica*, online edition, New York, 1996–, 2009.

——. Classical Elements in Sogdian Art: Aesop's Fables Represented in the Mural Paintings at Panjikant, *Iranica Antiqua* 47 (2012), pp. 303–16.

Cooke, Bill, ed., *Imperial China: The Art of the Horse in Chinese History,* Lexington: Kentucky Horse Park, 2000.

Cosmas Indicopleustes, *The Christian Topography of Cosmas Indicopleustes*, Edited by J.W. McCrindle, London: Haklyut Society, 1897. http://www.tertullian .org/fathers/cosmas_00_1_preface.htm.

Curtin, Philip, *Cross-cultural Trade in World History,* Cambridge, Engl.: Cambridge University Press, 1984.

Dankoff, Robert, Kashgari on the Beliefs and Superstitions of the Turks, *Journal of the American Oriental Society* 95 (1975), pp. 68–80.

Danylenko, Andrii, The name Rus': In search of a new dimension, *Jahrbuecher fuer Geschichte Osteuropas* 52 (2004), pp. 1–32.

Daryaee, Toutaj, Mind, Body and the Cosmos: The Game of Chess and Backgammon in Ancient Persia, *Iranian Studies* 35, no. 4 (2002), pp. 281–312.

Davidovich, E. A., *The Karakhanids*, in *History of Civilizations of Central Asia*, vol. 4, edited by M. S. Asimov and C. E. Bosworth, Paris: UNESCO, 1998, pp. 119–43.

Dawson, Christopher, ed., *Mission to Asia,* Toronto: Toronto University Press, 1998.

de Bary, Wm. Theodore, and John W. Chaffee, eds., *Neo-Confucian Education: The Formative Stage*, Berkeley: University of California Press, 1980.

de la Vaissière, Étienne, Les marchands d'Asie centrale dans l'empire khazar, in *Les centres proto-urbains russes entre Scandinavie, Byzance et Orient*, edited by Michel Kazansky, Anne Nercessian, and Constantin Zuckerman, Paris: Lethielleux, 2000, pp. 367-78.

——. *Sogdian Traders: A History*, translated by James Ward, Leiden: Brill, 2005.

de Rachewiltz, Igor, *Papal Envoys to the Great Khans*, Stanford: Stanford University Press, 1971.

de Sélincourt, Aubey, trans., *Arrian: The Campaigns of Alexander*, London: Penguin, 1971.

Deane, H., Note on Udyana and Gandhara, *Journal of the Royal Asiatic Society* 28 (1896), pp. 655–77. http://dx.doi.org/10.1017/S0035869X00023959.

Debreczeny, Karl, Wutai shan: Pilgrimage to Five Peak Mountain, *Journal of the International Association of Tibetan Studies* 6 (2011), pp. 1–133.

Demiéville, Paul. 1952. *Le Concile de Lhasa: Une controverse sur le quiétisme entre bouddhistes de l'Indeet de la Chine au VIIIe siècle de l'ère chrétienne*, Paris: Presses Universitaires de France, 1952.

——. La nouvelle mariée acariatre. *Asia Major* 7 (1959), pp. 59–65.

——. *L'Oeuvre de Wang le Zélateur (Wang Fan-tche), suivie des Instructions domestiques de l'Aïeul (T'ai-kong kia-kiao): Poèmes populaires des T'ang (VIIIe-Xe siècles, édités traduits et commentés après des manuscrits de Touen-houang),* Paris: Collège de France, Institut des hautes études chinoises, 1982.

des Rotours, Robert, trans., *Histoire de Ngan Lou-chan,* Paris: Presses Universitaires de France, 1962.

Di Cosmo, Nicola, "Mongols and Merchants on the Black Sea Frontiers in the Thirteenth and Fourteenth Centuries: Convergences and Conflicts," in *Mongols, Turks and Others: Eurasian Nomads and the Sedentary World*, edited by Reuven Amitai and Michael Biran, Leiden: Brill, 2005, pp. 391-424.

Di Cosmo, Nicola, Allen J. Frank, and Peter B. Golden, eds., *The Cambridge History of Inner Asia: The Chinggisid Age,* Cambridge, Engl.: Cambridge University Press, 2005.

Dien, Albert, The Stirrup and Its Effect on Chinese Military History, 2000. http://silkroadfoundation.org/artl/stirrup.shtml.

Dotson, Brandon, *The Old Tibetan Annals: An Annotated Translation of Tibet's First History, with an Annotated Cartographical Documentation by Guntram*

Hazod, Vienna: Verlag der Osterreichischen Akademie der Wissenschaften, 2009.

Drège, Jean-Paul, *Les bibliothèques en Chine au temps des manuscrits (jusqu'au Xe siècle,* Paris: Ecole Francoise d'Extreme-Orient, 1991.

Drompp, Michael P., *Tang China and the Collapse of the Uighur Empire: A Documentary History*, Leiden: Brill, 2005.

Dumper, Michael, and Bruce Stanley, *Cities of the Middle East and North Africa*, Santa Barbara, Calif.: ABC-CLIO, 2007.

Dunlop, D. M., *The History of the Jewish Khazars*, New York: Schocken, 1967.

Dunnell, Ruth W., *The Great State of White and High: Buddhism and State Formation in Eleventh-Century Xia*, Honolulu: University of Hawaii Press, 1996.

——. Xi Xia: The First Mongol Conquest, in *Genghis Khan and the Mongol Empire*, edited by William W. Fitzhugh, Morris Rossabi, and William Hon-eychurch, Media, Pa.: Dino Don, 2009, pp. 153-62.

Eberhard, W., Some Cultural Traits of the Sha-t'o Turks, *Oriental Art* 1 (1948), pp. 50–55.

Ecsedy, Hila., Uighurs and Tibetans in Pei-t'ing (790–791 A.D.), *Acta Orientalia Academiae Scientiarium Hungaricae* 17 (1964), pp. 83–104.

Erkes, Eduard, Das Pferd im alten China, *T'oung Pao* 36 (1940), pp. 26–63.

Fan Jinshi, *The Caves of Dunhuang*, London: London Editions, 2010.

Findley, Carter Vaughn, *The Turks in World History,* Oxford: Oxford University Press, 2005.

Finlay, Robert, *The Pilgrim Art: Cultures of Porcelain in World History*, Berkeley: University of California Press, 2010.

Fischel, Walter J., The Rediscovery of the Medieval Jewish Community at Fīrūzkūh in Central Afghanistān, *Journal of the American Oriental Society* 85, no. 2 (1965), pp. 148–53.

Fitzhugh, William W., Morris Rossabi, and William Honeychurch, eds., *Genghis Khan and the Mongol Empir*, Media, Pa.: Dino Don, 2009.

Foltz, Richard C., *Religions of the Silk Road*, New York: St. Martin's Press, 1999.

Fong, Wen C., and Marilyn Fu, *Song and Yuan Painting,* New York: Metropolitan Museum of Art, 1980.

Forêt, Phillipe, Sven Hedin and the Invention of Climate Change, In *Sven Hedin and Eurasia: Knowledge, Adventure and Geopolitics*, edited by Ingmar Oldberg, Stockholm: Sällskapet för studier av Ryssland, Centraloch Osteuropa samt Centralasien, 2008, pp. 29-34.

——. Climate Change: A Challenge to the Geographers of Central Asia, *Perspectives* 9 (2013), pp. 24–27. http://rfiea.fr/en/articles/climate-change-challenge-geographers-colonial-asia.

Foust, Clifford M., *Rhubarb: The Wondrous Drug*, Princeton: Princeton University Press, 1992.

Franke, Herbert, and Denis Twitchett, eds., *The Cambridge History of China*. Vol. 4: *Alien Regimes and Border States, 907–1368*, Cambridge, Engl.: Cambridge University Press, 1994.

Franklin, Simon, and Jonathan Shepard, *The Emergence of Rus, 750–1200*, London: Longman, 1996.

Fraser, Sarah E., *Performing the Visual: The Practice of Buddhist Wall Painting in China and Central Asia, 618–960*, Stanford: Stanford University Press, 2004.

Frye, Richard N., trans. *Ibn Fadlan's Journey to Russia*, Princeton: Markus Wiener, 2005.

Galambos, Imre, and Sam van Schaik, *Manuscripts and Travellers: The Sino-Tibetan Documents of a Tenth-Century Buddhist Pilgrim*, Berlin: De Gruyter, 2012.

Gaub, Heinz, Iranian Cities, in *The City in the Islamic World*, edited by Salma Khadra Jauusi et al., vol. 1, Leiden: Brill, 2008, pp. 159–80.

Gaur, A. S. et al, Preliminary Assessment of an Early Historic (2000 Year Old) Shipwreck at Godawaya, Sri Lanka, *Bulletin of the Australasian Institute for Maritime Archaeology* 25 (2011), pp. 9–17.

Geng Shimin, The Uighur Kingdom of Kocho, in *History of Civilizations of Central Asia*, vol. 4, edited by M. S. Asimov and C. E. Bosworth, 200–206, Paris:

UNESCO, 1998.

Gernet, Jacques, *Daily Life in China on the Eve of the Mongol Invasion, 1250–1276*, Stanford: Stanford University Press, 1970.

——. *Buddhism in Chinese Society*, translated by Franciscus Verellen, New York: Columbia University Press, 1995.

Gibb, H. A. R., The Arab Invasion of Kashgar in 715, *Bulletin of the School of Oriental Studies* 2, no. 3 (1922), pp. 467–74.

——. *The Arab Conquests in Central Asia*, London: The Royal Asiatic Society, 1923, Rpt. 1970.

Gibbon, Edward, *The History of the Decline and Fall of the Roman Empire*, edited by J. B. Bury with an introduction by W. E. H. Lecky, New York: Fred de Fau, 1906 (1776–88). http://oll.libertyfund.org/titles/1404.

Gibbs, Peter J., and Kenneth R. Seddon, *Berberine and Huangbo: Ancient Chinese Colorants and Dyes*, London: The British Library, 1998.

Giles, Lionel, The Lament of the Lady of Ch'in, *T'oung Pao* 24 (1925–26), pp. 305–80.

——. A Topographical Fragment from Tunhuang, *Bulletin of the School of Oriental and African Studies* 7, no. 3 (1934), pp. 545–72.

——. Dated Chinese Manuscripts in the Stein Collection, I, Fifth and Sixth Centuries, *Bulletin of the School of Oriental and African Studies* 7, no. 4 (1935), pp. 809–36.

——. Dated Chinese Manuscripts in the Stein Collection, II, Seventh Century, *Bulletin of the School of Oriental and African Studies* 8, no. 1 (1935), pp. 1–26.

——. Dated Chinese Manuscripts in the Stein Collection, III, Eighth Century. *Bulletin of the School of Oriental and African Studies* 9, no. 1 (1937), pp. 1–25.

——. Dated Chinese Manuscripts in the Stein Collection, IV, Ninth Century, *Bulletin of the School of Oriental and African Studies* 9, no. 4 (1939), pp. 1023–46.

——. Dated Chinese Manuscripts in the Stein Collection, V, Tenth Century, *Bulletin of the School of Oriental and African Studies* 10, no. 2 (1940), pp. 317–44.

——. Dated Chinese Manuscripts in the Stein Collection, VI, Tenth Century, *Bulletin of the School of Oriental and African Studies* 11, no. 1 (1943), pp. 148–73.

——. *Descriptive Catalogue of the Chinese Manuscripts from Tun-Huang in the British Museum*, London: Trustees of the British Museum, 1957.

Golden, Peter B., The Q'azars: Their History and Language as Reflected in the Islamic, Byzantine, Caucasian, Hebrew and Old Russian Sources, PhD diss., Harvard University, 1970.

——. Khazar Studies: Achievements and Perspectives, in *The World of the Khazars: New Perspectives,* edited by Peter B. Golden, Haggai Ben-Shammai, and András Róna-Tas, Leiden: Brill, 2007, pp. 7-57.

——. *Central Asia in World History*, Oxford: Oxford University Press, 2011.

——. Rus, in *Encyclopaedia of Islam (Second Edition) Online*, edited by P. Bearman et al., Brill Online, 2012. http://referenceworks.brillonline.com/entries/encyclopaedia-of-islam-2/ru-s-COM_0942.

Graham-Campbell, James, *The Viking World*, London: Frances Lincoln, 2001.

Grenet, Frantz, Religious Diversity among Sogdian Merchants in Sixth-Century China: Zoroastrianism, Buddhism, Manichaeism, and Hinduism, *Comparative Studies of South Asia, Africa and the Middle East* 27, no. 2 (2007), pp. 463–78.

Grenet, F., and E. de la Vaissière, The Last Days of Panjikent, *Silk Road Art and Archaeology* 8 (2002), pp. 155–96.

Grenet, F., and B. I. Marshak, Le mythe de Nana dans l'art de Sogdiane, *Arts Asiatiques* 53 (1998), pp. 5–18.

Grenet, Frantz, and Nicholas Sims-Williams, The Historical Context of the Sogdian Ancient Letters, in *Transition Periods in Iranian History: Actes du Symposium de Fribourg-en-Brisgau (22–24 mai 1985)*, edited by Societas Iranologica Europaea, Leuven: Association pour l'avancement des etudes iraniennes, 1987, pp. 101-22.

Grzywacz, Cecily M., Jan Wouters, Su Bomin, and Fan Yuquan, Asian Organic Colorants: A Collaborative Research Project, in *Conservation of Ancient Sites on the Silk Road: Proceedings of the Second International Conference on the Conservation of Grotto Sites, Mogao Grottoes, Dunhuang, People's Republic of*

China, June 28–July 3, 2004, edited by Neville Agnew, Los Angeles: The Getty Conservation Institute, 2010, 450-56.

Guenther, Herbert V., *The Teachings of Padmasambhava,* Leiden: Brill, 1996.

Gulasci, Zsuzsanna, *Mediaeval Manichaean Book Art: A Codicological Study of Iranian and Turkic Illuminated Book Fragments from 8th–11th Century East Central Asia*, Leiden: Brill, 2005.

Gunder Frank, Andre, *The Centrality of Central Asia*, Amsterdam: VU University Press, 1992.

——. The Centrality of Central Asia, *Studies in History* 8, no. 1 (1992), pp. 43–49. doi: 10.1177/025764309200800103.

Hackin, J., Recherches archéologiques à Begram, *Mémoires de la Délégation Archéologique Francaise en Afghanistan* 9, 1939.

——. Nouvelles recherches archéologiques à Begram, *Mémoires de la Délégation Archéologique Francaise en Afghanistan* 11, 1954.

Hamilton, J. R., *Les Ouïghours à l'époque des cinq dynasties*, Paris: Imprimerie National, 1955.

——. Les règnes khotanais entre 851 et 1001, in *Contributions aux études sur Touen-houang*, edited by Michael Soymié, Droz: Geneva, 1979, pp. 49–54.

Hampton, Valerie Dawn, Viking Age Arms and Armor Originating in the Frankish Kingdom, *The Hilltop Review* 4, no. 2: article 8, 2011. http://scholarworks.wmich.edu/hilltopreview/vol4/iss2/8.

Hansen, Valerie, *Negotiating Daily Life in Traditional China: How Ordinary People Used Contracts, 600–1400*, New Haven, Conn.: Yale University Press, 1995.

——. *The Silk Road: A New History,* New Haven, Conn.: Yale University Press, 2013.

Harada, Y., A Study of Clothing in the Western Regions, *Memoirs of the Toyo Bunko* 4, 1935.

Härtel, Herbert, and Marianne Yaldiz, *Along the Ancient Silk Routes: Central Asian Art from the Berlin State Museums,* New York: Metropolitan Museum of Art, 1982.

Hedin, Sven, *The Silk Road: Ten Thousand Miles through Central Asia*, New York: Macmillan, 1938.

Heller, Amy, *Tibetan Art*, Milan: Jaca Book, 1999.

——. Rezeption und Adaptation fremder ästhetisher Elemente in der tibetischen Skulptur – Eine Spurensuche, in *Tibet Klöster öffnen ihre Schatzkammern*, Essen: Kulturstiftung Ruhr, Villa Hügel, 2006, pp. 80-89. English translation available online at http://www.asianart.com/articles/aesthetics/.

——. Some Preliminary Remarks on the Excavations at Dulan, *Orientations* 29, no. 9 (2006), pp. 84–92.

Henze, Paul B., *Layers of Time: A History of Ethiopia*, London: Hurst, 2000.

Herbert, P. A., *Examine the Honest, Appraise the Able: Contemporary Assessments of Civil Service Selection in Early Tang China*, Canberra: Australian National University, 1988.

Hermitage Amsterdam, ed., *Expedition Silk Road: Journey to the West*, Amsterdam: Hermitage Amsterdam, 2014.

Herrmann, A., Ein alter Seeverkehr zwischen Abessinien und Süd-China bis zum Beginn unserer Zeitrechnung, *Zeitschrift der Gesellschaft für Erdkunde* 10 (1913), pp. 553–61.

Hinnels, John R., Parsi Communities i: Early History. *Encyclopaedia Iranica,* 2008.

Höllmann, T., Chinesische Felsinschriften aus dem Hunza und Industal, in *Antiquities of Northern Pakistan, Reports and Studies*, edited by Karl Jettmar, vol. 2, Mainz: P. von Zabern, 1993, pp. 61–75.

Holmgren, Jennifer, A Question of Strength: Military Capabilities and Princess Bestowal in Imperial China's Foreign Relations (Han to Ch'ing), *Monumenta Serica* 39 (1990), pp. 31–85.

Horton, M., Artisans, Communities and Commodities: Medieval Exchanges Between Northwest India and East Africa, *Ars Orientalis* 34 (2004), pp. 62–80.

Horton, M., and J. Middleton, *The Swahili, the Social Landscape of a Mercantile Society*, Oxford: Blackwell, 2000.

Hourani, George F., *Arab Seafaring in the Indian Ocean in Early and Medieval Times*, Revised and expanded by John Carswell, Princeton: Princeton University Press, 1995.

Hunt, Patrick, Late Roman Silk: Smuggling and Espionage in the 6th Century CE. *Philolog.,* 2011.

Hu-Sterk, F., Entre fascination et repulsion: Regards des poètes des Tang sur les "Barbares" , *Monumenta Serica* 48 (2000), pp. 18–38.

Hüttel, Hans-Georg, and Erdenebat Ulambayar, *Karabalgasun und Karako-rum-Zwei spätnomadische Stadtsiedlungen im Orchon-Tal*, Ulaanbaatar: Mongol Ulsyn Shinzhlekh Ukhaany Akademi, 2009.

Idema, Wilt, and Beata Grant, eds., *The Red Brush: Writing Women of Imperial China,* Cambridge, Engl.: Cambridge University Press, 2004.

Ierusalimskaya, Anna, Early Medieval Burial Grounds in the North Caucasus, in *Expedition Silk Road: Journey to the West*, edited by Hermitage Amsterdam, Amsterdam: Hermitage Amsterdam, 2014, pp. 240-47.

Iwao, Kazushi, Nathan W. Hill, and Tsuguhito Takeuchi, *Old Tibetan Inscriptions*, Tokyo: Research Institute for Languages and Cultures of Asia and Africa, Tokyo University of Foreign Studies, 2009.

Jackson, D., The Life and Liberation of Padmasambhava (Padma bKaí thang). *Journal of Asian Studies* 39 (1979), pp. 123–25.

Jackson, Peter, *The Delhi Sultanate: A Political and Military History,* Cambridge, Engl.: Cambridge University Press, 2003.

——. The Mongols and the Faith of the Conquered, in *Mongols, Turks and Others: Eurasian Nomads and the Sedentary World*, edited by Reuven Amitai and Michael Biran, Leiden: Brill, 2005, pp. 245-90.

Jacobs, Justin, Confronting Indiana Jones: Chinese Nationalism, Historical Imperialism and the Crimilization of Aurel Stein and the Raiders of Dunhuang, 1899–1944, in *China on the Margins*, edited by Sherman Cochran and Paul G. Pickowicz, Ithaca, N.Y.: Cornell University Press, 2010, pp. 65-90.

——. Nationalist China's "Great Game" : Leveraging Foreign Explorers in

Xinjiang, 1927–1935, *Journal of Asian Studies* 73, no. 1 (February, 2014), pp. 43–64.

Jan, Yün-hua, Buddhist Self-Immolation in Medieval China, *History of Religions* 4, no. 2 (1965), pp. 243–68.

——. Buddhist Relations between India and Song China. *History of Religions* 6, no. 1 (1965), pp. 24–42, and 6, no. 2 (1966), pp. 135–44.

Jankowiak, Marek, Dirhams for Slaves: Investigating the Slavic Slave Trade in the Tenth Century, 2012. https://www.academia.edu/1764468/Dirhams_for_slaves. Investigating_the_Slavic_slave_trade_in_the_tenth_century.

Jenner, W. J., *Memories of Lo-yang: Yang Hsuan-chih and the Lost Capital (493–534),* Oxford: Clarendon Press, 1981.

Jettmer, Karl, Bolor-A Contribution to the Political and Ethnic Geography of North Pakistan, *Zentalasiatische Studien* 11(1977), pp. 411–48.

——, ed. *Antiquities of Northern Pakistan, Reports and Studies*, Vol. 1: *Rock Inscriptions in the Indus Valley,* Mainz: Verlag P. von Zabern, 1989.

——, ed. *Antiquities of Northern Pakistan, Reports and Studies*, Vol. 2, Mainz: Verlag P. von Zabern, 1993.

Johnson, Wallace, trans., *The T'ang Code. Vol. 2: Specific Articles*, Princeton: Princeton University Press, 1997.

Juliano, Annette L., and Judith A. Lerner, eds., *Monks and Merchants: Silk Road Treasures from Northwest China*, New York: Harry N. Abrams and the Asia Society, 2001.

Julien, Stanislas, *Histoire de la vie d'Hiouen-Thsang, et de ses voyages dans l'Inde entre les années 629 et 645 de notre ère.: Trad. du chinois*, Paris: Arthus Bertrand, 1851.

Kaczmarczyk, A., The Composition of Glass Vessels and Beads from Askum, in *Excavations at Aksum: An Account of Research at the Ancient Ethiopian Capital Directed in 1972–4 by the late Dr. Neville Chittick*, edited by Stuart Munro-Hay, London: British Institute in Eastern Africa, 1989, pp. 333-39.

Kamalov, Ablet, The Moghon Shrine Usu Inscription as the Earliest Uighur

Historical Annals, *Central Asiatic Journal* 47, no. 1 (2003), pp. 77–90.

Kamaly, Hossein, Isfahan: vi. Medieval Period, In *Encyclopaedia Iranica,* 2012. http://www.iranicaonline.org/articles/isfahan-vi-medieval-period.

Kapstein, Matthew, *The Tibetan Assimilation of Buddhism*, Oxford: Oxford University Press, 2000.

Karmay, Heather, *Early Sino-Tibetan Art*, Warminster: Aris and Phillips, 1976.

Kepping, Ksenia, The Guanyin Icon: Chingghis Khan's Last Campaign, paper given at the Circle of Inner Asian Art, SOAS, London, May 16, 2001. Revised paper at http://kepping.net/raboty-15.htm.

Khadra Jayyusi, Salma, et al., eds., *The City in the Islamic World*, Vol. 1, Leiden: Brill, 2008.

Khan, Jawad, and Andy Miller, *Kansir Fort, Sarhad-e Broghil, Upper Wakhan: A Preliminary Assessment and Survey*, Kabul: Ministry of Information and Culture in conjunction with the Aga Khan Trust for Culture, 2009.

Khosa, Sunil, *Art History of Kashmir and Ladakh,* New Delhi: Sagar, 1984.

Khudyakov, Yu. S., Pamyaatniki uigurskoy kultury v Mongolii, in *Tsentral'naya Aziya I sosednie territorii v srendnie vka*, edited by V. E. Larichev, Novosibirsk: Nauka, 1990, pp. 84-89.

Kieschnick, John, *The Eminent Monk: Buddhist Ideals in Medieval Chinese Hagiography*, Honolulu: University of Hawaii Press, 1997.

——. *The Impact of Buddhism on Chinese Material Culture,* Princeton: Princeton University Press, 2003.

King, Anya H., The Musk Trade and the Near East in the Early Medieval Period, PhD diss., Indiana University, 2007.

King, Denise E., *A Comprehensive Bibliography of Pakistan Archaeology, Prehistoric to Historic Times,* East Lansing: Asian Studies Center, Michigan State University, 2010.

Kiselev, S., Drevnie goroda Mongolii, *Sovietskaya arkheologiya* 2 (1957), pp. 94–95.

Klimberg-Salter, D., *The Silk Route and the Diamond Path: Esoteric Art on the Trans-Himalayan Trade Routes,* Los Angeles: UCLA Art Council, 1982.

Klimkeit, Hans-Joachim, The Sun and Moon as Gods in Central Asia, *South Asian Religious Art Studies Bulletin* 2 (1983), pp. 11–23.

Kovalev, Roman K., Dirham Mint Output of Samanid Samarqand and Its Connection to the Beginnings of Trade with Northern Europe (10th century), *Histoire & mesure* 17, nos. 3/4, doi: 10.4000/histoiremesure.892, 2002.

Krahl, Regina, et al., *Shipwrecked: Tang Treasures and Monsoon Winds*. Washington, D. C: Smithsonian Books, 2001.

Krause, Todd B., and Jonathan Slocum. *Tocharian Online*, Austin: University of Texas Linguistics Research Center. http://www.utexas.edu/cola/centers/lrc / eieol/tokol-0-X.html (accessed Sept. 8, 2014).

Kristhnamurthy, R., Aksumite Coins of Ethiopia from Karur, Tamil Nadu, *Studies in South Asian Numinsmatics* 8 (1999), pp. 58–64.

Kychanov, Y. I., The Tangut Hsi Hsia Kingdom (982–1227), in *History of Civilizations of Central Asia*, vol. 4, edited by M.S. Asimov and C.E. Bosworth, Paris: UNESCO, 1998, pp. 206-14.

——., The Tangut Collection of the Institute of Oriental Manuscripts: History and Study, in *Russian Expeditions of Central Asia at the Turn of the 20th Century*, edited by I. F. Popova, Saint Petersburg: Russian Academy of Sciences, 2008, pp. 130-47.

Lahiri, Latiki, trans., *Chinese Monks in India,* Delhi: Motilal Banarsidass, 1986.

Lambton, Anne K. S., Is.fahān i. History (1978), in *Encyclopaedia of Islam (Second Edition) Online*, edited by P. Bearman et al. Brill Online, 2012–13. http://referenceworks.brillonline.com/entries/encyclopaedia-of-islam-2/.

Lamotte, Etienne, Manjusri, *T'oung Pao* 48, nos. 1–3 (1960), pp. 1–96.

Laufer, Berthold, Historical Jottings on Amber in Asia. *Memoirs of the American Anthropological Association* 1(1905), pp. 211–44.

——. *Sino-Iranica: Chinese Contributions to the History of Civilisations in Ancient Iran, with Special Reference to the History of Cultivated Plants and Prod -ucts*, Chicago: Field Museum of Natural History, 1919.

——. *Ivory in China*, Chicago: Field Museum of Natural History, 1925.

——. *Felt: How It Was Made and Used in Ancient Times and a Brief Description of Modern Methods of Manufacture and Uses*, Chicago: Western Felt Works, 1937.

——. *Jade: A Study in Chinese Archaeology and Religion*, South Pasadena: P. S. and Lone Perkin, 1946.

Lee, Jen-der, Wet Nurses in Early Imperial China, *Nan Nü: Men, Women and Gender in Early and Imperial China* 2, no. 1(2000), pp. 1–39.

Lee, Sonya S., Repository of Ingenuity: Cave 61 and Artistic Appropriation in Tenth-century Dunhuang, *The Art Bulletin* 94, no. 2, (2012), p. 199.

Legge, James, trans, *A Record of Buddhistic Kingdoms: Being an Account by the Chinese Monk Fâ-hien of His Travels in India*, Oxford: Clarendon Press, 1886.

Lehnert, Martin, Tantric Threads Between India and China, in *The Spread of Buddhism*, edited by Ann Heirman and Stephan Peter Bumbacher, Lei-den: Brill, 2007, pp. 247-76.

Lewis, Archibald R., *The Northern Seas: Shipping and Commerce in Northern Europe A.D. 300–1100*, Princeton: Princeton University Press, 1958.

Li Jian and Valerie Hansen, *The Glory of the Silk Road*, Dayton, Ohio: Dayton, 2003. Art Institute.

Lieberman, Victor., Transcending East-West Dichotomies: State and Culture Formation in Six Ostensibly Disparate Areas. *Modern Asian Studies* 31, no. 3 (1997) pp. 463–546.

Lieu, S. N., *Manicheanism in the Later Roman Empire and Medieval China: A Historical Survey*. Manchester: Manchester University Press, 1985.

——. *Manicheanism in Central Asia and China*, Tübingen: J. C. Mohr Paul Siebeck, 1992.

Litvinsky, B. A., ed, *History of Civilizations of Central Asia*, Vol. 3: *The Crossroads of Civilizations: A.D. 250 to 750*, Paris: UNESCO, 1996.

Liu Xinru, *Ancient India and Ancient China: Trade and Religious Exchanges AD 1–600*, Delhi: Oxford University Press, 1994.

——. *Silk and Religion: An Exploration of Material Life and the Thought of People,*

AD 600–1200, Delhi: Oxford University Press, 1996.

——. *The Silk Road in World History,* Oxford: Oxford University Press, 2010.

Lo Jung-Pang, China as a Sea Power During the Later Sung and Early Yuan Periods, *Far Eastern Quarterly* 11, no. 1(1952), pp. 91–105.

——. Chinese Shipping and East-West Trade from the Xth to XIVth Century, in *Sociétés et companies de commerce en Orient et dans l" Ocean Indient: Actes du Huitième Colloque International d'Histoire Maitime*, edited by Michael Mollat, Paris: SEVPEN, 1970, pp. 167-78.

Lo, Vivienne, and Christopher Cullen, eds., *Medieval Chinese Medicine: The Dunhuang Medical Manuscripts,* London: RoutledgeCurzon, 2005.

Logan, Donald F., *The Vikings in History*. 2d ed., London: Routledge, 1992.

Lopez, Donald S., ed., *Religions of China in Practice,* Princeton: Princeton University Press, 1996.

Lopez, R. S., and I. W. Raymond, *Medieval Trade in the Mediterranean World*, New York: Columbia University Press, 1955.

López-Pavillard, Santiago, Studies on Shamans and Shamanism: Bibliographic Review of Academic Publications 1993–2010, 2013. http://www.academia.edu/3491289/Studies_on_Shamans_and_Shamanism_Bibliographic_Review_of_ Academic_Publications_1993_-_2010.

Lubo-Lesnichenko, Ye. I., Svedeniya kitaiskikh pismennykh istochnikov o Suyabe (Gorodishche Ak-Beshim), in *Suyab Ak-Beksim*, edited by G. Semenov et al., St. Petersburg: Hermitage Museum, 2002, pp. 115-27.

Lundström, A., Bead Making in Scandinavia in the Early Middle Ages, *Early Medieval Studies* 9, Antivariskt Arkiv 61, 1976.

Luo Feng. Sogdians in Northwest China, in *Monks and Merchants: Silk Road Treasures from Northwest China*, edited by Annette L. Juliano and Judith A. Lerner, New York: Harry N. Abrams and the Asia Society, 2001, pp. 239-45.

Ma Shichang, Buddhist Cave Temples and the Cao Family at Mogao Ku, Dunhuang, *World Archaeology* 27, no. 2 (1995), pp. 303–17.

Ma Yong, The Chinese Inscription of the Da Wei Envoy of the Sacred Rock of

Hunzam, in *Antiquities of Northern Pakistan, Reports and Studies*, edited by Karl Jettmer, vol. 1, Mainz: P. von Zabern, 1989, pp. 139-57, pl. 1.

Mackerras, Colin, Sino-Uighur Diplomatic and Trade Contacts (744 to 840), *Central Asiatic Journal* 13 (1969), pp. 215–40.

——. *The Uighur Empire: According to the T'ang Dynastic Histories*, Columbia: University of South Carolina Press, 1973.

——. The Uighurs. In *The Cambridge History of Early Inner Asia*, edited by Denis Sinor, New York: Cambridge University Press, 1990, pp. 335-42.

Mackintosh-Smith, Tim, ed., *The Travels of Ibn Battutah*, London: Picador, 2003.

Mair, Victor, *Tun-huang Popular Narratives*, Cambridge, Engl.: Cambridge University Press, 1983.

Maqbul, Ahmad S., Djāba, in *Encyclopaedia of Islam (Second Edition) Online*, edited by P. Bearman et al. Brill Online 2013. http://referenceworks.brillonline.com/entries/encyclopaedia-of-islam-2/djaba-SIM_1887.

——. Ibn Rusta, in *Encyclopaedia of Islam (Second Edition) Online*, edited by P. Bearman et al. Brill Online, 2013.

Marshak, Boris I., *Silberschätze des Orients*, Leipzig: E. A. Seemann, 1986

——. The Sogdians in Their Homeland, in *Monks and Merchants: Silk Road Treasures from Northwest China*, edited by Annette L. Juliano and Judith A. Lerner, New York: Harry N. Abrams and the Asia Society, 2001, pp. 230-37.

——. Panjikant, *Encyclopaedia Iranica*, 2002. http://www.iranicaonline.org /articles/panjikant.

Marshak, B. I., and N. N. Negmatov, Sogdiana, in *History of Civilizations of Central Asia*, vol. 3, edited by B. A. Litvinsky, Paris: UNESCO, 1996, pp. 233-80.

Marshall, John H., *Taxila: An Illustrated Account of Archaeological Excavations, Carried out at Taxila Under the Orders of the Government of India Between the Years 1913 and 1934*. 3 vols, Cambridge, Engl.: Cambridge University Press, 1951.

Matthews, D. H., and A. Mordini, The Monastery of Debra Damo, Ethiopia, *Archaeologia* 97 (1959), pp. 1–58.

May, Timothy, *The Mongol Conquests in World History*, London: Reaktion Books, 2013.

McKnight, Brian E., *The Quality of Mercy: Amnesties and Traditional Chinese Justice*, Honolulu: University of Hawaii Press, 1981.

McLaughlin, R., *Rome and the Distant East: Trade Routes to the Ancient Lands of Arabia, India and China*, London: Hambledon Continuum, 2009.

McMullen, David, *State and Scholars in T'ang China*, Cambridge, Engl.: Cambridge University Press, 1988.

McNeill, William H., *Plagues and Peoples*, New York: Anchor Books, 1998.

Medley, Margaret, *The Chinese Potter: A Practical History of Chinese Ceramics*, Oxford: Phaidon, 1989.

Mehaud, C., *Historical Relations Across the Indian Ocean,* Paris: UNESCO, 1980.

Merkel, Stephen, et al., Analysis of Slag, Ore, and Silver from the Tashkent and Samarkand Areas: Medieval Silver Production and the Coinage of Samanid Central Asia, *Metalla Sonderhelf* 6 (2013), pp. 62–66. http://www.academia.edu/4625952/Analysis_of_Slag_Ore_and_Silver_from_the_Tashkent_and_Samarkand_Areas_Medieval_Silver_Production_and_the_Coinage_of_Samanid_Central_Asia.

Middleton, John, *The World of the Swahili: An African Mercantile Civilization*, New Haven, Conn.: Yale University Press, 1992.

Millward, James A., *Eurasian Crossroads: A History of Xinjiang,* New York: Columbia University Press, 2007.

——. *The Silk Road: A Very Short Introduction,* Oxford: Oxford University Press, 2013.

Minorsky, V., Tamīm ibn Baḥr's Journey to the Uyghurs, *Bulletin of the School of Oriental and African Studies* 12, no. 2 (1948), pp. 275–305.

——. Daylem, in *Encyclopedia Iranica,* vol. 7, edited by Ehsan Yarshater, London: Routledge and Kegan Paul, 1996, pp. 189-94.

Mole, Gabriella, *The T'u-yü-hun from the Northern Wei to the Time of the Five Dynasties*, Rome: Istituto italiano per il Medio ed Estremo Oriente, 1970.

Montgomery, James E., Ibn Fadlān and the Rūsiyyah, *Journal of Arabic and Islamic Studies* 3 (2000), pp. 1–25.

Moore, Oliver J., *Rituals of Recruitment in Tang China*, Leiden: Brill, 2004.

Morgan, David, *The Mongols*, 2nd ed, Oxford: Wiley Blackwell, 2007.

Moriyasu Takao. Qui des Ouigours ou des Tibétains ont gangné en 787–792 à Besbaliq? *Journal Asiatique,* no. 269 (1981), pp. 193–205.

——. The Sha-chou Uighurs and the West Uighur Kingdom, *Acta Asiatica* 78 (2000), pp. 28–48.

——. The West Uighur Kingdom and Tun-Huang around the 10th–11th Centuries, *Berlin-Brandenburgische Akademie der Wissenschaften, Berichte und Abhandlungen* 8 (2000), pp. 337–68.

Morrison, Helen, The Glass, in *Excavations at Aksum: An Account of Research at the Ancient Ethiopian Capital Directed in 1972–4 by the late Dr. Neville Chittick*, edited by Stuart Munro-Hay, London: British Institute in Eastern Africa, 1989, pp. 188-209.

Munro-Hay, Stuart, Aksum: An African Civilisation of Late Antiquity, Edinburgh: Edinburgh University Press, 1991.

——. Catalogue of the Aksumite Coins in the British Museum, London: British Museum Press, 1999.

Munro-Hay, Stuart, and Bengt Juel-Jensen, *Aksumite Coinage*, London: Spink, 1995.

Nagahiro T., On Wei-ch-ih I-seng, a Painter of the Early T'ang Dynasty, *Oriental Art* n.s. 1, no. 2 (1955), pp. 70–74.

Nakamura Hajimc, *Indian Buddhism: A Survcy with Bibliographical Notcs*, Delhi: RI Publishers, 1987.

Naquin, Susan, and Chün-fang Yü, *Pilgrims and Sacred Sites in China*, Berkeley: University of California Press, 1992.

Nasr, Seyyed Hossein, *Islamic Science: An Illustrated Study*, Chicago: Kazi Publications, 1997.

Nawartmal, H., Aksumite Coins in India—Some New Evidence, *Sprink Numismatic Circular* 107, no. 1 (1999), pp. 1–2.

Needham, Joseph, *Within the Four Seas: The Dialogue of East and West*, London: Allen and Unwin, 1969.

——. *Science and Civilisation in China*, Vol. 5: *Chemistry and Chemical Technology*, Part V: *Spagyrical Discovery and Invention: Physiological Alchemy,* Cambridge, Engl.: Cambridge University Press, 1983.

——. *Science and Civilisation in China*, Vol. 5: *Chemistry and Chemical Technology*, Part VI: *Military Technology: The Gunpowder Epic*, Cambridge, Engl.: Cambridge University Press, 1986.

——. *Science and Civilisation in China*, Vol. 5: *Chemistry and Chemical Technology,* Part II: *Military Technology: Missiles and Sieges*, Cambridge, Engl.: Cambridge University Press, 1994.

Neelis, Jason, Kharosthi and Brahmi Inscriptions from Hunza-Haldeikish Sources for the Study of Long-Distance Trade and Transmission of Buddhism, *South Asian Archaeology* 2 (1997), pp. 903–23.

——. *Early Buddhist Transmission and Trade Networks: Mobility and Exchange Within and Beyond the Northwestern Borderlands of South Asia,* Leiden: Brill, 2010.

Negmatov, N. N., *Usrushana v drevnosti I rannem srednevekov' e*, Stalinabad: Akad, 1957. For excerpts in English, see http://www.kroraina.com/ca/h_ustrushana.html.

Nickel, Lukas. The First Emperor and Sculpture in China, *Bulletin of the School of Oriental and African Studies* 76, no. 3 (2013), pp. 413–47.

Noonan, Thomas Schaub, When Did Rus/Rus' Merchants First Visit Khazaria and Baghdad? *Archivum Eurasiae Medii Aevi* 7 (1987–91), pp. 213–19.

——. Fluctuations in Islamic Trade with Eastern Europe during the Viking Age, *Harvard Ukranian Studies* 16 (1992), pp. 237–59.

——. The Vikings in the East: Coins and Commerce, in *Developments around the Baltic and the North Sea in the Viking Age*, edited by B. Ambrosiani and Helen Clarke, Stockholm: Birka Project for Riksantikvarieämbetet and Statens Historiska Museer, 1994, pp. 215-36.

——. *The Islamic World, Russia and the Vikings*, Aldershot: Variorium/ Ashgate, 1998.

——. European Russia c 500–c 1050, in *The New Cambridge Medieval History*, edited by Timothy Reuter and Rosamond McKittcrick, vol. 3, Cambridgc, Engl.: Cambridge University Press, 1999, pp. 485-534.

——. Volga Bugharia's Tenth-Century Trade with Samanid Central Asia, *Archivum Eurasiae Medii Aevi* 11 (2000–1), pp. 140–218.

Norwich, John Julius, *Byzantium: The Early Centuries,* New York: Knopf, 1988.

Nugent, Christopher M. B., The Lady and Her Scribes: Dealing with Multiple Dunhuang Copies of Wei's Zhuang's "Lament of the Lady of Qin" , *Asia Major* 20, no. 2 (2007), pp. 25–73.

Oikonomidès, N., Silk Trade and Production in Byzantium from the Sixth to the Ninth Century: The Seals of Kommerkiarioi, *Dumbarton Oaks Papers* 40 (1986), pp. 33–53.

Olson, Parmay, The Man Behind the Silk Road: The Internet's Biggest Market for Illegal Drugs, *The Observer*, 10 Nov. 2013.

Olsson, Joshua T. Coup d'état, Coronation and Conversion: Some Reflections on the Adoption of Judaism by the Khazar Khaghanate, *Journal of the Royal Asiatic Society* 23, no. 4 (2013), pp. 495–526. doi:10.1017/S1356186313000266.

Owen, Stephen, *An Anthology of Chinese Literature: Beginnings to 1911*. New York: W. W. Norton, 1996.

Pan Yihong, The Sino-Tibetan Treaties in the Tang Dynasty, *T'oung Pao* 78 (1992), pp. 116–61.

Paribeni, R., Richerche nel luogo dell-antica Adulis, *Monumenti Antichi, Reale Accademia dei Lincei* 18 (1907), pp. 437–572. http://digi.ub.uni-heidelberg.de/diglit/monant1907/0255.

Paul, Jürgen, The Histories of Isfahan: Mafarrukhi's Kitāb mahāsin Isfahān, *Iranian Studies* 33, nos. 1/2 (2000), pp. 117–32. http://www.jstor.org/stable/4311336.

Paula, Christa, Miran and Paintings from the Shrines M.III. and M.V. Phd diss., the University of London, 1992.

Peacock, David, and Lucy Blue, eds., *The Ancient Red Sea Port of Adulis, Eritrea*, Oxford: Oxbow Book, 2007.

Pearson, Michael N., *The Indian Ocean*. London: Routledge, 2003.

Pegolotti, Francesco Balducci, *La Pratica della Mercatura*, Cambridge, Mass.: Mediaeval Academy of America, 1936.

Pelliot, Paul, Note sur les T'ou-yu-houen et les Sou-p'i, *T'oung pao* 20 (1912), p. 323.

Pelliot, Paul, with E. Chavannes, Un traité manichéen retrouvé en Chine, *Journal Asiatique* (1911), pp. 499–617; (1913), pp. 99–199, 261–392.

Phillips, J. R. S., *The Medieval Expansion of Europe*, 2nd ed, Oxford: Oxford University Press, 1998.

Phillipson, David W., *Ancient Ethiopia. Aksum: Its Antecedents and Successors*, London: British Museum Press, 2002.

——. *Ancient Churches of Ethiopia*, New Haven: Yale University Press, 2009.

Pickworth Wong, Diana, Stamp Seals of the Ancient Yemen, PhD diss., University of California, Berkeley, 2003.

Pingree, David, Astronomy and Astrology in India and Iran, *Isis* 54 (1963), pp. 229–46.

——. Abu Maʿshar, in *Dictionary of Scientific Biography*, edited by Charles Coulston Gillispie, vol. 1, New York: Charles Scribner's Sons, 1970, pp. 32-39.

——. Abu Maʿshar, *Encyclopaedia Iranica,* 2011. http://www.iranicaonline.org / articles/abu-masar-jafar-b.

Piotrovsky, Mikhail, ed., *Lost Empire of the Silk Road: Buddhist Art from Khara Khoto (X–XIIIth Century),* Milan: Electa and Thyssen-Bornemisza Foundation, 1993.

Pope, Hugh, The Silk Road: A Romantic Deception? *The Globalist*, Nov. 24, 2005. http://www.theglobalist.com/StoryId.aspx?StoryId = 4889 (accessed Oct. 2, 2008).

Price, A. F., trans., *The Diamond Sutra.* London: Buddhist Society, 1947.

Prip-Møller, J., *Chinese Buddhist Monasteries: Their Plan and Its Function as a*

Setting for Buddhist Monastic Life, Oxford: Oxford University Press, 1937.

Pritsak, Omeljan, *The Origin of Rus'*, Cambridge, Mass.: Harvard Ukrainian Research Institute, 1981.

Procopius, *History of the Wars*, translated by H. B. Dewing, Cambridge, Mass.: Loeb, 1914.

Pulleybank, E. G., A Sogdian Colony in Inner Mongolia, *T'oung Pao* 41 (1952), pp. 319–23.

——. *The Background of the Rebellion of An Lu-shan*, London: Oxford University Press, 1955.

——. Some Remarks on the Toquzoghuz Problem, *Ural-Altaische Jahrbücher* 28 (1956), pp. 35–42.

Raschke, M. G., New Studies in Roman Commerce with the East, in *Aufstieg und Niedergang der Romischen Welt II Principat*, edited by Hildegard Temporini, vol. 9, part 2, Berlin: Gruyter, 1978, pp. 604-1361.

Reed, Carrie E., Early Chinese Tattoo, *Sino-Platonic Papers* 103 (June, 2000), pp. 1–52.

Reinaud, Joseph Touissaint, *Relations des voyages faits par les Arabes et les Persans dans l'Inde et la Chine,* Paris: Imprimerie Royale, 1845.

Reischauer, Edwin O., trans., *Ennin's Diary: The Record of a Pilgrimage to China in Search of the Law,* New York. Ronald Press, 1955.

——. *Ennin's Travels in T'ang China*, New York: Ronald Press, 1955.

Reuter, Timothy, Medieval: Another Tyrannous Construct? *Medieval History Journal* 1, no. 1 (1998), pp. 25–45.

Rezakhani, Khodadad, The Road That Never Was: The Silk Road and TransEurasian Exchange, *Comparative Studies of South Asia, Africa and the Middle East* 30, no. 3 (2010), pp. 420–33.

Rong Xinjiang. The Nature of the Dunhuang Library Cave, *Cahiers d'Extrême-Asie* 11 (2000), pp. 247–75.

——. The Relationship of Dunhuang with the Uighur Kingdom in Turfan in the Tenth Century, in *De Dunhuang à Istanbul: Hommage à James Russell*

Hamilton, edited by P. Zieme and L. Bazin, Turnhout: Brepols, 2001, pp. 275-98.

——. The Li Shengduo Collection: Original or Forged Manuscripts? In *Dunhuang Manuscript Forgeries*, edited by Susan Whitfield, London: British Library, 2002, pp. 62-83.

——. Khotanese Felt and Sogdian Silver: Foreign Gifts to Buddhist Monasteries in Ninth and Tenth Century Dunhuang, *Asia Major* 17, no. 1 (2004), pp. 15–34.

——. Official Life at Dunhuang in the Tenth Century: The Case of Cao Yuanzhong, in *The Silk Road: Trade, Travel, War and Faith*, edited by Susan Whitfield and Ursula Sims-Williams, London: The British Library and Serindia, 2004, pp. 57-62.

——. New Light on Sogdian Colonies along the Silk Road: Recent Archaeological Finds in Northern China, lecture at the Berlin-Brandenburgische Akademie der Wissenschaften on Sept. 20, 2001, *Berlin-Brandenburgische Akademie der Wissenschaften, Berichte und Abhandlungen* 10 (2006), pp. 147–60. Also available at http://edoc.bbaw.de/volltexte/2009/1106/pdf/IV_01_Rong.pdf.

——. Further Remarks on Sogdians in the Western Regions, in *Exegisti Monumenta: Festschrift in Honour of Nicholas Sims-Williams*, edited by Werner Sundermann, Almut Hintze, and Francois de Blois, Wiesbaden: Harrassowitz Verlag, 2009, pp. 399-416.

Roper, Geoffrey, ed., *The History of the Book in the Middle East,* Aldershot: Ashgate, 2013.

——. The Printing Press and Change in the Arab World, in *The History of the Book in the Middle East*, edited by Geoffrey Roper, Farnham: Ashgate, 2013, pp. 389-406.

Rossabi, Morris, *Voyager from Xanadu: Rabban Suama and the First Journey from China to the West,* Tokyo: Kodansha, 1992.

——. The Silk Trade in China and Central Asia, in *When Silk Was Gold: Central Asian and Chinese Textiles*, edited by James C.Y. Watt and Anne E. Wardell, New York: The Metropolitan Museum of Art, 1992, pp. 7-19.

Roxburgh, David J., ed., *Turks: A Journey of a Thousand Years, 600–1600*, London: Royal Academy of Arts, 2005.

Russell-Smith, Lilla, *Uyghur Patronage in Dunhuang: Regional Art Centres on the Northern Silk Road in the Tenth and Eleventh Centuries*, Leiden: Brill, 2005.

Schafer, E. H., The Camel in China down to the Mongol Dynasty, *Sinologica* 2 (1950), pp. 165–94, 263–90.

——. *The Golden Peaches of Samarkand*, Berkeley: University of California Press, 1963.

Scherrer-Schaub, Cristina, ed., *Proceedings of the Tenth Seminar of the ITA, 2003*, Vol. 14: *Old Tibetan Studies*, Leiden: Brill, 2012.

Schilling, Michael R., Joy Mazurek, David Carson, Su Bomin, Fan Yuquan, and Ma Zanfeng, Analytical Research in Cave 85, in *Conservation of Ancient Sites on the Silk Road: Proceedings of the Second International Conference on the Conservation of Grotto Sites, Mogao Grottoes, Dunhuang, People's Republic of China, June 28–July 3, 2004*, edited by Neville Agnew, Los Angeles: The Getty Conservation Institute, 2010, pp. 438-48.

Schopen, Gregory, *Buddhist Monks and Business Matters*, Honololu: University of Hawaii Press, 2004.

Schorta, Regula, ed., *Central Asian Textiles and Their Contexts in the Early Middle Ages*, Riggisberg: Abegg-Stuftung, 2006.

Schottenhammer, Angela, ed., *The East Asian Mediterranean: Maritime Crossroads of Culture, Commerce and Human Migration*, Wiesbaden: Harrassowitz Verlag, 2008.

Schuster, Nancy, Striking a Balance: Women and Images of Women in Early Chinese Buddhism, in *The Role of Women in Middle Ages*, edited by Y. Y. Haddad and Findly N. Banks, Albany: State University of New York Press, 1985, pp. 87-114.

Seland, Eivind Heldaas, The Liber Pontificalis and Red Sea Trade of the Early to Mid 4th Century AD, in *Navigated Spaces, Connected Places: Proceedings of the Fifth International Conference on the People of the Red Sea, Exeter 2010,* edited by D. Agius, J. Cooper, A. Trakadas, and C. Zazarro, 117–26. Oxford: Archaeopress, 2012, pp. 117-26.

Selassie, Sergew Hable, *Ancient and Medieval Ethiopian History to 1280*, Addis Ababa: Addis Ababa University Press, 1972.

Semenov, Grigory, Suye and the Journey to the West, in *Xuanzang and the Silk Route*, edited by Lokesh Chandra and Radha Banerjee, New Delhi, India: Munshiram Manoharlal Publishers in association with Indira Gandhi National Centre for the Arts, 2008, pp. 259-68.

Sen, Tansen, *Buddhism, Diplomacy and Trade: The Realignment of Sino-Indian Relations, 600–1400*, Honolulu: University of Hawaii Press, 2003. http://hdl.handle.net/10125/23052.

Sertkaya, Osman Fikri, The Turkic Languages, in *Turks: A Journey of a Thousand Years, 600–1600*, edited by David J. Roxburgh, London: Royal Academy of Arts, 2005, pp. 472-75.

Shaban, M. A., *The Abbasid Revolution*, Cambridge, Engl.: Cambridge University Press, 1970.

——. *Islamic History A. D. 750–1055 (A. H. 132–448): A New Interpretation,* Cambridge, Engl.: Cambridge University Press, 1976.

Shen, Hsueh-man, *Gilded Splendor: Treasures of China's Liao Empire (907– 1125)*, New York: Harry N. Abrams, 2006.

Shepherd, Dorothy G., and W. B. Henning, Zandanījī Idenitified? In *Aus der islamischen Kunst: Festschrift für Ernst Kühnel zum 75. Gebertstag am 26.10.1957*, edited by Richard Ettinghausen, Berlin: Gebrüder Mann, 1959, pp. 15-40.

Shigeshi Kato, On the Hang or the Association of Merchants in China, *Memoirs of the Research Department of Toyo Bunko* 8 (1936), pp. 45–84.

Shikede, Lisa, Fan Zaixuan, Francesca Piqué, and Wong Lorinda, The Role of In Situ Examination in the Technical Investigation of the Cave 85 Paintings, in *Conservation of Ancient Sites on the Silk Road: Proceedings of the Second International Conference on the Conservation of Grotto Sites, Mogao Grottoes,*

Dunhuang, People's Republic of China, June 28–July 3, 2004, edited by Neville Agnew, Los Angeles: The Getty Conservation Institute, 2010, pp. 430-37.

Sidebottom, W. E., and W. Z. Wendrich, Berenike, *Indian Ocean Review* (December, 1999), p. 16.

Simpson, Jacqueline, *Everyday Life in the Viking Age*, New York: B. T. Batsford, 1967.

Sims-Williams, Nicholas, The Sogdian Inscriptions of the Upper Indus: A Preliminary Report, in *Antiquities of Northern Pakistan, Reports and Studies*, edited by Karl Jettmer, Vol. 1, Mainz: P. von Zabern, 1989, pp. 131-37.

——. The Sogdian Merchants in India and China, in *Cina e Iran da Alessandro Magno alla Dinastia Tang*, edited by A. Cadonna and L. Lanciotti, Florence: Leo S. Olschki Editore, 1996, pp. 45-67.

Sinor, Denis, Horse and Pasture in Inner Asian History, *Oriens Extremus* 19 (1972), 171–84. Reprinted in Sinor 1977 and online (without footnotes) at http://www.upf.edu/materials/huma/central/abast/sinor.htm (accessed Aug. 23, 2013).

——. *Inner Asia and Its Contacts with Medieval Europe*, London: Variorum Reprints, 1977.

——. *The Cambridge History of Early Inner Asia*, Cambridge, Engl.: Cambridge University Press, 1990.

——. The Uighur Empire of Mongolia, *Studies in Medieval Inner Asia, Variorum*, 5 (1997), pp. 1–25.

Sinor, D., and S. G. Klyashtorny, The Türk Empire, in *History of Civilizations of Central Asia*, vol. 3, edited by B. A. Litvinsky, Paris: UNESCO, 1996, pp. 327-47.

Sinor, D., Geng Shimin, and Y. I. Kychanov, The Uighurs, the Kyrgyz and the Tangut (eighth to the thirteenth centuries), in *History of Civilizations of Central Asia*, vol. 4, edited by M.S. Asimov and C.E. Bosworth, Paris: UNESCO, 1998, pp. 191-214.

Skaff, Jonathan Karam, The Sogdian Trade Diaspora in East Turkestan during the Seventh and Eighth Centuries, *Journal of the Economic and Social History of the Orient* 46, no. 4 (2003), pp. 475–524.

——. *Sui-Tang China and Its Turko-Mongol Neighbors: Culture, Power, and Connections, 580–800*, Oxford: Oxford University Press, 2012.

Skilton, Andrew, *A Concise History of Buddhism*, New York: Barnes and Noble, 1994.

Smidt, Wolbert, A Chinese in the Nubian and Abyssinian Kingdoms (8th Century), *Chroniques yéménites* 33, 2001. http://cy.revues.org/33.

Smyser, H. M., Ibn Faldan's Account of the Rus', in *Medieval and Linguistic Studies in Honour of Francis Peabody Magoun*, edited by J. B. Bessinger Jr. and R. P. Creed, London: Allen and Unwin, 1965, pp. 92-119.

Snow, Philip, *The Star Raft: China's Encounter with Africa*, Ithaca: Cornell University Press, 1988.

Soper, Alexander, trans., *Kuo Jo-Hsü's Experiences in Painting (T'u-hua chien-wen chih): An Eleventh Century History of Chinese Painting, Together with the Chinese Text in Facsimile*, Washington, D.C.: American Council of Learned Societies, 1951.

Sperling, Elliot, A Captivity in Ninth-Century Tibet, *The Tibet Journal* 4, no. 4 (1979), pp. 17–67.

Spuler, Bertold, *The Muslim World*, Vol. 1: *The Age of the Caliphs*, Leiden: Brill, 1960.

Standen, Naomi, *Unbounded Loyalty: Frontier Crossing in Liao China*, Honolulu: University of Hawaii Press, 2007.

——. Ecology and Politics and Pre-Modern Eastern Eurasia, inaugural lecture for the College of Arts and Law, University of Birmingham, June 18, 2013.

Stein, M. Aurel, Notes on Ou-K'ong's Account of Kaçmīr, *Sitzungsberichte der Philosophisch-Historischen Classe der Kaiserlichen Akademie der Wissenschaften* (Vienna) 135, no. 7 (1896), pp. 1–32.

——. *Kalhana's Rājataranginī: A Chronicle of the Kings of Kasmīr*, London: Constable & Co.,1900.

——. *Sand-Buried Ruins of Khotan*, London: Hurst and Blackett, 1904.

——. *Ancient Khotan*, Oxford: Clarendon Press, 1907.

——. *Ruins of Desert Cathay: Personal Narrative of Explorations in Central Asia and Westernmost China*, London: Macmillan, 1912.

——. *Serindia: Detailed Report of Explorations in Central Asia and Westernmost China*, Oxford: Oxford University Press, 1921.

——. *On Alexander's Track to the Indus: Personal Narrative of Explorations on the North-West Frontier of India*, London: MacMillan, 1929.

——. *An Archaeological Tour in Upper Swat and Adjacent Hill Tracts*, Calcutta: Archaeological Survey of India, 1930.

Steinhardt, Nancy Shatzman, The Tangut Royal Tombs Near Yinchuan, *Muquarnas* 10 (1993), pp. 369–81.

——. The Uighur Ritual Complex in Beiting, *Orientations* 30, no. 4 (1999), pp. 28–37.

——. Beiting: City and Ritual Complex, *Silk Road Art and Archaeology* 7 (2001), pp. 223–61.

Stewart, Sarah. ed., *The Everlasting Flame: Zoroastrianism in History and Imagination*, London: I. B. Tauris, 2013.

Strong, John S., *The Legend and Cult of Upagupta: Sanskrit Buddhism in North India and Southeast Asia*, Princeton: Princeton University Press, 1992.

Sundström, R., Report on Adulis in E. Littman, Preliminary Report of the Princeton Expedition to Abyssinia, *Zeitschrift für Assyriologie* 20 (1907), pp. 171–82.

Takata, Tokio, Multilingualism at Tun-huang, *Acta Orientalia* 78 (2000), pp. 49–90.

Takeuchi Tsuguhito, *Old Tibetan Contracts from Central Asia*, Tokyo: Daizo Shuppan, 1995.

——. *Old Tibetan Manuscripts from Eastern Turkestan in the Stein Collection of the British Library*, Tokyo and London: Toyo Bunko and the British Library, 1998.

——. Sociolinguistic Implications of the Use of Tibetan in East Turkestan from the End of Tibetan Domination Through the Tangut Period (9th–12th c.), in *Turfan Revisited: The First Century of Research into the Arts and Cultures of the Silk Road*, edited by Desmond Durkin-Meisterernst et al., Berlin: Dietrich Reimer,

2004, pp. 341-48.

——. The Tibetan Military System and the Activities from Khotan to Lop Nor, in *The Silk Road: Trade, Travel, War and Faith*, edited by Susan Whitfield and Ursula Sims-Williams, London: The British Library and Serindia, 2004, pp. 50-56.

——. Old Tibetan Buddhist Texts from the Post-Tibetan Imperial Period (mid-9th to late 10th c.), in *Proceedings of the Tenth Seminar of the ITA, 2003*, edited by Cristina Scherrer-Schaub, vol. 14, Leiden: Brill, 2012, pp. 205-15.

Teiser, Stephen F., *The Ghost Festival in Medieval China,* Princeton: Princeton University Press, 1988.

——. *The Scripture of the Ten Kings and the Making of Purgatory in Medieval China,* Honolulu: University of Hawaii Press, 1994.

Thackston, W. M., trans., *Rasiduddin Fazlullah's Jami'u't-tawarikh. Compendium of Chronicles. A History of the Mongols*, 3 vols, Cambridge, Mass.: Harvard University Press, 1998-99.

Thapur, Romila, *Asoka and the Decline of the Mauryans*, Oxford: Oxford University Press, 1961.

Thilo, Thomas, *Changan: Metropole Ostasiens und Weltstadt des Mittelalters, 583–904*. Wiesbaden: Harrassowitz Verlag, 1997.

Thomas, F. W., Some Notes on Central-Asian Kharoṣṭhī Documents, *Bulletin of the School of Oriental and African Studies* 11, no. 3 (1945), pp. 513–49.

——. *Tibetan Literary Texts and Documents Concerning Chinese Turkestan: Part II: Documents*, London: Royal Asiatic Society, 1951.

——. *Tibetan Literary Texts and Documents Concerning Chinese Turkestan. Part III: Addenda and Corrigenda, with Tibetan Vocabulary, Concordance of Document Numbers, and Plates,* London: Royal Asiatic Society, 1955.

Tomber, Roberta, *Indo-Roman Trade: From Pots to Pepper,* London: Duckworth, 2008

Touati, Houari, *Islam and Travel in the Middle Ages*, Chicago: University of Chicago Press, 2010

Treadwell, Luke. 2001. *Buyid Coinage: A Die Corpus (322–445 A.H.)*. Oxford: Oxford University Press.

Tremblay. X., *Pour une histoire de Sérinde. Le manichéisme parmi les peoples et religions d'Asie Centrale d'après les sources primaires*, Vienna: Verlag der Osterreischischen Akademie der Wissenschaften, 2001.

Trombert, Eric, *Le crédit à Dunhuang: Vie matérielle et société en Chine médiévale*, Paris: Collège de France, Institut des Hautes Études Chinoises, 1995.

——. Bière et Bouddhisme: La consummation de boissons alcoolisées dans les monastères de Dunhuang aux VIIIe–Xe siècles, *Cahiers d'Extreme-Asie* 11 (1999-2000), pp. 128–81.

——. The Demise of Silk on the Silk Road: Textiles as Money at Dunhuang from the Late Eighth Century to the Thirteenth Century, *Journal of the Royal Asiatic Society* 23, no. 2 (2013), pp. 327–47.

Trümpler, Charlotte, et al., eds., *Das grosse Spiel: Archäologie und Politik zur Zeit des Kolonialismus (1860–1940)*, Cologne: DuMont, 2008.

Tsai, Kathryn Ann, *Lives of the Nuns: Biographies of Chinese Buddhist Nuns from the Fourth to Sixth Centuries. A Translation of the Pi-ch'iu-ni Chuan*, Honolulu: University of Hawaii Press, 1994.

Tucker, Jonathan, with photographs by Antonia Tozer, *The Silk Road: Art and History*, London: Philip Wilson Publishers, 2003.

Turfanforschung, *Documentation of the Languages and Scripts Attested in Preislamic Central Asia Mainly Using Images from the Berlin Turfan Collection*, 2013. http://www.bbaw.de/bbaw/Forschung/Forschungsprojekte/turfanforschung/de/sprachenundschriften.

Turner, Howard R., *Science in Medieval Islam: An Illustrated Introduction*, Austin: University of Texas Press, 1997.

Twitchett, Denis, ed., *The Cambridge History of China*, Vol. 3: *Sui and T'ang China 589–906, Part 1*, Cambridge, Engl.: Cambridge University Press, 1979.

Twitchett, Denis, and Klaus-Peter Tretze, The Liao, in *The Cambridge History of China*, edited by Herbert Franke and Denis Twitchett, 4, Cambridge, Engl.:

Cambridge University Press, 1994, pp. 43-153.

Umekawa Sumiyo, Tiandi yinyang jiaohuang dalefu and the Art of the Bedchamber, in *Medieval Chinese Medicine: The Dunhuang Medical Manuscripts*, edited by Vivienne Lo and Christopher Cullen, London: RoutledgeCurzon, 2005, pp. 252-77.

Unschild, Paul U., *Medicine in China: A History of Ideas*, Berkeley: University of California Press, 1985.

——. *Medicine in China: A History of Pharmaceuticals,* Berkeley: University of California Press, 1986.

Uray, Géza, The Annals of the A'za Principality: The Problems of Chronology and the Genre of the Stein Document, Tun-huang, Vol. 69, fol. 84, in *Proceedings of the Csoma de Koros Memorial Symposium*, edited by L. Ligeti, Budapest: Akadémiai Kiadó, 1978, pp. 541-78.

van Donzel, E., Sallām al-Tard j umān, in *Encyclopaedia of Islam*, 2d ed., edited by P. Bearman et al., Leiden: Brill, 2013. http://referenceworks.brillonline.com / entries/encyclopaedia-of-islam-2/sallam-al-tardjuman-COM_1445.

Van Donzel, E., and Claudia Ott., Yādjūdj wa-Mādjūdj, in *Encyclopaediaof Islam (Second Edition) Online*, edited by P. Bearman et al., Brill Online, 2012.

van Donzel, Emeri J., and Andrea Barbara Schmidt, *Gog and Magog in Early Eastern Christian and Islamic Sources: Sallam's Quest for Alexander's Wall,* Leiden: Brill, 2010.

van Gulik, Robert, *Tangyinbishi. Parallel Cases from under the Pear-tree; a 13th Century Manual of Jurisprudence and Detection*. Translated from the original Chinese with an introduction and notes by R. H. van Gulik, Leiden: Brill, 1956.

——. *Sexual Life in Ancient* China*: A Preliminary Survey of Chinese Sex and Society from ca. 1500 B.C. Till 1644 A.D,* Leiden: Brill, 2003.

van Schaik, Sam, *Tibet: A History*, New Haven, Conn.: Yale University Press, 2011.

——. Married Monks: Buddhist Ideals and Practice in Kroraina, *South Asian Studies* 30, no. 2 (2014), pp. 201–309.

Vasil'ev, D., Preliminary Results of Researches on Samosdelskoye Site in

Connection with Oguz Problem, *European Association of Archaeologists. 9th Annual Meeting: Final Program and Abstracts* (St. Petersburg): 29, 2003.

Vaughan, Richard, *Matthew Paris*, Cambridge, Engl.: Cambridge University Press., 1958. https://archive.org/details/matthewparis012094mbp.

Vogel, Jean Phillippe, *Indian Serpent Lore: Or, the Nagas in Hindu Legend and Art*, London: A. Probsthain, 1926.

Wainwright, I. N. M., E. A. Moffatt, P. J. Sirois, and G. S. Young, Analysis of Wall Painting Fragments from the Mogao and the Bingling Temple Grottoes, in *Conservation of Ancient Sites on the Silk Road: Proceedings of the International Conference on the Conservation of Grotto Sites, Mogao Grottoes, Dunhuang*, edited by Neville Agnew, Los Angeles: The Getty Conservation Institute, 1997, pp. 334-40.

Waley, Arthur, *A Catalogue of Paintings Recovered from Tun-Huang by Sir Aurel Stein,* London: Trustees of the British Museum, 1931.

——, trans., *Ballads and Stories from Tun-Huang: An Anthology,* London: George Allen and Unwin, 1960.

Warmington, E. H., *The Commerce Between the Roman Empire and India*, Cambridge, Engl.: Cambridge University Press, 1928.

Watson, Burton, trans., *The Lotus Sutra*, New York: Columbia University Press, 1993.

Watt, James C. Y., and Anne E. Wardell, *When Silk Was Gold: Central Asian and Chinese Textiles*, New York: The Metropolitan Museum of Art, 1997.

Watt, James C. Y., et al., eds., *Dawn of a Golden Age, 200–750 AD*, New York: Metropolitan Museum of Art, 2004. http://www.metmuseum.org/research/metpublications/China_Dawn_of_a_Golden_Age_200_750_AD.

Watters, Thomas, *On Yuan Chwang's Travels in India AD 629–45*, London: Royal Asiatic Society, 1904–5.

Waugh, Daniel C., The Making of Chinese Central Asia, *Central Asian Survey* 26, no. 2 (2007), pp. 235–50.

——. Richthofen's "Silk Roads" : Toward the Archaeology of a Concept, *The Silk*

Road 5, no. 1 (2007), pp. 1–10. http://www.silkroadfoundation.org/newsletter / vol5num1/srjournal_v5n1.pdf.

——. Sven Hedin and the Invention of the Silk Road, paper presented at the Sven Hedin and Eurasia symposium, Nov. 10, 2007, in Stockholm, Sweden.

——. The Golden Horde and Russia, in *Genghis Khan and the Mongol Empire*, edited by William W. Fitzhugh, Morris Rossabi, and William Honeychurch, Media, Pa.: Dino Don, 2009, pp. 173-80.

West, Vincent, A Gold Variety of Ezanas of Aksum from India, *Oriental Numismatic Society Newsletter* 180 (2004), p. 4.

Whitehouse, D., East Africa and the Maritime Trade of the Indian Ocean, AD 800–1500, in *Islam in East Africa: New Sources*, edited by B. S. Amoretti, Rome: Herder, 2001, pp. 411-24.

Whitfield, Roderick. 1 *The Art of Central Asia: The Stein Collection in the British Museum*. 3 Vols., Tokyo and Dunhuang: Kodansha and Trustees of the British Museum, 1982–85.

Whitfield, Susan, Under the Censor's Eye: Printed Almanacs and Censorship in Ninth-Century China, *The British Library Quarterly* 24, no. 1 (1998), PP. 4–22. www. bl.uk/eblj/1998articles/pdf/article2.pdf.

——, ed., *Dunhuang Manuscript Forgeries*, London: British Library, 2002.

——. Was There a Silk Road? *Asian Medicine* 2 (2007), pp. 201–13.

——. The Perils of Dichotomous Thinking: Ebb and Flow rather than East and West, in *Marco Polo and the Encounter of East and West*, edited by Suzanne Akbari and Amilcare A. Iannucci, Toronto: University of Toronto Press, 2008, pp. 247-61. https://www.academia.edu/2645165/The_Perils_of_Dichotomous_Thinking_Ebb_and_flow_rather_than_east_and_west.

——. *La Route de la Soie: Un Voyage a travers la vie et la mort*, Brussels: Mercator, 2010.

——. Trade in the Tarim? In *Trade and Civilization*, edited by Kristian Kristiansen, Thomas Lindkvist, and Janken Myrdal, Cambridge, Engl.: Cambridge University Press, 2015.

Whitfield, Susan, and Ursula Sims-Williams, eds., *The Silk Road: Trade, Travel, War and Faith*, London: The British Library and Serindia, 2004.

Wiet, G., trans., *Ibn Rusteh*, Les Atours précieux, Cairo: l'Institut Français d'Archéologie Orientale du Caire, 1955

Williams, Gareth, et al., eds., *Vikings: Life and Legend*, London: The British Museum Press, 2014.

Williams, Tim, Mapping the Silk Road, Presentation given at the British Library on Nov. 1, 2013.

Williams, Tim, and Paul Wordsworth, Merv to the Oxus: A Desert Survey of Routes and Surviving Archaeology, *Archaeology International* 12 (2009), pp, 27–30.

Wilson, Martin, *In Praise of Tara: Songs to the Saviouress*, London: Wisdom Publications, 1986.

Wink, André, *Al-Hind: The Making of the Indo-Islamic World. Vol. 1: Early Medieval India and the Expansion of Islam, 7th–11th Centuries,* Leiden: Brill, 2002, 2002.

Wolska-Conus, Wanda, ed. and trans., *Cosmas Indicopleustès, Topographie Chrétienne, I: Livres I-IV,* Paris: Les Editions du Cerf, 1968.

Wong, Dorothy, A Reassessment of the Representation of Mt Wutai from Dunhuang Cave 61, *Archives of Asian Art* 46 (1993), pp. 27–52.

Wong, Helen, *Money on the Silk Road*, London: British Museum Press, 2004.

Wriggins, Sally Hovey, *The Silk Road Journey with Xuanzang*, Boulder: Westview Press, 2004.

Wujastyk, D., *Roots of Ayurveda*, London: Penguin Classics, 2003.

Xiong, Victor Cunrui, *Sui-Tang Chang'an: A Study in the Urban History of Medieval China*, Ann Arbor: Center for Chinese Studies, University of Michigan, 2000.

Xu Tongjie, The Dream and the Glory: Integral Salvage of the Nanhai No. 1 Shipwreck and Its Significance, *The Silk Road* 5, no. 2 (2008), pp. 16–19. http://silkroad foundation.org/newsletter/vol5num2/.

Xu Xingguo, The Discovery, Excavation and Study of the Tuobo (Tibetan) Tombs on Dulan County, Qinghai, in *Central Asian Textiles and Their Contexts in the Early Middle Ages*, edited by Regula Schorta, Riggisberg: Abegg-Stuftung, 2006, pp. 265-90.

Yatsenko, Sergey A., The Late Sogdian Costume (the 5th–8th Centuries), *Transoxiana* (Webfestschrift Marshak), 2003.

Yifa, *The Origins of Buddhist Monastic Codes in China: An Annotated Translation and Study of the Chanyuan Qinggui,* Honolulu: University of Hawaii Press, 2002.

Yong You, Venerable, *The Diamond Sutra in Chinese Culture*, Los Angeles: Buddha's Light Publishing, 2010.

Yule, Henry, and Henri Cordier, *Cathay and the Way Thither: Beijing, a Collection of Medieval Notices of China*, London: Halkyut Society, 1916.

Yule, P., Zaphar: Capital of Himyar, *Archäologische Berichte aus dem Yemen* 11 (2007), pp. 477–548.

Yusupova, T. I., P. K. Kozlov's Mongolian and Sichuan Expedition (1907–1909): The Discovery of Khara-Khoto, in *Russian Expeditions of Central Asia at the Turn of the 20th Century*, edited by I.F. Popova, Saint Petersburg: Russian Academy of Sciences, 2008, pp. 112-29.

Zhang Guangda and Rong Xinjiang, A Concise History of the Turfan Oasis and Its Exploration, *Asia Major* 11, no. 2 (1998), pp. 13–36.

Zhao Feng, The Evolution of Textiles Along the Silk Road, in *Dawn of a Golden Age, 200–750 AD*, edited by James C. Y. Watt et al., New York: Metropolitan Museum of Art, 2004, pp. 67-77.

——. Weaving Methods for Western Type *Samit* from the Silk Road in Northwestern China, in *Central Asian Textiles and Their Contexts in the Early Middle Ages*, edited by Regula Schorta, Riggisberg: Abegg-Stuftung, 2006, pp. 189-210.

Zhou Zongyu, *Land Within the Passes*, Translated by Susan Whitfield, London: Viking, 1987.

Zieme, Peter, Religions of the Turks in the Pre-Islamic Period, in *Turks: A Journey of a Thousand Years, 600–1600*, edited by David J. Roxburgh, London: Royal

Academy of Arts, 2005, pp. 32-37.

Zieme, P., and L. Bazin, eds., *De Dunhuang à Istanbul: Hommage à James Russell Hamilton*, Turnhout: Brepols, 2001.

Zürcher, Eric, Buddhism and Education in T'ang Times, in *Neo-Confucian Education: The Formative Stage*, edited by Wm. Theodore de Bary and John W. Chaffee, Berkeley: University of California Press, 1980, pp. 19-56.